핵심 800문장으로 완성하는 **고등 필수 구문**

CORE

구문 800 완성

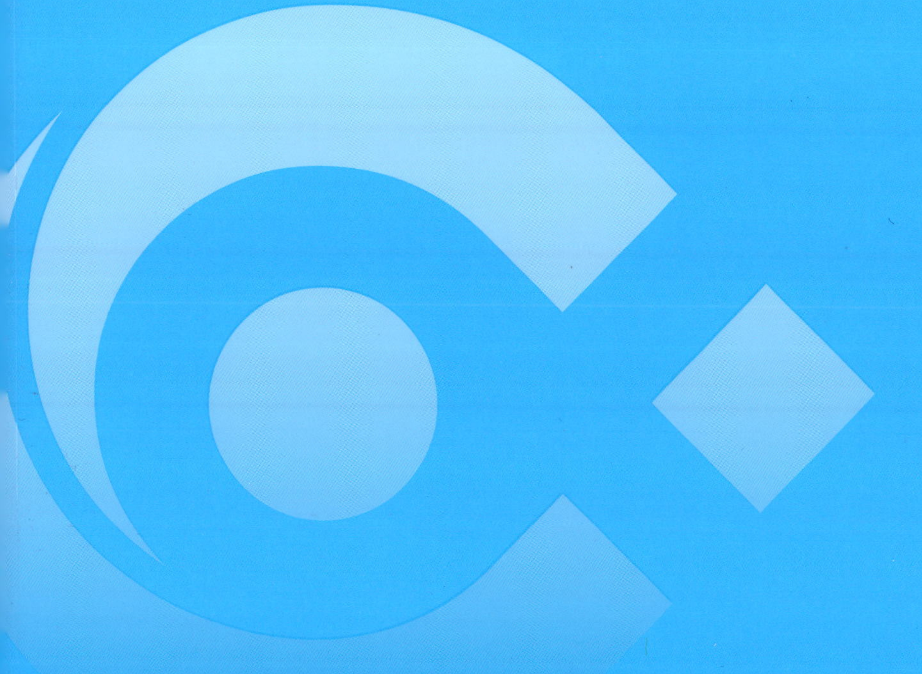

이투스북

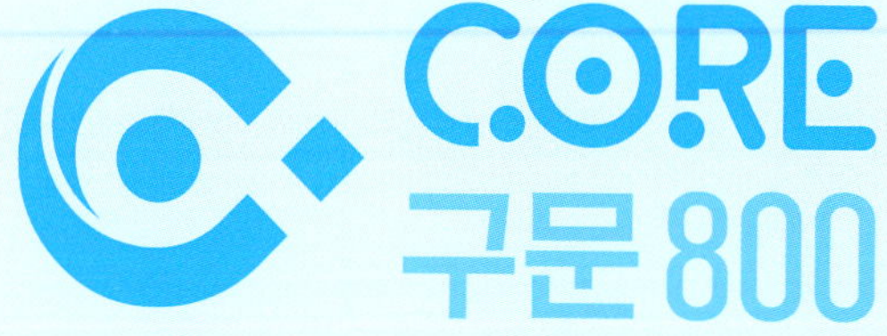

Words Preview

CHAPTER 01 주어

UNIT 01
fantastic 환상적인, 멋진
meaningful 의미 있는
consideration 고려 사항
reduce 줄이다
apply 바르다, 적용하다
rare 드문
time-consuming 시간이 많이 걸리는
ponder 깊이 생각하다
involve 포함하다
accurate 정확한
reliable 믿을 수 있는
guidance 안내
consideration 고려
pay attention to ~에 주의를 기울이다
dismissive (남을) 무시하는
arrogant 거만하게 구는
deliberate 의도적인
float 떠돌다
ensure 확실히 하다

UNIT 02
bitter cold 강추위
unfortunate 불행한
rule out ~을 배제하다
investigation 조사
discuss 논의하다
significant 상당한, 중요한
breakthrough 진전, 약진
well-established 잘 정립된
concept 개념
organize 편성하다, 조직하다
effectively 효과적으로
profit 이윤, 이익
condition 상황, 조건
demand 수요, 요구
exhibit 전시회
distance 거리
surface 지상, 표면
versus ~대
influence 영향을 주다
extend 확장하다

rational 이성적인
intelligent 지적인
ultimately 궁극적으로

UNIT 03
double-check 다시 확인하다
submit 제출하다
take action 조치를 취하다
prioritize 우선시하다
mental 정신적인
particular 특정한
erase 삭제하다
professional 직업의
task 일, 과제
assume 가정하다, 추정하다
matter 중요하다
unfair 부당한
interfere with ~을 침해하다
expert 전문의
assess 평가하다
entirely 전적으로
emphasize 강조하다
pursue 추구하다
argue 주장하다
overshadow 가리다
exhausting 지치게 하는
hay 건초
store 보관[저장]하다
consequence 결과
rat 쥐

UNIT 04
maintain 유지하다
constant 지속적인
attention 주의, 관심
judge 판사
overlook 간과하다
crucial 중요한
evidence 증거
whine 징징거리다
dissatisfaction 불만족
seek 구하다
naturally 자연스럽게
atmosphere 대기

tolerance 관용
present 제시하다
consider 여기다
inadequate 부적절한
receive 받다
patent 특허
accept 받아들이다
value 가치
pick up ~을 집어 들다
debris 잔해물
metal 금속
passionately 열정적으로
treat 대우하다
equally 동등하게
emotional 감정적인
assistance 지원, 원조

UNIT 05
progress 진전하다
conflict 충돌, 갈등
position 입장, 위치
approach 접근 (방식)
architect 건축가
engineer 공학자
delay 지연
production 생산
income 소득, 수입
measure 측정하다
impact 영향력
on time 제시간에
additional 추가의
sort 종류
extremely 매우, 극히
serious 진지한
ambitious 야망이 있는
erection 세움, 건설
multiple 여러 개의, 다수의
successive 잇따른, 연속적인
generation 세대
majority 대다수
traditional 전통적인
instruction 강의

CHAPTER 02 목적어

UNIT 06
gentle 부드러운
various 다양한
stroll 거닐다
gather 모으다
character 등장인물
focus 집중하다
technical 기술적인
crew 승무원
rather than ~보다는
keep eye contact 눈을 마주치다
conduct 실시하다
achieve 달성하다
tackle 대처하다
distraction 집중에 방해가 되는 것
put out ~을 끄다
explosion 폭발
based on ~에 근거하여
immediate 당면한, 즉시의
priority 우선순위
available 이용할 수 있는
keep one's eyes on ~을 주시하다
defense 수비
laptop 노트북(컴퓨터)

UNIT 07
make a decision 결정을 내리다
submit 제출하다
assignment 과제
temper 화
factor 요소
argument 논쟁
remind 상기시키다
presentation 발표
event 행사
effectively 효과적으로
distraction 집중을 방해하는 것
physicist 물리학자
ponder 숙고하다
concrete 구체적인
evidence 증거
theory 이론

practically 사실상
take a risk 위험을 무릅쓰다
reject 거절하다
responsible 책임감 있는
determine 알아내다, 결심하다
purchase 구매하다
advertisement 광고
persuade 설득하다
undermine 약화시키다

UNIT 08
imagine 상상하다
launch 출시, 발사
oddly 이상하게
earthquake 지진
priest 성직자
humanity 인류
annual 연례의, 1년의
gathering 모임
committee 위원회
preschooler 미취학 아동
profound 깊은, 심오한
hide 숨기다
emergency situation 긴급 상황, 비상사태
author 작가
tense 시제
debate 논쟁하다
inquire 문의하다
arrangement 준비
manage 관리하다
statement 발언, 진술
transparency 투명성
accountability 책임성

UNIT 09
explore 탐험하다
comfort zone 안전지대
likelihood 가능성
repurchase 재구매하다
over-optimism 지나친 낙관주의
sooth 달래다
beneficial 유익한
excel 출중하다, 탁월하다
consistently 꾸준히

benefit 이롭게 하다
in the long run 결국
flawless 흠이 없는
account for ~을 고려하다
flow 흐르다
effortlessly 쉽게, 노력하지 않고
constantly 지속적으로
reserved 수줍어하는
interaction 상호 작용
disclose 공개하다
blame 나무라다
differ 다르다
professional 전문가

UNIT 10
transformation 변화, 변형
disappointing 실망스러운
essential 필수적인
maintain 유지하다
electronic device 전자기기
invest 투자하다
renewable energy 재생 에너지
sustainable 지속 가능한
destination 목적지
severe weather 악천후
deliver the service 서비스를 제공하다
delay 지연시키다
unexpected 예상치 못한
circumstance 상황, 환경
remarkable 놀라운
crowded 혼잡한, 붐비는
victim 희생자
except ~을 제외하고
valuable 가치 있는
detail 세부 사항
convey 전달하다

CHAPTER 03 보어

UNIT 11
master 숙달하다
for oneself 혼자 힘으로
local 지역의

studio 연습실
obstacle 장애(물), 방해
require 필요로 하다
preparation 준비
set (해가) 지다
ultimately 궁극적으로
distract 주의를 산만하게 하다
violate 위반하나
principle 원리
set up 만들다, 설정하다
rivalry 경쟁
sibling 형제자매
challenge 도전
collaboration 협업
emerge 나오다
mentality 정신력
relax 휴식을 취하다
take over ~을 장악하다
dilemma 딜레마, 진퇴양난
stick with ~을 고수하다
current 현재의
more often than not 종종, 대개
wind up (상황에) 처하게 되다
fair 박람회

UNIT 12

innovative 혁신적인
absence 부재
longing 갈망
name 선정하다, 명명하다
choir 합창단
celebration 축하 공연
memorable 기억할 만한
eyelid 눈꺼풀
involuntarily 무의식적으로
inverted 역의, 거꾸로 된
short-lived 일시적인, 단명의
in the long run 장기적으로
appoint 임명하다
ambassador 대사
representative 대표자
candidate 후보자
qualified 자격이 있는
impressive 인상적인

proposal 제안
address 처리하다, 다루다
editor 편집자
critic 비평가
variety 종류, 변화
cultivate 재배하다
crop 작물
starvation 기아

UNIT 13

attend 참석하다
research 조사, 연구
apartment complex 아파트 단지
pleasant 쾌적한
slide 스미다, 미끄러지다
mosaic 모자이크
animal shelter 동물 보호소
stray 길을 잃은
flight attendant 승무원
crucial 중요한
resident 주민
underneath ~의 아래에
virtue 미덕
saint 성자
take care of ~을 돌보다
camel 낙타
despite ~에도 불구하고
uncertainty 불확실성
reasoning 추론
response 반응
profile 도표, 측면
locate 위치를 찾다
relevant 관련된
home care worker 재택 간호종사자
chemical 화학 물질

UNIT 14

soak 스며들다, 젖다
shiver 전율
motivate 자극하다, 동기를 부여하다
regular 정기적인
encouragement 격려
redesign 다시 디자인하다
charge 충전하다

kitchen counter 부엌 조리대
be locked in ~에 갇혀 있다
unsatisfying 만족스럽지 못한
component 구성 요소
vibrant 생동감 넘치는
atmosphere 분위기
stroke 뇌졸중
partially 부분적으로
paralyze 마비시키다
gossip 험담하다
a series of 일련의
precise 정밀한
adjustment 조정
observe 관찰하다
operation 작동
excavation 발굴
archaeologist 고고학자
ancient 고대의
artifact 유물, 인공물
bury 묻다
ruins 유적지

CHAPTER 04 동사의 시제

UNIT 15

perception 지각
involve 포함하다, 수반하다
imagination 상상(력)
argue 다투다
mammal 포유동물
glitter 반짝이다
keep ~ away ~을 멀리하게 하다
possess 소유하다
connect with ~와 연결되다
decline 감소
diversity 다양성
unless ~하지 않으면
illustration 삽화
complement 보완하다
enhance 향상시키다
wealthy 부유한
virtual 가상의
tendency 경향

Words Preview

defensive 방어적인
alternative 대안의

CHAPTER 05 조동사

feel pity for ~을 불쌍히 여기다
inform 알리다
patient 환자
side effect 부작용
medication 약(물)
label 명칭, 라벨
possibility 가능성
conflict 분쟁, 갈등
march 행진하다
advantage 이점
battlefield 전장

UNIT 22

walk 산책시키다
assignment 과제
occasionally 때때로
take a rest 휴식을 취하다
consult with ~와 상담하다
neighborhood 동네
neighbor 이웃 사람
do ~ a favor ~에게 부탁하다
complete 이수하다, 완료하다
qualify for ~의 자격을 얻다
promotion 승진
detective 형사
fingerprint 지문
identify 식별하다
remote 원격의
utilitarian 공리주의의
ethics 윤리
achieve 이루다
independence 독립
interdependence 상호의존성

UNIT 23

sunset 해질녘
ridiculous 우스꽝스러운
behavior 행동
frustrated 좌절한
mostly 주로
communicate 소통하다
prepare for ~을 준비하다
touched 감동한
respond 반응하다

customer satisfaction 고객 만족
stress 강조하다
be stuck in traffic 교통 체증에 갇히다
appreciate 감상하다
injury 부상
rotation 자전
disagree with ~에 동의하지 않다
acknowledge 인정하다

UNIT 24

rescue 구하다
encounter 맞닥뜨리다, 직면하다
resistance 저항
residency (수련의의) 레지던트 근무
surgeon 외과의사
literacy (글을) 읽고 쓸 수 있는 능력
treat 간식
toddler 유아
invention 발명(품)
restrict 제한하다
circulation 유통
scream 소리를 지르다
a variety of 다양한
viewpoint 관점
take care of ~을 돌보다
depend on ~에 의존하다
requirement 필수 요건
formalize 공식화하다
punctuation 구두점

UNIT 25

launch 출시하다
application form 신청서
fill out ~을 작성하다
be regarded as ~로 여겨지다
groundbreaking 획기적인
benefit 이점
aware 알고 있는
budget 예산
instantaneously 즉시
introduction 도입

employment 고용
reduce 줄이다
graduate 졸업하다
be involved in ~에 참여하다
volunteer activity 자원봉사 활동
freshness 신선함
term 용어
survival 생존
threaten 위협하다
invasive species 침입종
emphasize 강조하다
access 접근(권)
conflict 갈등

UNIT 26

proposal 제안
due to ~ 때문에
a series of 일련의
athletic 체육의, 운동의
competition 경기
approval 승인
headquarters 본사
neighbor 이웃 (사람)
on vacation 휴가 중인
visual 시각적인
gene 유전자
based on ~에 근거하여
presidency 재임 기간
admire 높이 평가하다
commitment 헌신
justice 정의
tiny 매우 작은
dynamics 역학 관계, 동력
systemic 구조[체계]의
inequality 불평등
manipulate 조작하다
public opinion 여론
silence 침묵
awaken 일깨우다

UNIT 27

stock market 주식 시장
crash 폭락하다, 붕괴하다
moth 나방

arise 생기다
specifically 특별히
in response to ~에 대한 반응으로
confirm 확인하다
critical 비평의
commercial 상업적인
eventually 결국
surpass 능가하다
occasion 행사
advanced 첨단의
estimate 추정하다
contribute 기여하다
profound 지대한, 심오한
threat 위협
evolved 진화한
sensitive 민감한
subtle 미묘한
cue 신호
property 특성
material 물질
alter 변경하다
treatment 처리
addition 첨가, 추가
substance 물질
organic 유기농의
method 방법
damaging 해로운
biosphere 생물권

UNIT 28

valuables 귀중품
astronomy 천문학
general 장군
fool 속이다
tactic 전술
ritual 제의, 의식
purpose 목적
be stuck in ~에 갇히다
get better 좋아지다, 호전되다
discuss 논의하다
participant 참가자
sudden 갑작스러운
impulsively 충동적으로
magician 마술사

trick 속임수
strict 엄격한
disclose 공개하다
actively 적극적으로
process 과정
affect 영향을 미치다
potential 잠재적인
impact 영향
treasure 보물
reveal 드러내다
voluntary 자발적인
support 지원

CHAPTER 07 전치사를 동반한 동사 구문

UNIT 29

heavy rain 폭우
antibiotics 항생제
either A or B A나 B 둘 중 하나
therapist 치료사
distress 고통
cheer 환호하다
fungus 곰팡이(pl. fungi)
underground 지하에서
collapse 붕괴
strategy 전략
must-read 꼭 읽어야 하는 책(필독서)
plant (나무를) 심다
patriotic 애국적인
present 제시하다
pessimistic 비관적인
spiritual 영적인
pilgrimage 순례
enlightenment 깨달음
decisive 결단력 있는
figure 인물
inspire 고취하다, 불어넣다
term 용어
initially 처음에
simulate 모의실험하다

UNIT 30

failure 실패
medication 약
rage 격노하다
selfish 이기적인
ungrateful 배은망덕한
unmanly 남자답지 못한
attack 공격
qualitative 질적인
indication 지표
kin 친족
a wide variety of 매우 다양한
curiosity 호기심
endless 끝없는
quest 탐구
endangered species 멸종 위기에 처한 종
natural habitat 자연 서식지
development 개발
novice 초보
collector 수집가
forgery 위조품
authentic 진짜의
masterpiece 명작
unrealistic 비현실적인
optimist 낙관론자
vital 필수적인
organism 유기체

CHAPTER 08 형용사 역할

UNIT 31

describe 묘사하다
equipment 장비
look after ~을 돌보다
remote 외딴, 먼
destination 목적지
adventure 모험
ask for ~을 요청하다
repair 수리하다
damage 손상시키다
harvest 수확하다
wheat 밀
perceive 인식[인지]하다

predict 예측하다
definitely 분명히
tropical 열대의
reminder 상기시키는 것
motivator 동기를 부여하는 것
optimal 최적의
condition 상태, 조건
predetermined 미리 정해진
approve 승인하다
goody 좋은[매력적인] 것
submit 제출하다
argument 논쟁

UNIT 32
underground 지하의
shelter 은신처, 쉼터
expedition 탐험대
destroy 파괴하다
cave 동굴
humidity 습도
greenhouse 온실
charity 자선 (행위)
share 공유하다
acquire 획득하다
removal 제거
permit 허가
clear away ~을 치우다
produce 농산물
manufacture 제조하다
multitude 다수
inform 알리다
auditorium 강당
process 절차, 과정
retire 은퇴하다
maintain 유지하다
improve 개선하다
decline 쇠퇴하다
locate 위치시키다
cash register 금전 등록기
cafeteria 구내식당
adapt 적응하다
pressure 압력
store 저장하다
debris 잔해물

current 조류, 흐름

UNIT 33
sacrifice 희생
magician 마술사
trick 마술, 기교
reward 보상
response 응답
totally 완전히
handmade 손으로 만든
stadium 경기장
artwork 예술 작품
confidence 자신(감)
public place 공공장소
exactly 정확히
dorm 기숙사
recent 최근의
disappointing 실망스러운
athlete 운동선수
extremely 대단히, 극히
progress 진전, 발전
label 라벨을 부착하다
search for ~을 찾다
assistance 도움
staff 직원
psychologist 심리학자
venture 모험하나
wilderness 야생, 황무지

CHAPTER 09 부사 역할

UNIT 34
effectiveness 효과(성)
interrupt 방해하다
spare 할애하다, 나누어 주다
miss 놓치다
violent storm 폭풍
impression 인상
generation 세대
bunny 토끼
compromise 타협하다
perspective 관점
suffer 겪다

severe 심각한
existentially 실체론적으로
threaten 위협하다
famine 기근
forager 수렵인
wooden 나무로 된
rot 썩다
plank 널빤지
shaky 흔들리는
complete 완수하다
allocate 할당하다
sufficient 충분한
manpower 인력
receptor 수용기
reward 보상하다

UNIT 35
marvel 감탄하다
surround 둘러싸다
chop 썰다
hum 흥얼거리다
tune 곡조
status 지위
heroine 여주인공
resigned 체념한
sigh 한숨
gaze 보디, 응시히디
blur 흐림
surface 수면, 표면
certification 자격증
determined 단호한
run late 늦다
hurriedly 서둘러
grab 붙잡다
unnoticeably 눈에 띄지 않게
tear 찢다
belonging 소지품
scatter 흩뜨리다
responsibility 책임
pursue 추구하다
seek 구하다
common ground 공통점
continually 계속해서
judge 판단하다

ceiling 천장
sway 흔들리다
breeze 바람, 미풍
decoration 장식

UNIT 36

exhaust 지치게 하다
cozy 아늑한
inn 여관
mentor 멘토
complete 마치다, 완수하다
relieve 안도하게 하다
take a deep breath 심호흡을 하다
fossil 화석
tiptoe 발끝으로 걷다
disturb 방해하다
package 소포, 꾸러미
wrapping 포장
practical 실용의
comprehend 이해하다
press ~ for time ~을 시간에 쫓기게 하다
deadlock 막다른 상태
abolitionist 노예제 폐지론자
cliff 절벽
mount 달다, 끼우다
treasure 소중히 여기다
keepsake 기념품
unforgettable 잊지 못하는
repeatedly 반복해서
wizard 마법사
supernatural 초자연적인
superstition 미신

UNIT 37

expand 확장되다
hire 채용하다
have difficulty v-ing ~하는 데 어려움을 겪다
hiking boots 등산화
ankle 발목
on time 제시간에
fiction 소설, 허구
pesticide 농약
apply 사용하다, 적용하다

elf 꼬마 요정(pl. elves)
blindfold 눈을 가리다
freeze 얼다
tremble 떨다
torch 성화, 횃불
planting 심기, 씨뿌리기
per ~마다
consume 섭취하다, 소비하다
protein 단백질
breeze 바람, 미풍
sweep 쓸다
bring relief 안도감을 주다
canteen 수통
despair 절망
claim 주장하다
stimulation 자극
mark 표시하다
accent 억양

CHAPTER 10 등위절과 병렬 구조

UNIT 38

half 절반의
in case of ~의 경우에
in time 제시간에
joyfully 기쁘게
miserable 비참한
deprive A of B A에게서 B를 빼앗다
dash 돌진하다
backward and forward 앞뒤로 왔다 갔다
reproduction 복제물
lotus 연(꽃)
pond 연못
conductor 지휘자
compose 작곡하다
perceived 인지된, 지각된
struggle with ~으로 고심하다
convey 전달하다
resolve 결심하다
revive 회복시키다, 소생시키다
organize 조직하다
exhibition 전시회

insight 통찰력
biological 생물학적인

UNIT 39

surf 검색하다
talented 재능 있는
flee 달아나다
come across (우연히) ~을 마주치다
end up v-ing 결국 ~하게 되다
security 안심, 안전
comfort 위로
familiarity 친숙함
target 목표
movie premiere 영화 시사회
despite ~에도 불구하고
neglect 소홀히 하다
compromise on ~에 대해 타협하다
precious 귀중한
valuable 값비싼
associated 관련된
purity 순수
instrument 악기
distort 왜곡하다
criticism 비판
current 현재의
passion 열정

UNIT 40

therapy 치료
ceiling 천장
adopt 입양하다
animal shelter 동물 보호소
complain 불평하다
boast 자랑하다
endure 견디다
chemistry 화학
atomic 원자의
bonding (원자의) 결합
state 상태
population 인구
poverty 가난
asset 자산
organic 유기(체)의
associate 결합하다

sustainable 지속 가능한
jeopardize 위태롭게 하다
celebrate 기념하다
anniversary 기념일
boost 북돋우다
arrange 마련하다
cause 유발하다
go along with ~에 동의하나
conduct 진행하다, 수행하다
recognition 인정
validation 검증

CHAPTER 11 관계사절

UNIT 41

inform (정보를) 알리다
associated 관련된
A rather than B B가 아니라 A
aware 자각하고 있는
conflict 갈등
resolve 해결하다
pause 멈춤, 중지
characterize (~의) 특징이 되다
remove 제거하다
encounter 마주치다
latest 최신의
due to ~ 때문에
financial 재정적인
occur 일어나다
specific 구체적인
innate 타고난
drive 욕구, 충동
imitate 모방하다
recommend 권하다, 추천하다

UNIT 42

likely 아마도
believe in ~의 존재를 믿다
contrast 차이, 대조
literary 문학의
inspire 영감을 주다
certain 특정한
starve 굶주리다

occasional 가끔의
yield 수확량
literacy 읽고 쓰는 능력
identity 정체성
conflict 갈등
determine 결정하다
community 사회, 공동체
migrate 이주하나
sweatshop 착취 공장
wage 임금
force 강요하다
disagree 의견이 다르다
mutation 돌연변이
harmful 유해한
roam 거닐다
caring 보살펴 주는
context 상황
infant 유아
notice 의식하다, 주목하다

UNIT 43

fascinating 대단히 흥미로운, 매력적인
adventure 모험
positive 긍정적인
statement 진술
shift 변화
admit 받아들이다, 입학을 허가하다
narrow 제한하다, 좁히다
range 범위
long-term 장기적인
set 정하다
threat 위협
military 군대의
derive 얻다
pride 자긍심
resilience 회복력
have trouble v-ing ~하는 데 어려움을 겪다
be supposed to-v ~하기로 되어 있다
ecosystem 생태계
admire 존경하다
classify A into B A를 B로 분류하다
race 인종
construction (사상·이론 등의) 구성

UNIT 44

address (편지 등을) 보내다
participate in ~에 참가하다
stay 머무름, 체류
niece (여자) 조카
obtain 얻다, 획득하다
derive 얻다
nutrient 영양분
protein 단백질
carbohydrate 탄수화물
unwise 현명하지 못한
regret 후회하다
wander 돌아다니다
pickup 데려감
authorities 당국, 관계자
shelter 보호소
telescope 망원경
astronomer 천문학자
gaze at ~을 응시하다
Jupiter 목성
displace 대체하다
profit 이익
hire 고용하다
domestic 가사의, 가정의
common 흔한
affection 애정
instrumental 도움이 되는
lay (알을) 낳다
milkweed 유액을 분비하는 식물
hatch 부화하다
spike 급증하다

UNIT 45

seek 추구하다
compare A with B A를 B와 비교하다
relative 상대적인
invaluable 귀중한
breakthrough 돌파구
impose 부과하다, 지우다
task 과업
endlessly 끊임없이
possibility 가능성
consider 고려하다
potential 잠재적인

highlight 강조하다

emphasis 강조

superiority 우월성

foster 조장[촉진]하다

competition 경쟁

address 다루다

carbon 탄소

emission 방출

historical 역사적인

adapt to ～에 적용하다

author 저자

existential 존재론적

struggle 고난

UNIT 46

poetry 시

opportunity 기회

Fijian 피지 사람

ancestral 조상의

viewpoint 관점

turn out 밝혀지다, 판명되다

element 요소

exist 존재하다

order 주문

complete 완료된

commit 저지르다

crime 범죄

sooner or later 조만간

punish 처벌하다

deserve to-v ～할 자격이 있다

treat 대우하다

ethnic 인종의

restore 복원하다

populate (장소를) 차지하다

annoyed 짜증이 난

anxious 불안한

turn to ～에 의지하다

paradigm 패러다임

mismatch 부조화

prediction 예측

experimental 실험에 의거한

CHAPTER 12 부사절

UNIT 47

literally 말 그대로

penniless 무일푼의

proposal 제안

pull away 떠나다, 움직이기 시작하다

join 가입하다

fool 속이다

misinformation 잘못된 정보

approach 접근법

symptom 증상

extensively 광범위하게, 폭넓게

perform 연주하다, 공연하다

rest 나머지

deny 부인하다

deal with ～을 다루다

stable 안정된

interruption 중단

applicant 지원자

relevant 관련 있는

qualification 자격

candidate 후보자

UNIT 48

medical 의학적인

treatment 치료

improve 나아지다

disease 병

healer 치유자

laughter 웃음

anticipate 예상하다

hint at ～을 암시하다

keep up 계속하다

postpone 연기하다

physics 물리학

essential 필수적인

credit 학점

unconvinced 납득하지 않는

persuasive 설득력 있는

credible 신뢰할 수 있는

automobile 자동차

drive train (엔진과 구동륜 사이의) 회전력 전달 장치

wheel 바퀴

in terms of ～ 면에서

internal 내부의

tweak (미세한) 조정

UNIT 49

perform 수행하다

duty 의무

incredibly 믿을 수 없을 정도로

open-minded 마음이 열린

absolute 절대적인

precision 정확성

be equipped with ～을 갖추고 있다

reflexive response 반사 반응

helpless 무력한

be known for ～으로 유명하다

graceful 우아한

wag (꼬리를) 흔들다

tail 꼬리

playful 쾌활한

nature 본성

tend to-v ～하는 경향이 있다

limit 한계

adjust 조정하다, 조절하다

satisfy 충족시키다

sharp 예리한

expressive 표현력이 있는

tempo 속도

UNIT 50

course 강좌

progress 나아가다, 진보하다

lend 빌려 주다

learn by heart 암기하다

recite 암송하다

cheat 부정행위를 하다

captivating 매혹적인

put down 내려놓다

contagious 전염성이 있는

ticklish 간지럼을 타는

end up in 결국 ～로 끝나다

instructor 교사

temporarily 일시적으로

relieve 완화하다

cognitive 인지의
load 부담
dimension 차원
optimism 낙관주의
instant 즉시의
automated 자동화된
sense 감지하다
operator 조작자
perceptual 지각의
disengagement 이탈
count as ~이라 간주하다

CHAPTER 13 가정법

UNIT 51
amazing 놀라운
rest 나머지
broke 파산한
match 어울리다
sincerely 진심으로
hesitation 망설임, 주저
astronaut 우주 비행사
fulfill 성취하다, 실현하다
witness 목격하다
planet 행성
lap 무릎
entertain 즐겁게 하다
wiggly 몸부림치는
funny 기이한, 괴상한
distaste (음식에 대한) 싫음, 혐오
work one's way 나아가다
assume 추정하다

UNIT 52
lottery 복권
donate 기부하다
charitable 자선의
cause 운동, 대의
proofread 교정을 보다
flawless 흠 없는
paper 과제물
passion 열정
professional 전문적인

invest 투자하다
deal with ~을 다루다
medical 의학의
inform A of B A에게 B를 알리다
afford 여유[형편]가 되다
orbit 궤도
catastrophic 대재앙의
planet 행성
unfavorable 형편이 나쁜, 불리한
postpone 연기하다
suffer from ~으로 고통받다
heart failure 심부전
artificial 인공의
relevance 관련(성)

UNIT 53
quit 그만두다
route 경로
defective 결함이 있는
replace 교체하다
additional 부가의
focus on ~에 중점을 두다
sustainable 지속 가능한
alien 외계인
renovate 수리하다
significantly 상당히
encounter 맞닥뜨리다, 부딪히다
reassess 재평가하다
timeline 스케줄, 일정표
package 포장한 상품, 소포
document (상세한 내용을) 기록하다
informed 정보에 근거한
proceed (계속) 진행하다
switch to ~으로 전환하다
adjust 조정하다
budget 예산
accommodate 수용하다, 부응하다
expense 비용

UNIT 54
take back (한 말을) 취소하다
see through ~을 꿰뚫어 보다
entire 전체의
witness 목격하다

manned 유인의
mission 우주 비행
artifact 유물
precious 소중한
confidently 자신감 있게
amount 양
endangered 멸종 위기에 처한
species (생물의) 종
habitat 서식지
shopkeeper 가게 주인
attract 끌어들이다
blindly 맹목적으로
portray 묘사하다
faithfully 충실하게
bark 짖다
furiously 맹렬하게
imminent 긴급한
threat 위협
aware 알고 있는
urgent 위급한
address (문제를) 다루다
devastating 파괴적인

UNIT 55
make up ~을 보상[부충]하다
loss 손실, 손해
wither 마르다
deficient 부족한
extension 연장
remain (계속) 남아 있다
illiterate 문맹의
careless 부주의한
perceptual 지각의, 인지의
disengagement 이탈
essential 필수적인
definition 정의
institutional 기관의
in-group 내집단
reluctant 꺼리는
closure 봉쇄
shelter 주거지, 피난처
the homeless 노숙자
bother 애쓰다
in the first place 애초에

aloud 소리 내어
notice 알아차리다
edit 교정을 보다

CHAPTER 14 비교 구문

UNIT 56
abundant 풍부한
in person 몸소, 직접
accessible 편한, 다가가기 쉬운
devastating 파괴적인
natural hazard 자연재해
coastal 해안의
stock (책 등으로) 채우다, 갖추다
virtual 가상의
in terms of ~ 면에서
well-being 행복, 건강
fatal 치명적인
associated 연관된
the tropics 열대 지방
solar radiation 태양 복사열
polar region 극지방
misinformation 잘못된 정보
counterpart 상대, 대응 관계에 있는 것[사람]
interest 이자
purchasing power 구매력
pedestrian 보행자
rate of speed 속도
ordinarily 보통, 대개
motorist 자동차 운전자

UNIT 57
commercial 상업적인
audience 청취자, 관객
seek 찾다, 구하다
leave alone ~을 건드리지 않다
evil 악
be supposed to-v ~하기로 되어 있다
impressive 인상적인
time pressure 시간 압박
be entitled to-v ~할 자격이 있다
define 정의하다
order 질서

impose 부과하다
depend on ~에 좌우되다
neuron 뉴런, 신경 세포
activate 활성화하다
neural 신경(계)의
pathway 경로, 통로

CHAPTER 15 특수 구문

UNIT 58
edge 가장자리
forbidden 금지된
huge 거대한
ancient 아주 오래된
arrive 도래하다
distant 거리가 먼
unexplored 탐험되지 않은
mystical 신비로운
ruins 잔해, 폐허
hardly 거의 ~이 아니다
rush 돌진하다
greet 인사하다
trolley 전차
await 기다리다
untouched 손상되지 않은
civilization 문명
happen to-v 우연히 ~하다
in no way 결코 ~하지 않다
underestimate 과소평가하다
hydrated 충분히 수분을 섭취한
instantly 즉시
recall 상기하다
mastery 숙달

UNIT 59
basis 기초, 기반
content 내용
impressed 감명을 받은
payoff 이점, 이득
trait 특성
optimal 최적의
go on (시간이) 흐르다
length 길이

soil 토양
in a row 연속적으로
due for ~할 예정인
hit 안타
measurement 측정
apparatus 장치, 기기
eliminate 제거하다
systematic error 계통 오차(측정 결과의 편차를 만드는 원인이 되는 오차)
revolutionary 혁명적인
invention 발명(품)
transform 탈바꿈시키다
adaptation 번안(물)
draw 뽑아내다
source 원전, 원천
pale 창백한
adapt 번안[개작]하다
insight 통찰력
biologist 생물학자

UNIT 60
attitude 태도
value 가치(관)
subjective 주관적인
matter 문제
negotiation 협상
harmonious 조화로운
turn out to-v ~인 것으로 판명되다
ape 유인원
competitive 경쟁력 있는
up to one's standard ~의 기준에 부합하는
perceive 인식하다
pleasure 기쁨
brighten 반짝이게 하다, 밝히다
firm 굳건한
ignorance 무지
undeniably 명백하게, 틀림없이
vast 거대한
vastness 기대함
selfsame 동일한
wonder 경이로움
comparison 비교
evaluate 평가하다
personality 성격

CORE

구문 800 완성

WRITERS

전광훈　박선하　백기창

STAFF

발행인 정선욱
퍼블리싱 총괄 남형주
개발 김태원 김한길 박하영 고원 양진희
기획 · 디자인 · 마케팅 조비호 김정인 강윤정
유통 · 제작 서준성 신성철

CORE 구문 800 완성　　202410 초판 1쇄

펴낸곳 이투스에듀(주) 서울시 서초구 남부순환로 2547
고객센터 1599-3225
등록번호 제2007-000035호
ISBN 979-11-389-2645-4 [53740]

왜 구문 학습이 중요할까요?

구문은 문장의 뼈대를 이루며, 이를 이해하고 활용하는 능력은 읽기, 쓰기, 듣기, 말하기 모든 영역에서 핵심적인 역할을 합니다. 구문을 잘 알면 문장 구조를 파악하는 능력이 향상되고, 이는 곧 복잡한 문장을 이해하고 자신 있게 독해에도 적용할 수 있는 능력으로 이어집니다.

이러한 구문 학습의 중요성을 고려하여, CORE 구문 800은 다음과 같은 특징을 가지고 있습니다.

3단계로 학습하는 고등 필수 구문

〈구문 설명 → 대표 문장 및 연습 문장 → 고난도 문장〉으로 학습하는 3단계로 구성하여 단계별 및 다회독 학습이 용이하게 하였습니다.

5개년 고1~3 학력평가, 모의평가 및 수능 예문 수록

최근 5년간의 고1~3 학력평가, 모의평가 및 수능 예문을 수록하여, 실전에서 출제된 문장을 통해 구문을 학습할 수 있도록 하였습니다.

학습한 구문을 적용 훈련할 수 있는 워크북 제공

본책 외에 수능 및 내신 문제에 자주 출제되는 다양한 유형의 문제를 풀 수 있는 워크북을 제공하여, 학습한 구문을 적용하고 확장 학습을 할 수 있도록 하였습니다.

How to Study

① 도식화 설명으로 구문 패턴 학습
② 문장 음원 QR 코드 제시
③ PLUS 심화 내용 학습

UNIT

11 · 구와 절 형태의 주격 보어

$$ \boxed{S} + \boxed{V} + \boxed{SC(\text{to-v}/\text{v-ing}/\text{명사절})} $$

<u>That is **how we must think about the current state of the world.**</u>

주격 보어로 to부정사, 동명사, that절, 관계대명사절, 의문사절, whether절이 올 수 있다. 주어가 무엇을 나타내는지 보충 설명해 주는 주격 보어로 분사가 오는 경우 분사는 주어의 상태나 동작을 보충 설명해 준다. 현재분사는 능동으로 '~하면서'의 의미이고, 과거분사는 수동으로 '~되어'의 의미이다.

» 분사가 주격 보어로 쓰이는 경우

감각동사	look(~하게 보이다, ~한 것 같다), feel(~한 느낌이 들다, 기분이 ~하다), sound(~하게 들리다), seem(appear)(~하게/~한 것으로) 보이다)
상태의 변화동사	become, get, grow, turn, go(~한 상태로 되다, ~하게 되다)
상태의 계속동사	keep(계속해서 ~하다(이다)), remain(~한 대로이다, 여전히 ~이다)

+ Plus

seem(appear)(~인 것 같다), prove(turn out)(~로 판명되다), come(get/grow)(~하게 되다), happen(우연히(공교롭게) ~하다) 다음의 to부정사는 주격 보어로 쓰인다.
· The weather turned out to be perfect for our outdoor picnic. 날씨는 우리의 야외 소풍을 위해 완벽한 것으로 판명됐다.

---

131 His goal this year / is to master the art of playing the guitar / for himself.
　　　S　　　　　　　 V　　SC　　　　　　　　　　　　　　　　　M

　　올해 그의 목표는 / 기타를 연주하는 기술을 숙달하는 것이다 / 혼자 힘으로.
→ to부정사가 이끄는 명사구가 주격 보어이다.

132 Her chosen form of exercise / was calmly practicing yoga / at the local studio.
　　　S　　　　　　　　　 V　SC　　　　　　　　　　 M

　　그녀가 선택한 형태의 운동은 / 차분하게 요가를 연습하는 것이었다 / 지역 연습실에서.
→ calmly의 수식을 받는 동명사구 practicing yoga - studio가 주격 보어이다.

133 One obstacle of such a trip / is that it would require / a lot of preparation.
　　　S　　　　　　　　　 V　SC　　　　　　　　O'

　　그런 여행의 한 가지 장애물은 / 그것이 필요로 할 것이라는 것이다 / 많은 준비를.
→ 접속사 that이 이끄는 명사절이 주격 보어이다.

134 The children remained playing in the park until the sun began to set.

---

131 master 숙달하다 for oneself 혼자 힘으로 132 local 지역의 studio 연습실 133 obstacle 장애(물), 방해 require 필요로 하다 preparation 준비
134 set (해가) 지다

---

135 Your opinion of the show was what ultimately influenced my decision to watch it.

136 Almost all the students got distracted by their mobile phones at least once.

137 To violate this principle is to set up even greater rivalry between siblings.

138 The team's new challenge was exploring different hiking trails in the mountains.

139 Collaboration in chimps seems to emerge from an 'every chimp for himself' mentality.

Level Up 고난도 문장으로 실력 키우기

140 The real lesson of the study is that we should all relax a little and not let our work take over our lives.

141 The dilemma we face is whether we would use the new software or stick with the current one.

142 The way we wish the world to be is how, in the movies, it more often than not winds up being.

143 The goal of the fair is to encourage them to be interested in science through guided experiments.

135 ultimately 궁극적으로 · 136 distract 주의를 산만하게 하다 137 violate 위반하다 principle 원리 set up 만들다, 설정하다 rivalry 경쟁 sibling 형제자매 138 challenge 도전 139 collaboration 협업 emerge 나오다 mentality 정신의 140 relax 휴식을 취하다 take over ~을 장악하다 141 dilemma 딜레마, 진퇴양난 stick with ~을 고수하다 current 현재의 142 more often than not 흔히, 대개 wind up 결국 ~하게 되다 143 fair 박람회

---

① 대표 문장으로 구문 패턴 연습
② 연습 문장으로 학습한 구문 적용
③ 심화 어휘 학습

학습한 내용을 응용할 수 있는 고난도 문장 학습

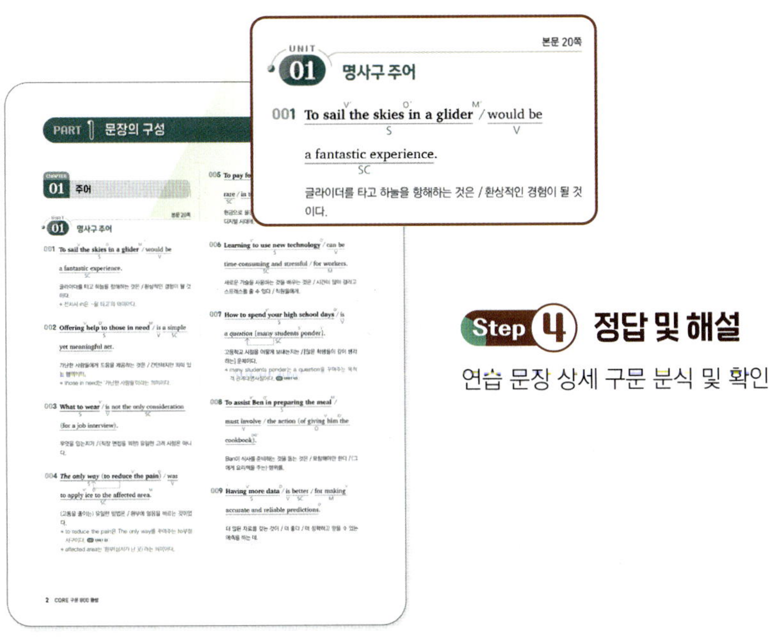

Step 4 정답 및 해설

연습 문장 상세 구문 분석 및 확인

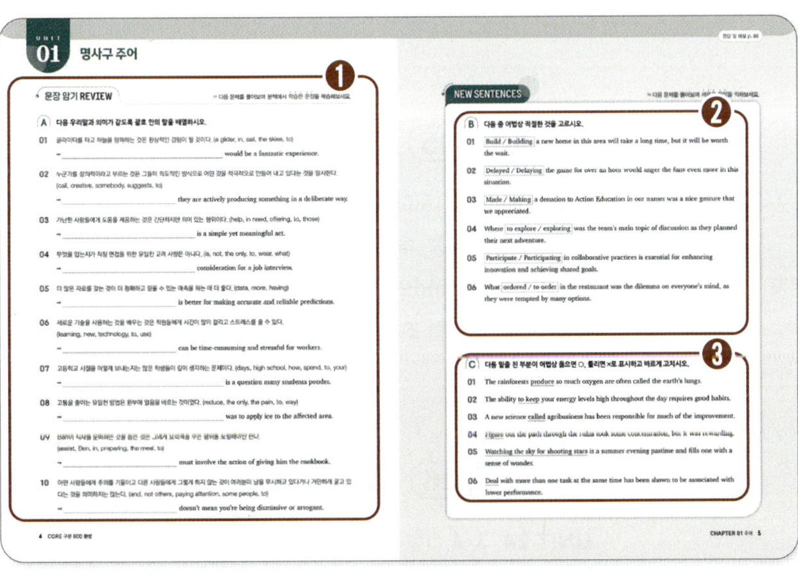

Step 5 WORKBOOK

❶ 학습한 본책 문장으로 배열 유형 학습
❷ 신규 문장으로 한 번 더 구문 적용 연습
❸ 수능 및 내신에 빈출되는 유닛별 맞춤 문제

기호 표기법

기호	의미	기호	의미	기호	의미
S	주어	S′	종속절의 주어	S^1, V^1…	중복 문장 성분
V	동사	V′	구 및 종속절의 동사	/	일반적인 끊어 읽기
SC	주격 보어	SC′	구 및 종속절의 주격 보어	//	절의 구분
O	목적어	O′	구 및 종속절의 목적어	( )	형용사구, 생략어구, 삽입어구
IO	간접목적어	IO′	구 및 종속절의 간접목적어	[ ]	형용사절
DO	직접목적어	DO′	구 및 종속절의 직접목적어	to-v	to부정사
OC	목적격 보어	OC′	구 및 종속절의 목적격 보어	v-ing	동명사/현재분사
M	수식어	M′	구 및 종속절의 수식어	p.p.	과거분사

Contents

Warming Up

구문 학습에 필요한 **기초 문법**

① 품사

1 명사

사물, 개념, 장소, 사람 또는 사물의 이름을 나타내는 말이다.
student, love, mother, school, pencil 등

명사는 셀 수 있는 명사와 셀 수 없는 명사로 구분할 수 있다.
셀 수 없는 명사로는 사람, 사물, 장소 등의 고유한 이름을 나타내는 **고유 명사**,
일정한 형태가 없는 **물질 명사**, 추상적인 개념을 나타내는 **추상 명사**가 있다.

Korea, Thomas, water, money, love, peace 등
명사는 문장 안에서 **주어**나 **목적어** 역할을 할 수 있다.
An umbrella is on the bench. 우산은 벤치에 있다.
He spends **a lot of money**. 그는 많은 돈을 쓴다.

2 대명사

앞에서 언급한 명사를 대신하는 말이다.
a student → he/she   dogs → they   a bike → it

대명사는 문장 안에서 **주어나 목적어** 역할을 할 수 있다.
My uncle is a teacher. **He** is kind. 나의 삼촌은 선생님이다. 그는 착하다.

3 동사

사람, 사물의 움직임이나 상태 등을 나타내는 말이다.

동사는 주어의 움직임을 나타내는 **일반동사**와 주어의 상태를 나타내는 **be동사**로 구분할 수 있다.
I **eat** breakfast at 8'o clock every morning. 나는 매일 아침 8시에 아침을 먹는다.
They **are** our club members. 그들은 우리 동아리의 멤버이다.

조동사는 **일반동사**나 **be동사** 앞에서 그 동사만으로 나타내기 어려운 의미, 즉 능력, 허가, 의무 등을
나타내는 말이다.
I **can** read English books. 나는 영어책을 읽을 수 있다.
You **must** put on your helmet. 너는 헬멧을 써야 한다.

4 형용사 사람, 사물, 동물의 모양, 성질, 상태, 수량 등을 나타내는 말이다.
pretty, cute, kind, many, much 등

형용사는 명사 앞에서 **명사를 꾸며주거나**, be동사 뒤에서 **문장의 주어인 명사를 보충 설명**한다.
This is a **new** dress. This dress is **new**. 이것은 새로운 드레스입니다. 이 드레스는 새 것입니다.

5 부사 장소, 방법, 시간, 빈도 등을 나타내는 말이다.
here, kindly, carefully, early, tomorrow, always 등

부사는 동사, 형용사, 다른 부사, 문장 전체를 꾸며준다.
He **gets up early**. (동사 수식) 그는 일찍 일어난다.

This book is **very interesting**. (형용사 수식) 이 책은 매우 흥미롭다.

She speaks **very slowly**. (다른 부사 수식) 그녀는 매우 천천히 말한다.

Luckily, **he passed the exam**. (문장 전체 수식) 운이 좋게, 그는 그 시험을 통과했다.

6 전치사 명사나 대명사 앞에 쓰여 장소, 시간, 방법 등을 나타내는 말이다.
on, under, at, during, by 등

「전치사 + 명사」는 전치사구로서 문장에서 **형용사나 부사 역할**을 한다.
There is a ball **under the bench**. (장소) 벤치 아래에 공 하나가 있다.
My family moved to Seoul **in 2022**. (시간) 나의 가족은 2022년에 서울로 이사했다.
I went to the library **by bus**. (방법) 나는 버스를 타고 도서관을 갔다.

7 접속사 단어와 단어, 구와 구, 문장과 문장을 연결하는 말이다.
and, but, or, because 등

My daughter is smart **and** pretty. (단어와 단어) 나의 딸은 똑똑하고 예쁘다.
You can go there by bus **or** on foot. (구와 구) 당신은 거기에 버스를 타거나 걸어갈 수 있다.
I like carrots, **but** he doesn't like them. (문장과 문장) 나는 당근을 좋아하지만, 그는 좋아하지 않는다.

접속사는 문장을 대등하게 연결하는 **등위접속사**와 의미상 주절에 이끌리는 문장을 연결하는
종속접속사가 있다.
The movie was sad, **so** I cried. (등위접속사) 그 영화는 슬퍼서 나는 울었다.
When I met him, he looked happy. (종속접속사) 내가 그를 만났을 때, 그는 행복해 보였다.

② 문장의 구성 요소

영어 문장은 주어, 동사, 목적어, 보어, 수식어의 5개의 요소로 이루어지며, 문장의 기본 구성 요소는
주어, 동사, 목적어, 보어이고, 수식어는 기본 구성 요소를 꾸며 주는 역할을 한다.

1 주어 주로 문장 맨 앞에 와 '누가', '무엇이'에 해당하며, 주로 명사와 대명사가 쓰인다.

<u>Sarah</u> runs. Sarah가 달린다.
주어(명사)

<u>He</u> is a student. 그는 학생이다.
주어(대명사)

2 동사 주로 주어 다음에 와 '~이다' 또는 '~하다'에 해당하며, 주어의 상태나 동작을 나타낸다.

She <u>is</u> angry. 그녀는 화가 났다.
동사(상태)

My dog <u>runs</u>. 나의 반려견이 달린다.
동사(동작)

3 목적어 주로 동사 다음에 와 동사의 대상이 되어 '~을,~를'에 해당하며, 주로 명사나 대명사가
쓰인다. 동사 뒤에 목적어가 두 개 오는 경우에는 첫 번째 목적어를 간접목적어, 두 번째
목적어를 직접목적어로 구분하여 '~에게 ~을[를]'로 해석한다.

I drink **water**. 나는 물을 마신다.
　　　목적어(명사)

Julie loves **him**. Julie는 그를 사랑한다.
　　　목적어(대명사)

Tommy gave **his girlfriend a rose**. Tommy가 그의 여자친구에게 장미 한 송이를 주었다.
　　　간접목적어　　직접목적어

4 보어 주격 보어는 주로 동사 뒤에 오고, 목적격 보어는 목적어 뒤에 와 주어나 목적어를 보충
설명하며 주로 명사나 형용사가 쓰인다.

He is **a doctor**. 그는 의사이다.
　　　주격 보어(명사)

My friend is **kind**. 나의 친구는 친절하다.
　　　보어(형용사)

They called their dog **Charlie**. 그들은 그들의 반려견을 Charlie라고 불렀다.
　　　목적격 보어(명사)

She made her parents **angry**. 그녀는 그녀의 부모님을 화나게 만들었다.
　　　목적격 보어(형용사)

5 수식어 문장의 기본 구성 요소(주어, 동사, 목적어, 보어)의 앞뒤에 붙어 꾸며 주는 말로, 형용사
(구)나 부사(구)가 쓰인다.

She became **a famous singer**. 그녀는 유명한 가수가 되었다.
　　　형용사
　　（명사 수식)

The sun **rises in the east**. 해는 동쪽에서 뜬다.
　　　부사구
　　（동사 수식)

Warming Up

③ 구와 절

구는 두 개 이상의 단어들이 모여 문장에서 형용사, 부사 등과 같은 하나의 품사 역할을 한다.
절은 단어가 모여 주어 부분과 술어 부분을 갖춰 문장의 일부 역할을 한다.

1 명사구

명사와 마찬가지로 문장 안에서 주어, 목적어, 보어의 역할을 하며, 주로 to부정사구,
동명사구가 해당한다.

Dancing to the music is a lot of fun. 음악에 춤을 추는 것은 매우 재미있다.
동명사구(주어)

I'm planning **to walk my dog** after dinner. 나는 저녁식사 후에 강아지를 산책 시킬 것을 계획 중이다.
to부정사구(목적어)

His dream is **to become a famous artist**. 나의 꿈은 유명한 예술가가 되는 것이다.
to부정사구(보어)

2 형용사구

형용사와 마찬가지로 문장 안에서 명사나 대명사를 수식하거나 보어의 역할을 하며,
주로 전치사구, to부정사구 그리고 분사구가 해당한다.

The girl **with the blue dress** is smiling happily. 파란 드레스를 입은 소녀가 행복하게 웃고 있다.
전치사구(명사 수식)

I have a book **to read** over the weekend. 나는 주말 동안 읽을 책이 있다.
to부정사구(명사 수식)

She became **excited** about the upcoming vacation. 그녀는 다가오는 휴가에 대해 신이 났다.
분사구(보어)

3 부사구

부사와 마찬가지로 문장 안에서 동사, 형용사, 부사 또는 문장 전체를 수식하며, 주로 전
치사구, to부정사구, 그리고 분사구문이 해당한다.

The flight was delayed **due to bad weather**. 나쁜 날씨 때문에 비행이 연기되었다.
부사구(동사 수식)

The book is difficult **to understand**. 그 책은 이해하기에 어렵다.
부사구(형용사 수식)

Listening to music, he worked on his painting. 그는 음악을 들으며 그림 작업을 했다.
분사구문
(문장 전체 수식)

4 명사절 명사와 마찬가지로 문장 안에서 주어, 보어, 목적어의 역할을 하며, 주로 접속사 that, whether/if, 관계대명사 what 등이 이끄는 절이 해당한다.

What I ordered last week hasn't been delivered yet. 내가 지난주에 주문한 것이 아직 도착하지 않았다.
주어

The problem is **that we don't have enough time**. 문제는 우리가 충분한 시간이 없다는 것이다.
보어

I wonder **whether you completed your project**. 나는 네가 프로젝트를 완료했는지 궁금하다.
보어

5 형용사절 형용사와 마찬가지로 명사를 수식하는 역할을 하며, 관계사절이 해당한다.

The woman **who lives next door** is a famous artist. 옆집에 사는 여자는 유명한 예술가이다.

I read the book **which you recommended**. 네가 추천했던 책을 읽었다.

The car **that he drives** is very expensive. 그가 운전하는 그 차는 매우 비싸다.

6 부사절 문장의 앞이나 뒤에서 문장 전체를 수식하여 부사 역할을 하며, 시간, 조건, 이유, 양보, 목적, 결과 등의 의미를 나타낸다.

When I get home, I'll go straight to bed. 집에 가면 바로 잠자리에 들 거야.
시간을 의미하는 부사절

If you aren't busy tonight, let's go to the movies. 오늘 밤 바쁘지 않다면 영화 보러 가자.
조건을 의미하는 부사절

We had to cancel the picnic **because** it rained a lot. 우리는 비가 많이 와서 소풍을 취소해야 했다.
이유를 나타내는 부사절

Warming Up

 **끊어 읽기**

문장이 길어질수록 여러 가지 수식어구(부정사구, 분사구, 전치사구)나 수식어절(관계사절)이 붙는다.
그래서 문장의 필수 성분인 주어와 동사, 목적어를 한눈에 파악하기가 힘들어진다. 해석에 있어서 가장 중
요한 주어와 동사를 빠르고 정확하게 파악하기 위해서는 군더더기인 수식어구·절을 가려내야 한다.

1 올바른 끊어 읽기 끊어 읽기는 자연스럽게 이어 읽기를 위한 한시적이며 보조적인 방법이다.

① 의미 단위(덩어리)로 끊어 읽되 점점 그 단위를 넓혀 간다.
② 정동사는 정동사답게, 준동사는 준동사답게 해석한다.

종류	기능	형태	해석
정동사	일반적인 동사의 형태	be동사, 조동사, 일반동사	~이다, ~하다, ~였다, ~했다
준동사	동사 원형을 변형한 형태	부정사, 동명사, 분사	~인, ~하는, ~된

2 끊어 읽기의 원리

① 주어가 긴 경우에 주어가 끝나는 동사 앞에서 끊는다.

Learning new languages / takes time and effort.
새로운 언어를 배우는 것은 / 시간과 노력이 든다.

② 보어나 목적어가 긴 경우에 앞에서 끊는다.

The problem / is that we don't have enough time.
문제는 / 우리가 충분한 시간은 없다는 것이다.

She explained / what happened yesterday.
그녀는 설명했다 / 어제 무슨 일이 있었는지.

③ 전치사구 앞에서는 /로 끊는다.

His dream is to travel abroad / after graduation.
그의 꿈은 해외여행을 하는 것이다 / 졸업 후에.

④ 명사절 앞에서는 /로 끊는다.

She said / that Mars is the fourth planet from the sun.
그녀가 말했다 /   화성이 태양에서 네 번째 행성이라는 것을.

⑤ 부사절 앞에서는 //로 끊는다.

He attracted us // because he is very polite and humble.
그는 우리의 마음을 끌어당겼다 // 그가 매우 예의 바르고 겸손하기 때문에.

⑥ 형용사구는 ( )로 묶는다.

The most effective way (to learn a new language) / is to start from a young age.
(새로운 언어를 배우는) 가장 효과적인 방법은   /   어릴 때부터 시작하는 것이다.

⑦ 형용사절은 [ ]로 묶는다.

He is the friend [who always supports me / in difficult times].
그는 친구이다   [항상 나를 지지해 주는   /   어려운 시기에].

PART 1

문장의 구성

학습할 주요 개념을 먼저 정리하고 학습을 시작해 보세요!

필수 check point

UNIT 01 · 명사구 주어

명사구 주어 + V

To burn leaves is against the law in some places.

to부정사구(to+동사원형)와 동명사구(동사원형+-ing)는 문장의 주어가 될 수 있으며, '**~하는 것은, ~하기는**'으로 해석한다. to부정사와 동명사는 모두 동사의 성질을 갖고 있어 보어, 목적어 등을 취할 수 있으며, 명사구 주어는 3인칭 단수로 취급하므로 단수동사가 온다. 그 외 「의문사+to-v」 등의 명사구도 주어로 사용될 수 있다.

» 주어로 사용되는 「의문사+to-v」와 「whether (or not)+to-v」의 해석

what+to-v	무엇을 ~할지는[가]	how+to-v	어떻게 ~할지는[가]
who(m)+to-v	누구를[누구에게] ~할지는[가]	which+to-v	어느 것을 ~할지는[가]
when+to-v	언제 ~할지는[가]	where+to-v	어디에서[어디로] ~할지는[가]
whether (or not)+to-v	~할지 (안 할지)는[가]		

001 **To sail the skies in a glider** / would be a fantastic experience.

글라이더를 타고 하늘을 항해하는 것은 / 환상적인 경험이 될 것이다.
···▸ 전치사 in은 '~을 타고'의 의미이다.

002 **Offering help to those in need** / is a simple yet meaningful act. 학평 응용

가난한 사람들에게 도움을 제공하는 것은 / 간단하지만 의미 있는 행위이다.
···▸ those in need는 '가난한 사람들'이라는 의미이다.

003 What to wear is not the only consideration for a job interview.

004 The only way to reduce the pain was to apply ice to the affected area.

005 To pay for anything in cash is becoming rare in today's digital age.

---

001 fantastic 환상적인, 멋진　**002** meaningful 의미 있는　**003** consideration 고려 사항　**004** reduce 줄이다　apply 바르다, 적용하다　**005** rare 드문

006 Learning to use new technology can be time-consuming and stressful for workers. 학평 응용

007 How to spend your high school days is a question many students ponder.

008 To assist Ben in preparing the meal must involve the action of giving him the cookbook.

009 Having more data is better for making accurate and reliable predictions. 학평 응용

Level Up 고난도 문장으로 실력 키우기

010 Whether to ask for guidance is a decision that requires careful consideration. 모평 응용

011 Paying attention to some people and not others doesn't mean you are being dismissive or arrogant. 학평

012 To call somebody creative suggests they are actively producing something in a deliberate way. 학평

013 Keeping good ideas floating around in your head is a great way to ensure that they won't happen. 학평

---

006 time-consuming 시간이 많이 걸리는　**007** ponder 깊이 생각하다　**008** involve 포함하다　**009** accurate 정확한　reliable 믿을 수 있는　**010** guidance 안내　consideration 고려　**011** pay attention to ~에 주의를 기울이다　dismissive (남을) 무시하는　arrogant 거만하게 구는　**012** deliberate 의도적인 **013** float 떠돌다　ensure 확실히 하다

명사절 주어

 **+** V

<u>What we had hoped for long</u> came true after all.

접속사 that이 이끄는 절, 관계대명사 what이 이끄는 절, 접속사 whether가 이끄는 절, 그리고 의문사가 이끄는 절은 문장의 주어 역할을 한다. 절 안에는 동사가 포함되어 있으므로 문장의 동사와 구별하는 것이 중요하며, 명사절은 모두 단수 취급한다.

» 주어 역할을 하는 명사절의 해석

접속사 that ~	~하는 것은	관계대명사 what ~	~하는 것은
의문사(how/when/where/why/who/what/which)	어떻게/언제/어디서/왜/누가/무엇이/어느 것이 ~하는지는	접속사 whether ~	~인지는
의문사 how many[much]	얼마나 많이 ~인지는		

＋Plus

복합관계사 whoever, whosever, whomever, whichever, whatever 등은 명사절을 이끌어 문장에서 주어 역할을 한다.
- **Whatever we give** will be appreciated by the charity. 우리가 기부하는 모든 것은 자선 단체에서 감사히 받을 것이다.
  → Whatever we give가 문장의 주어 역할을 한다.

---

014 **<u>That the bitter cold will be here soon</u>** / is unfortunate, / but true.

강추위가 여기에 곧 올 것이라는 것은 　　　 / 　불행하다, 　 / 그러나 사실이다.

015 **<u>What appeared to be true</u>** / was ruled out / after further investigation.

사실인 것으로 보였던 것이 　　 / 　배제되었다 　/ 　　추가 조사 후에.
⋯▷「appear+to-v」는 '~인 것으로 보이다'의 의미이다.

016 Why she had chosen that small college was never even discussed until then.

017 Whoever was in charge of that experiment made a significant breakthrough.

---

014 bitter cold 강추위 unfortunate 불행한　**015** rule out ~을 배제하다 investigation 조사　**016** discuss 논의하다　**017** significant 상당한, 중요한 breakthrough 진전, 약진

018   That knowledge is power is a well-established concept in our society.

019   How the team organized their efforts effectively pleased the project manager.

020   Whether we make a profit depends on market conditions and consumer demand.

021   Where the exhibit will be held is still under consideration.

022   What matters most is not the distance traveled but the travel mode (surface versus air). 학평 응용

Level Up   고난도 문장으로 실력 키우기

023   How much you remember the past is often influenced by the significance of the memories.

024   What he said about understanding memory can be extended to our questions about young children's minds. 학평

025   Whether we succeed or fail turns out to be a matter of whether individual humans are rational and intelligent. 학평

026   Whichever route you want to take is ultimately your decision to make, and we will support you either way.

---

018 well-established 잘 정립된 concept 개념   **019** organize 편성하다, 조직하다 effectively 효과적으로   **020** profit 이윤, 이익 condition 상황, 조건 demand 수요, 요구   **021** exhibit 전시회   **022** distance 거리 surface 지상, 표면 versus ~대   **023** influence 영향을 주다   **024** extend 확장하다   **025** rational 이성적인 intelligent 지적인   **026** ultimately 궁극적으로

가주어 it

It is possible to have dinner at the new Italian restaurant downtown.

주어가 to부정사구, 동명사구, 명사절(that/whether/의문사)로 긴 경우에는 그 자리에 가주어 it을 사용하고 구나 절을 문장의 뒤로 보낸다. 이때 가주어 it은 해석하지 않는다.

》 동명사(v-ing)가 진주어로 쓰이는 관용 구문

1. 「It's no use/good v-ing」: ~해 봐야 소용없다
   · **It was no use trying** to work. 일을 하려고 **애써 봐야 소용이 없었다.**

2. 「It's worth v-ing」: ~할 가치가 있다, ~하는 것은 해볼 만하다
   · **It is worth visiting** the museum at least once in your lifetime. 인생에서 적어도 한 번은 그 박물관을 **방문할 가치가 있다.**

3. 「It's nice v-ing」: ~하는 것은 좋다

4. 「It's no fun v-ing」: ~하는 것은 재미없다

> **➕ Plus**
>
> 1. 「It be ~ that」 가주어 – 진주어 구문: that 이하에 완전한 절이 온다.
>   · **It is true that** regular exercise can improve overall health. 규칙적인 운동이 전반적인 건강을 향상시킬 수 있는 것은 사실이다.
>
> 2. 「It be ~ that」 강조 구문: that 이하에 주어나 목적어가 없는 불완전한 절이 온다. 단, 강조하는 부분이 부사구/절일 경우 that 이하에 완전한 절이 올 수 있는데, 이때 that 이하의 절은 부사구/절의 수식을 받는다.
>   · **It was** the concert **that** we attended last summer. 그 콘서트가 우리가 지난여름에 참석했던 콘서트이다.
>   · **It was** last summer **that** we attended the concert. 지난여름에 우리가 그 콘서트에 참석했다.

---

027 It is a good idea / to double-check your work before submitting it.
가주어 V   SC   진주어

(~은) 좋은 생각이다 /   제출하기 전에 너의 과제를 다시 확인하는 것은.
···▶ before submitting it = before you submit it

028 It is no good / talking about the problem without taking *action* (to solve it).
가주어 V   SC   진주어

(~은) 소용이 없다 /   (그것을 해결하기 위한) 조치를 취하지 않고서 문제에 관해 이야기해 봐야.
···▶ 「without v-ing」는 '~하지 않고서'의 의미이다.

029 It is essential that you prioritize your mental health and well-being.

030 It is still a mystery when and how these particular files were erased.

---

027 double-check 다시 확인하다 submit 제출하다 **028** take action 조치를 취하다 **029** prioritize 우선시하다 mental 정신적인 **030** particular 특정한 erase 삭제하다

031 It's okay to keep your professional and personal tasks in one place. 학평

032 It's safe to assume that we can't be real friends with everyone. 학평

033 It did not matter whether it rained or shined because we were determined to enjoy our picnic.

034 It would be unfair to interfere with the shopkeeper's right to make money. 학평

035 It was not surprising that expert chess players could quickly assess the board. 학평 응용

Level Up 고난도 문장으로 실력 키우기

036 It is entirely up to you what you choose to emphasize and pursue in your life journey.

037 It is possible to argue that the influence of books is vastly overshadowed by that of television. 학평 응용

038 It was very exhausting work bringing in the hay from the fields and storing it in the barn.

039 It became clear that when food appeared as a consequence of the rat's actions, this influenced its future behavior. 학평

---

031 professional 직업의 task 일, 과제 **032** assume 가정하다, 추정하다 **033** matter 중요하다 **034** unfair 부당한 interfere with ~을 침해하다 **035** expert 전문의 assess 평가하다 **036** entirely 전적으로 emphasize 강조하다 pursue 추구하다 **037** argue 주장하다 overshadow 가리다 **038** exhausting 지치게 하는 hay 건초 store 보관[저장]하다 **039** consequence 결과 rat 쥐

UNIT 04 · to부정사 / 동명사의 의미상 주어

for + 행위자	+	to-v

It is hard **for me to adjust** to the schedule.

소유격/목적격	+	v-ing

He accepted a wife of **his father's choosing**.

to부정사나 동명사가 나타내는 동작의 행위자를 문장의 주어와 구별하여 '의미상 주어'라고 한다. to부정사의 의미상 주어를 나타낼 때는 일반적으로 「for+행위자」를 to부정사 앞에 쓰고, 동명사의 의미상 주어를 나타낼 때는 동명사 앞에 명사 · 대명사의 소유격을 쓰지만, 구어체에서는 목적격을 쓴다. 의미상 주어가 포함된 표현은 '**~가 …하는 것**'으로 해석한다.

》「of+행위자+to-v」

사람의 성격 · 성질을 나타내는 형용사인 good, kind, nice, wise, generous, polite, considerate, foolish, careless, rude, cruel 등의 뒤에서는 의미상 주어를 「of+행위자」의 형태로 쓴다.

- It was foolish **of him to ignore** the warning signs of change. **그가** 변화의 경고 신호를 **무시한 것은** 어리석었다.

+ Plus

소유격으로 나타내기 어려운 물질명사, 추상명사, all, both, no one, 「명사 and 명사」 등이 동명사의 의미상 주어이면 's를 붙이지 않는다.

- They did not approve of **John and Tom going** on the trip together. 그들은 **John과 Tom이** 함께 여행하는 것을 승인하지 않았다.

---

040 It is difficult / **for any of us** / **to maintain** a constant level of attention.

가주어 V SC 의미상 주어 진주어

(~은) 어렵다 / 우리 중 누구도 / 지속적인 주의력 수준을 유지하는 것은.

041 It was careless / **of the judge** / **to overlook** such crucial evidence in the case.

가주어 V SC 의미상 주어 진주어

(~은) 경솔했다 / 판사가 / 그 사건에서 그런 중요한 증거를 간과한 것은.

042 **My sister's whining** / is her way (of expressing dissatisfaction and seeking attention).

의미상 주어 S V SC

여동생이 징징거리는 것은 / (불만을 표현하고 관심을 구하는) 그녀의 방식이다.

043 We just have to wait for them to naturally re-enter Earth's atmosphere. **학평**

---

040 maintain 유지하다 constant 지속적인 attention 주의, 관심 **041** judge 판사 overlook 간과하다 crucial 중요한 evidence 증거 **042** whine 징징거리다 dissatisfaction 불만족 seek 구하다 **043** naturally 자연스럽게 atmosphere 대기

044   Hurried reading results in the learner forgetting half of what he reads.

045   In order for success to happen, there must be some level of tolerance for mistakes.

046   There is no need for others to present their ideas because they are considered inadequate. 학평 응용

047   Her research led to her becoming the first African-American female doctor to receive a patent. 학평 응용

048   It's easier for a person to accept new values or ideas when they see that others have already done so. 학평

📈 Level Up   고난도 문장으로 실력 키우기

049   There isn't really a way for us to pick up smaller pieces of debris such as bits of paint and metal. 학평

050   He passionately insisted on rich and poor alike being treated equally under the law.

051   These emotional experiences are the result of choices and behaviors that result in our feeling happy. 학평

052   In one survey, 61 percent of Americans said that they supported the government spending more on 'assistance to the poor'. 학평

---

045 tolerance 관용   **046** present 제시하다   consider 여기다   inadequate 부적절한   **047** receive 받다   patent 특허   **048** accept 받아들이다   value 가치
049 pick up ~을 집어 들다   debris 잔해물   metal 금속   **050** passionately 열정적으로   treat 대우하다   equally 동등하게   **051** emotional 감정적인
052 assistance 지원, 원조

it으로 시작하는 관용표현

It + **동사** + **that절**

It seems that the promise might not be fulfilled.

It seems[appears] that ~, It happens that ~, It is likely[unlikely] that ~, It turns out that ~, It follows that ~ 등은 관용적으로 쓰이며 다음과 같이 해석한다.

It seems[appears] that ~	~인 것 같다[~처럼 보인다]
It happens that ~	공교롭게도[우연히] ~한다
It is likely[unlikely] that ~	~할 가능성이 있다[없다]
It turns out that ~	~하는 것으로 판명되다, ~하는 것으로 드러나다
It follows that ~	따라서[결론은] ~이다

+ Plus

「It seems[appears, happens, is likely] that+S+V」는 「S+seems[appears, happens, is likely]+to-v」로 전환할 수 있다.
- **It seems that** she has little to do with the event. 그녀는 그 사건과 거의 관련이 없는 **것 같다**.
  = She **seems to** have little to do with the event.
- **It happened that** he won the tennis match. 그는 **공교롭게도** 테니스 시합에서 승리**했다**.
  = He **happened to** win the tennis match.

053 **It seems** / that as shoe size increases, reading ability improves. 학평
~처럼 보인다 /   신발 크기가 커질수록, 읽기 능력이 향상되는 것.

054 **It is likely** / that your life and career will stop progressing as a result. 학평 응용
가능성이 있다 /   결과적으로 당신의 삶과 경력이 진전하는 것을 멈춤.
⋯▷ = Your life and career are likely to stop progressing as a result.

055 It appears that the parties' problem is a conflict of positions. 학평 응용

056 It turns out that some people want to take a different approach to solving the problem.

---

054 progress 진전하다   **055** conflict 충돌, 갈등 position 입장, 위치   **056** approach 접근 (방식)

057 It follows that architects and engineers work together right from the start. 학평 응용

058 It is unlikely that the product will meet the deadline due to delays in production.

059 It so happened that there was no one to answer the phone when it rang.

060 Naturally, it does not follow that higher income leads to greater happiness.

061 It turns out that we were failing to measure something with far greater impact. 학평

Level Up 고난도 문장으로 실력 키우기

062 It does not seem that we will be able to finish the project on time without additional resources.

063 It seems likely that this sort of person is extremely hard-working, serious, and ambitious. 학평 응용

064 It appears that the erection of the multiple rings took many successive generations. 학평 응용

065 It turned out that the majority of students preferred online learning over traditional classroom instruction.

---

057 architect 건축가 engineer 공학자 **058** delay 지연 production 생산 **060** income 소득, 수입 **061** measure 측정하다 impact 영향력 **062** on time 제시간에 additional 추가의 **063** sort 종류 extremely 매우, 극히 serious 진지한 ambitious 야망이 있는 **064** erection 세움, 건설 multiple 여러 개의, 다수의 successive 잇따른, 연속적인 generation 세대 **065** majority 대다수 traditional 전통적인 instruction 강의

학습할 주요 개념을 먼저 정리하고 학습을 시작해 보세요!

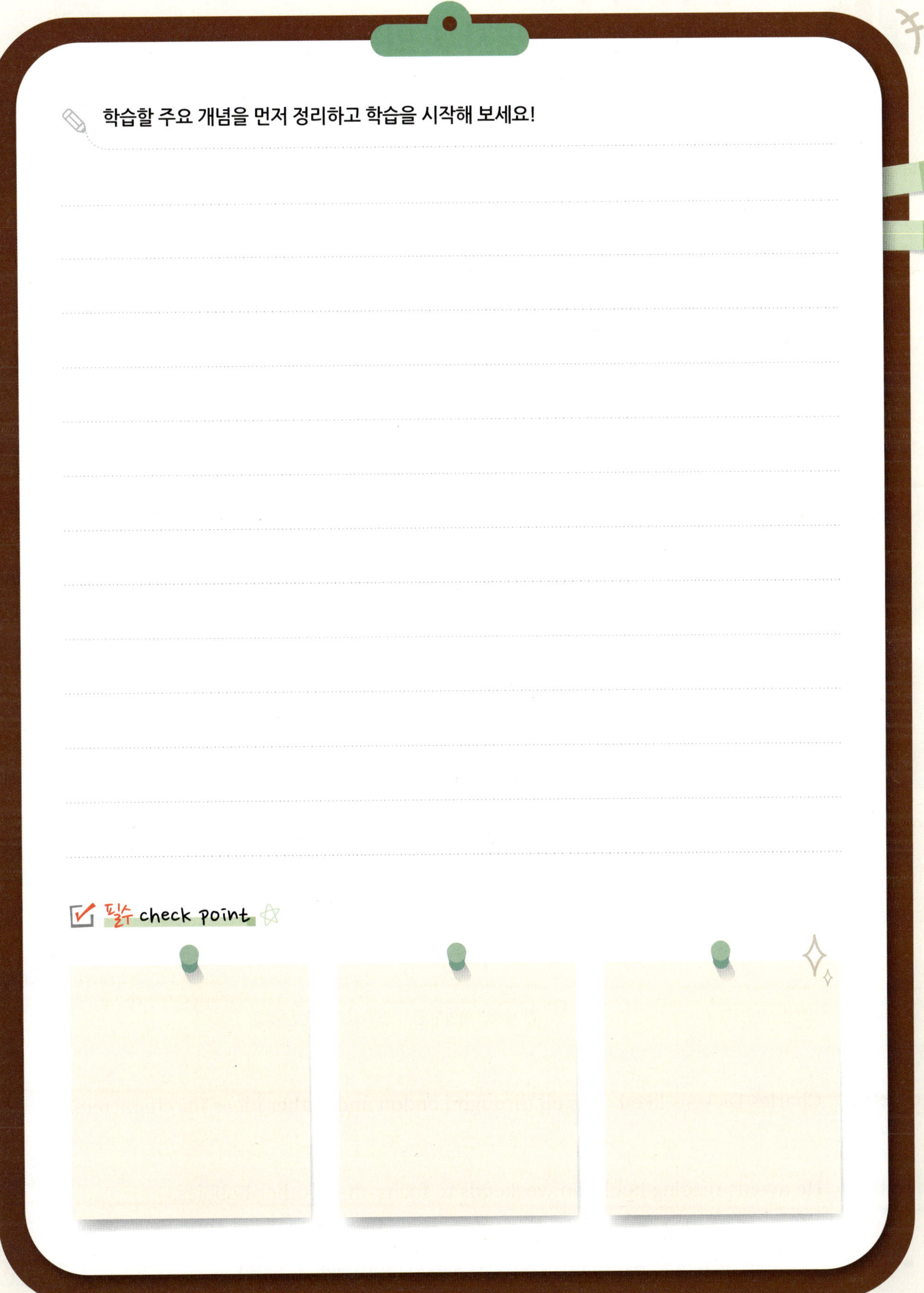
필수 check point

UNIT 06
명사구 목적어
(to부정사구, 동명사구, 의문사구)

$$\boxed{S} + \boxed{V} + \boxed{명사구\ 목적어}$$

The team agreed **to purchase their own uniforms**.

문장의 목적어로 동명사(v-ing)와 to부정사(to-v)가 올 경우 '**~한[할] 것을**'로 해석하며, 동사별로 목적어로 올 수 있는 명사구의 형태에 유의해야 한다. 또한 「의문사+to-v」가 문장의 목적어로 올 경우 '**의문사 ~할지를**'로 해석한다.

to부정사를 목적어로 취하는 동사	동명사를 목적어로 취하는 동사	둘 다를 목적어로 취하는 동사
agree(동의하다), choose(선택하다), decide(결정하다), expect(예상하다), hope/wish(바라다), manage(해내다), need(필요로 하다), plan(계획하다), prepare(준비하다), promise(약속하다), want(원하다)	avoid(피하다), consider(고려하다), deny(부인하다), enjoy(즐기다), escape(모면하다), finish(끝내다), mind(꺼리다, 신경 쓰다), practice(연습하다), quit(그만두다), stop(멈추다), give up(포기하다), put off(연기하다)	begin(시작하다), start(시작하다), like(좋아하다), love(몹시 좋아하다), hate(싫어하다), prefer(선호하다), continue(계속하다)

+ Plus

목적어로 to부정사와 동명사 모두를 취하지만 해석이 다른 경우에 유의해야 한다.

	to부정사		동명사
remember+to-v	~할 것을 기억하다	remember+v-ing	~한 것을 기억하다
forget+to-v	~할 것을 잊다	forget+v-ing	~한 것을 잊다
try+to-v	~하려고 노력하다[애쓰다]	try+v-ing	시험 삼아[그냥] 한번 ~해보다

---

066 I promised / **to use kind and gentle words more** / **just like my teacher**.

나는 약속했다 / 친절하고 부드러운 말을 더 많이 사용할 것을 / 꼭 나의 선생님처럼.

⋯> = I promised that I would use kind and gentle words more just like my teacher.

067 She enjoys / **listening to music (from various cultures around the world)**.

그녀는 즐긴다 / (전 세계의 다양한 문화권의) 음악을 듣는 것을.

068 Charles Dickens liked to stroll through London and gather ideas for characters.

069 He avoids reading books on weekends to focus on his other hobbies.

---

066 gentle 부드러운　**067** various 다양한　**068** stroll 거닐다　gather 모으다　character 등장인물　**069** focus 집중하다

070 For some technical reasons, the ground crew needed to delay the flight.

071 As a boy, Thomas preferred swimming in a pool rather than in the ocean.

072 We begin to lose the ability to keep eye contact around 20 miles per hour. 학평

073 The scientists didn't choose where to conduct their experiment for various reasons.

074 If you want to achieve your goals, you must learn how to tackle distractions. 학평

Level Up 고난도 문장으로 실력 키우기

075 Don't try to put the fire out by throwing water on it, because it will cause an explosion. 학평

076 You often decide what to do next based on your immediate priorities and available resources. 학평 응용

077 You should remember to keep your eyes on the ball at all times while playing defense.

078 Try running your laptop for twenty-four hours on a muffin and see how far you get. 학평

---

070 technical 기술적인 crew 승무원 **071** rather than ~보다는 **072** keep eye contact 눈을 마주치다 **073** conduct 실시하다 **074** achieve 달성하다 tackle 대처하다 distraction 집중에 방해가 되는 것 **075** put out ~을 끄다 explosion 폭발 **076** based on ~에 근거하여 immediate 당면한, 즉시의 priority 우선순위 available 이용할 수 있는 **077** keep one's eyes on ~을 주시하다 defense 수비 **078** laptop 노트북(컴퓨터)

명사절 목적어 1(that, if[whether])

$$S + V + \boxed{that} + S' + V'$$

Isaac Newton proved **that light is made** of 7 colors.

$$S + V + \boxed{if[whether]} + S' + V'$$

I don't know **whether he likes** chocolate.

문장의 목적어로 접속사 that이 이끄는 절이 올 수 있는데 that은 종종 생략 가능하며 'S'가 V'하는 것을, S'가 V'라고'와 같이 해석한다. if나 whether가 이끄는 절이 문장의 목적어로 올 경우 뒤에 or not이 올 수 있다.

+ Plus

that절과 if[whether]절은 직접목적어 역할을 한다.
- He told them **that he was sorry for his mistake.** 그는 그들에게 자신의 실수에 대해 미안하다고 말했다.
- She asked her friend **whether she wanted to go to the movies.** 그녀는 친구에게 영화 보러 가고 싶은지를 물었다.

---

079 My sister thinks / that she needs to make a decision (about her job).

나의 누나는 생각한다   /   (자신의 직업에 관한) 결정을 내릴 필요가 있다고.
···> thinks 다음의 접속사 that은 생략할 수 있다.

080 John wondered / if he would be accepted / into the program for leadership.

John은 궁금해 했다   /   그가 받아들여질지를   /   지도력을 위한 프로그램에.
···> if 대신 whether를 사용할 수 있다.

081 He told his students that they should submit their assignments by Friday.

082 We all know that tempers are one of the key factors in a heated argument. 학평응용

083 They reminded me that I had promised to help them with their presentation.

---

079 make a decision 결정을 내리다   **081** submit 제출하다 assignment 과제   **082** temper 화 factor 요소 argument 논쟁   **083** remind 상기시키다 presentation 발표

084 Tony asked his boss whether he could take next Friday off for a family event.

085 These teenagers argue that they can study more effectively without any distractions. 학평 응용

086 The physicist pondered if he could provide concrete evidence to support his theory.

087 Practically anything of value requires that we take a risk of failure or being rejected. 학평

Level Up 고난도 문장으로 실력 키우기

088 She showed her parents that she was responsible enough to take care of the family pet.

089 You'll determine whether the buyer will encourage others to purchase the product from you. 학평

090 People know that advertisements are used to persuade them to purchase products and services. 학평 응용

091 Musicians wonder whether recordings of popular artists or songs would undermine the demand for live music. 학평 응용

---

084 event 행사 **085** effectively 효과적으로 distraction 집중을 방해하는 것 **086** physicist 물리학자 ponder 숙고하다 concrete 구체적인 evidence 증거 theory 이론 **087** practically 사실상 take a risk 위험을 무릅쓰다 reject 거절하다 **088** responsible 책임감 있는 **089** determine 알아내다, 결심하다 purchase 구매하다 **090** advertisement 광고 persuade 설득하다 **091** undermine 약화시키다

UNIT 08 · 명사절 목적어 2 (관계대명사 what, 의문사)

S + V + what/wh- + S′ + V′

She explained **what she needed** for the project.

문장의 목적어로 관계대명사 what이 이끄는 절, 의문대명사(who, whom, what, which)가 이끄는 절, 의문부사 (where, when, how, why)가 이끄는 절, 복합관계대명사(whoever, whatever, whichever)가 이끄는 절이 올 수 있으며 다음과 같이 해석한다.

» 의문사 및 관계대명사가 이끄는 명사절의 해석

의문대명사	의문대명사가 주어일 때: 누가[무엇이, 어느 것이] ~하는지를
	의문대명사가 목적어일 때: S′가 누구를[무엇을, 어느 것을] ~하는지를
	의문대명사가 주격 보어일 때: S′가 누구인지를[무엇인지를, 어느 것인지를]
의문부사	S′가 어디서[언제, 왜, 어떻게] ~하는지를
관계대명사 what	~하는 것을
복합관계대명사	~하는 누구든지[무엇이든지, 어느 것이든지]

✚ Plus

what, whose, which는 뒤의 명사를 수식하는 의문형용사로도 쓰인다.
- We discussed **what devices** we used for communication. 우리는 의사소통을 위해 **무슨 장치를** 이용하는지를 논의했다.
- I didn't know **whose instruction** I should follow to do the job. 나는 그 작업을 하기 위해 **누구의 지시를** 따라야 하는지 몰랐다.
- She couldn't decide **which book** she should read next. 그녀는 다음에 **어떤 책을** 읽어야 할지 결정할 수 없었다.

092 Do you imagine / **what you could have been** // **if you had an email?** 학평

상상하나요 / 당신이 무엇이 될 수 있었는지 // 당신에게 이메일이 있었다면?
···▶ 의문사 what이 이끄는 명사절이 타동사 imagine의 목적어이다.

093 The company will test / **how well one of its new products works** / before

launch. 학평 응용

회사는 테스트할 것이다 / 그 신제품 중 하나가 얼마나 잘 작동하는지를 / 출시 전에.
···▶ 「one of+복수명사」는 '~ 중 하나'라는 의미로, 주어로 쓰인 경우 단수동사가 온다.

094 Science still cannot explain why some animals behave oddly before earthquakes.

---

092 imagine 상상하다　**093** launch 출시, 발사　**094** oddly 이상하게　earthquake 지진

095 The priests wondered when humanity might have first thought of and made clocks. 학평 응용

096 Members of the club may invite whomever they want to the annual club gathering.

097 The committee will support whoever is chosen for the new position.

098 Preschoolers believe what their parents tell them in a very profound way. 학평

099 My parents didn't tell me where they hid the car key for emergency situations.

100 A woman in the audience asked the author why he wrote the story in the present tense.

Level Up 고난도 문장으로 실력 키우기

101 We always debated which television program was better between "Game of Thrones" and "Breaking Bad."

102 I inquired where the committee members wished to meet so that I could make the proper arrangements.

103 You quickly see how many people believe they could play, coach, and manage sport teams successfully 학평

104 We should always question whatever statement the official makes to ensure transparency and accountability.

---

095 priest 성직자 humanity 인류　**096** annual 연례의, 1년의 gathering 모임　**097** committee 위원회　**098** preschooler 미취학 아동 profound 깊은, 심오한　**099** hide 숨기다 emergency situation 긴급 상황, 비상사태　**100** author 작가 tense 시제　**101** debate 논쟁하다　**102** inquire 문의하다 arrangement 준비　**103** manage 관리하다　**104** statement 발언, 진술 transparency 투명성 accountability 책임성

재귀대명사 목적어 / 전치사의 목적어

S + V + O(=S)

He hurt **himself** while playing football.

전치사 + O

The outcome will depend **on how it is processed**.

동사의 동작이 주어 자신에게 행해져서 「S =O」인 경우에는 목적어로 재귀대명사를 사용하고 **'자신을, 자신에게'**라고 해석한다. 또한 재귀대명사는 준동사(to부정사, 동명사, 분사구)의 목적어가 의미상 주어와 같은 경우에도 사용된다.

전치사의 목적어로는 명사(구), 대명사 이외에 동명사, 의문사절, whether절, 「의문사+to부정사」가 쓰인다. 단, to부정사는 전치사의 목적어로 사용되지 않는다.

» 주의해야 할 전치사의 목적어

to가 전치사로 사용된 동사구에서는 뒤에 동명사를 사용해야 하며, to부정사가 아닌 것에 유의해야 한다.

object to+v-ing	~하는 것에 반대하다	look forward to+v-ing	~하기를 고대하다
be used to+v-ing	~하는 데 익숙하다	be devoted to+v-ing	~하는 데 헌신[전념]하다

+ Plus

that절은 원칙적으로 전치사의 목적어로 사용될 수 없지만 예외적으로 가능한 경우가 있다.

1. in that: ~라는 점에서, ~이므로
- The boy was fortunate **in that** he had friends to help him. 그 소년은 자신을 도와줄 친구들이 있다**는 점에서** 운이 좋았다.

2. except that: ~라는 것 외에는, ~이라는 것을 제외하면
- The cake was perfect, **except that** it was missing icing. 그 케이크는 아이싱이 빠졌다**는 것 외에는** 완벽했다.

105 We often challenge **ourselves** / to explore beyond our comfort zones.

우리는 자주 우리 자신에게 도전한다 / 우리의 안전지대에서 벗어나 탐험하기 위해.

106 You could make a new best friend / simply **by visiting a different park**. 학평

여러분은 새로운 가장 친한 친구를 사귈 수 있다 / 그저 다른 공원을 방문함으로써.
⋯> 「by+v-ing」는 '~함으로써'의 의미이며, visiting ~ park는 전치사 by의 목적어이다.

107 You can understand the likelihood of whether a buyer will repurchase the product.

학평 응용

---

105 explore 탐험하다 comfort zone 안전지대 107 likelihood 가능성 repurchase 재구매하다

108 Over-optimism about what can be achieved within a set time period is a problem. 학평 응용

109 Direct soothing and directive guidance of what to do are beneficial for younger children. 학평

110 My youngest sister excels in her studies in that she consistently achieves top grades. 학평

111 You're forcing yourself to do something that will benefit you in the long run.

112 The plan was flawless, except that it didn't account for unexpected weather conditions.

Level Up 고난도 문장으로 실력 키우기

113 It feels as though time flows effortlessly and the present is constantly updating itself. 학평

114 Japanese tend to be reserved in their interactions and do little disclosing about themselves to others. 학평 응용

115 Don't blame yourself too hard for making mistakes; they are opportunities for learning and growth.

116 Individuals differ in how they like to manage their time to meet work and outside responsibilities.

117 Professionals with years of training may find themselves being given advice on how to do their jobs. 학평 응용

---

108 over-optimism 지나친 낙관주의 **109** sooth 달래다 beneficial 유익한 **110** excel 출중하다, 탁월하다 consistently 꾸준히 **111** benefit 이롭게 하다 in the long run 결국 **112** flawless 흠이 없는 account for ~을 고려하다 **113** flow 흐르다 effortlessly 쉽게, 노력하지 않고 constantly 지속적으로 **114** reserved 수줍어하는 interaction 상호 작용 disclose 공개하다 **115** blame 나무라다 **116** differ 다르다 **117** professional 전문가

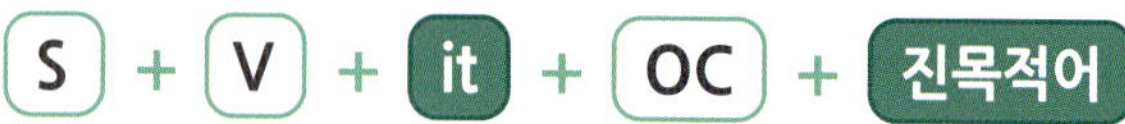

I find **it** strange **to see him acting so differently in this situation**.

「S+V+O+OC」 구문에서 to부정사, 동명사, 명사절이 목적어로 쓰일 때 목적어를 간단히 it(가목적어)으로 표시하고 진짜 목적어는 문장의 뒤로 보내 「S+V+it(가목적어)+OC+진목적어」의 형식을 만들 수 있다. 이때 가목적어 it은 해석하지 않고 진목적어가 원래 목적어 자리에 있던 것처럼 해석한다. 주로 believe, consider, feel, find, keep, make, take, think 등의 동사와 함께 쓰인다.

» 목적어의 이동

1. 「S+V+짧은 부사어구+긴 목적어」
- She judged by the sound **that the fall was a mere slip**.
  그녀는 소리를 통해서 **넘어진 것이 단순히 미끄러진 것이라고** 판단했다.

2. 「S+V+짧은 목적격 보어+긴 목적어」
- The technology keeps private **patient health information**. 그 기술은 **환자의 건강 정보를** 비밀로 유지한다.

✚ Plus

1. 「make it a rule+to-v」: ~하는 것을 규칙으로 삼다
- We **make it a rule to** always wear helmets when riding bicycles.
  우리는 자전거를 탈 때 항상 헬멧을 쓰는 것을 **규칙으로 삼는다**.

2. 「take it for granted that ~」: ~을 당연하게 여기다
- Some people **take it for granted that** they are superior to others.
  일부 사람들은 자신들이 남보다 우수하다는 **것을 당연하게 여긴다**.

---

118 The slow pace of transformation / makes **it** easy / **to break a bad habit**. 학평
　　　　　　S　　　　　　　　　　　　V 가목적어 OC　　　진목적어

　　　　　느린 변화의 속도는　　　/　　쉽게 만든다　/　나쁜 버릇을 고치는 것을.
⋯> 의역: 변화의 속도가 느리면 나쁜 버릇을 고치기가 쉽다.
⋯> 「S+V+O+OC」 구문에서 S가 사람이 아니라 무생물이면, S를 부사구처럼 해석한다.

119 We found **it** disappointing / **that the event was canceled** / **at the last minute**.
　　　S　　V 가목적어　　　OC　　　　　　　　　진목적어

　　　우리는 실망스럽다고 생각했다　/　　그 행사가 취소된 것이　　/　마지막 순간에.

120 I consider it essential to exercise regularly for maintaining good health.

121 Some people believe it unfair to judge others based on their past mistakes.

---

118 transformation 변화, 변형　**119** disappointing 실망스러운　**120** essential 필수적인　maintain 유지하다

122 They make it a rule to turn off all electronic devices before going to sleep.

123 We think it necessary to invest in renewable energy sources for a sustainable future.

124 People find it exciting traveling to new destinations and experiencing different cultures.

125 Many individuals take it for granted that their loved ones will always be there for them.

126 The severe weather conditions made it impossible to deliver the service on time. 학평 응용

Level Up 고난도 문장으로 실력 키우기

127 Scientists believe it possible that the project will be delayed due to unexpected circumstances.

128 Dick thought it remarkable that a painter should choose to work in such a crowded market.

129 These victim students of distractions found it very difficult to study anywhere except in their private bedrooms and libraries. 학평 응용

130 The brain does not consider it valuable to remember all of the details as long as it is able to convey the main message. 학평

---

122 electronic device 전자기기   **123** invest 투자하다 renewable energy 재생 에너지 sustainable 지속 가능한   **124** destination 목적지   **126** severe weather 악천후 deliver the service 서비스를 제공하다   **127** delay 지연시키다 unexpected 예상치 못한 circumstance 상황, 환경   **128** remarkable 놀라운 crowded 혼잡한, 붐비는   **129** victim 희생자 except ~을 제외하고   **130** valuable 가치 있는 detail 세부 사항 convey 전달하다

CHAPTER 03

보어

학습할 주요 개념을 먼저 정리하고 학습을 시작해 보세요!

필수 check point

UNIT 11 · 구와 절 형태의 주격 보어

<u>That</u> <u>is</u> **how we must think about the current state of the world**.

주격 보어로 to부정사, 동명사, that절, 관계대명사절, 의문사절, whether절이 올 수 있다. 주어가 무엇을 나타내는지 보충 설명해 주는 주격 보어로 분사가 오는 경우 분사는 주어의 상태나 동작을 보충 설명해 준다. 현재분사는 능동으로 '**~하면서**'의 의미이고, 과거분사는 수동으로 '**~되어**'의 의미이다.

» 분사가 주격 보어로 쓰이는 경우

감각동사	look(~하게 보이다, ~한 것 같다), feel(~한 느낌이 들다, 기분이 ~하다), sound(~하게 들리다), seem[appear](~하게[~한 것으로] 보이다)
상태의 변화동사	become, get, grow, turn, go(~한 상태로 되다, ~하게 되다)
상태의 계속동사	keep(계속해서 ~하다[이다]), remain(~한 대로이다, 여전히 ~이다)

＋ Plus

seem[appear](~인 것 같다), prove[turn out](~로 판명되다), come[get/grow](~하게 되다), happen(우연히(공교롭게) ~하다) 다음의 to부정사는 주격 보어로 쓰인다.
 • The weather **turned out to be** perfect for our outdoor picnic. 날씨는 우리의 야외 소풍을 위해 완벽한 **것으로 판명됐다**.

---

131 His goal this year / is **to master the art of playing the guitar** / for himself.

        S   V

올해 그의 목표는 / 기타를 연주하는 기술을 숙달하는 것이다 / 혼자 힘으로.
···> to부정사가 이끄는 명사구가 주격 보어이다.

132 Her chosen form of exercise / was calmly **practicing yoga** / at the local studio.

그녀가 선택한 형태의 운동은 / 차분하게 요가를 연습하는 것이었다 / 지역 연습실에서.
···> calmly의 수식을 받는 동명사구 practicing yoga ~ studio가 주격 보어이다.

133 One obstacle of such a trip / is **that it would require** / a lot of preparation.

그런 여행의 한 가지 장애물은 / 그것이 필요로 할 것이라는 것이다 / 많은 준비를.
···> 접속사 that이 이끄는 명사절이 주격 보어이다.

134 The children remained playing in the park until the sun began to set.

---

131 master 숙달하다 for oneself 혼자 힘으로 **132** local 지역의 studio 연습실 **133** obstacle 장애(물), 방해 require 필요로 하다 preparation 준비
134 set (해가) 지다

135 Your opinion of the show was what ultimately influenced my decision to watch it.

136 Almost all the students got distracted by their mobile phones at least once.

137 To violate this principle is to set up even greater rivalry between siblings. 학평

138 The team's new challenge was exploring different hiking trails in the mountains.

139 Collaboration in chimps seems to emerge from an 'every chimp for himself' mentality. 학평

Level Up 고난도 문장으로 실력 키우기

140 The real lesson of the study is that we should all relax a little and not let our work take over our lives. 학평

141 The dilemma we face is whether we would use the new software or stick with the current one.

142 The way we wish the world to be is how, in the movies, it more often than not winds up being. 수능

143 The goal of the fair is to encourage them to be interested in science through guided experiments. 학평

---

135 ultimately 궁극적으로　**136** distract 주의를 산만하게 하다　**137** violate 위반하다　principle 원리　set up 만들다, 설정하다　rivalry 경쟁　sibling 형제자매　**138** challenge 도전　**139** collaboration 협업　emerge 나오다　mentality 정신력　**140** relax 휴식을 취하다　take over ~을 장악하다　**141** dilemma 딜레마, 진퇴양난　stick with ~을 고수하다　current 현재의　**142** more often than not 종종, 대개　wind up (상황에) 처하게 되다　**143** fair 박람회

UNIT 12 · 명사 / 형용사 목적격 보어

Important landmarks make the city **a tourist attraction**.

목적격 보어는 동사의 의미를 보충해서 목적어에 대한 묘사를 완전히 하는 것을 말한다. 가장 흔한 것이 명사나 형용사인데, 목적어와 목적격 보어의 관계는 '주어와 술어'의 관계가 성립한다.

» 명사·형용사 목적격 보어를 취하는 동사의 해석

think, believe, find, consider, suppose, imagine, hold	O가 OC라고[하다고] 생각하다, 여기다
make, keep, leave, turn, drive, set	O를 OC하게 만들다[두다], O를 OC(의 상태)로 만들다
call, name	O를 OC로 부르다
elect, appoint	O를 OC로 선정하다, 선출하다, 임명하다

✚ Plus

1. 「consider+O+(as/to be)+OC(명사/형용사)」 =「consider that+S′+be동사+SC′(명사/형용사)」
- They **consider him a valuable asset** to the team. 그들은 **그를 팀의 귀중한 자산으로** 여긴다.
  = They **consider that he is a valuable asset** to the team.

2. 「believe[find]+O+(to be)+OC(명사/형용사)」 =「believe[find] that+S′+be동사+SC′(명사/형용사)」
- He **finds the students capable** of great things. 그는 **그 학생들이 훌륭한 일을 할 수 있다고** 생각한다.
  = He **finds that the students are capable** of great things.

---

144 They thought / themselves **the most innovative thinkers** / in the industry.
　　　　S　　V　　　　O　　　　　　　　OC　　　　　　　　　M

그들은 생각했다　/　　　　자신들을 가장 혁신적인 사상가라고　　　　/　그 산업에서.
⋯➤ = They thought themselves to be the most innovative thinkers ~.

145 Her absence left / the party room **quiet** / and **full** of a sense of longing.
　　　　S　　　V　　　　O　　OC¹　　　　OC²　　　　M

그녀의 부재는 만들었다　/　그 파티룸을 조용하게　/　그리고 갈망의 느낌이 가득하게.
⋯➤ 의역: 그녀의 부재로 파티룸이 조용해지고 갈망의 느낌으로 가득해졌다.
⋯➤ 목적격 보어인 형용사 quiet와 full이 병렬로 연결되어 있다.

146 The director will name Terri one of the lead singers at the choir celebration.

147 She made the event memorable by organizing an array of activities for the guests.

---

144 innovative 혁신적인　**145** absence 부재 longing 갈망　**146** name 선정하다, 명명하다 choir 합창단 celebration 축하 공연　**147** memorable 기억할 만한

148 In an attempt to keep the eyes open as much as possible, the eyelids involuntarily speed up. 학평

149 They call this the "inverted pyramid" structure — the most important information is at the top. 학평

150 But this is a short-lived effect, and in the long run, people find such sounds too bright. 학평

151 The government appointed my father an ambassador to serve as a representative of our nation.

152 We believe the candidate highly qualified for the position, given his impressive experience and skill.

Level Up 고난도 문장으로 실력 키우기

153 The company considered the proposal innovative and fresh to address challenges.

154 Your mind makes your last thoughts part of reality — but this time, that "reality" is positive, not negative. 학평

155 Though she is famous for being an editor, many critics consider her novel *Plum Bun* Fauset's strongest work. 학평 응용

156 Relying on only a few varieties of cultivated crops can leave humankind vulnerable to starvation and agricultural loss. 학평 응용

---

148 eyelid 눈꺼풀 involuntarily 무의식적으로 **149** inverted 역의, 거꾸로 된 **150** short-lived 일시적인, 단명의 in the long run 장기적으로 **151** appoint 임명하다 ambassador 대사 representative 대표자 **152** candidate 후보자 qualified 자격이 있는 impressive 인상적인 **153** proposal 제안 address 처리하다, 다루다 **155** editor 편집자 critic 비평가 **156** variety 종류, 변화 cultivate 재배하다 crop 작물 starvation 기아

to부정사 / 원형부정사 목적격 보어

$$\boxed{S} + \boxed{V} + \boxed{O} + \boxed{OC(to\text{-}v/v)}$$

A group of friends asked me **to take a picture of the flowers**.

to부정사를 목적격 보어로 가지는 동사는 주로 목적어에 어떤 행동을 유도, 요청, 강제, 허용하는 등의 의미를 갖는다. 원형부정사를 목적격 보어로 가지는 동사는 사역동사와 지각동사이다. 목적어와 목적격 보어는 '주어와 술어' 관계가 성립하여 '**목적어가 …하기를[하도록/하라고]**'이라고 해석한다.

» to부정사를 목적격 보어로 가지는 동사

advice	조언하다	allow	허락하다	ask/require	요청하다/요구하다
cause	일으키다	force/compel	강제하다	encourage	장려하다
expect	예상하다	get	시키다	enable	~할 수 있게 하다
order	명령하다	permit	허락하다	persuade	설득하다
teach	가르치다	tell	말하다	want/wish	원하다

» 원형부정사를 목적격 보어로 가지는 동사

make, have, let	~가 …하도록[~하게] 만들다[시키다, 허락[허용]하다]
see, watch, look at, notice, observe	~가 ~하는 것을 보다[알아차리다]
hear, listen to, feel	~가 ~하는 것을 듣다[느끼다]

✛ Plus

help는 목적격 보어로 to부정사와 원형부정사를 모두 가질 수 있으며 '~가 …하는 것을 돕다, ~이 …하도록 돕다'로 해석한다.
• She **helped** her friend (**to**) **move** into her new apartment. 그녀는 자신의 친구가 새 아파트로 **이사하는 것을** 도왔다.

---

157 The school wants / the students **to attend** the workshop (on research skills).
 S   V   O   OC

그 학교는 원한다   /   학생들이 (조사 기술에 관한) 워크숍에 참석하기를.
···▶ 「want+O+OC(to-v)」는 '~가 …하기를 원하다'의 의미이다.

158 Our recycling program will make / our apartment complex / **look more pleasant**.
 S   V   O   OC

우리의 재활용 프로그램은 만들 것이다   /   우리 아파트 단지를   /   더 쾌적해 보이게.
···▶ 「make+O+OC(v)」는 '~을 …하게 만들다'의 의미이다.

159 Erda watched the sunlight slide through the mosaic of leaves above her. 학평 응용

---

157 attend 참석하다 research 조사, 연구   **158** apartment complex 아파트 단지 pleasant 쾌적한   **159** slide 스미다, 미끄러지다 mosaic 모자이크

160 The animal shelter helped stray animals in trouble to find loving homes.

161 A car accident injury forced her to end her career as a flight attendant. 학평 응용

162 Play allows children to explore their imaginations and develop crucial social skills.

163 The residents on the island suddenly felt the ground shake underneath their feet.

164 A great teacher can have each of his students realize his own virtues and strengths.

165 The saint told the man to take care of a hundred camels in his group that night. 학평 응용

Level Up 고난도 문장으로 실력 키우기

166 Despite the uncertainty, they let their hopes influence their reasoning as they pursued their dreams.

167 The response profile of each species will enable it to locate sources of smell that are relevant to it. 학평

168 Electronic reporting systems require home care workers to report on their activities and the time spent. 학평

169 Every event that causes you to smile makes you feel happy and produces feel-good chemicals in your brain. 학평

---

160 animal shelter 동물 보호소 stray 길을 잃은 **161** flight attendant 승무원 **162** crucial 중요한 **163** resident 주민 underneath ~의 아래에 **164** virtue 미덕 **165** saint 성자 take care of ~을 돌보다 camel 낙타 **166** despite ~에도 불구하고 uncertainty 불확실성 reasoning 추론 **167** response 반응 profile 도표, 측면 locate 위치를 찾다 relevant 관련된 **168** home care worker 재택 간호종사자 **169** chemical 화학 물질

# 14. 분사 목적격 보어

$$\boxed{S} + \boxed{V} + \boxed{O} + \boxed{OC(v\text{-}ing\,/\,p.p.)}$$

He <u>saw</u> <u>his son</u> **eating** cookies before dinner.

목적격 보어로 현재분사와 과거분사가 쓰일 수 있다. 현재분사가 쓰일 때는 목적어가 행위의 주체임을 나타내며 동작이 계속 진행 중이거나 아직 끝나지 않았음을 강조한다. 과거분사가 쓰일 때는 목적어가 행위의 대상임을 나타내며 수동의 의미를 갖는다.

» 현재분사가 목적격 보어로 올 때의 해석(능동)

feel, hear, see, watch, smell(지각동사)	O가 OC하고 있는 것을 느끼다[듣다, 보다, 냄새를 맡다]
catch, find	O가 OC하고 있는 것을 목격[발견]하다
get, have, keep	O가 OC하게 하다[유지하다]
leave, set	O가 OC하게 두다[하다]

» 과거분사가 목적격 보어로 올 때의 해석(수동)

make, have, get(사역동사)	O가 OC되게 하다	feel, hear, see(지각동사)	O가 OC된 것을 느끼다[듣다, 보다]
catch, find	O가 OC된 것을 목격[발견]하다	keep	O가 OC되게 유지하다
leave	O가 OC되게 하다	like	O가 OC된 것을 좋아하다
want	O가 OC되기를 원하다		

> **✛ Plus**
>
> 「S+have[get]+O+과거분사(p.p.)」는 'S는 (누군가를 시켜) O가 OC되도록 하다'와 'S는 O를 OC당하다'의 의미가 있다.
> - She **had[got]** her handbag **mended** by the skilled artisan. 그녀는 자신의 핸드백을 숙련된 장인에게 **수선시켰다**.
> - The boy **had[got]** his bike **stolen** while playing in the park. 소년은 공원에서 노는 동안 자전거를 **도난당했다**.

170 He felt / the cold rain **soaking** through his clothes, / **sending** shivers down his back.

S　V　　　　O　　　　　　　　　　　　　　　OC

그는 느꼈다 /　차가운 빗줄기가 그의 옷 사이로 스며들고 있는 것을, /　　　자신의 등에 전율을 보내며.

171 The manager kept / her team **motivated** / with regular feedback and encouragement.

　　　S　　V　　　O　　　　　　　　　　OC

관리자는 계속 (~하도록) 했다 / 자신의 팀이 자극받도록 /　　　　　정기적인 피드백과 격려로.
···> 「keep+O+OC(과거분사)」의 구문에서 O와 OC(과거분사)는 수동의 관계이다.

172 The company had its website redesigned by a team of designers and developers.

173 Upon entering the house, she found her phone charging on the kitchen counter.

---

170 soak 스며들다, 젖다 shiver 전율 **171** motivate 자극하다, 동기를 부여하다 regular 정기적인 encouragement 격려 **172** redesign 다시 디자인하다
173 charge 충전하다 kitchen counter 부엌 조리대

174 During the meeting, she made her opinion clearly known by speaking up confidently.

175 The poor employment market has left them feeling locked in an ultimately unsatisfying job. 학평 응용

176 The technician keeps the sound system running smoothly by regularly updating its components.

177 Last summer, they got their house painted with vibrant colors, giving it a lively atmosphere.

178 Before she started her car, she noticed a woman standing outside in front of the building. 학평 응용

Level Up 고난도 문장으로 실력 키우기

179 A stroke left Stuart partially paralyzed, but he still continued to paint for two years. 학평 응용

180 The new couple caught some of the neighbors gossiping about them while they were passing by the fence.

181 He set the machine going with a series of precise adjustments and stepped back to observe its operation.

182 During the 2019 trial excavation, a team of archaeologists found a treasure of ancient artifacts buried beneath the ruins.

---

175 be locked in ~에 갇혀 있다 unsatisfying 만족스럽지 못한 **176** component 구성 요소 **177** vibrant 생동감 넘치는 atmosphere 분위기 **179** stroke 뇌졸중 partially 부분적으로 paralyze 마비시키다 **180** gossip 험담하다 **181** a series of 일련의 precise 정밀한 adjustment 조정 observe 관찰하다 operation 작동 **182** excavation 발굴 archaeologist 고고학자 ancient 고대의 artifact 유물, 인공물 bury 묻다 ruins 유적지

PART

2

서술어

CHAPTER 04

동사의 시제

필수 check point

현재시제의 다양한 의미

$$\boxed{S} \ + \ \boxed{v(\text{-es}\,/\,\text{-s})}$$

Paul **studies** Spanish.

현재시제는 현재 일어나고 있는 일을 나타내는 데 사용되며, 습관적이거나 반복되는 행동, 과학적 사실이나 진리, 속담을 나타낼 때에도 쓰인다. 또한 every와 같은 형용사와 함께 쓰이는 부사구, always, usually, often 등의 부사와도 함께 쓰이며 보통 '**~한다**'라고 해석한다.

- I **go** to the gym on Saturdays. 나는 토요일마다 체육관에 **간다**. (반복되는 행동)
- The earth **revolves** around the sun. 지구는 태양 주위를 **돈다**. (과학적인 사실)
- Slow and steady **wins** the race. 천천히 그리고 꾸준히 하면 경기에서 **이긴다**. (속담)
- I **take** the subway to work every day. 나는 매일 지하철을 **타고** 출근한다. (「every ~」와 함께)

+ Plus

시간과 조건의 부사절에서는 현재시제가 미래시제를 대신하여 쓰인다.
- When I **see** her later, I'll tell her the news. 나중에 그녀를 **볼** 때, 내가 그녀에게 소식을 전할게. (시간)
- I'll help you with your homework if you **ask** me. 네가 **부탁하면** 네 숙제를 도와줄게. (조건)

---

183 The store / **opens** at 9 a.m. / and **closes** at 10 p.m. / every day.
 S V¹ M¹ V² M² M

그 가게는 / 오전 9시에 문을 연다 / 그리고 오후 10시에 문을 닫는다 / 매일.
···▶ 반복적인 행동을 나타내는 부사구 every day와 함께 현재시제가 쓰였다.

---

184 Our perception / always **involves** / some imagination. 학평
 S V O

우리의 지각은 / 항상 포함한다 / 어느 정도의 상상력을.

---

185 They argue with each other every time they see each other.

---

186 A dog is a mammal with four legs.

---

187 All that glitters is not gold.

---

184 perception 지각 involve 포함하다, 수반하다 imagination 상상(력) **185** argue 다투다 **186** mammal 포유동물 **187** glitter 반짝이다

188 An apple a day keeps the doctor away.

189 If you possess a high level of ability in an area, others may desire to connect with you because of it. 학평

190 The decline in the diversity of our food is an entirely human-made process. 

191 Unless you finish your homework, you can't watch TV.

Level Up 고난도 문장으로 실력 키우기

192 Children learn from a picture book that words and illustrations complement and enhance each other. 수능

193 Early to bed and early to rise makes a man healthy, wealthy, and wise.

194 In the virtual world, we have a tendency to be less defensive. 모평 응용

195 If it rains tomorrow, we will have to find an alternative plan for our weekend.

---

188 keep ~ away ~을 멀리하게 하다   **189** possess 소유하다 connect with ~와 연결되다   **190** decline 감소 diversity 다양성   **191** unless ~하지 않으면
192 illustration 삽화 complement 보완하다 enhance 향상시키다   **193** wealthy 부유한   **194** virtual 가상의 tendency 경향 defensive 방어적인   **195**
alternative 대안의

미래를 나타내는 표현

It **will snow** all day tomorrow.

미래시제는 미래에 일어날 일을 표현하는 데 사용된다. 주로 조동사 will과 함께 쓰이며, 미래에 일어날 단순한 행동이나 사건, 미래에 대한 결심이나 약속 또는 예상이나 추측을 나타내는 데 사용되고, '**~할 것이다**'라고 해석한다.

> **✚ Plus**
>
> will 이외에 미래를 나타내는 표현으로는 다음과 같은 것들이 있다.
>
> **1.** 「be going+to-v」: ~할 것이다, ~하려고 한다
> - He **is going to** visit his grandfather's farm this afternoon. 그는 오늘 오후에 할아버지의 농장을 방문할 것이다.
>
> **2.** 「be동사 현재형+v-ing」: ~할 것이다(가까운 미래)
> - The concert **is closing** at 10 p.m. 콘서트는 오후 10시에 **끝날 것이다.**
>
> **3.** 「be+to-v」: ~할 예정이다
> - The game **is to** be canceled. 경기는 취소될 예정이다.
>
> **4.** 「be about to+v」: 곧 ~할 것이다, 막 ~하려는 참이다
> - The subway **is about to** leave. 지하철이 곧 출발할 것이다.

---

196 Registration / **will start** / in December. 학평
　　　　　　S　　　　　　V　　　　　　M

　　　　등록은　　　/ 시작될 것이다 /　　12월에.

---

197 The soccer match / **is going to start** / in 30 minutes. 학평
　　　　　　S　　　　　　　　　V　　　　　　　　　M

　　　　축구 경기는　　　/　　시작될 것이다　　/　　30분 후에.

---

198 In the not too distant future, immigrants will no longer be strangers among us.
모평

---

199 Most people choose the option that will cause them the least amount of anxiety.
학평

---

196 registration 등록　**197** match 경기　**198** distant (시간이) 먼 immigrant 이민자　**199** option 선택(지) anxiety 불안

200 These people will find out that I am full of anxiety and will reject me. 학평

201 She was about to fall off the cliff when I grabbed her hand.

202 The concert was to be held outdoors, but it was moved indoors because of the rain.

203 I was going to meet her yesterday, but I had to cancel due to an emergency.

204 All registration fees will be donated to local charities. 학평

Level Up 고난도 문장으로 실력 키우기

205 We build museums and parks and bridges that we hope will last for generations. 학평

206 The government is holding a summit with neighboring countries to discuss regional security.

207 The official announcement was to be made at the press conference tomorrow.

208 Just as he was about to take off the blindfold to run away, a voice came in from somewhere. 학평

---

200 reject 거부하다   **201** fall off ~에서 떨어지다 cliff 절벽 grab 붙잡다   **202** outdoors 야외에서 indoors 실내에서   **203** emergency 급한 일, 비상사태
204 fee 비용 donate 기부하다 local 지역의 charity 자선단체   **205** generation 세대   **206** summit 정상 회의 neighboring 인근의 regional 지역의
security 안보   **207** announcement 발표   **208** take off ~을 벗다 blindfold 눈가리개 run away 도망치다

현재완료 / 현재완료진행시제

$\boxed{S}$ + **have/has p.p.** / **have/has been v-ing**

I **have studied** English literature all day.

현재완료시제는 「have[has]+p.p.」의 형태로 과거에 시작된 동작이나 상태가 현재까지 지속되거나 현재에 영향을 미치는 경우를 나타내는 시제이며, 경험, 완료, 계속, 결과의 의미로 사용된다. 현재완료진행시제는 「have[has] been+v-ing」의 형태로 과거에 시작한 행동의 지속성에 초점을 맞추며, 행동이 얼마나 오랫동안 계속되었는지를 강조하는 데 사용된다.

» 현재완료시제의 의미

1. She **has never been** to South America. 그녀는 한 번도 남미**에 가본 적이 없다**. (경험: ~한 적이 있다)
2. I **have finished** writing a short novel. 나는 단편 소설 쓰는 것을 **마쳤다**. (완료: ~을 끝냈다/마쳤다)
3. I **have lived** in this neighbor for 20 years. 나는 20년 동안 이 동네에 **살고 있다**. (계속: ~해오고 있다)
4. He **has lost** hope. 그는 희망을 **잃어버렸다**. (결과: ~했다(그래서 없다))

» 현재완료진행시제의 의미

- I **have been studying** for three hours. 나는 세 시간 동안 **공부해 오고 있다**.

✚ Plus

과거시제는 과거의 행동이나 상태가 현재까지 지속되는지를 알 수 없는 반면, 현재완료시제는 과거의 행동이나 상태가 현재까지 지속되는 것을 나타낸다.
- My car **was** stolen. → 과거: 자동차를 도둑맞았는데 현재도 도둑맞은 상태인지 알 수 없음
- My car **has been** stolen. → 현재완료: 자동차를 도둑맞았는데 현재도 도둑맞은 상태임을 나타냄

---

209 Technology / **has historically distinguished** / *the way* [music is produced]. 학평
 S V O

기술은 / 역사적으로 구별해왔다 / [음악이 제작되는] 방식을.

210 Managers of home care providers / **have introduced** / management systems. 학평
 S V O

홈 케어 제공업체의 관리자들은 / 도입해왔다 / 관리 시스템을.

211 They have been putting up new buildings in the city center for decades.

212 It has been a privilege to serve in this company for the past four years. 학평

---

209 distinguish 구별하다 **210** introduce 도입하다 management 관리 **211** put up ~을 짓다[세우다] decade 십 년 **212** privilege 특권

213 When I look around, all I see is the work I haven't finished and the bills I haven't paid. 모평

214 Computer companies have begun to advertise their latest products and services. 모평 응용

215 The artist has been building a reputation for herself with her innovative work for years.

216 Our kids may be living in the Information Age but our brains have not been redesigned yet. 학평

217 Plants that have experienced variable nutrient availability in the past tend to exhibit risk-taking behaviors. 모평 응용

Level Up 고난도 문장으로 실력 키우기

218 I have admired the way you stand up for what you believe in.

219 The computer has solved the problem of acquiring, preserving, and retricving information. 모평 응용

220 The musician has been making a lasting impact on the music industry with her soulful melodies.

221 Many psychologists have held to the belief that the key to addressing negative health habits is to change behavior. 학평 응용

---

213 bill 청구서　**214** advertise 광고하다　**215** reputation 명성, 평판　**216** redesign 재설계하다　**217** variable 다양한　nutrient 영양소　availability 이용 가능성　exhibit 보이다　risk-taking 위험을 감수하는　**218** admire 감탄하다　stand up for ~을 옹호하다　**219** preserve 보존하다　retrieve 검색하다　**220** lasting 지속적인　**221** psychologist 심리학자　hold to ~을 고수하다　address 다루다, 대처하다

과거완료 / 미래완료시제

She **had finished** her homework before she went to bed.

과거완료시제는 「had p.p.」의 형태로, 과거의 특정 시점에서 이미 완료된 동작을 나타낸다. 미래완료시제는 「will have p.p.」의 형태로, 미래의 특정 시점에서 이미 완료된 동작을 나타낸다. 「had p.p.」는 '**~했다**'로, 「will have p.p.」는 '**~했을 [하게 될] 것이다**'라고 해석한다.

✛ Plus

1. 과거완료진행시제는 과거의 특정 시점까지 지속적으로 진행되고 있었던 동작을 나타내고, 「had been+v-ing」 형태로 쓴다. 미래완료진행시제는 미래의 특정 시점까지 지속적으로 진행될 것으로 예상되는 동작을 나타내고, 「will have been+v-ing」 형태로 쓴다.
   - We **had been living** in the same house for 10 years. 우리는 10년 동안 같은 집에서 살고 있었다.
   - I **will have been working** for the company for five years next month.
     다음 달이면 나는 회사에서 5년 동안 **일하고 있는 중일 것이다.**

2. 과거의 두 동작 중 먼저 일어난 동작을 나타낼 때 「had p.p.」의 형태로 쓰고 대과거라고 한다.
   - I **had** already **eaten** dinner before she arrived. 그녀가 도착하기 전에 나는 이미 저녁을 **먹었다.**

---

222 She **will have been training** / for the marathon / for a year // by the time she runs it.

그녀는 훈련하고 있을 것이다   /   마라톤을 위해   /   1년 동안   // 마라톤을 뛸 때쯤이면.

---

223 Katie recalled / what the professor **had mentioned**. 모평 응용

Katie는 떠올렸다   /   교수가 언급했던 것을.

···▸ Katie가 떠올린(recalled) 시점보다 교수가 언급한 시점이 더 먼저 일어난 동작이므로, 대과거인 had mentioned를 썼다.

---

224 She had lost her passion for art due to personal hardships. 학평

---

225 A serious wrist injury had caused him to miss the rest of the season. 모평 응용

---

223 recall 떠올리다, 기억하다 mention 언급하다 **224** hardship 어려움, 곤란 **225** wrist 손목 injury 부상

226 She will have graduated from college by the time she turns 23.

227 Chanel's last shot had made her team the champions. 학평

228 He told his friend about the Vincent Mountain hike he had read about. 모평 응용

229 To recover from an illness, he had developed an interest in botany. 학평

230 I started looking in the area where I thought her wedding ring had landed. 학평

Level Up 고난도 문장으로 실력 키우기

231 When Marie came back out, I asked her what she had been doing. 학평

232 We had been waiting for two hours when the bus finally arrived.

233 The participants who had received failure feedback were more likely to experience negative emotions. 모평 응용

234 Long before the idea was turned into a physical reality, the mind had clearly pictured the finished product. 학평

---

226 graduate from ~을 졸업하다　**229** recover 회복하다　botany 식물학　**230** land 떨어지다　**233** participant 참가자　failure 실패　**234** be turned into ~로 바뀌다　picture 그리다

to부정사 / 동명사의 완료형

My mother seems **to have been** a beauty.

to부정사의 완료형은 「to have p.p.」의 형태이고 동명사의 완료형은 「having p.p.」의 형태로, 둘 다 본동사의 시제보다 먼저 일어난 사건을 나타내기 위해 쓰인다. 따라서 절로 바꿀 때 시제에 유의해야 한다.

- I am sorry **to have been** late for the meeting.
  = I am sorry I **was** late for the meeting. → 미안한 것은 현재이고, 늦은 것은 과거이다.
- I was sorry **for having been** late for the meeting.
  = I was sorry I **had been** late for the meeting. → 미안한 것은 과거이고, 늦은 것은 그보다 더 과거의 일이다.

+ Plus

분사구문에서 본동사의 시제보다 먼저 일어난 사건을 나타낼 때는 동명사의 완료형과 마찬가지로 「having p.p.」의 형태를 쓴다.
- **Having worked** hard, she was able to achieve her goals. 열심히 **공부했기 때문에**, 그녀는 목표를 달성할 수 있었다.
  → Having worked hard ~ = As she had worked hard ~

---

235 Bancroft / became *the first woman* (**to have stood** at both poles). 학평
　　　 S　　　　 V　　　　　 SC

Bancroft는 /　　　　　　　　 (양쪽 극에 서 보았던) 최초의 여성이 되었다.
···▶ Bancroft가 양쪽 극에 서 본 것이 최초의 여성이 된 것보다 먼저 일어난 일이기 때문에 to부정사의 완료형인 to have stood가 쓰였다.

236 I regret / **having said** those hurtful words / to her.
　　　 S　 V　　　　　　　　　 O

나는 후회한다 /　　　 상처가 되는 그런 말을 한 것을　　　 / 그녀에게.
···▶ 이전에 그녀에게 상처가 되는 말을 했던 것을 현재 후회한다는 내용이므로, 동명사의 완료형인 having said가 쓰였다.
···▶ regret 뒤에 동명사 목적어가 오면 과거의 일을 후회한다는 의미이다.

237 I apologize for having made mistakes in my presentation.

238 German cockroaches are known to have developed a distaste for glucose. 학평

---

235 pole 극　**236** hurtful 상처가 되는　**237** apologize 사과하다　**238** cockroach 바퀴벌레 distaste 혐오 glucose 포도당

239 Despite the many challenges, she was proud to have completed her master's degree.

240 The person appears to have hit a plateau in his or her career. 학평 응용

241 Our uniquely human attention to flavor turns out to have arisen as a matter of life and death. 학평 응용

242 Having studied hard for the exam, she was confident in her results.

243 Having tried everything to fix the problem, I finally gave up.

Level Up 고난도 문장으로 실력 키우기

244 Some indoor insects seem to have developed the ability to survive when food is limited. 학평 응용

245 The idea that planting trees could have a social or political significance appears to have been invented by the English. 모평

246 Having stopped exercising, John quickly gained ten pounds.

247 Having been neglected for many years, the old house still had a special charm.

---

239 challenge 어려움, 도전 master's degree 석사 학위 **240** plateau 정체기 **241** uniquely 유일하게, 독특하게 attention 관심 flavor 맛 **242** confident 자신감 있는 result 결과 **243** fix (문제를) 해결하다 give up 포기하다 **244** limited 제한된 **245** plant (나무를) 심다 significance 의미 **246** exercise 운동하다 **247** neglect 방치하다 charm 매력

05

조동사

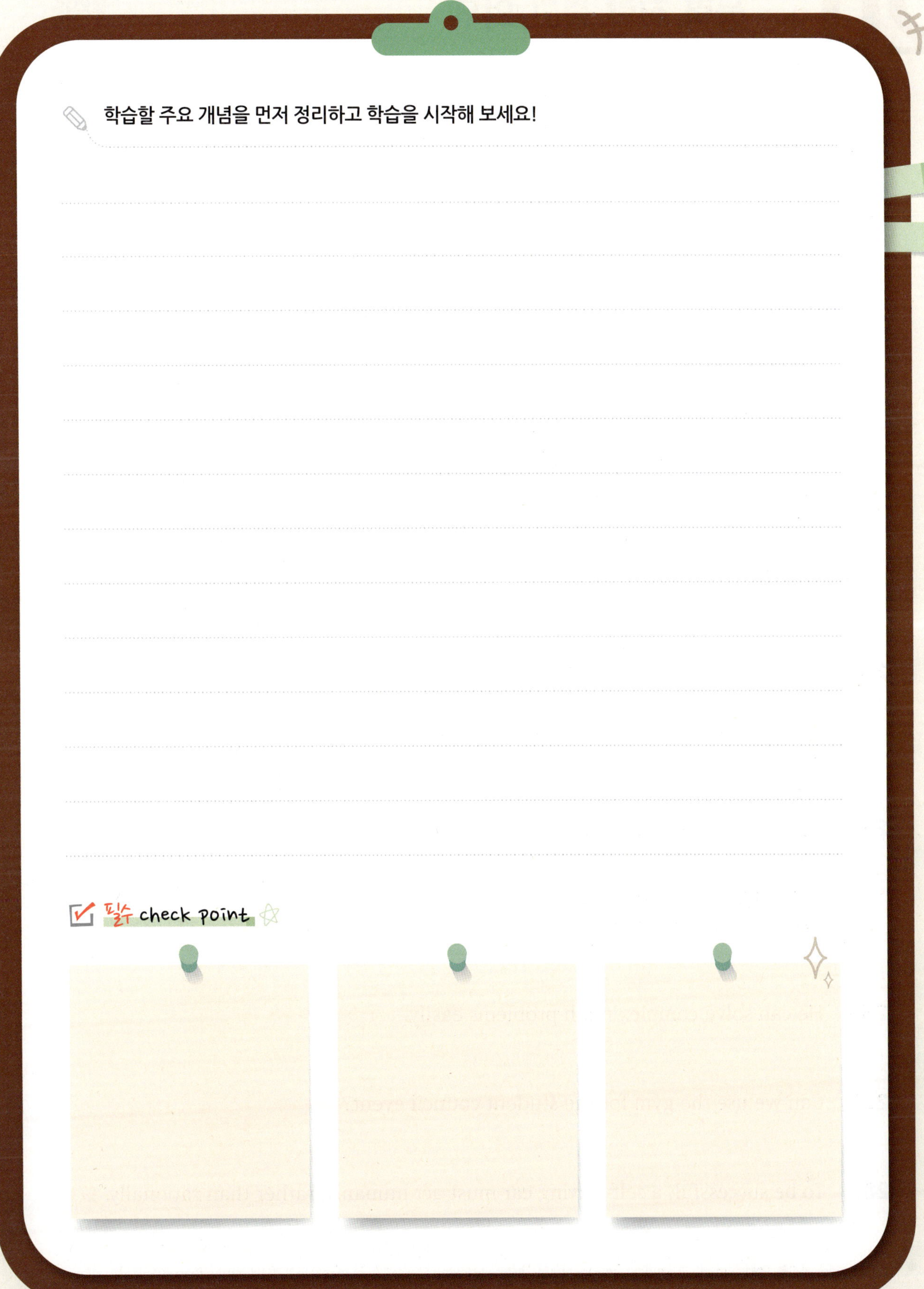

학습할 주요 개념을 먼저 정리하고 학습을 시작해 보세요!

필수 check point

UNIT 20 능력, 허락, 충고, 의무

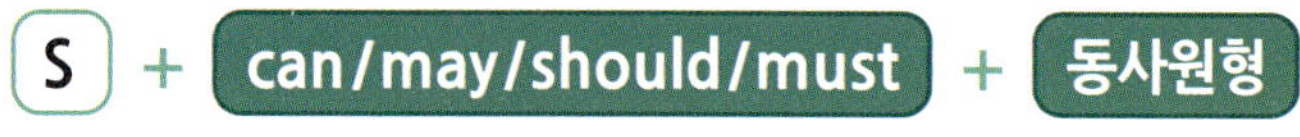

I **can play** the piano.

능력이나 허락을 나타낼 때 쓰는 가장 기본적인 조동사는 can이며, may는 잠재적인 능력이나 가능성, 더 공손하고 공식적인 허락을 요청하거나 제공할 때 사용된다. 충고를 나타낼 때는 should나 ought to, had better 등을 쓰며 '**~하는 것이 좋을 것이다, ~해야 한다**'로 해석한다. 의무를 나타낼 때는 must, have[need] to를 쓰는데 '**(반드시) ~해야 한다**'로 해석한다.

> **✦ Plus**
>
> 1. 조동사는 두 개 이상 연속으로 쓸 수 없으므로, 두 번째 조동사는 다른 형태의 표현으로 바꿔 써야 한다. 예를 들어, will can으로는 쓸 수 없으므로 will be able to로 써야 하며, must can으로도 쓸 수 없으므로 must be able to로 써야 한다.
>   - The state **must can** handle a crisis. (×)
>   - → The state **must be able to** handle a crisis. (○) 정부는 위기를 다룰 수 있어야 한다.
> 2. 의무를 나타내는 have to는 부정문으로 쓰일 때 '~할 필요가 없다(불필요)'로 해석하므로 이에 주의해야 한다.
>   - You **don't have to** come to the meeting. (don't have to = don't need to = need not)
>   너는 회의에 올 **필요가 없다**. (○)
>   너는 회의에 오면 **안 된다**. (×)

---

248 You **should apologize** / for your mistake.
       S   V   M

너는 사과해야 한다   /   너의 실수에 대해서.

---

249 You **had better start** studying now // if you want to pass the exam.
   S   V   O   S′ V′   V′   O′

너는 지금 공부를 시작하는 것이 좋을 것이다   //   시험에 합격하고 싶다면.
···> had better는 '~하는 것이 좋을 것이다'라는 의미로 즉각적인 조치를 취해야 하는 것에 대한 충고를 나타낼 때 쓰인다.

---

250 He can solve complex math problems easily.

---

251 Can we use the gym for the student council event? 학평

---

252 To be successful, a self-driving car must act humanly, rather than rationally. 학평

---

250 complex 복잡한   **251** gym 체육관 student council 학생회   **252** self-driving 자율주행의 humanly 인간적으로 rather than ~이 아니라 rationally 이성적으로

253 In a democracy, citizens ought to follow the laws and participate in the political process.

254 Negotiators should try to find ways to slice a large issue into smaller pieces. 수능

255 You will be able to understand the concept of relativity as you study more.

256 Experienced mechanics may be able to repair the car.

Level Up 고난도 문장으로 실력 키우기

257 Employees don't have to accept overtime work unless they are willing to do so.

258 If you have any questions about the project, you can contact the project manager during office hours or send an email for more detailed inquiries.

259 Parents must provide an explanation for absences to the school within 7 days from the first day of any period of absence. 학평

260 Cells that help your hand muscles reach out to an object need to know the size and location of the object. 수능

---

253 democracy 민주주의 political 정치적인 **254** negotiator 협상가 slice 잘라내다 **255** relativity 상대성 **256** experienced 숙련된 mechanic 정비사 repair 수리하다 **257** overtime work 초과 근무 be willing to-v 기꺼이 ~하다 **258** inquiry 문의 **259** explanation 해명(서) absence 결석 **260** muscle 근육 object 물체 location 위치, 장소

21 가능성, 추측, 후회

S + **might/may/could/must/can't/should** + **have p.p.**

She **must have studied** harder.

「조동사+have p.p.」는 과거에 일어났던 일이나 상황에 대한 화자의 심리나 태도를 나타내는 데 쓰이며 조동사에 따라 과거에 대한 가능성, 추측, 후회(유감) 등의 의미를 나타낸다.

가능성과 추측은 아래와 같은 조동사가 쓰이며 확신의 정도가 다른데, 「might have p.p.」가 가장 약하며 「must have p.p./can't[cannot] have p.p」가 가장 강하다.

might have p.p.	~이었을지도 모른다	
may have p.p.	~이었을지도 모른다	
could have p.p.	~할 수 있었을 텐데	
must have p.p.	~이었음에 틀림없다	↪ can't[cannot]+have p.p.(~이었을 리가 없다)

과거에 대한 후회(유감)를 나타내는 조동사의 경우 아래와 같이 해석한다.

should have p.p.	~했어야 했는데 하지 못했다	↪ should not have p.p.(~하지 말았어야 했는데 했다)
ought to have p.p.	~했어야 했는데 하지 못했다	↪ ought not to have p.p.(~하지 말았어야 했는데 했다)
needn't have p.p.	~할 필요가 없었는데 (했다)	

---

261 You **should have arrived** / earlier.
    S   V

너는 도착했어야 했다 / 더 일찍.

262 They **might have missed** the train / due to the heavy traffic.
    S   V   O   M

그들은 기차를 놓쳤을지도 모른다 / 심한 교통 체증 때문에.

263 We should have canceled that walking program. 학평

264 She must have left her phone at home since she's not answering.

265 I should have repaired my tablet PC earlier. 학평

---

265 repair 수리하다

266 The company's poor financial decisions could have led to bankruptcy.

267 The politician ought not to have avoided answering the reporter's questions.

268 I ought to have apologized to her immediately after the argument, but I was too upset to do so at that time.

269 She cannot have known about the surprise party because her reaction was completely genuine and unexpected.

270 She must have not had enough money to get something to eat. Jennifer thought to herself, feeling pity for her. 학평

Level Up 고난도 문장으로 실력 키우기

271 The doctor ought not to have avoided informing the patient about the potential side effects of the medication.

272 Such a label might have made the possibility of a second worldwide conflict a greater reality for governments and individuals. 학평

273 Humans who sang, danced, and marched may have enjoyed a strong advantage on the battlefield. 학평

274 You needn't have bought so much food for the party because there's plenty left over from the last one.

---

266 financial 재정적인 lead to ~을 초래하다 bankruptcy 파산 **267** politician 정치인 **268** immediately 즉시 **269** reaction 반응 genuine 진짜의
270 feel pity for ~을 불쌍히 여기다 **271** inform 알리다 patient 환자 side effect 부작용 medication 약(물) **272** label 명칭, 라벨 possibility 가능성
conflict 분쟁, 갈등 **273** march 행진하다 advantage 이점 battlefield 전장

22 · should의 특별한 쓰임

$$\boxed{\text{S}} + \boxed{\text{요구/주장/제안/명령/권고/조언동사}} + \boxed{\text{(that)}} +$$
$$\boxed{\text{S}'} + \boxed{\text{(should)}} + \boxed{\text{동사원형}}$$

The doctor **insisted** that I **lose** weight.

요구[요청], 주장, 제안, 명령, 권고, 조언 등의 의미를 나타내는 동사, 형용사, 명사 뒤에 오는 that절의 내용이 '~해야 한다'라는 당위성을 가질 때 that절의 동사는 「(should+)동사원형」으로 쓴다. should를 생략하고 동사원형으로 쓰는 경우가 많은데, 이 경우 본동사의 시제와 관계없이 동사원형만 남게 된다는 점에 유의해야 한다.

동사	ask/demand/require/request(요구[요청]하다), argue/insist(주장하다), suggest/propose(제안하다), order(명령하다), recommend(권고하다), advise(조언하다)
형용사	necessary/essential(필요한, 필수적인), natural(당연한), desirable(바람직한), important(중요한), advisable(권할 만한)
명사	request(요청), suggestion/proposal(제안), recommendation(권고), advice(조언)

♣ Plus

that절의 내용이 당위성을 나타내지 않을 때는 본동사의 시제에 맞춰야 한다.
- He **insisted** that he **go** out right now. 그는 자신이 바로 **나가야 한다**고 주장했다. (당위성)
- He **insisted** that the accident **had happened** on the crosswalk. 그는 사고가 횡단보도에서 **일어났다**고 주장했다. (사실적 판단)

275 The man **demanded** / that Lily **be** there on time.

그 남자는 요구했다   /   Lily가 정시에 그곳에 가야 한다고.
···▶ that절의 동사 be 앞에 should가 생략되어 있는 문장으로 본동사(demanded)의 과거시제의 영향을 받지 않았다.

276 It is **necessary** / that he **drink** a lot of water.

필요하다   /   그가 물을 많이 마시는 것이.

277 I suggest that you walk your dog every day. 학평

278 I recommend you ask your friends for some help. 학평

279 School assignments have typically required that students work alone. 학평

---

277 walk 산책시키다   **279** assignment 과제

280 He requested that they join him at a specific location in three days. 학평

281 Occasionally, she suggested that the soldier take a rest for a while. 학평

282 It is advisable that you consult with a doctor before starting any new exercise program.

283 He once suggested that a newcomer to a neighborhood ask a new neighbor to do him or her a favor. 학평 응용

284 It is essential that the man complete the training program to qualify for the promotion.

Level Up 고난도 문장으로 실력 키우기

285 The detective demanded that they consider interpreting the fingerprints to see if they could identify the killer.

286 The proposal is that the company implement a remote work policy to enhance flexibility for employees.

287 Utilitarian ethics argues that all action should be directed toward achieving the greatest total amount of happiness for the largest number of people. 학평

288 Employers insisted that newcomers to the labor market demonstrate not only traditional independence, but also interdependence. 학평 응용

---

281 occasionally 때때로 take a rest 휴식을 취하다   **282** consult with ~와 상담하다   **283** neighborhood 동네 neighbor 이웃 사람 do ~ a favor ~에게 부탁하다   **284** complete 이수하다, 완료하다 qualify for ~의 자격을 얻다 promotion 승진   **285** detective 형사 fingerprint 지문 identify 식별하다
286 remote 원격의   **287** utilitarian 공리주의의 ethics 윤리 achieve 이루다   **288** independence 독립 interdependence 상호의존성

다양한 조동사 표현

S + **dare/would/used to** + **동사원형**

She **used to take** a walk after dinner.

다양한 의미를 나타내는 조동사 표현들이 존재한다.

would+v	~하곤 했다
used to+v	~하곤 했다, 예전에 ~이었다
cannot help+v-ing	~하지 않을 수 없다(cannot help but+동사원형 = cannot but+동사원형)
cannot ~ too	아무리 ~해도 지나치지 않다
may well ~	~하는 것이 당연하다
may[might] as well ~	~하는 편이 낫다
would like to+v	~하고 싶다
would rather A than B	B하기보다 차라리 A하는 것이 낫다

+ Plus

「used to+v(~하곤 했다, 예전에 ~이었다)」의 표현과 구분하여 알아두자.
- 「be used to+v」: ~하기 위해 이용되다
  The knife **is used to cut** fruit. 그 칼은 과일을 깎는 데 이용된다.
- 「be used to v-ing」: ~하는 데 익숙하다
  I **am used to skipping** breakfast. 나는 아침을 거르는 데 익숙하다.

---

289 He **used to sit** / on a bench / in the park / at sunset.
　　　　S　　　V　　　　　　　　M　　　　　　M　　　　　M

　　　그는 앉아 있곤 했다　/　　벤치에　　/　　공원의　　/　해질녘에.

290 I **couldn't help but laugh at** / his ridiculous behavior.
　　　　S　　　　　V　　　　　　　　　　　　　O

　　　　나는 ~에 웃을 수밖에 없었다　　　/　　그의 우스꽝스러운 행동(에).

　⋯> couldn't help but laugh at은 couldn't help laughing at 또는 couldn't but laugh at으로 바꿔 쓸 수 있다.

291 I used to be a frustrated writer. 모평

292 People used to write letters to each other, but now they mostly communicate through email and social media.

---

289 sunset 해질녘　**290** ridiculous 우스꽝스러운 behavior 행동　**291** frustrated 좌절한　**292** mostly 주로 communicate 소통하다

293 I would rather study alone to prepare for my exam. 학평

294 I was touched and couldn't help but respond. 학평

295 The need for customer satisfaction cannot be stressed too highly.

296 I was stuck in traffic for over an hour, so I knew I might as well give up and go home.

297 Would you like to appreciate masks from all over the world?

298 Clara used to be a talented swimmer, but she had to give up her dream of becoming an Olympic medalist in swimming because of injuries. 수능 응용

Level Up 고난도 문장으로 실력 키우기

299 My mother used to say that someday when her daughter married someone, her pearl ring would be hers.

300 They would like to choose to behave the same way as others. 학평

301 A person of moral excellence cannot help doing good – it is as natural as the change of seasons or the rotation of the planets.

302 Even though I had always disagreed with his political views, I couldn't help but acknowledge his passion.

---

293 prepare for ~을 준비하다 **294** touched 감동한 respond 반응하다 **295** customer satisfaction 고객 만족 stress 강조하다 **296** be stuck in traffic 교통 체증에 갇히다 **297** appreciate 감상하다 **298** injury 부상 **301** rotation 자전 **302** disagree with ~에 동의하지 않다 acknowledge 인정하다

CHAPTER 06

태

✎ 학습할 주요 개념을 먼저 정리하고 학습을 시작해 보세요!

☑ 필수 check point ☆

24 · 3, 4, 5형식의 수동태

S + be동사 + p.p. + by 행위자

The lesson **was explained** by the teacher.

동사의 대상이 되는 목적어가 있는 경우 이를 문장의 주어로 하는 수동태 문장으로 바꿀 수 있다. 목적어를 필요로 하는 3형식, 4형식, 5형식 문장의 수동태는 다음과 같다.

1. 3형식: 「주어+be동사+p.p.(+by 행위자)」 → ~되다, 받다, 당하다

2. 4형식: 「주어+be동사+p.p.+목적어(+by 행위자)」 → ~을 받다
→ 간접목적어, 직접목적어 둘 다 수동태의 주어가 될 수 있는데, 직접목적어가 수동태의 주어가 될 때 간접목적어 앞에 전치사를 붙인다.
give, send, show, tell, teach, sell 등의 동사는 to를, make, buy, cook 등은 for를, ask는 of를 쓴다.

3. 5형식: 「주어+be동사+p.p.+보어(명사, 형용사, to부정사)(+by 행위자)」 → ~라고/~하다고/~하게/~하도록 되다, 당하다

+ Plus

사역동사(make)와 지각동사(see, hear)가 능동태에서 목적격 보어로 원형부정사를 취하는 경우(5형식) 이를 수동태로 바꾸면 원형부정사였던 목적격 보어는 to부정사로 고친다.
- I **saw** her **go** into the department store. 나는 그녀가 백화점 안으로 **들어가는 것을 보았다.**
  → She **was seen to go** into the department store by me.

303 The window **was broken** / by the ball.
　　　　S　　　　　V　　　　　　M

창문은 깨졌다　　　　/　　공에 의해.

304 She **was given** / a few books (to read) / by her teacher.
　　　S　　V　　　　　　　O　　　　　　　M

그녀는 받았다　　/　　(읽을) 책 몇 권을　　/ 자신의 선생님에게서.
···▶ 직접목적어를 주어로 하여 A few books to read were given to her by her teacher.로도 쓸 수 있다.

305 I **was made** / to wait for an hour outside / by her.
　S　　V　　　　　　　SC　　　　　　　M

나는 되었다　/　한 시간 동안 밖에서 기다리게　/ 그녀에 의해서.

306 After being in the water for 3 hours, she was finally rescued. 학평

307 She encountered gender resistance and was denied residency as a surgeon. 학평

---

306 rescue 구하다　**307** encounter 맞닥뜨리다, 직면하다　resistance 저항　residency (수련의의) 레지던트 근무　surgeon 외과의사

308 Over time, as more books were printed, literacy increased. 학평

309 In an experiment, a puzzle box containing a treat is given to a human toddler and a chimpanzee. 학평

310 Many inventions were invented thousands of years ago so it can be difficult to know their exact origins. 학평

311 Historically, privacy was protected by restricting circulation of the damaging material. 모평

312 The woman was heard to scream and the man was seen to run from the house.

Level Up 고난도 문장으로 실력 키우기

313 Participants were shown fake responses about the film made by other participants. 학평

314 I was taught how to question my own beliefs and consider the world from a variety of viewpoints.

315 Having the ability to take care of oneself without depending on others was considered a requirement for everyone. 학평

316 It was only in the eighteenth century that any attempt was made to formalize spelling and punctuation of English. 학평 응용

---

308 literacy (글을) 읽고 쓸 수 있는 능력 **309** treat 간식 toddler 유아 **310** invention 발명(품) **311** restrict 제한하다 circulation 유통 **312** scream 소리를 지르다 **314** a variety of 다양한 viewpoint 관점 **315** take care of ~을 돌보다 depend on ~에 의존하다 requirement 필수 요건 **316** formalize 공식화하다 punctuation 구두점

수동태의 시제, 조동사 + 수동태

S + will be/be동사 being/has[have] been + p.p.

She **has been taught** to speak Spanish.

S + 조동사 + be동사 + p.p.

The issue **may be resolved** by now.

수동태는 시제와 결합되어 다양하게 표현될 수 있다. 진행 중인 의미를 나타낼 때는 「be동사 being+p.p.」로, 완료된 행동을 나타낼 때는 「has/have/had been+p.p.」로, 미래에 일어날 행동이나 미래에 완료된 행동을 나타낼 때는 「will be+p.p.」와 「will have been+p.p.」로 쓰인다.
can, may, might, must, should 등의 조동사가 수동태와 결합하여 「조동사+be동사+p.p.」의 형태로 쓰이는 경우, '~될 수 있다/~될지도 모른다/~되어야 한다' 등으로 해석한다.

317 The new product / **might be launched** / next month.
　　　 S　　　　　　　　V　　　　　　　　　M

　　　 새 제품이　　　 /　　 출시될 수도 있다　　 /　 다음 달에.

318 The report / **is being written** / by the manager.
　　　 S　　　　　　　V　　　　　　　　M

　　　 보고서는　　 /　　 쓰여지고 있다　　 /　　 관리자에 의해서.

319 The application form must be filled out before the interview.

320 Registration should be made at least 7 days before the program begins.

321 Her work has been regarded as groundbreaking in its field.

322 Your interview has been delayed to next Wednesday. 학평

---

317 launch 출시하다　**319** application form 신청서　fill out ~을 작성하다　**321** be regarded as ~로 여겨지다　groundbreaking 획기적인

323 Writing poetry has been shown to have physical and mental benefits. 학평

324 I have been made aware that you are considering cutting the budget of the theater. 학평

325 A story can be instantaneously written, shot, and made available to the entire world. 학평

326 Introduction of robots into factories, while employment of human workers is being reduced, creates worry and fear. 수능

Level Up 고난도 문장으로 실력 키우기

327 By the time I graduate, I will have been involved in various volunteer activities for over 10 years.

328 Freshness is now being used as a term in food marketing as part of a return to nature.

329 Its survival was being threatened by the cane toad, an invasive species introduced to Australia in the 1930s. 학평

330 Ostrom emphasizes that all users must be given access to local forums for solving problems and conflicts among themselves. 수능

---

323 benefit 이점　**324** aware 알고 있는　budget 예산　**325** instantaneously 즉시　**326** introduction 도입　employment 고용　reduce 줄이다　**327** graduate 졸업하다　be involved in ~에 참여하다　volunteer activity 자원봉사 활동　**328** freshness 신선함　term 용어　**329** survival 생존　threaten 위협하다　invasive species 침입종　**330** emphasize 강조하다　access 접근(권)　conflict 갈등

26

구동사 수동태

$$\boxed{\text{S}} \; + \; \boxed{\text{be동사 p.p.}} \; + \; \boxed{\text{전치사/부사}}$$

Gardens **were taken care of** by volunteers.

구동사를 수동태로 바꿀 때, be동사 다음에 p.p.가 오고 나머지 전치사나 부사 등은 그 뒤에 그대로 온다는 점에 유의해야 한다.

take care of/look after	~을 돌보다	pay attention to	~에 주목하다	make use of	~을 이용하다
pick up	~을 태우다	look up to	~을 존경하다	look down on	~을 무시하다
turn off	~을 끄다	turn down	~을 거절하다	put off	~을 미루다
laugh at	~을 비웃다	set up	~을 설정하다	call off	~을 취소하다
object to	~에 반대하다	make up	~을 구성하다	put up with	~을 참다

✚ Plus

take care of, pay attention to, make use of처럼 명사를 포함한 구동사는 명사인 care와 attention을 주어로 하여 수동태로 전환할 수도 있다.

- He **paid much attention to** his kids. 그는 자신의 아이들에게 많은 관심을 기울였다.
  - → **His kids were paid much attention to** by him. → his kids를 주어로
  - → **Much attention was paid to** his kids by him. → much attention을 주어로

---

331 The proposal / **was turned down** / by the president.
         S   V   M

그 제안은 / 거절되었다 / 사장에 의해.

332 The meeting / **was called off** / due to bad weather.
         S   V   M

그 모임은 / 취소되었다 / 나쁜 날씨 때문에.
┄┄> 모임을 취소시킨 행위자가 불분명하기 때문에 「by + 행위자」는 생략되었다.

333 A series of athletic competitions were set up between them. 학평

334 The project was put off while we waited for approval from headquarters.

335 Our dog is being looked after by our neighbor while we are on vacation.

---

331 proposal 제안 **332** due to ~ 때문에 **333** a series of 일련의 athletic 체육의, 운동의 competition 경기 **334** approval 승인 headquarters 본사
335 neighbor 이웃 (사람) on vacation 휴가 중인

336 Our emotional response can be set up by a visual scene. 학평 응용

337 Genes are turned on or off based on what is around you. 학평

338 Throughout his presidency, Nelson Mandela was admired and looked up to for his commitment to justice and equality.

339 Most sand is made up of tiny bits of rock that came all the way from the mountains. 학평

340 Not enough attention has been paid to the realities of social dynamics and systemic inequality. 학평 응용

⚡ Level Up 고난도 문장으로 실력 키우기

341 The power of the media was made use of to manipulate public opinion.

342 The proposal was met with silence, and it was clear that it was not being listened to.

343 Close attention was paid to the things he saw. 학평 응용

344 How much attention is paid to awakening our children's minds can make a difference in their lives. 학평 응용

---

336 visual 시각적인　**337** gene 유전자　based on ~에 근거하여　**338** presidency 재임 기간　admire 높이 평가하다　commitment 헌신　justice 정의
339 tiny 매우 작은　**340** dynamics 역학 관계, 동력　systemic 구조[체계]의　inequality 불평등　**341** manipulate 조작하다　public opinion 여론　**342**
silence 침묵　**344** awaken 일깨우다

UNIT 27

목적어가 that절인 수동태 (It be p.p.+that절)

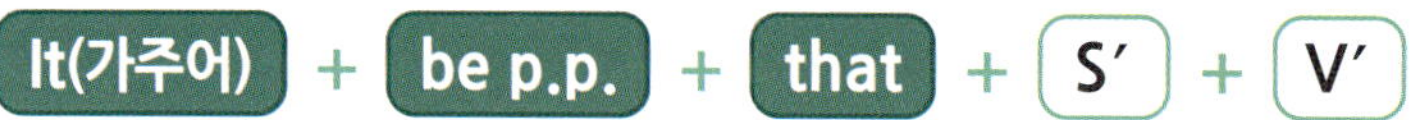

It(가주어) + be p.p. + that + S′ + V′

It is said that my mother was an athlete.

say, believe, think, report, suggest 등의 동사가 있는 문장은 가주어 it을 사용하여 수동태 문장으로 쓰일 수 있는데 **'~한/했던 것으로 말해진다, 믿어진다, 생각된다, 보고된다'**라고 해석한다.

Plus

that절이 목적어 역할을 하는 능동태 문장은 다음처럼 세 가지 형태의 수동태로 바꿔 쓸 수 있다.

- People believe **that the teacher likes to dance**. 사람들은 **그 선생님이 춤추는 것을 좋아한다고** 믿는다.
  = **That the teacher likes to dance** is believed. → that절이 주어인 수동태이다.
  = **It** is believed **that the teacher likes to dance**. → 주어인 that절 대신 가주어 It을 쓴 수동태이다.
  = **The teacher** is believed **to like** to dance. → that절의 주어인 the teacher를 주어로 한 수동태로, that절의 동사 앞에 to가 붙는다.

345 It is believed / that the man is rich.
(It: 가주어, is believed: V, that the man is rich: 진주어 — the man: S′, is: V′, rich: SC′)

믿어진다 / 그 남자가 부자라고.

346 It is said / that my mother was a beauty.
(It: 가주어, is said: V, that my mother was a beauty: 진주어 — my mother: S′, was: V′, a beauty: SC′)

말해진다 / 내 어머니는 미인이었다고.

…> 수동태 문장인 My mother is said to have been a beauty.로 바꿀 수 있다. 어머니가 미인이었다는 것은 과거의 일이고 그것이 지금 말해지는 것이므로, 과거를 나타내는 to have been임에 유의한다. 참고로 My mother is said to be a beauty.는 말해지는 현재 시점에서 어머니가 미인이라는 의미이다.

347 It is reported that the stock market has crashed.

348 It is believed that hearing in moths arose specifically in response to the threat of being eaten by bats. 학평

349 It has been confirmed that the new movie is a critical and commercial success.

347 stock market 주식 시장 crash 폭락하다, 붕괴하다 **348** moth 나방 arise 생기다 specifically 특별히 in response to ~에 대한 반응으로 **349** confirm 확인하다 critical 비평의 commercial 상업적인

350 It is believed that artificial intelligence will eventually surpass human intelligence.

351 It was said that on that occasion Henrietta sang as she had never sung before. 학평

352 It is thought that the ancient Egyptians built the pyramids using advanced technology.

353 It has been estimated that volunteering contributes about $42 billion a year to the Australian economy. 학평

354 It has been discovered that the Industrial Revolution has had a profound impact on society.

Level Up 고난도 문장으로 실력 키우기

355 It is believed that the Earth faces a serious threat from climate change.

356 It was suggested that the evolved psychology of cooperation is highly sensitive to subtle cues of being watched. 학평

357 It was discovered that the properties of a material could be altered by heat treatments and by the addition of other substances. 모평

358 It has been suggested that "organic" methods would be less damaging to the biosphere. 수능 응용

---

350 eventually 결국 surpass 능가하다 **351** occasion 행사 **352** advanced 첨단의 **353** estimate 추정하다 contribute 기여하다 **354** profound 지대한, 심오한 **355** threat 위협 **356** evolved 진화한 sensitive 민감한 subtle 미묘한 cue 신호 **357** property 특성 material 물질 alter 변경하다 treatment 처리 addition 첨가, 추가 substance 물질 **358** organic 유기농의 method 방법 damaging 해로운 biosphere 생물권

28

to부정사 / 동명사의 수동형, 수동태 관용표현

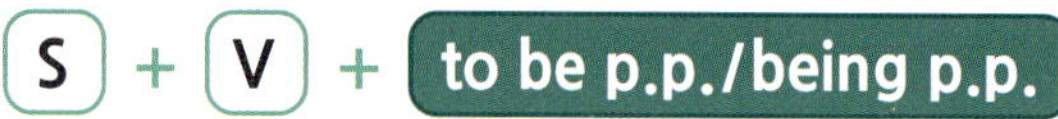

$$\boxed{S} + \boxed{V} + \boxed{\text{to be p.p./being p.p.}}$$

The car needs **to be repaired** before the trip.

to부정사의 수동태는 「to be p.p.」, 「to have been p.p.」(완료형)이고, 동명사의 수동태는 「being p.p.」, 「having been p.p.」(완료형)이다. to부정사와 동명사의 시제는 그 자체로 정해진 것이 아니라, 본동사의 시제와 관련이 있다. 즉, 본동사의 시제와 같을 때 단순형을 쓰고, 본동사의 시제보다 한 시제 앞설 때 완료형을 쓴다.

수동태에서 「be p.p.」 다음에는 「by 행위자」가 이어지는데, 전치사 by 대신에 다른 전치사가 쓰이는 경우는 관용표현으로 암기하는 것이 좋다.

be interested in	~에 관심을 가지다	be surprised at	~에 깜짝 놀라다	be filled with	~로 가득 차다
be satisfied with	~에 만족하다	be worried about	~에 대해 걱정하다	be covered with	~로 덮여 있다
be known for	~로 유명하다	be known as	~로 알려져 있다	be married to	~와 결혼하다
be made of/from	~로 만들어지다	be composed of	~로 구성되다	be involved in	~에 참여하다

359 I avoided **being robbed** / by not carrying valuables.

나는 강도를 피했다 / 귀중품을 소지하지 않음으로써.

360 Jane **is interested in** / studying astronomy.

Jane은 (~에) 관심이 있다 / 천문학을 공부하는 데.

361 The general admitted to having been fooled by the enemy's tactics.

362 Early rock paintings are thought to have been created for ritual purposes. 학평 응용

363 I can't imagine being stuck in a hospital bed. I just want her to get better soon. 학평

---

359 valuables 귀중품　**360** astronomy 천문학　**361** general 장군 fool 속이다 tactic 전술　**362** ritual 제의, 의식 purpose 목적　**363** be stuck in ~에 갇히다 get better 좋아지다, 호전되다

364 You should create a list of items to be discussed and share your list with other participants before a meeting. 학평

365 I was surprised at her sudden action because she usually doesn't act impulsively.

366 Uhuru Peak is known as the very top of Kilimanjaro. 학평 응용

367 He was married to Dana Zátopková, who was an Olympic gold medalist, too. 모평

368 Magicians are not worried about copying tricks, but they are strict about disclosing the methods of tricks as it damages their industry. 학평 응용

Level Up 고난도 문장으로 실력 키우기

369 Students should be actively involved in decision-making processes that affect them.

370 New technologies need to be assessed for their full potential impacts, both positive and negative. 학평

371 The truth about the long-lost treasure of the Aztecs is to be revealed in a new documentary film.

372 They might benefit from being involved in a voluntary program where they receive support and help to build their own social network. 학평

---

364 discuss 논의하다 participant 참가자   **365** sudden 갑작스러운 impulsively 충동적으로   **368** magician 마술사 trick 속임수 strict 엄격한 disclose 공개하다   **369** actively 적극적으로 process 과정 affect 영향을 미치다   **370** potential 잠재적인 impact 영향   **371** treasure 보물 reveal 드러내다 **372** voluntary 자발적인 support 지원

CHAPTER 07

전치사를 동반한 동사 구문

학습할 주요 개념을 먼저 정리하고 학습을 시작해 보세요!

✓ 필수 check point

전치사 from, to, as를 동반한 동사 구문

$$\boxed{S} + \boxed{V} + \boxed{O} + \boxed{from/to/as}$$

She **stopped** her husband **from** meeting his friend.

전치사를 동반한 동사구문은 정확한 의미를 전달하고 문장의 흐름을 유지하는 데 필수적이며 다양한 의미 관계를 표현하는 데 활용된다. 목적어가 주어가 되어 수동태 문장으로도 많이 쓰이므로 숙어처럼 암기하는 것이 좋다.

from	prevent/stop/keep/ban/inhibit/hinder A from B	A가 B를 못하게 하다(= forbid A to-v)
	tell/distinguish/discriminate/discern A from B	A와 B를 구별하다
	detach/separate/divorce A from B	A를 B로부터 분리하다
	isolate A from B	A를 B로부터 고립시키다
	save/rescue A from B	A를 B로부터 구하다
	protect/shelter/shield A from B	A를 B로부터 보호하다
to	compare A to B	A를 B와 비교하다
	liken A to B	A를 B에 비유하다
	expose A to B	A를 B에 노출하다
	relate A to B	A를 B와 관련시키다
	adapt/adjust A to B	A를 B에 적응시키다/조정하다
	introduce A to B	A를 B에게 소개하다
as	see/view/regard/consider/count/think of/look upon A as B	A를 B로 보다/여기다/생각하다 (consider는 as 생략 가능)
	label A as B	A를 B라고 부르다
	refer to A as B	A를 B라고 부르다[지칭하다]
	define A as B	A를 B로 정의하다

373 Heavy rain / **kept** me **from** going to the park.

폭우는 / 내가 공원에 가는 것을 막았다.

···▶ Heavy rain forbade me to go to the park.로 쓸 수도 있다. forbid는 '금(지)하다'의 뜻으로, from 대신 to부정사를 취한다.

374 The plant / **was exposed to** sunlight / for six hours.

그 식물은 / 햇빛에 노출되었다 / 여섯 시간 동안.

375 Antibiotics either kill bacteria or stop them from growing. 학평

376 The therapist helps people rescue themselves from emotional distress.

---

373 heavy rain 폭우 **375** antibiotics 항생제 either A or B A나 B 둘 중 하나 **376** therapist 치료사 distress 고통

377 Tom cheered and looked like he could barely keep himself from running up to hug and congratulate her. 학평

378 Fungi support other species underground and protect them from complete collapse. 학평 응용

379 The company adapted its marketing strategy to the changing consumer trends.

380 The only one you should compare yourself to is you. 학평

381 The teacher referred to the book as "a must-read for all students."

382 Planting trees had the additional advantage of being regarded as a patriotic act. 모평

Level Up 고난도 문장으로 실력 키우기

383 When the news presents health-related information in a pessimistic way, people are less likely to take steps to protect themselves from illness. 학평 응용

384 The traveler likened his journey to a spiritual pilgrimage seeking inner peace and enlightenment.

385 The leader was seen as a strong and decisive figure who inspired confidence in his followers.

386 The term "artificial intelligence" was initially defined as the ability of machines to simulate human intelligence.

---

377 cheer 환호하다　**378** fungus 곰팡이(*pl.* fungi) underground 지하에서　collapse 붕괴　**379** strategy 전략　**381** must-read 꼭 읽어야 하는 책(필독서)
382 plant (나무를) 심다　patriotic 애국적인　**383** present 제시하다　pessimistic 비관적인　**384** spiritual 영적인　pilgrimage 순례　enlightenment 깨달음　**385** decisive 결단력 있는　figure 인물　inspire 고취하다, 불어넣다　**386** term 용어　initially 처음에　simulate 모의실험하다

전치사 of, for, with를 동반한 동사 구문

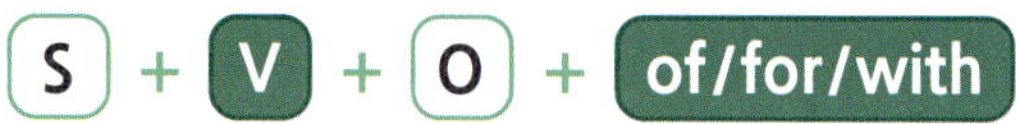

S + V + O + of/for/with

The accident **deprived** her **of** her sight.

of, for, with와 함께 쓰이는 동사 구문은 다음과 같이 해석한다. 수동태 문장으로도 많이 쓰이므로 숙어처럼 암기하는 것이 좋다.

of	relieve A of B	A에게서 B를 덜어주다
	deprive/rob A of B	A로부터 B를 박탈하다/빼앗다
	rid A of B	A로부터 B를 제거하다
	strip A of B	A로부터 B를 벗겨내다
	ease A of B	A의 B를 완화하다
	accuse A of B	A를 B로 비난하다, 기소하다
for	blame/criticize A for B	B로 인해 A를 비난하다/비판하다
	thank/appreciate A for B	B에 대해 A에게 감사하다
	praise/compliment A for B	B에 대해 A를 칭찬하다
	reward A for B	B에 대해 A에게 보상하다
	take/mistake A for B	A를 B로 착각하다
	hold A responsible for B	A가 B에 대한 책임을 지게 하다
with	provide/supply A with B(=provide/supply B for A)	A에게 B를 제공하다/공급하다
	replace A with B(=substitute B for A)	A를 B로 교체[대체]하다
	fill A with B	A를 B로 채우다
	contrast A with B	A와 B를 대조하다
	endow A with B	A에게 B를 부여하다
	equip A with B	A에게 B를 갖추게 하다

387 The boss / **blamed** me / **for** the project's failure.
      S   V   O   M

상사는 / 나를 비난했다 / 프로젝트의 실패에 대해.

388 The musician's voice / **filled** the room / **with** beautiful melodies.
      S   V   O   M

그 음악가의 목소리는 / 방을 채웠다 / 아름다운 멜로디로.

389 The medication relieved her of severe pain.

390 His father raged and accused Jack of being selfish, ungrateful, and unmanly. 학평

---

387 failure 실패   **389** medication 약   **390** rage 격노하다   selfish 이기적인   ungrateful 배은망덕한   unmanly 남자답지 못한

391 The dog owner was held responsible for the attack on the neighbor's child.

392 The letter said, 'Thank you for applying to our company.' 학평

393 Our senses provide us with a qualitative indication of temperature. 학평

394 As soon as the game started, he was filled with energy. 모평

395 In modern societies, people provide their kin with a wide variety of services. 모평 응용

396 The great scientists of the Renaissance were endowed with a strong curiosity and an endless quest for knowledge.

Level Up 고난도 문장으로 실력 키우기

397 The endangered species has been deprived of its natural habitat due to human development.

398 The novice art collector, lacking experience, mistook the forgery for an authentic masterpiece.

399 Unrealistic optimists believe that success will come to them and the universe will reward them for their positive thinking. 학평 응용

400 Sleep additionally provides some vital services for the organism. 모평

---

391 attack 공격 **393** qualitative 질적인 indication 지표 **395** kin 친족 a wide variety of 매우 다양한 **396** curiosity 호기심 endless 끝없는 quest 탐구 **397** endangered species 멸종 위기에 처한 종 natural habitat 자연 서식지 development 개발 **398** novice 초보 collector 수집가 forgery 위조품 authentic 진짜의 masterpiece 명작 **399** unrealistic 비현실적인 optimist 낙관론자 **400** vital 필수적인 organism 유기체

3

수식어구

CHAPTER 08

형용사 역할

학습할 주요 개념을 먼저 정리하고 학습을 시작해 보세요!

필수 check point

31 명사를 꾸며주는 to부정사

명사 + to-v

He needed <u>an expert</u> **to work** with.

(대)명사 뒤에서 형용사처럼 (대)명사를 꾸며주는 to부정사는 '**~할, ~하는**'과 같이 해석한다. to부정사 뒤에 전치사가 오면 to부정사가 꾸며주는 (대)명사는 그 전치사의 목적어이다.

» 명사를 꾸며주는 「to부정사＋전치사」의 표현

to boast about	~에 대해 자랑할	to talk about	~에 대해 말할	to look after	~을 돌볼
to exercise with	~와 운동할	to write about	~에 대해 쓸	to sit on	~에 앉을
to live in	~에 살	to choose from	~중에 선택할	to talk to	~에게 말할
to play with	~와 함께 놀	to land on	~에 착륙할	to write with	~을 가지고 쓸

401 If so, / we would not even have / a language (**to describe** the world around us).

그렇다면, / 우리는 갖지도 못할 것이다 / (우리 주변의 세계를 묘사할) 언어를.
···▶ 수식받는 a language가 to describe의 의미상 주어이다.

402 The recreation center / provides no equipment (for young children **to exercise with**).

그 레크리에이션 센터는 / (아이들이 가지고 운동할) 장비를 제공하지 않는다.
···▶ 수식받는 명사 equipment가 with의 목적어이고, for young children은 to exercise의 의미상 주어이다.

403 There may be / a time [when people have money but no children (**to look after**)].

있을 수도 있다 / [사람들이 돈은 있지만 (돌볼) 자녀가 없는] 때가.
···▶ when people ~ to look after는 a time을 수식하는 관계사절이며, 관계사절 안에서 children은 to look after가 수식하는 의미상 목적어이다.

404 His desire to travel to remote destinations led him on unforgettable adventures.

---

401 describe 묘사하다 **402** equipment 장비 **403** look after ~을 돌보다 **404** remote 외딴, 먼 destination 목적지 adventure 모험

405 They soon asked for skilled workers to repair the damaged roof of their house.

406 Her volunteers harvested thousands of pounds of wheat to give to food banks. 학평 응용

407 Basic survival depends on the ability to perceive causes and predict effects. 학평 응용

408 In Golden Bay there are no waves to surf on, and it is definitely not a tropical island.

409 You'll have a reminder and motivator to get going on those things that are calling you. 학평

410 The king felt lonely with no one to share his feelings with during those difficult times.

Level Up 고난도 문장으로 실력 키우기

411 They are in optimal condition to run the marathon over its predetermined course and length. 학평

412 The city planners approved the decision to relocate their offices to a quieter neighborhood.

413 For a chance to win science goodies, just submit a selfie of yourself enjoying science outside of school. 학평

414 The point to remember is that sometimes in arguments the other person is trying to get you to be angry. 학평

---

405 ask for ~을 요청하다 repair 수리하다 damage 손상시키다 **406** harvest 수확하다 wheat 밀 **407** perceive 인식[인지]하다 predict 예측하다
408 definitely 분명히 tropical 열대의 **409** reminder 상기시키는 것 motivator 동기를 부여하는 것 **411** optimal 최적의 condition 상태, 조건
predetermined 미리 정해진 **412** approve 승인하다 **413** goody 좋은[매력적인] 것 submit 제출하다 **414** argument 논쟁

명사를 꾸며주는 분사

| v-ing/p.p. | + | 명사 |

The **interconnected** food chain begins with plants.

| 명사 | + | v-ing/p.p. | + | 동반어구(목적어/보어/수식어구) |

He observed the birds **flying** from tree to tree.

현재분사(v-ing)와 과거분사(p.p.)는 형용사와 마찬가지로 명사의 앞이나 뒤에서 명사를 꾸며준다. 분사가 동사처럼 목적어, 보어, 수식어구를 동반하면 명사 뒤에 오고, 분사구가 끝나는 부분까지 포함하여 해석한다. 현재분사는 '능동·진행'을 나타내어 '~하는, ~하고 있는'이라고 해석하고, 과거분사는 '수동·완료'를 나타내어 '~된, ~해진'이라고 해석한다.

+ Plus

자동사의 과거분사가 명사를 꾸며주는 경우 '완료'의 의미를 나타낸다.(departed, escaped, faded, fallen, retired, returned, vanished 등)
- The **escaped** prisoner was found hiding in the abandoned warehouse. 도망친 죄수가 버려진 창고에 숨어 있는 것이 밝혀졌다.
  = The prisoner **who had escaped** was found hiding in the abandoned warehouse.

---

415 In the daytime, / (**sleeping**) *skunks* take peaceful rest / in underground shelters.
      M   S   V   O   M

낮에는,   /   (잠자는) 스컹크는 평화로운 휴식을 취한다   /   지하 은신처에서.
⋯▶ 「sleeping(현재분사)+skunks(명사)」가 문장의 주어이다.

416 The expedition discovered / a (**destroyed**) *cave* (**hidden** deep within the forest).
      S   V   V'   M'   O

탐험대는 발견했다   /   (숲속 깊은 곳에 숨겨져 있는) (파괴된) 동굴을.
⋯▶ destroyed는 cave를 꾸며주고 hidden deep within the forest 또한 cave를 꾸며준다.

417 How does the change of humidity affect the plants growing in the greenhouse?

418 Charity is the bone shared with the dog, when you are just as hungry as the dog.

학평

419 You may need to acquire a removal permit in order to clear away some fallen trees.

---

415 underground 지하의 shelter 은신처, 쉼터 **416** expedition 탐험대 destroy 파괴하다 cave 동굴 **417** humidity 습도 greenhouse 온실 **418** charity 자선 (행위) share 공유하다 **419** acquire 획득하다 removal 제거 permit 허가 clear away ~을 치우다

420 Fatty foods cause the brain to release a hormone with a calming and relaxing influence into the blood stream. 학평 응용

421 Supermarkets no longer make all their money selling their produce and manufactured goods. 학평

422 A group working together successfully requires individuals with a multitude of social skills. 학평

423 I'm writing to inform you that the auditorium will be the first building closed for repairs. 학평

424 They discussed the process for any retired doctor who wished to maintain their registration.

Level Up 고난도 문장으로 실력 키우기

425 Despite efforts to improve it, the declining city continues to face economic challenges.

426 The refrigerators located next to the cash registers in the cafeteria were filled with only soda. 학평

427 Organisms living in the deep sea have adapted to the high pressure by storing water in their bodies. 학평

428 The rushing river forcefully carried debris downstream including branches, leaves, and others caught in its powerful current.

---

421 produce 농산물 manufacture 제조하다 **422** multitude 다수 **423** inform 알리다 auditorium 강당 **424** process 절차, 과정 retire 은퇴하다 maintain 유지하다 **425** improve 개선하다 decline 쇠퇴하다 **426** locate 위치시키다 cash register 금전 등록기 cafeteria 구내식당 **427** adapt 적응하다 pressure 압력 store 저장하다 **428** debris 잔해물 current 조류, 흐름

33 · 감정을 나타내는 분사

감정의 분사	+	명사		명사	+	감정의 분사

You may find **exciting** activities there.　　He saw a woman **tired** from work.

분사가 앞, 뒤에서 꾸며주는 대상(명사)이 감정을 일으키는 원인일 경우 현재분사(~하게 하는)를 쓰고, 누군가에 의해 감정을 느끼는 경우 과거분사(~하게 되는)를 쓴다. 감정을 나타내는 대부분의 분사는 형용사로 취급한다.

» 분사에서 나온 형용사의 해석

현재분사(감정을 불러일으킴)		과거분사(감정을 느낌)	
amazing	놀라운, 놀라게 하는	amazed	놀란
annoying	짜증나게 하는	annoyed	짜증이 난
boring	지루하게 하는, 지루한	bored	지루해하는, 지루한
disappointing	실망스러운, 실망시키는	disappointed	실망한
exciting	신나게 하는, 신나는	excited	신이 난
frustrating	좌절시키는	frustrated	좌절된, 좌절한
pleasing	즐거운, 기분 좋은	pleased	기뻐하는
satisfying	만족하게 하는	satisfied	만족한
surprising	놀랍게 하는, 놀라운	surprised	놀란, 놀라는
touching	감동시키는	touched	감동한

✚ Plus

감정의 분사는 주격 보어와 목적격 보어로 사용된다.
- His father was very **pleased** with his son's success.　그의 아버지는 아들의 성공에 매우 **기뻐했다**. → 주격 보어
- The boys found the movie about robots **boring**.　그 소년들은 로봇에 관한 그 영화가 **지루하다고** 생각했다. → 목적격 보어

---

429 The (**touching**) *story* about his sacrifice / moved us in the audience / to tears.
　　　　　　　　　　　　　S　　　　　　　　　　　V　　　O　　　　M

　　　그의 희생에 관한 (감동적인) 이야기는　　　/　　객석에 있던 우리를 움직였다　/ 눈물을 흘리도록.

┅┅> 이야기가 사람들을 감동하게 하는(touching) 원인으로, move ~ to tears는 '~을 눈물 흘리게 하다'의 의미이다.

430 (**Surprised**) *passengers* watched // as the magician performed tricks / on the train.
　　　　　　　　　　S　　V　　　　　S'　　　　　V'　　O'　　　　M'

　　　(놀란) 승객들은 지켜보았다　　　//　　마술사가 마술을 행할 때　　/　기차에서.

┅┅> 승객들(passengers)이 마술로 인해 놀란 감정을 느낀 것이므로 과거분사인 surprised를 썼다.

431 We think the reward from each response is not enough to be totally satisfying. 학평응용

432 The children left their parents touched with their handmade gifts.

---

429 sacrifice 희생　**430** magician 마술사 trick 마술, 기교　**431** reward 보상 response 응답 totally 완전히　**432** handmade 손으로 만든

433 Thousands of fans bored by their team's performance left the stadium early.

434 As she looked at at the amazing artworks made by others, her confidence dropped. 

435 They don't feel satisfied with the information and think they need more data. 

436 She found it annoying when people talked loudly on their phones in public places.

437 She said in an excited voice, "The concert was amazing! I've never heard anything like it!"

438 Noah thought that it looked exactly like every other dorm room at the university, and he became disappointed. 모평

Level Up 고난도 문장으로 실력 키우기

439 The manager considered the team's performance in the recent project disappointing.

440 It can be frustrating for athletes to work extremely hard but not make the progress they wanted. 모평

441 (Poorly labeled products often result in frustrated customers searching for assistance from store staff.

442 The psychologist interested in young children may have to venture a little more often into the wilderness. 모평

---

433 stadium 경기장　**434** artwork 예술 작품　confidence 자신(감)　**436** public place 공공장소　**438** exactly 정확히　dorm 기숙사　**439** recent 최근의　disappointing 실망스러운　**440** athlete 운동선수　extremely 대단히, 극히　progress 진전, 발전　**441** label 라벨을 부착하다　search for ~을 찾다　assistance 도움　staff 직원　**442** psychologist 심리학자　venture 모험하다　wilderness 야생, 황무지

CHAPTER 09

부사 역할

필수 check point

부사 역할을 하는 to부정사의 해석

V/형용사/부사 등 + to-v

The satellite was set up **to examine** distant galaxies.

to부정사가 부사 역할을 할 때 다양하게 해석되는데 '목적(~하기 위하여, ~하도록)'의 의미를 가장 많이 나타낸다. 그 외에 '감정의 원인(~해서)'이나 '판단의 근거(~하다니)' 등을 나타내기도 한다. 앞의 형용사를 꾸며주는 경우 형용사의 의미가 명확해지며 **'~하기에'**라고 해석하고, '결과'를 나타낼 경우 **'…해서 (결국) ~하다'**라고 해석한다. 또한 '조건'을 나타내는 경우 가정의 의미를 포함하여 **'~하면'**이라고 해석한다.

» 결과를 나타내는 to부정사 표현

grow up to-v	자라서 ~하다	live to-v	살아서 ~하다
awake[wake up] to-v	깨어나서 ~하다	only to-v	그러나 (결국) ~하다

» 「be동사+형용사+to-v」 형태의 관용어구

be anxious[eager] to-v	~하기를 간절히 바라다	be sure to-v	틀림없이 ~하다
be willing[ready] to-v	기꺼이 ~하다	be unwilling[reluctant] to-v	~하기를 꺼리다
be likely to-v	~하기 쉽다	be apt to-v	~하는 경향[가능성]이 있다

✚ Plus

1. 「형용사/부사+enough+to-v」: ~할 만큼 (충분히) …한, (충분히) ~해서 …한
   • The soup was **hot enough to burn** my tongue. 그 수프는 내 혀를 데게 할 만큼 충분히 뜨거웠다.
2. 「too+형용사/부사+to-v」: ~하기에 너무 …한, 너무 …해서 ~할 수 없는
   • The water was **too cold to swim in** comfortably. 그 물은 너무 차가워서 편하게 수영할 수 없었다.

---

443 The company paid / for an experiment / **to test** their new product's effectiveness.

　그 회사는 지불했다 / 실험 비용을 / 신제품의 효과를 테스트하기 위해.

…▶ '목적'의 의미를 명확히 나타내기 위해 to부정사 앞에 in order나 so as를 붙이기도 한다.

444 Sorry **to interrupt**, / but could you spare / *a moment* (to answer a quick question)?

　방해해서 죄송하지만, / 내 주실 수 있나요 / (간단한 질문에 답할) 잠깐의 시간을?

…▶ sorry 다음의 to부정사는 '감정의 원인'을 나타낸다.

445 They rushed to the airport, only to miss their flight.

446 To listen to him, you would believe he was an expert.

---

443 effectiveness 효과(성)　**444** interrupt 방해하다　spare 할애하다, 나누어 주다　**445** miss 놓치다

447 They were careless not to close the windows during the violent storm last night.

448 Americans seem particularly easy to meet and are good at cocktail-party conversation. 학평

449 She was very anxious to begin her new job and make a good impression on her colleagues.

450 Only the fastest rabbits will live long enough to make a new generation of bunnies. 학평

451 Each of us is willing to compromise as we consider the different perspectives of the other. 학평

452 Farming societies were far more likely to suffer severe, existentially threatening famines than foragers. 학평

Level Up 고난도 문장으로 실력 키우기

453 The old wooden bridge was not safe to cross, with its rotting planks and shaky handrails.

454 I am very happy to let my dogs run around and safely play with other dogs from the neighborhood. 수능

455 For the task to be completed on time, they must allocate sufficient resources and manpower.

456 The salt taste receptor rewards animals for doing the latter, seeking out salt in order to satisfy their great need. 학평

---

447 violent storm 폭풍   449 impression 인상   450 generation 세대 bunny 토끼   451 compromise 타협하다 perspective 관점   452 suffer 겪다 severe 심각한 existentially 실체론적으로 threaten 위협하다 famine 기근 forager 수렵인   453 wooden 나무로 된 rot 썩다 plank 널빤지 shaky 흔들리는   455 complete 완수하다 allocate 할당하다 sufficient 충분한 manpower 인력   456 receptor 수용기 reward 보상하다

[v-ing] ~, + [S] + [V]

Studying diligently for the exam, Emily hoped to achieve a high score.

분사구문은 「접속사＋S＋V」의 문장을 현재분사(v-ing)를 이용하여 간결하게 표현한 것으로, 문장 전체를 수식하는 부사구의 역할을 한다. 이때 분사는 접속사와 동사의 역할을 동시에 하므로 해석할 때는 접속사의 의미를 넣어 해석한다. 분사구문은 일반적으로 문장의 앞에 오지만, 중간이나 뒤에 오기도 하며, 대개 콤마(,)로 구분해 준다.

》 분사구문의 해석

시간	when(~할 때), after(~한 후에), before(~하기 전에), as(~할 때), as soon as(~하자마자)
이유	because/as/since(~하기 때문에, ~해서)
동시 동작	as(~한 채로), while(~하는 동안)
연속 동작	and(~하고 나서, 그리고 ~하다) → 제1동작, 제2동작으로 구분
조건과 양보	if/although[though](비록 ~이지만) → 양보의 의미를 나타내는 분사구문은 잘 쓰이지 않음

＋Plus

분사구문의 부정형을 쓸 때는 not이나 never를 분사 앞에 붙인다.
· **Not knowing** the answer, she decided to skip the question. 정답을 **모르는 바람에**, 그녀는 그 질문을 건너뛰기로 결정했다.

---

457 **Hiking** through the forest, / he marveled / at the beauty *of nature* (surrounding him).

숲속을 하이킹할 때, / 그는 감탄했다 / (그를 둘러싼) 자연의 아름다움에.
⋯▷ Hiking through the forest = When he hiked through the forest

458 The chef, / **chopping** vegetables in the kitchen, / hummed a very cheerful tune.

주방장은, / 부엌에서 채소를 썰면서, / 아주 경쾌한 곡조를 흥얼거렸다.
⋯▷ chopping vegetables in the kitchen = as[while] he chopped[was chopping] vegetables in the kitchen

459 She gained star status in Hollywood, playing many roles as the heroine of the film.

학평

460 Feeling like a fool, the man appeared resigned, accepting his mistake with a sigh.

461 Gazing around at the blur of faces, I realized they were all waiting for me to begin.

학평

---

457 marvel 감탄하다 surround 둘러싸다 **458** chop 썰다 hum 흥얼거리다 tune 곡조 **459** status 지위 heroine 여주인공 **460** resigned 체념한 sigh 한숨 **461** gaze 보다, 응시하다 blur 흐림

462 I felt that the animal was protecting me, lifting me toward the surface. 학평

463 My sister, not passing the certification test, felt disappointed but determined to try again.

464 Running late for the meeting, she would hurriedly grab her bag and dash out the door.

465 If the camera moves, it does so unnoticeably, calling as little attention to itself as possible. 학평

466 Returning to the campsite, the campers saw their tents torn and belongings scattered everywhere.

Level Up 고난도 문장으로 실력 키우기

467 Having many responsibilities at work, he still manages to pursue his hobbies in his free time

468 Not wanting to argue about the matter, we should seek common ground and understand each other.

469 The problem is that we are continually judging people, wishing they were something that they are not. 학평

470 The balloons, hanging from the ceiling, gently swayed with each passing breeze, adding the final touch to our decoration.

---

462 surface 수면, 표면 **463** certification 자격증 determined 단호한 **464** run late 늦다 hurriedly 서둘러 grab 붙잡다 **465** unnoticeably 눈에 띄지 않게 **466** tear 찢다 belonging 소지품 scatter 흩뜨리다 **467** responsibility 책임 pursue 추구하다 **468** seek 구하다 common ground 공통점 **469** continually 계속해서 judge 판단하다 **470** ceiling 천장 sway 흔들리다 breeze 바람, 미풍 decoration 장식

다양한 형태의 분사구문

p.p./형용사/having+p.p. ~, S + V

Satisfied with the service, they decided to leave a generous tip.
Having finished his chores, John enjoyed watching soccer.

p.p.(과거분사)로 시작하는 분사구문은 수동의 의미이며 그 앞에 Being이나 Having been이 생략된 형태이다.
「형용사 ~, S+V」 형태의 분사구문은 형용사 앞에 Being이나 Having been이 생략된 분사구문이다.
「having+p.p.」 형태의 완료분사구문은 분사구문의 시제가 주절의 시제보다 앞선 일임을 나타낼 때 쓴다.

➕ Plus
분사구문의 의미를 확실히 전달하기 위해 접속사를 생략하지 않을 수 있다.
• **When having** tickets for the football match, I was very thrilled. 축구 시합에 갈 수 있는 표를 **구했을 때**, 나는 매우 흥분했다.

---

471 **Exhausted** from the long journey, / the travelers eagerly entered / the cozy inn.

긴 여정에 지쳤을 때, / 여행객들은 간절하게 들어갔다 / 그 아늑한 여관에.
⋯▷ Exhausted = Being exhausted = When they were exhausted

472 **Anxious** about the future, / they sought guidance and support /

from their mentors.

미래에 대해 불안해서, / 그들은 지도와 도움을 구했다 / 자신들의 멘토로부터.
⋯▷ Anxious = Being anxious = As they were anxious

473 Having completed her presentation, Sarah felt relieved and took a deep breath.

474 As a child, William naturally became interested in fossils while collecting them.

모평

475 The people sat in the chocolate houses for hours, dressed in their best clothes.

---

471 exhaust 지치게 하다 cozy 아늑한 inn 여관 **472** mentor 멘토 **473** complete 마치다, 완수하다 relieve 안도하게 하다 take a deep breath 심호흡을 하다 **474** fossil 화석

476 We tiptoed down the hall, careful not to make a sound and disturb anyone sleeping.

477 Having received the long-awaited package, he carefully tore open the wrapping.

478 When approaching practical music making, it is important to stay open-minded. 학평 응용

479 He was shocked and just stood there, unable to comprehend what had just happened.

480 Pressed for time and stuck in a deadlock, she had no idea how to finish the paper. 모평

⤤ Level Up 고난도 문장으로 실력 키우기

481 Once free, he became a well-known abolitionist and strong believer in equality for all people. 학평

482 Having studied for hours, I went for a walk and watched the cliff dashed by the waves.

483 The photograph, mounted in the silver frame, was a treasured keepsake of their unforgettable vacation.

484 Although repeatedly referred to as "The Wizard" in the press, he had no time for the supernatural or superstitions.

---

476 tiptoe 발끝으로 걷다 disturb 방해하다 **477** package 소포, 꾸러미 wrapping 포장 **478** practical 실용의 **479** comprehend 이해하다 **480** press ~ for time ~을 시간에 쫓기게 하다 deadlock 막다른 상태 **481** abolitionist 노예제 폐지론자 **482** cliff 절벽 **483** mount 담다, 끼우다 treasure 소중히 여기다 keepsake 기념품 unforgettable 잊지 못하는 **484** repeatedly 반복해서 wizard 마법사 supernatural 초자연적인 superstition 미신

UNIT 37 · 주의해야 할 분사구문의 의미상 주어

(with +) 의미상 주어 + 분사

With her heart racing, she stood at the starting line.

주절의 주어와 분사구문의 주어가 다르면 생략하지 않고 그대로 쓰고 그 의미를 살려서 해석하는데 이를 독립분사구문이라고 한다.

「with+명사[대명사]+분사」는 분사구문의 의미상 주어 앞에 with를 붙여서 '~가 …인[한] 채, ~가 …한 상태로, ~을 …하고서'의 의미를 지닌다. 명사와 분사의 관계가 능동이면 현재분사를, 수동이면 과거분사를 쓴다. with는 생략 가능하고 분사 대신에 형용사나 부사(구)가 올 수도 있는데, 이때 형용사나 부사(구) 앞에 being을 넣어 이해한다.

+ Plus

비인칭 독립분사구문이란 분사구문의 의미상 주어가 막연한 일반인(we, one, you, they)일 때 이를 생략하여 관용적으로 쓰는 것을 말한다.

generally speaking	일반적으로 말하면	frankly speaking	솔직히 말하면
strictly speaking	엄격히 말하면	judging from	~으로 판단하건대
putting it simply	간단히 말하자면	speaking[talking] of	~에 대해 말하자면
given[considering] that	~을 고려하면	granting[granted] that	~을 인정하더라도
supposing[providing] that	만약 ~이면	seeing that	~인 점에서 보면

- **Judging from** her expression, it seems like she didn't enjoy the movie.
  그녀의 표정**으로 판단하건대**, 그녀는 영화를 즐기지 못한 것 같다.

485 <u>**Seeing that** the company is expanding</u>, / <u>it</u> <u>makes sense</u> <u>to hire more staff</u>.

회사가 확장되고 있는 점에서 보면, / 더 많은 직원을 채용하는 것이 타당하다.

486 I had difficulty climbing / <u>**with my hiking boots** tied</u> / <u>at the ankles</u> / <u>that day</u>.

나는 오르는 데 어려움을 겪었다 / 내 등산화를 동여맨 채 / 발목에 / 그날.

487 Frankly speaking, I'm not sure if I can make it to the public meeting on time.

488 The book opened to the first page, she began her adventure into the world of fiction.

489 The garden is dying, pesticides having been applied excessively without proper care.

---

485 expand 확장되다 hire 채용하다 **486** have difficulty v-ing ~하는 데 어려움을 겪다 hiking boots 등산화 ankle 발목 **487** on time 제시간에 **488** fiction 소설, 허구 **489** pesticide 농약 apply 사용하다, 적용하다

490 The elves danced under the stars with the music playing softly in the background.

491 With my eyes blindfolded, I was wondering to what fantastic place she was taking me. 학평

492 His face nearly frozen from the disease and his hands trembling, he lit the Olympic torch.

493 Two plantings per year are usually possible, provided that the growing season is long enough.

494 Brazil consumed the most animal protein from meat, with eggs and dairy being the second most consumed. 학평 응용

Level Up 고난도 문장으로 실력 키우기

495 With the door wide open, a cool breeze swept through the room, bringing relief from the summer heat.

496 The last drop of water having fallen from the canteen, the explorer let out a cry of despair.

497 He claims that surprise in the classroom is one of the most effective ways of teaching with brain stimulation in mind. 학평 응용

498 Generally speaking, the first language is marked by the accent and regional expressions of the area where students grow up.

---

490 elf 꼬마 요정(*pl.* elves)   **491** blindfold 눈을 가리다   **492** freeze 얼다 tremble 떨다 torch 성화, 횃불   **493** planting 심기, 씨뿌리기 per ~마다
494 consume 섭취하다, 소비하다 protein 단백질   **495** breeze 바람, 미풍 sweep 쓸다 bring relief 안도감을 주다   **496** canteen 수통 despair 절망
497 claim 주장하다 stimulation 자극   **498** mark 표시하다 accent 억양

PART

4

절

CHAPTER 10

등위절과 병렬 구조

학습할 주요 개념을 먼저 정리하고 학습을 시작해 보세요!

필수 check Point

학습할 주요 개념을 먼저 정리하고 학습을 시작해 보세요!

38 등위접속사

$$S^1 + V^1 + \boxed{\text{for/and/nor/but/or/yet/so}} + S^2 + V^2$$

The birds are colorful, **and** they make nice sounds.

등위접속사는 두 개의 절을 대등하게 연결하는 데 쓰이며, 해석은 아래와 같이 한다. for, and, nor, but, or, yet, so는 각 단어의 앞 글자를 따서 FANBOYS로도 쉽게 외울 수 있다.

for	S¹은 V¹한다. 왜냐하면 S²가 V²하기 때문이다.	· It is morning, **for** the sun is up. 아침이다. **왜냐하면** 해가 떴기 때문이다.
and	S¹은 V¹하고 S²는 V²한다.	· I finished my work, **and** I went home. 나는 일을 끝냈**고** 집에 갔다.
nor	S¹은 V¹하지도 않고 S²도 V²하지도 않다.	· He is not kind, **nor is he** gentle. 그는 친절하지**도 않고** 상냥하지**도 않다**. → 부정어 nor가 문장 앞으로 가면서 「동사+주어」의 어순이 된다.
but	S¹은 V¹하지만 S²는 V²한다.	· She is ill, **but** her sister is healthy. 그녀는 아프**지만** 그녀의 여동생은 건강하다.
or	S¹은 V¹하거나 S²는 V²한다.	· You can have tea, **or** you can have coffee. 당신은 차를 마시**거나** 당신은 커피를 마실 수 있다.
yet	S¹은 V¹하지만 S²는 V²한다.	· She loved him, **yet** she left him. 그녀는 그를 사랑했**지만** 그녀는 그를 떠났다.
so	S¹은 V¹해서 S²가 V²한다.	· He worked very hard, **so** he succeeded. 그는 매우 열심히 노력**해서** 성공했다.

499 David was four years old, // **and** his brother was half his age.

David는 4살이었고, // 그의 남동생은 그의 나이의 절반이었다.

500 In case of rain, / the event will be canceled, // **or** the time will be changed.

비가 오는 경우에, / 행사는 취소될 것이거나, // 시간이 변경될 것이다.

501 Luckily, this bus came just in time, so I won't be late. 수능

502 The mind is strong and healthy, but the body is weak and ill.

503 The children laugh joyfully in the playground, and the parents smile from the benches.

---

499 half 절반의 **500** in case of ~의 경우에 **501** in time 제시간에 **503** joyfully 기쁘게

504 Nick was very miserable, for he had never been deprived of his liberty. 학평 응용

505 He dashed backward and forward in the prison, but he could not escape. 학평 응용

506 These buildings may be old and genuine, or they may be recent reproductions. 학평

507 The lotus plant grows in the muddy bottom of ponds, yet its leaves are always clean. 학평 응용

508 A creative violinist may not be a creative conductor, and a creative conductor may not be very good at composing new works. 학평

Level Up 고난도 문장으로 실력 키우기

509 There are few perceived differences between brands, so the consumer does not know which brand to choose.

510 Climate change is not a new concept, yet scientists are still struggling with how to convey their messages.

511 Emily resolved to help revive his creative spirit, so she organized an art exhibition in the community center. 학평 응용

512 His insights did not explain the biological problems at the time, nor did his explanation operate by known mechanisms. 모평 응용

---

504 miserable 비참한 deprive A of B A에게서 B를 빼앗다   **505** dash 돌진하다 backward and forward 앞뒤로 왔다 갔다   **506** reproduction 복제물
507 lotus 연(꽃) pond 연못   **508** conductor 지휘자 compose 작곡하다   **509** perceived 인지된, 지각된   **510** struggle with ~으로 고심하다 convey 전달하다   **511** resolve 결심하다 revive 회복시키다, 소생시키다 organize 조직하다 exhibition 전시회   **512** insight 통찰력 biological 생물학적인

상관접속사

The exhibition will be in **both** New York **and** London.

상관접속사는 두 개 이상의 단어가 짝을 이루어 같은 유형의 두 요소를 대등하게 연결하는 접속사로, A와 B는 병렬 구조를 이룬다.

both A and B	A와 B 둘 다	not only A but (also) B = B as well as A	A뿐만 아니라 B도 (또한)
either A or B	A와 B 둘 중 하나	neither A nor B	A와 B 둘 다 아닌
not A but B	A가 아니라 B인		

+ Plus

1. 「both A and B」: A와 B 둘 다를 의미하므로 뒤에 항상 복수동사를 쓴다.
   - **Both** <u>the exam and the homework</u> **are** difficult. 시험과 숙제가 둘 다 어렵다.
2. 「not only A but (also) B」: 동사와 가까운 B에 수를 일치시킨다.
   - **Not only the car but also** <u>the bicycles</u> **are** in the garage. 차뿐만 아니라 자전거들도 차고에 있다.
   - → 단, 「B as well as A」는 B를 강조하는 내용이므로 B에 수를 일치시킨다.
     - **The** <u>bicycles</u> **as well as the car are** in the garage.
3. 「either A or B/neither A nor B」: 동사와 가까운 B에 수를 일치시킨다.
   - **Either the players or** <u>the coach</u> **is** responsible for the loss. 선수들 아니면 코치가 패배에 책임이 있다.
4. 「not A but B」: 동사와 가까운 B에 수를 일치시킨다.
   - **Not the dogs but** <u>the cat</u> **is** missing. 개들이 아니라 고양이가 사라졌다.

---

513 <u>Alexandra</u> <u>uses</u> / **both** her phone **and** tablet / to surf the Internet. 〔학평〕〔응용〕
　　　S　　V　　　　　　　　　O　　　　　　　　　M

Alexandra는 사용한다 /　자신의 전화기와 태블릿을 둘 다　/　인터넷을 검색하기 위해서.

514 <u>She</u> <u>is</u> **not only** <u>a talented artist</u>, / **but** <u>a wonderful teacher</u>.
　　　S　V　　　　　　　　　SC¹　　　　　　　　　　SC²

그녀는 재능 있는 예술가일 뿐만 아니라,　/　훌륭한 교사이기도 하다.

515 In the past, danger meant we either had to flee or fight. 〔학평〕

516 In real life as well as in painting we do not come across just faces. 〔수능〕〔응용〕

517 In modern life, most people end up being both leaders and followers. 〔학평〕〔응용〕

---

513 surf 검색하다　**514** talented 재능 있는　**515** flee 달아나다　**516** come across (우연히) ~을 마주치다　**517** end up v-ing 결국 ~하게 되다

518 For Dorothy, home is not a place but a feeling of security, of comfort with loved ones. (모평)(응용)

519 Our familiarity with the genre makes watching not only easier but more enjoyable. (학평)

520 Either the team or the individual players are expected to meet the performance targets.

521 Not only the director but also the actors are excited about the movie premiere.

522 Despite his busy schedule, he is neither neglecting his family nor compromising on his health.

Level Up 고난도 문장으로 실력 키우기

523 Not only is gold a precious and valuable metal, it is also associated with purity.

524 Especially in the early days of recording, human voices as well as instruments were often distorted once recorded. (학평)

525 Neither the harsh criticism nor the lack of encouragement caused her to quit the project.

526 You can either continue with your current job and be unhappy, or you can take a risk and pursue your passion.

---

518 security 안심, 안전 comfort 위로 **519** familiarity 친숙함 **520** target 목표 **521** movie premiere 영화 시사회 **522** despite ~에도 불구하고 neglect 소홀히 하다 compromise on ~에 대해 타협하다 **523** precious 귀중한 valuable 값비싼 associated 관련된 purity 순수 **524** instrument 악기 distort 왜곡하다 **525** criticism 비판 **526** current 현재의 passion 열정

병렬 구조

$$\boxed{A} + \boxed{\textbf{and/but/or}} + \boxed{B}$$

Playing music **and** playing sports aren't that different.

$$\boxed{\text{상관접속사}} + \boxed{A} + \boxed{\text{상관접속사}} + \boxed{B}$$

Love is **not** about owning someone, **but** about loving them.

등위접속사나 상관접속사로 연결된 두 어구는 보통 문법적으로 형태와 기능이 서로 같아야 한다. 문장 내에서 접속사가 연결하는 두 어구가 무엇인지 찾아 정확히 파악하여 해석하는 것이 중요하다.

＋Plus

등위접속사는 절과 절을 연결할 수도 있는데, 이때에도 문법적으로 기능이 같아야 한다. 절과 절이 연결된 것을 단어와 단어가 연결된 것으로 혼동하지 않도록 전체적인 문장 구조와 문맥을 통해 정확히 파악해야 한다.
- I had a lot of homework / `and` the exam was difficult. (○) 나는 숙제가 많았고 / 시험은 어려웠다.
- I had a lot of homework `and` the exam / was difficult. (×) 나는 숙제와 시험이 많았고 / 어려웠다.

527 Music therapy is not / just about playing music `and` singing.

음악 치료는 아니다 / 단지 음악 연주와 노래하기에 관한 것이.

528 Since that time, / I have never touched / the walls `or` the ceiling. 학평

그때 이후로, / 나는 건드린 적이 없다 / 벽이나 천장을.

529 Not only dogs but also cats can be adopted at the animal shelter.

530 He neither complained nor boasted about what he had endured before.

531 In chemistry, a change in the atomic bonding is not only the end of one state, but the beginning of another. 학평 응용

---

527 therapy 치료 **528** ceiling 천장 **529** adopt 입양하다 animal shelter 동물 보호소 **530** complain 불평하다 boast 자랑하다 endure 견디다
531 chemistry 화학 atomic 원자의 bonding (원자의) 결합 state 상태

532 Our large population is not a cause of poverty but an asset and a resource.

533 Most organic chemicals would prefer to associate either with water or with oil.

534 Sustainable energy meets our energy needs without jeopardizing future generations or damaging the environment.

535 Both the new policy and the recent changes have been beneficial for the company.

536 To celebrate our company's 10th anniversary and to boost further growth, we have arranged a small event. 학평

Level Up 고난도 문장으로 실력 키우기

537 What caused the last domino to fall wasn't the one before it, but the first one. 학평 응용

538 In our daily interactions, we spend every moment either deciding what must happen next or going along with somebody else's ideas. 학평 응용

539 The study that she conducted for her project and that was supported by the university received international recognition.

540 The professor pointed out that the theory needs further validation and that the experimental data must be reviewed carefully.

---

532 population 인구 poverty 가난 asset 자산   **533** organic 유기(체)의 associate 결합하다   **534** sustainable 지속 가능한 jeopardize 위태롭게 하다
536 celebrate 기념하다 anniversary 기념일 boost 북돋우다 arrange 마련하다   **537** cause 유발하다   **538** go along with ~에 동의하다   **539** conduct
진행하다, 수행하다 recognition 인정   **540** validation 검증

CHAPTER 11

관계사절

✓ 필수 check point

41 주격 / 소유격 / 목적격 관계대명사절

선행사 + **who/which/that** + V′

A teacher is <u>the one</u> **who** <u>brings</u> the best out of students.

선행사 + **whose** + 명사 + (S′) + V′

An adjective is <u>a word</u> **whose** <u>role</u> <u>is</u> to modify a noun.

주격 관계대명사는 관계사절 안에서 주어 역할을 하고, 소유격 관계대명사의 수식을 받는 명사는 주어, 목적어, 보어 역할을 하며, 목적격 관계대명사는 목적어 역할을 한다. 주격 관계대명사가 관계사절을 이끌면 'V′하는 (선행사)'라고 해석하고, 소유격 관계대명사가 관계사절을 이끌면 '(명사)가 V′인 (선행사)' 혹은 '(명사)가 O′를 V′하는 (선행사)' 혹은 'S′가 (명사)를 V′하는 (선행사)'라고 해석한다. 목적격 관계대명사가 관계사절을 이끌면 'S′가 V′하는 (선행사)'라고 해석한다.

+ Plus

목적격 관계대명사는 생략할 수 있다.
- All the resources (**which**) people use daily come from nature. 사람들이 매일 사용하는 모든 자원은 자연에서 비롯된다.

541 *People* on a diet [**who** try not to think about food] / often begin /

[음식에 관해 생각하지 않으려고 하는] 다이어트를 하는 사람들은 / 흔히 시작한다 /

to think much more about food. 수능

음식에 관해 훨씬 더 많이 생각하기를.

542 *An author* [**whose** purpose is to inform] / will explain something / to readers.

[목적이 정보를 알리는 것인] 저자는 / 어떤 것을 설명할 것이다 / 독자들에게.

543 If there is any field that is associated with seeing rather than with hearing, it is science. 학평

544 Be aware that there could be some conflicts that you have to resolve.

---

542 inform (정보를) 알리다 **543** associated 관련된 A rather than B B가 아니라 A **544** aware 자각하고 있는 conflict 갈등 resolve 해결하다

545 In interactions on television, the pauses and delays that characterize everyday life are removed through editing. 학평 응용

546 There are a variety of t-shirt designs that celebrate the dangerous animals that can be encountered in Australia. 학평 응용

547 The conference which I attended last year focused on the latest advancements in artificial intelligence.

548 The movie is based on a novel whose very author is one of its characters.

549 If you have problems that you cannot solve, I would encourage you to go to people who are wiser than you in that area.

Level Up 고난도 문장으로 실력 키우기

550 These children that we hope to help are often seen working in factories due to financial difficulties. 학평

551 Most social interactions in cities occur between people who know each other only in specific roles. 학평 응용

552 People seem to have an innate drive to imitate others whom they judge to be like them. 수능

553 If you have a friend whose friendship you wouldn't recommend to anyone, why would you have such a friend for yourself? 학평 응용

---

545 pause 멈춤, 중지 characterize (~의) 특징이 되다 remove 제거하다 **546** encounter 마주치다 **547** latest 최신의 **550** due to ~ 때문에 financial 재정적인 **551** occur 일어나다 specific 구체적인 **552** innate 타고난 drive 욕구, 충동 imitate 모방하다 **553** recommend 권하다, 추천하다

관계부사절, 전치사+관계대명사

선행사 + when/where/why/how + S′ + V′

Camps are the place **where** kids have memorable experiences.

선행사 + 전치사 + whom/which + S′ + V′

Wheelchairs are used by people **for whom** walking is difficult.

관계부사 when, where, why, how와 「전치사+관계대명사」는 관계사절에서 부사어구 역할을 한다. 바로 뒤에는 관계사절의 주어가 오고, 앞의 선행사를 수식하여 '~하는[한]'으로 해석한다. 관계부사 how는 the way how처럼 선행사와 같이 쓸 수 없으며, the way that이나 the way in which로 바꿔 쓸 수 있다.

> **✚ Plus**
> 「전치사+관계대명사」는 관계부사로 바꿔 쓸 수 있다.
> • Early childhood is the period **in which** children get their first education.
> = Early childhood is the period **when** children get their first education.
>   유아기는 아이들이 처음으로 교육을 받는 시기이다.

554 Imagine / a trip [**during which** you visit your dream places].

상상하라 / [여러분이 꿈에 그리던 장소를 방문하는] 여행을.

555 There was likely / a time [**when** you believed in Santa Claus]. 학평 응용

아마도 있었을 것이다 / [여러분이 산타클로스의 존재를 믿었던] 시기가.

556 I like the way that the writer creates a contrast between the characters.

557 Literary works seem richer when you visit the place where they were inspired.

558 It can be hard to understand the reason why certain things happen to us.

---

555 likely 아마도 believe in ~의 존재를 믿다 **556** contrast 차이, 대조 **557** literary 문학의 inspire 영감을 주다 **558** certain 특정한

559 You can starve when the occasional year arrives in which your field has a low yield. 학평 응용

560 Janaki Ammal lived at a time when literacy among women in India was less than one percent. 학평 응용

561 Identity conflicts are greatly determined by the community to which one migrates. 모평 응용

562 A sweatshop is a factory where workers receive low wages while being forced to work in poor environments.

Level Up 고난도 문장으로 실력 키우기

563 The reasons offered by those with whom we disagree often go against our own reasons. 학평 응용

564 Most mutations have harmful consequences for the organism in which they occur. 수능 응용

565 He always dreamed of a place where animals could roam free and live in caring conditions. 학평 응용

566 Early social interactions provide a context where infants can easily notice the effect of their behavior. 학평 응용

---

559 starve 굶주리다 occasional 가끔의 yield 수확량 **560** literacy 읽고 쓰는 능력 **561** identity 정체성 conflict 갈등 determine 결정하다 community 사회, 공동체 migrate 이주하다 **562** sweatshop 착취 공장 wage 임금 force 강요하다 **563** disagree 의견이 다르다 **564** mutation 돌연변이 harmful 유해한 **565** roam 거닐다 caring 보살펴 주는 **566** context 상황 infant 유아 notice 의식하다, 주목하다

43 관계사가 생략된 관계사절

[선행사] + ([**목적격 관계대명사**] +) [S′] + [V′]

Most ideas (**which**) writers explore come from their experiences.

[**명사**] + ([**관계부사**] +) [S′] + [V′]

The time (**when**) the concert begins has not yet been determined.

목적격 관계대명사인 who(m), which, that은 자주 생략될 수 있는데, 명사 뒤에 바로 「주어＋동사」가 이어지고 목적어가 없다면 목적격 관계대명사가 생략된 문장이다. 이때, '**S′가 V′하는 (선행사)**'라고 해석한다.
관계부사의 선행사가 the time, the place, the reason, the way일 때 선행사나 관계부사를 생략할 수 있으며 관계부사가 생략된 경우 '**S′가 V′하는 시간/장소/이유/방법**'이라고 해석한다.

✚ Plus
전치사가 관계사절 마지막에 남아 있으면 관계대명사를 생략할 수 있지만, 「전치사＋관계대명사」의 경우에는 생략할 수 없다.
· The movie (**which**) we talked **about** was amazing. (○) 우리가 이야기했던 그 영화는 놀라웠다.
→ The movie **about** (**which**) we talked was amazing. (×)

---

567 You can learn a lot / from *people* [you meet] / and *the stories* [they share].
S V M M

여러분은 많이 배울 수 있다 / [여러분이 만나는] 사람들과 / [그들이 공유하는] 이야기들로부터.
⋯▶ you meet와 they share 앞에는 모두 목적격 관계대명사 who(m)[that]과 which[that]가 생략되었다.

568 Think of / a buffet table / (at a party, or perhaps at *a hotel* [you've visited]). 학평
V O M

~을 생각해 보라 / 뷔페 테이블을 / (파티 혹은 어쩌면 [여러분이 방문한] 호텔의).
⋯▶ you've 앞에는 목적격 관계대명사 which[that]가 생략되었다.

569 Learning the history of a place you visit is a fascinating adventure.

570 Just by writing positive statements, there is a shift in the way you think and act.

학평 응용

---

569 fascinating 대단히 흥미로운, 매력적인 adventure 모험 **570** positive 긍정적인 statement 진술 shift 변화

571 Universities in Korea wish to increase the number of students they admit from around the world.

572 Environmental, physical, and psychological factors narrow the range of things we can do with our lives. 학평 응용

573 Think of all the times you've sat down to have lunch with a friend and set your phone on the table. 학평

574 To understand the long-term goals you want to achieve, you can write a list of the goals you've set for yourself.

575 Instead of seeing stress as a threat, the military culture derives pride from the shared resilience it creates. 학평

Level Up 고난도 문장으로 실력 키우기

576 The reason people have trouble making choices is they do not want to do the things they are supposed to do. 학평 응용

577 The documentary they created explores the impact of climate change on different ecosystems around the world.

578 The professor I admire teaches students to conduct meaningful research.

579 Although the physical differences themselves are real, the way we use physical differences to classify people into different races is a cultural construction. 학평

---

571 admit 받아들이다, 입학을 허가하다 **572** narrow 제한하다, 좁히다 range 범위 **574** long-term 장기적인 set 정하다 **575** threat 위협 military 군대의 derive 얻다 pride 자긍심 resilience 회복력 **576** have trouble v-ing ~하는 데 어려움을 겪다 be supposed to-v ~하기로 되어 있다 **577** ecosystem 생태계 **578** admire 존경하다 **579** classify A into B A를 B로 분류하다 race 인종 construction (사상·이론 등의) 구성

44. 콤마(,) + 관계사절

선행사 + 콤마(,) + who/which/whose/when/where + (S′) + V′

My interest in poetry grew through <u>my father</u>, **who** was a great poet.

관계대명사 who, which, whose 앞에 콤마(,)가 쓰인 관계사절은 선행사를 수식하여 그 의미를 제한하지 않고 선행사에 대한 추가적인 정보를 제공한다. 콤마(,) 뒤에 관계대명사가 오면, '**그리고/그런데 선행사는 ~하다**'라고 해석하고, 콤마(,) 뒤에 관계부사가 오면 '**그리고/그런데 거기에서/그때 ~하다**'라고 해석한다. 단, 관계대명사 that 앞에는 콤마(,)를 쓸 수 없다.

> **＋Plus**
>
> 관계대명사 which가 콤마(,) 뒤에 쓰이면 명사, 대명사 이외에 구, 절을 선행사로 가질 수 있다.
> - She made **a promise to visit the museum, which** she intended to keep. (선행사 = 명사구)
>   그녀는 박물관을 방문하겠다는 약속을 했는데, **그것을** 지킬 생각이었다.
> - **They told me not to get angry, which** made me angrier. (선행사 = 앞 문장 전체)
>   그들이 내게 화를 내지 말라고 했는데, **그것은** 나를 더 화나게 했다.

580 <u>The letter</u> <u>was addressed</u> to Stephanie, / **who** had also participated in the contest.

편지가 Stephanie에게 보내졌다, / 그런데 그녀도 또한 대회에 참가했다.
···> who의 선행사는 Stephanie이다.

581 <u>During his stay in Florida</u>, / Greg became friends with Tom, /

플로리다에 머무는 동안, / Greg는 Tom과 친구가 되었다, /

whose niece he later married.

그런데 그는 그의 조카와 나중에 결혼했다.
···> whose의 선행사는 Tom이다.

582 After graduating, I was able to obtain a teaching position just one month later, which was very rare in those days.

583 We derive energy from energy-containing nutrients, which include proteins, carbohydrates, and fats.

---

580 address (편지 등을) 보내다 participate in ~에 참가하다 **581** stay 머무름, 체류 niece (여자) 조카 **582** obtain 얻다, 획득하다 **583** derive 얻다
nutrient 영양분 protein 단백질 carbohydrate 탄수화물

584 I myself made unwise choices under the influence of strong emotions, which I later regretted.

585 Typically, people report wandering dogs for pickup by animal control authorities, who take the dog to the local shelter. 학평

586 Join us for a delightful Spring Tea Class for young people, where you'll experience the taste of tea from various cultures around the world. 학평

587 The telescope, whose invention allowed astronomers to gaze at the moons of Jupiter, did not displace laborers in large numbers. 학평 응용

588 The company announced its earnings report, when everyone expected a significant profit increase.

Level Up 고난도 문장으로 실력 키우기

589 Hiring a domestic worker is common in Hong Kong, where one in eight families employs one.

590 During his childhood, he had a great affection for his aunt Lucy, who was instrumental in helping Amory get his first puppy as a child. 학평

591 The mother butterfly lays only one egg on the underside of milkweed leaves, which hatches about three to five days later. 학평

592 They decided to launch the new product in the fall, when consumer interest in outdoor activities typically spikes due to the cooler weather.

---

584 unwise 현명하지 못한 regret 후회하다　**585** wander 돌아다니다 pickup 데려감 authorities 당국, 관계자 shelter 보호소　**587** telescope 망원경 astronomer 천문학자 gaze at ~을 응시하다 Jupiter 목성 displace 대체하다　**588** profit 이익　**589** hire 고용하다 domestic 가사의, 가정의 common 흔한　**590** affection 애정 instrumental 도움이 되는　**591** lay (알을) 낳다 milkweed 유액을 분비하는 식물 hatch 부화하다　**592** spike 급증하다

UNIT 45 · 명사절을 이끄는 관계대명사 what

선행사(×) + **what**

This is **what** I deserve for **what** I have done.

관계대명사 what은 선행사 the thing(s)을 포함하여 주어, 목적어, 보어의 역할을 하는 명사절을 이끌 수 있고, '~하는[한] 것'으로 해석한다. 이때, 관계대명사 what 뒤의 문장 구조는 불완전하다.

+ Plus

what은 선행사를 포함하는 반면, that은 앞에 있는 선행사를 받아서 관계사절을 이끌기 때문에 두 관계대명사에는 차이가 있다.
- **What he said** was surprising. 그가 말한 것은 놀라웠다. → What he said는 명사절로 주어 역할을 한다.
- **The thing that he said** was surprising. 그가 말한 것은 놀라웠다. → 앞에 선행사가 있다.

---

593 If growth / is **what** you seek, // then training / is how you will find it.

만일 성장이 / 여러분이 추구하는 것이라면, // 그러면 훈련은 / 여러분이 그것을 찾는 방법이다.
…▸ what이 이끄는 명사절이 주격 보어 역할을 한다.
…▸ it은 growth를 대신한다.

594 **What** numbers allow us to do is / to compare the relative size (of one set with another). 모평

숫자가 우리에게 하도록 해 주는 것은 ~이다 / (다른 세트와 한 세트의) 상대적 크기를 비교하는 것.
…▸ what이 이끄는 명사절이 주어 역할을 한다.
…▸ 「allow+O+OC(to-v)」는 '~에게 …하도록 해 주다'의 의미이다. UNIT 13

595 What we learned from the experience was invaluable.

596 What she discovered during her field research was a breakthrough for the scientific community.

597 When you impose deadlines on your tasks, you will be able to better focus on what needs to get done at any given moment. 학평 응용

---

593 seek 추구하다　**594** compare A with B A를 B와 비교하다　relative 상대적인　**595** invaluable 귀중한　**596** breakthrough 돌파구　**597** impose 부과하다, 지우다　task 과업

598 Our behavior is endlessly shaped by the possibility that somebody else might be watching us or might find out what we have done. 학평

599 What we need to consider before making a decision is all the potential risks and benefits involved.

600 What surprised me the most was how art helps children to communicate and express thoughts, feelings, and emotions.

601 The documentary highlighted what experts had warned about the impending environmental crisis.

Level Up 고난도 문장으로 실력 키우기

602 The emphasis on superiority is what we typically see as fostering a harmful effect of competition. 모평

603 What the new policy addresses is how to reduce carbon emissions and promote sustainability in our daily practices.

604 What we can learn from historical events is how societies adapt to change and the lessons we can apply to our current challenges.

605 What the author explores in this novel is not only the nature of human existence but also the existential struggles faced by individuals.

---

598 endlessly 끊임없이 possibility 가능성 **599** consider 고려하다 potential 잠재적인 **601** highlight 강조하다 **602** emphasis 강조 superiority 우월성 foster 조장[촉진]하다 competition 경쟁 **603** address 다루다 carbon 탄소 emission 방출 **604** historical 역사적인 adapt to ~에 적용하다 **605** author 저자 existential 존재론적 struggle 고난

46 · 명사절 / 부사절을 이끄는 복합관계사

> **who(m)ever/whatever/whichever** + ~
>
> **Whoever** arrives first should open the windows.
>
> **whenever/wherever/however** + S′ + V′
>
> You can use my computer **whenever** you want to.

복합관계대명사 who(m)ever, whatever, whichever는 관계사절에서 주어, 목적어, 보어 역할을 하며 명사절을 이끄는데 '**~하는[한] 누구라도/무엇이라도/어떤 것이라도**'라고 해석한다. whatever와 whichever는 명사 앞에 쓰여 명사를 수식하는 형용사의 역할도 할 수 있다.

복합관계부사 whenever, wherever, however는 관계사절에서 부사어구 역할을 하고 '양보'의 의미를 가지는 부사절을 이끄는데, '**S′가 V′하는[한] 때가 언제든지/곳이 어디든지/방식이 어떤 식으로든지**'라고 해석한다.

> **✚ Plus**
>
> 복합관계대명사 who(m)ever, whatever, whichever는 '양보'의 의미를 가지는 부사절을 이끌기도 하는데, '누가 ~하더라도, 무엇이[을] ~하더라도'라고 해석한다.
> - **Whatever** he says, they won't believe him. 그가 **무엇을** 말하더라도, 그들은 그를 믿지 않을 것이다.

606 <u>**Whoever** comes first to the finish line</u> / <u>will be</u> / <u>the winner of the race.</u>
  S   V   SC

결승선에 맨 처음 오는 누구라도   / 될 것이다 /   경주의 승자가.

607 <u>Poetry on the paper</u> / <u>can be read</u> // **however** <u>you</u> <u>want to read it.</u>
  S   V   S′   V′   O′

종이 위의 시는   /   읽힐 수 있다   // 여러분이 그것을 읽고 싶어 하는 어떤 식으로든지.
···▶ however ~는 '양보'의 의미를 갖는 부사절이다.
···▶ it은 poetry on the paper를 대신한다.

608 Whenever I use this machine, my coffee does not get hot enough. 학평

609 Whatever life gives you can be used to create opportunities for you.

610 Fijians say that from the ancestral viewpoint whatever looks unfortunate may turn out to be fortunate after all. 학평 응용

---

607 poetry 시 **609** opportunity 기회 **610** Fijian 피지 사람 ancestral 조상의 viewpoint 관점 turn out 밝혀지다, 판명되다

611 Whenever someone stops to listen to you, an element of unspoken trust exists. 학평

612 The waiters would remember an order, however complicated it was, until the order was complete. 학평 응용

613 Whoever committed the crime will sooner or later be caught and will be punished.

614 Everybody deserves to be treated with respect, whatever ethnic background they have or whichever language they speak.

Level Up 고난도 문장으로 실력 키우기

615 Wherever it is possible to restore what has been lost, it must be restored.

616 Your mind is a great place to populate with good memories because you carry them around with you wherever you go. 학평 응용

617 As we go through life, whenever we feel annoyed, anxious or even just bored, we turn to whatever makes us feel better. 학평 응용

618 However successful a paradigm is, it will always encounter mismatches between the theory's predictions and the experimental facts. 학평 응용

---

611 element 요소 exist 존재하다 **612** order 주문 complete 완료된 **613** commit 저지르다 crime 범죄 sooner or later 조만간 punish 처벌하다
614 deserve to-v ~할 자격이 있다 treat 대우하다 ethnic 인종의 **615** restore 복원하다 **616** populate (장소를) 차지하다 **617** annoyed 짜증이 난
anxious 불안한 turn to ~에 의지하다 **618** paradigm 패러다임 mismatch 부조화 prediction 예측 experimental 실험에 의거한

CHAPTER

12

부사절

학습할 주요 개념을 먼저 정리하고 학습을 시작해 보세요!

필수 check point

시간 / 원인을 나타내는 부사절

시간을 나타내는 접속사 + S′ + V′

I called my father **when** the situation was desperate.

원인을 나타내는 접속사 + S′ + V′

We went for a walk **because** the weather was fine.

시간의 부사절은 주절의 상황에 대한 시간의 정보를 주는데, 접속사에 따라 그 의미를 살려 다르게 해석한다.
이유의 부사절은 주절의 상황이 발생하는 이유를 나타내며 주로 'S′가 V′하기 때문에'라고 해석한다.

» 시간을 나타내는 접속사

when/as	~할 때	while	~하는 동안에	until[till]	~할 때까지
since	~한 이후로[이래로]	once	일단 ~하면	as soon as	~하자마자
as long as	~하는 동안	the first time	처음에 ~할 때	the next time	다음에 ~할 때

» 원인을 나타내는 접속사

because	~이기 때문에	as	~이기 때문에, ~이므로	since	~이기 때문에, ~이므로
now (that)	(지금) ~이므로, ~이기 때문에	seeing (that)	~이므로, ~인 것으로 보아	in that	~라는 점에서, ~이므로

+ Plus

시간을 나타내는 부사절에서는 현재시제가 미래를 나타낸다.
- I'm afraid I won't be here **when** you **come** back. (○) 네가 **돌아올 때** 나는 여기 없을 것 같다.
- → I'm afraid I won't be here **when** you **will come** back. (×)

---

619 **When** his family finally reached London, // they were literally penniless.

그의 가족이 마침내 런던에 도착했을 때, // 그들은 말 그대로 무일푼이었다.

620 Many students get the questions wrong // **because** they do not read them

carefully.

많은 학생들이 그 문제들을 틀린다 // 그들이 그것들을 신중하게 읽지 않아서.
···▸ them은 the questions를 대신한다.

621 Now that I've known you for such a long time, you are like my brother.

---

619 literally 말 그대로 penniless 무일푼의

622 Please send us your logo design proposal once you are done with it. 학평

623 As soon as I arrived at the terminal, I saw my bus pulling away. 학평

624 The tour guide Greg made our tour interesting, as he knew the town well.

625 Since I joined your youth sports program several years ago, I have really enjoyed swimming. 모평

626 Youth are easily fooled by misinformation, especially when it comes through social media channels. 학평

627 Her approach is effective in that it addresses both the symptoms and the root causes of the problem.

Level Up 고난도 문장으로 실력 키우기

628 While he was writing extensively, Rosen continued to perform as a pianist for the rest of his life until he died in 2012. 모평 응용

629 Pretty much we are the only ones who deny the problem till we are ready to deal with it.

630 As long as the internet connection is stable, we can continue our online meeting without interruptions.

631 Seeing that the applicant has relevant experience and qualifications, she is a strong candidate for the position.

---

622 proposal 제안 **623** pull away 떠나다, 움직이기 시작하다 **625** join 가입하다 **626** fool 속이다 misinformation 잘못된 정보 **627** approach 접근법 symptom 증상 **628** extensively 광범위하게, 폭넓게 perform 연주하다, 공연하다 rest 나머지 **629** deny 부인하다 deal with ~을 다루다 **630** stable 안정된 interruption 중단 **631** applicant 지원자 relevant 관련 있는 qualification 자격 candidate 후보자

조건 / 양태를 나타내는 부사절

| 조건을 나타내는 접속사 | + | S′ | + | V′ |

You should recycle **if** you care for the environment.

| 양태를 나타내는 접속사 | + | S′ | + | V′ |

Just as children need good nutrition, they need contact with nature.

조건의 부사절은 주절의 상황이 발생할 수 있는 조건을 제시하며, 양태의 부사절은 주절의 상황이 발생하는 양상을 나타낸다.

» 조건을 나타내는 접속사

if	만약 ~라면	unless	만약 ~이 아니라면
as[so] long as	~하기만 하면, ~하는 한	in case (that)	만약 ~한 경우에는
suppose[supposing] (that)	~라고 가정하면, 만약 ~한다면	provided[providing] (that)	~라는 조건하에, 만약 ~한다면

» 양태를 나타내는 접속사

as	~처럼, ~이듯이, ~대로	as if[though]	마치 ~인 것처럼
(just) as ~, so ...	(꼭) ~인 것처럼 …하다	just like	~와 꼭 마찬가지로

➕ Plus

「(just) as ~, so ....」 구문의 (just) as가 양태를 나타내는 부사절을 이끌면 주절이 「so+동사+주어」의 어순을 가질 수 있다.
• **Just as** old people are valuable, **so are old songs**. 노인들이 귀중한 것처럼 오래된 노래도 그렇다.

---

632 Come and see me / for medical treatment // **if** things don't improve. 모평
　　　　V　　　　O　　　　M　　　　　　　　S′　　　V′

　　　　나를 보러 와라　　　/　　의학적 치료를 받으러　　//　　상황이 나아지지 않으면.

633 **Just as** the French love their wine, // the Germans love their beer.
　　　　　　　S′　　V′　　O′　　　　　S　　V　　O

　　　프랑스인들이 자신들의 와인을 사랑하는 것처럼, // 독일인들은 자신들의 맥주를 사랑한다.

634 We cannot understand disease unless we understand the person with the disease.

635 Just like time is the greatest healer, laughter still is the best medicine.

---

632 medical 의학적인 treatment 치료 improve 나아지다　**634** disease 병　**635** healer 치유자 laughter 웃음

636 As I anticipated, the book addressed all the themes the author had previously hinted at in her interviews.

637 As long as they keep up their current effort, the team is likely to achieve all their goals by the end of the season.

638 Suppose that the meeting is postponed, when will the next one be held?

639 A person's creativity score should tell us his or her creative potential in any field of endeavor, just like an IQ score is not limited to physics, math, or literature. 학평

640 Just like bees are an essential part of our ecosystem, we too are an essential part of each other's.

Level Up 고난도 문장으로 실력 키우기

641 Just as today some jobs are better than others, so would they have been in early societies. 학평 응용

642 Provided that you complete all the assignments on time, you will receive extra credit at the end of the semester.

643 People are unconvinced by a persuasive argument if it's written by someone who is not very credible. 모평 응용

644 Just as different models of automobiles each have an engine, drive train, four wheels, doors, and seats, we differ mainly in terms of a few internal tweaks. 모평 응용

---

636 anticipate 예상하다 hint at ~을 암시하다   **637** keep up 계속하다   **638** postpone 연기하다   **639** physics 물리학   **640** essential 필수적인   **642** credit 학점   **643** unconvinced 납득하지 않는 persuasive 설득력 있는 credible 신뢰할 수 있는   **644** automobile 자동차 drive train (엔진과 구동륜 사이의) 회전력 전달 장치 wheel 바퀴 in terms of ~ 면에서 internal 내부의 tweak (미세한) 조정

양보 / 대조를 나타내는 부사절

양보를 나타내는 접속사 + **S'** + **V'**

The dancing practice continued **although** it was very hot inside.

대조를 나타내는 접속사 + **S'** + **V'**

While he is a very diligent learner, his work does not show this.

양보, 대조를 나타내는 부사절은 주절과 반대되거나 대조적인 상황을 나타낸다.

» 양보를 나타내는 접속사

although[though]	비록 ~이지만	even though(+ 사실)	비록 ~이지만
even if(+ 가정)	비록 ~일지라도	whether ~ or not	~이든지 아니든지 간에

» 대조를 나타내는 접속사

while	~인 반면에	whereas	~인 반면에

+ Plus

접속사 as도 양보의 의미를 나타낼 수 있는데, 이때는 문장의 일부가 as 앞으로 나온다.
- Popular **as** he is, he won't be able to win the election easily. 그가 인기 있기는 **하지만**, 그는 선거에서 쉽게 이기지 못할 것이다.

---

645 **Although** she was in poor health, // she continued to perform her duties.
S' V' SC' S V O

비록 그녀는 건강이 안 좋았지만, // 그녀는 계속 자신의 의무를 수행했다.

646 **While** most people can become incredibly open-minded, // some can't. 학평 응용
S' V' SC' S V

대부분의 사람들은 믿을 수 없을 정도로 열린 마음이 될 수 있지만, // 어떤 사람들은 그럴 수 없다.

647 Whether you like it or not, you need to accept your reality as it is.

648 Even though the meeting was long, everyone stayed until the end.

---

645 perform 수행하다 duty 의무 **646** incredibly 믿을 수 없을 정도로 open-minded 마음이 열린

649 Even if we cannot know the world with absolute precision, we can still control it. 모평

650 Though we humans are equipped with reflexive responses for survival, at birth we are helpless. 학평 응용

651 Even though scientists are experts on climate change facts, facts alone are not enough to change people's minds.

652 Cats are known for their graceful movements, whereas dogs are known for their wagging tails and playful nature.

653 Women tend to use more facial expressions and gestures than men, while men tend to use more physical space and body movements.

Level Up 고난도 문장으로 실력 키우기

654 Strict as the rules are, they are necessary for safety.

655 We know within limits even if the limits can usually be adjusted to satisfy our needs. 모평 응용

656 Although we'd like to think that our minds are sharp enough to always make good decisions, they just aren't. 수능 응용

657 Fast-paced individuals talk and move quickly and are more expressive, whereas slow-paced individuals have a different tempo and are less expressive. 학평 응용

---

649 absolute 절대적인 precision 정확성   **650** be equipped with ~을 갖추고 있다 reflexive response 반사 반응 helpless 무력한   **652** be known for ~으로 유명하다 graceful 우아한 wag (꼬리를) 흔들다 tail 꼬리 playful 쾌활한 nature 본성   **653** tend to-v ~하는 경향이 있다   **655** limit 한계 adjust 조정하다, 조절하다 satisfy 충족시키다   **656** sharp 예리한   **657** expressive 표현력이 있는 tempo 속도

목적 / 결과를 나타내는 부사절

목적을 나타내는 접속사 + S′ + V′

He was walking fast **so that** he could reach his office in time.

콤마(,) + so (that) + S′ + V′

I practiced hard for long hours, **so that** I could win the game.

목적을 나타내는 부사절은 주절의 상황에 대한 목적의 정보를 더해 주며 기본적으로 보통 'S′가 V′하도록'이라고 해석한다.
결과를 나타내는 부사절은 주절의 상황으로 인해 생긴 결과의 정보를 주는 것인데, '(그 결과) S′가 V′하게 되다'라고 해석한다.

» 목적을 나타내는 접속사

so (that)	~하도록, ~하기 위해
lest+S′+(should+) V′	~하지 않도록, ~하지 않기 위해
in order that	~하도록, ~하기 위해

» 결과를 나타내는 접속사

so+형용사/부사+that …	너무 ~해서 …하다
such (a/an)+(형용사)+명사 ~ that …	아주 ~해서 …하다, …할 정도로 ~한
~(,) so (that)	그래서, ~하여

---

658 This course is designed // **so that** students can progress / at their own speed.
　　　　　S　　　　V　　　　　　　　　　　　　S′　　　　　V′　　　　　　M′

이 강좌는 계획되었다　　//　　학생들이 나아갈 수 있도록　　/　　자기 자신의 속도로.

659 She lent me some of her money, // **so that** I was able to have my dance lessons.
　　　　S　V　IO　　　DO　　　　　　　　　　　　S′　　V′　　　　　O′

그녀는 내게 자기 돈의 일부를 빌려 주었다,　//　　그래서 나는 무용 수업을 받을 수 있었다.

660 The little boy hid himself behind a large rock lest he should be seen by anyone.

661 You need to learn poems by heart in order that you can recite them later.

---

658 course 강좌 progress 나아가다, 진보하다 **659** lend 빌려 주다 **661** learn by heart 암기하다 recite 암송하다

662 The course was so popular that the registration closed almost as soon as it opened. 모평

663 Some athletes may want to win so much that they lie, cheat, and break team rules. 학평

664 The book was such an incredibly captivating story that I couldn't put it down until I finished reading the entire thing.

665 John's laughter was so contagious that when John started feeling ticklish, everyone ended up in endless laughter. 학평

666 Instructors temporarily relieve some of the cognitive load so that students can focus on particular dimensions of learning. 학평 응용

Level Up 고난도 문장으로 실력 키우기

667 You should not look at your cellphone while driving in order that you can avoid an accident.

668 In his novel, Voltaire supported religious optimism in such an entertaining way that the book became an instant bestseller. 학평 응용

669 The military jets are so unstable that they require an automated system that can sense and act more quickly than a human operator. 학평 응용

670 Perceptual disengagement probably serves the function of protecting sleep, so some authors do not count it as part of the definition of sleep itself. 학평

---

663 cheat 부정행위를 하다 **664** captivating 매혹적인 put down 내려놓다 **665** contagious 전염성이 있는 ticklish 간지럼을 타는 end up in 결국 ~로 끝나다 **666** instructor 교사 temporarily 일시적으로 relieve 완화하다 cognitive 인지의 load 부담 dimension 차원 **668** optimism 낙관주의 instant 즉시의 **669** automated 자동화된 sense 감지하다 operator 조작자 **670** perceptual 지각의 disengagement 이탈 count as ~이라 간주하다

PART

5

주요 구문

필수 check point

가정법 과거 / 가정법 과거완료

$$\boxed{\text{If}} + \boxed{\text{S}'} + \boxed{\text{v'-ed/were}} \ \sim,$$
$$\boxed{\text{S}} + \boxed{\text{would/could/might}} + \boxed{\text{동사원형}}$$

If I **were** a superhero, I **would have** the power of mind control.

$$\boxed{\text{If}} + \boxed{\text{S}'} + \boxed{\text{had p.p.}} \ \sim, \ \boxed{\text{S}} + \boxed{\text{would/could/might}} + \boxed{\text{have p.p.}}$$

If we **had left** earlier, we **would have caught** the train.

가정법은 가정하는 상황이 실현될 수 없음을 표현할 때 사용하는 구조이다. 가정법 과거는 가정하는 현재의 사실과 반대되거나 현재나 미래에 실현 가능성이 희박하고 불가능하다고 볼 때 쓴다. if절에는 동사의 과거형(be동사인 경우 were)을 쓰고, 주절에는 「조동사의 과거형+동사원형」이 쓰이며 'S′가 V한다면 S가 V할 것이다/할 수 있을 것이다/할지도 모른다'라고 해석한다.

가정법 과거완료는 가정하는 과거의 사실과 반대되거나 과거에 실현 가능성이 희박하고 불가능하다고 볼 때 쓴다. if절에는 동사의 과거완료형을 쓰고, 주절에는 「조동사의 과거형+have p.p.」가 쓰이며, 'S′가 V했다면 S가 V했을 것이다/할 수 있었을 것이다/했을지도 모른다'라고 해석한다.

> **＋ Plus**
> 가정법 과거에서 be동사는 주어와 상관없이 were를 사용하지만 구어에서는 was를 사용하기도 한다.
> • If I **was** you, I **would take** a different approach. 내가 너라면 나는 다른 접근법을 **취할** 거야.

---

671 If I **were** taller, // I **could play** basketball / even more effectively.
     S′ V′   SC′   S   V   O   M

    내가 키가 더 크다면, // 나는 농구를 할 수 있을 것이다 / 훨씬 더 효과적으로.
    ···▶ even이 비교급 앞에 사용되면 '훨씬'이라는 의미로 비교급을 강조한다.

672 If you **had gone** / to the concert, // you **could've seen** an amazing performance.
     S′   V′   M′   S   V   O

    네가 갔다면 / 콘서트에, // 너는 놀라운 공연을 볼 수 있었을 것이다.

673 If you had to eat one food for the rest of your life, what would you choose?

674 If you had followed the map, you would not have been lost in the forest.

---

672 amazing 놀라운　**673** rest 나머지

675 If we all woke up tomorrow and believed that Bank X would be broke, then it would become broke. 학평 응용

676 If you had chosen the blue dress, it would have matched your eyes perfectly.

677 If he were truly sorry for his actions, he would apologize sincerely without any hesitation.

678 He would be encouraged to practice the piano if he could just hear the great Paderewski at the keyboard. 학평 응용

679 If I were an astronaut, I could fulfill my lifelong dream of going to space and witnessing the beauty of our planet from above.

Level Up 고난도 문장으로 실력 키우기

680 If she had had to hold the baby on her lap and entertain the wiggly one, it would have been much more difficult. 학평

681 If the prince had offered the grapes to his friends, they might have made funny faces and shown their distaste for the grapes. 학평

682 If you were afraid of standing on balconies, you would start on some lower floors and slowly work your way up to higher ones. 학평

683 If you went to the USA and were talking about football, most people would assume you were talking about American football rather than soccer. 학평

---

675 broke 파산한 **676** match 어울리다 **677** sincerely 진심으로 hesitation 망설임, 주저 **679** astronaut 우주 비행사 fulfill 성취하다, 실현하다 witness 목격하다 planet 행성 **680** lap 무릎 entertain 즐겁게 하다 wiggly 몸부림치는 **681** funny 기이한, 괴상한 distaste (음식에 대한) 싫음, 혐오 **682** work one's way 나아가다 **683** assume 추정하다

혼합가정법, if + should / were to

$$\text{If} + \text{S}' + \boxed{\text{had} + \text{p.p.}} \sim,$$
$$\text{S} + \boxed{\text{would/could/might}} + \boxed{\text{동사원형}} \sim.$$

If I **had brought** the map, I **could find** my way easily.

$$\text{If} + \text{S}' + \boxed{\text{should/were to}} + \boxed{\text{동사원형}} \sim,$$
$$\text{S} + \boxed{\text{would/could/might}} + \boxed{\text{동사원형}} \sim.$$

If I **should tell** you my secrets, you **would be** surprised.

혼합가정법은 if절과 주절의 시점이 서로 다를 때 쓰는데, 가정하는 과거 상황이 실현되지 않은 것이 현재에 영향을 미치는 것을 표현한다. **'S'가 V'했다면 S가 V할 것이다/할 수 있을 것이다/할지도 모른다'**라고 해석한다.

「if+should/were to 가정법」은 가정법 미래라고도 하는데, if절에 should나 were to를 사용하여 가정하는 상황이 일어날 가능성이 희박함을 나타낸다. **'(혹시라도/만에 하나) S'가 V'할 것이라면 S가 V할 것이다/할 수 있을 것이다/할지도 모른다'**라고 해석한다.

✚ Plus

가정법 미래에서 should를 쓰면 주절에는 조동사의 현재형이 올 수도 있다.
· You **will** be surprised if I **should** tell you my secrets. 내가 네게 내 비밀을 말하면 너는 깜짝 놀랄 것이다.

---

684 I **might be living** / in a different city now // if I **had taken** that job offer.
    S   V   M   S'   V'   O'

나는 살고 있을지도 모른다 /   지금 다른 도시에서   //   내가 그 일자리 제의를 받아들였다면.

685 If I **were to win** the lottery, // I **would donate** some / to charitable causes.
    S'   V'   O'   S   V   O   M

내가 (혹시라도) 복권에 당첨된다면,   //   나는 얼마간을 기부할 것이다   /   자선 운동에.
···▶ 희박한 미래의 실현 가능성을 were to로 표현했다.

686 If there should be no air, there would be no living things on the earth.

687 If you had proofread your essay, you would now have a flawless paper.

688 If it should snow heavily tonight, we might have to cancel school in the morning.

---

685 lottery 복권 donate 기부하다 charitable 자선의 cause 운동, 대의 **687** proofread 교정을 보다 flawless 흠 없는 paper 과제물

689 If you had pursued your passion for art, you might be a professional painter today.

690 If I had invested in my health earlier, I wouldn't be dealing with these medical issues now.

691 If the product should arrive late, we would have to inform the customers of the delay.

692 If I had saved more money over the past few years, I would be able to afford a vacation this year.

Level Up 고난도 문장으로 실력 키우기

693 If Mars were to enter Earth's orbit, it would have catastrophic effects on both planets.

694 If the weather should turn unfavorable tomorrow, the soccer match will be postponed to a later date.

695 Would I wonder who I am if I were to suffer from heart failure and depend upon an artificial heart? 학평 응용

696 If I were to learn a new language, I would choose Spanish because of its global relevance and usefulness.

---

689 passion 열정 professional 전문적인 **690** invest 투자하다 deal with ~을 다루다 medical 의학의 **691** inform A of B A에게 B를 알리다 **692** afford 여유[형편]가 되다 **693** orbit 궤도 catastrophic 대재앙의 planet 행성 **694** unfavorable 형편이 나쁜, 불리한 postpone 연기하다 **695** suffer from ~으로 고통받다 heart failure 심부전 artificial 인공의 **696** relevance 관련(성)

if 생략 도치 구문

Were + S' ~,

<u>Were</u> I the rabbit, I would challenge the turtle to a running race.

Had + S' + **p.p.** ~,

<u>Had</u> <u>we</u> <u>**won**</u> the game, we would have had a laugh about it.

Should + S' + 동사원형 ~,

<u>**Should**</u> <u>you</u> <u>**meet**</u> a bear, you might pretend to be dead.

if절에 be동사나 조동사 had, should가 쓰였을 때, if를 생략하고 were, had, should를 주어 앞으로 도치시킬 수 있다. 이 경우 if를 되살려서 가정법 과거, 가정법 과거완료, 가정법 미래 중 어느 것인지 확인하고 그에 맞춰 해석하는 것이 좋다.

+ Plus

if절의 동사가 일반동사이면 if를 생략하고 주어 앞으로 도치시킬 수 없다.
- If I **had** wings, I **could fly** wherever I want to. 내게 날개가 **있다면**, 원하는 어디로든 **날아갈 수 있을** 텐데.
- **Had** I wings, I **could fly** wherever I want to. (×)

697 <u>**Were**</u> <u>he</u> <u>my boss,</u> // <u>I</u> <u>would quit</u> <u>my job</u> / <u>right away.</u>
V' S' SC'   S   V   O   M

그가 내 상관이라면,   // 나는 내 일자리를 그만둘 것이다 /   즉시.

698 <u>**Had** we **taken**</u> <u>the other route,</u> // <u>we</u> <u>would have arrived</u> / <u>much earlier.</u>
S' O'   S   V   M
V'

우리가 다른 경로를 택했다면,   //   우리는 도착했을 것이다   /   훨씬 일찍.
⋯▸ much는 비교급 앞에서 '훨씬'이라는 의미로 비교급을 강조한다.

699 Were the product found defective, we would replace it at no additional cost.

700 Had they communicated better, their relationship might not have ended.

697 quit 그만두다   **698** route 경로   **699** defective 결함이 있는 replace 교체하다 additional 부가의

701 Were I to start my own business, I would focus on sustainable products.

702 Were aliens to visit the Earth, it would be the biggest news in human history.

703 Had I renovated my house earlier, its value would have increased significantly.

704 Should the project encounter unexpected delays, we would have to reassess our timeline.

705 Should the package arrive damaged, we would have to document the condition with photos.

Level Up 고난도 문장으로 실력 키우기

706 Had they booked their tickets earlier, they could have gotten better seats for the concert.

707 Were the situation better understood, we could make more informed decisions about how to proceed.

708 Should the Internet connection fail during the seminar, we would switch to a phone conference.

709 Should prices continue to rise at this rate, consumers might need to adjust their budgets to accommodate higher expenses.

---

701 focus on ~에 중점을 두다 sustainable 지속 가능한 **702** alien 외계인 **703** renovate 수리하다 significantly 상당히 **704** encounter 맞닥뜨리다, 부딪히다 reassess 재평가하다 timeline 스케줄, 일정표 **705** package 포장한 상품, 소포 document (상세한 내용을) 기록하다 **707** informed 정보에 근거한 proceed (계속) 진행하다 **708** switch to ~으로 전환하다 **709** adjust 조정하다 budget 예산 accommodate 수용하다, 부응하다 expense 비용

UNIT 54. S+wish 가정법, as if[though] 가정법

I wish + S′ + were·v-ed/had p.p.

I wish my room **were** as fancy as this one.

S + V + as if[though] + S′ + were·v-ed/had p.p.

People gather around her **as if** she **were** a celebrity.

「S+wish 가정법 과거」는 주절과 때가 같은 시점에 실현 가능성이 거의 없거나 불가능한 일을 소망할 때 쓰며 '**S′가 V′한다면 좋을 텐데**'라고 해석한다. 「S+wish 가정법 과거완료」는 주절의 시제보다 앞선 시점에 이루지 못했던 일이나 이미 일어난 일에 대한 아쉬움을 나타낼 때 쓰며 '**S′가 V′했다면 좋을 텐데**'라고 해석한다.
「as if[though] 가정법 과거」는 주절과 때가 같은 시점에 사실이 아니거나 사실일 가능성이 희박한 일에 대해 가정할 때 쓰며 '**마치 S′가 V′하는 것처럼**'이라고 해석한다. 「as if[though] 가정법 과거완료」는 주절보다 이전 시점에 사실이 아니거나 사실일 가능성이 희박한 일에 대해 가정할 때 쓰며 '**마치 S′가 V′했던 것처럼**'이라고 해석한다.

> **+ Plus**
> 「S+wish 가정법」과 「as if[though] 가정법」에서 가정법 과거가 쓰이면 be동사는 원칙적으로 were를 쓴다.
> • **I wish** she **were** able to afford a vacation this year. 그녀가 올해 휴가를 갈 수 있으면 좋을 텐데.

710 **I wish** / I **could take** back / what I said to you that night.

좋을 텐데 / 내가 취소할 수 있다면 / 내가 그날 밤 네게 한 말을.

711 We feel // **as though** others **could see** through our skin / and into our mind. 모평

우리는 느낀다 // 마치 다른 사람들이 우리 피부를 꿰뚫고 볼 수 있는 것처럼 / 그리고 우리 마음속을.

712 It appeared as though the entire sky had turned dark. 학평

713 I wish I could witness a manned mission to Mars in my lifetime.

---

710 take back (한 말을) 취소하다 **711** see through ~을 꿰뚫어 보다 **712** entire 전체의 **713** witness 목격하다 manned 유인의 mission 우주 비행

714 He looked around the room as if he were seeing it for the first time.

715 He held the ancient artifact as if it were the most precious thing in the world.

716 She spoke confidently about her dreams as though they were already a reality.

717 I wish our community had better recycling programs to reduce the amount of waste.

718 I wish governments around the world would take stronger actions to protect endangered species and their habitats.

Level Up 고난도 문장으로 실력 키우기

719 A shopkeeper may begin to act as if he were a kind and honest man in order to attract more business. 학평 응용

720 We blindly trust the reality we construct as if there were no doubt that we are portraying reality faithfully. 학평 응용

721 The dog barked furiously at the mailman, as if he were defending his home from an imminent threat.

722 I wish more people were aware of the urgent need to address climate change and its devastating effects on our planet.

---

715 artifact 유물 precious 소중한   **716** confidently 자신감 있게   **717** amount 양   **718** endangered 멸종 위기에 처한 species (생물의) 종 habitat 서식지   **719** shopkeeper 가게 주인 attract 끌어들이다   **720** blindly 맹목적으로 portray 묘사하다 faithfully 충실하게   **721** bark 짖다 furiously 맹렬하게 imminent 긴급한 threat 위협   **722** aware 알고 있는 urgent 위급한 address (문제를) 다루다 devastating 파괴적인

가정법을 이끄는 표현

Without[But for] ~, **S** + **would/could/might** + **동사원형/have p.p.**

Without sunlight, we **would not be** able to understand night.

otherwise + **S′** + **would/could/might** + **동사원형/have p.p.**

I set multiple alarms, **otherwise** I **would oversleep**.

「Without[But for] ~」 뒤에 가정법 과거가 오면 '~이 없다면 S가 V할 것이다/할 수 있을 것이다/할지도 모른다'라고 해석하고, 뒤에 가정법 과거완료가 오면 '~이 없었다면 S가 V했을 것이다/할 수 있었을 것이다/했을지도 모른다'라고 해석한다. otherwise는 앞에 언급된 상황의 반대 상황을 가정하는데, 가정법 과거와 사용하면 '그렇지 않으면 S′가 V할 것이다/할 수 있을 것이다/할지 모른다'라고 해석하고, 가정법 과거완료와 사용하면 '그렇지 않았다면 S′가 V′했을 것이다/할 수 있었을 것이다/했을지 모른다'라고 해석한다.

> **✚ Plus**
>
> 「Without/But for ~」 뒤에 가정법 과거가 오면 「If it were not for[Were it not for] ~」로 바꿔 쓸 수 있으며, 가정법 과거완료가 오면 「If it had not been for[Had it not been for] ~」로 바꿔 쓸 수 있다.
> - **But for** the rain, we **would go** on the picnic. 비가 아니라면, 우리는 소풍을 갈 것이다.
>   → **If it were not for** the rain, we would go on the picnic.
> - **Without** your help, I **would not have finished** the project. 네 도움이 없었다면, 나는 프로젝트를 끝내지 못했을 것이다.
>   → **If it had not been for** your help, I would not have finished the project.

723 **Without** the help of others, / no one **could make** the loss **up**. 학평 응용

    M   S   O
                V

  다른 사람들의 도움이 없이는,   /   아무도 그 손실을 보상할 수 없을 것이다.

⋯▸ Without the help ~는 If it were not for[Were it not for] the help ~로 바꿔 쓸 수 있다.

724 We must water the plants / regularly; // **otherwise** they **would wither** and **die**.

 S V   O   M   S′   V′¹   V′²

  우리는 식물들에게 물을 주어야 한다 / 규칙적으로; //   그렇지 않으면 그것들은 말라서 죽을 것이다.

⋯▸ 여기서 otherwise는 if we did not water the plants regularly의 의미이다.

725 But for sunlight, we would become dangerously deficient in vitamin D.

726 The charity provides meals to children who might otherwise go hungry.

---

723 make up ~을 보상[보충]하다 loss 손실, 손해 **724** wither 마르다 **725** deficient 부족한

727 But for the extension of self into machine, it would be impossible to drive.

모평 응용

728 The literacy program teaches adults who might otherwise remain illiterate.

729 She always double-checks her work; otherwise she might make careless mistakes.

730 As sleep would be impossible without perceptual disengagement, it seems essential to its definition. 학평 응용

731 But for institutional support, members of an in-group might be reluctant to interact with outsiders. 학평 응용

Level Up 고난도 문장으로 실력 키우기

732 She took a different route; otherwise, she would have been late due to the road closure.

733 The housing project provides shelter for the homeless who might otherwise sleep on the streets.

734 Memory means storing what you have learned; otherwise, why would we bother learning in the first place? 학평

735 Reading your own essay aloud will help you to hear things that you otherwise might not notice when you are editing silently. 학평 응용

---

727 extension 연장 **728** remain (계속) 남아 있다 illiterate 문맹의 **729** careless 부주의한 **730** perceptual 지각의, 인지의 disengagement 이탈 essential 필수적인 definition 정의 **731** institutional 기관의 in-group 내집단 reluctant 꺼리는 **732** closure 봉쇄 **733** shelter 주거지, 피난처 the homeless 노숙자 **734** bother 애쓰다 in the first place 애초에 **735** aloud 소리 내어 notice 알아차리다 edit 교정을 보다

CHAPTER 14

비교 구문

✔ 필수 check point

원급 / 비교급 / 최상급

as + **원급** + **as**

Helen will be **as tall as** her mother in the next year or two.

비교급 + **than**

Writing to him is **more convenient than** talking to him.

the + **최상급** + **of/in/among**

The face is **the most important** part **of** one's identity.

원급은 비교하는 속성 면에서 동등할 때 사용하는데 비교 대상끼리 문법적으로 대등해야 하며, '**~만큼 …한/하게**'라고 해석한다. 비교급은 비교하는 속성 면에서 두 비교 대상 사이에 차이가 있을 때 사용하는데, 해석은 '**~보다 더 …한/하게**'라고 한다. 최상급은 비교하는 속성 면에서 가장 뛰어날 때 사용하며 '**~에서 가장 …한/하게**'라고 해석한다.

✚ Plus

1. 원급 표현이 배수사와 함께 사용되면 비교급을 나타낼 수 있다.
   - An adult ticket costs **twice as much as** a child ticket. 성인 입장권은 아동 입장권보다 비용이 **두 배 더** 비싸다.

2. 원급이나 비교급 표현도 최상급을 나타낼 수 있다.
   - The face is **more important than any other** part of one's identity. 얼굴은 정체성의 **다른 어떤 부분보다 더** 중요하다.
     → 「비교급+than any other ~」= 최상급
   - **No other** part of one's identity is **as important as** the face. 정체성의 **다른 어떤 부분도** 얼굴만큼 중요하지 않다.
     → 「no (other) … as+원급+as ~」= 최상급
   - **No other** part of one's identity is **more important than** the face. 정체성의 **다른 어떤 부분도** 얼굴보다 더 중요하지 않다.
     → 「no (other) … 비교급+than ~」= 최상급

---

736 We feel / that water is **as abundant** / **as** *the air* [we breathe].

우리는 느낀다 /   물이 풍부하다고   / [우리가 들이마시는] 공기만큼.

⋯▶ we breathe는 the air를 수식하는 관계사절로 앞에 목적격 관계대명사 which[that]가 생략되었다. **UNIT 43**

---

737 For older people, / voting in person is **more accessible** / **than** voting online.

노인들에게는,   /   직접 투표하는 것이 더 편하다   / 온라인으로 투표하는 것보다.

---

738 Tsunamis are the most devastating of natural hazards for coastal zones.

---

736 abundant 풍부한   **737** in person 몸소, 직접 accessible 편한, 다가가기 쉬운   **738** devastating 파괴적인 natural hazard 자연재해 coastal 해안의

739 Physical bookstores could not stock so many titles as a virtual bookstore could. 학평 응용

740 Some foods are better than others in terms of general health and well-being. 학평 응용

741 In 2023, Sundays saw more fatal accidents than any other day of the week.

742 No other sport is more closely associated with Rio de Janeiro than beach volleyball.

743 Even with caffeine, the group with little sleep did not score as well as those with adequate sleep. 학평

744 On any day of the year, the tropics receive much more solar radiation than the polar regions. 학평 응용

Level Up 고난도 문장으로 실력 키우기

745 People over 65 shared seven times as much misinformation as their younger counterparts. 학평

746 No other experience can be as rich as the joy of sharing what you do and love with those closest to you.

747 If inflation increases faster than the amount of interest you are earning, this will decrease your purchasing power. 학평 응용

748 While joggers and bicyclists travel faster than pedestrians, their rate of speed is ordinarily much slower than that of the typical motorist. 학평 응용

---

739 stock (책 등으로) 채우다, 갖추다 virtual 가상의   **740** in terms of ~ 면에서 well-being 행복, 건강   **741** fatal 치명적인   **742** associated 연관된
744 the tropics 열대 지방 solar radiation 태양 복사열 polar region 극지방   **745** misinformation 잘못된 정보 counterpart 상대, 대응 관계에 있는 것
[사람]   **747** interest 이자 purchasing power 구매력   **748** pedestrian 보행자 rate of speed 속도 ordinarily 보통, 대개 motorist 자동차 운전자

The + 비교급 , + the + 비교급

The more people vote, **the stronger** democracy becomes.

as + 원급 + as possible

Golf players try to hit the ball **as far as possible**.

not so much + A + as + B

He was **not so much** surprised **as** embarrassed by the news.

「The+비교급 ~, the+비교급 …」은 '**~할수록 더 …하다**'라고 해석한다. 「as+원급+as possible」은 '**가능한 한 ~한/하게**' 라고 해석하는데 「as+원급+as+S′+can」으로 바꿔 쓸 수 있다. 「not so much A as B」는 '**A라기보다는 오히려 B**'라고 해석한다.

+ Plus

A is no more B than C is D	A가 B가 아닌 것은 C가 D가 아닌 것과 같다
A is no less B than C is D	A가 B인 것은 C가 D인 것과 같다
no more than/no less than	기껏해야, 많아야/~못지 않게, 적어도
still[much] less	(~이 아님은) 더 말할 것도 없다

- The avocado is **no more** a fruit **than** the tomato is. 아보카도가 과일이 **아닌 것은** 토마토가 과일이 **아닌 것과 같다**.
- A whale is **no less** a mammal **than** a horse is. 고래가 포유류인 것은 말이 포유류인 **것과 같다**.
- Tom has **no more than** $50, but Ted has **no less than** $100. Tom은 **기껏해야** 50달러가 있지만, Ted는 **적어도** 100달러가 있다.
- He offered no explanation, **still less** an apology. 그는 설명을 하지 않았고, 사과는 **말할 것도 없었다**.

---

749 $\underline{\text{The more}}$ $\underline{\text{people}}$ $\underline{\text{you}}$ $\underline{\text{interact with}}$, // $\underline{\text{the more}}$ $\underline{\text{you}}$ $\underline{\text{understand}}$ $\underline{\text{yourself}}$.
O′   S¹   V¹   M²   S²   V²   O²

여러분이 더 많은 사람과 상호 작용할수록,   //   여러분은 자신을 더 많이 이해한다.

---

750 To achieve commercial success, / the audience must be **as large** / **as possible**. 모평
M   S   V   SC

상업적인 성공을 성취하기 위해,   /   청취자는 많아야 한다   /   가능한 한.

---

751 Jackson is seeking not so much a friend as someone just like himself.

---

750 commercial 상업적인 audience 청취자, 관객 **751** seek 찾다, 구하다

752 The little boy had never even been on a train, much less an airplane.

753 The more people think that they are good, the more they leave evil alone.

754 Workers are supposed to work no more than 52 hours each week.

755 Her skills in programming are no less impressive than his expertise in data science is.

756 The more times you try the feedback technique, the more easily it will come to you. 학평 응용

757 We see it as our duty to affect the environment as little as possible with what we do.

Level Up 고난도 문장으로 실력 키우기

758 The time pressure can help you do as much work as possible in the least amount of time.

759 No countries are entitled to define what the international order is, still less to impose their standard on others.

760 The human right to good health depends on public healthcare services no less than on the skills of doctors. 학평 응용

761 The more neurons fire as they are activated by repeated thoughts and activities, the faster they develop into neural pathways. 학평 응용

---

753 leave alone ~을 건드리지 않다 evil 악   **754** be supposed to-v ~하기로 되어 있다   **755** impressive 인상적인   **758** time pressure 시간 압박   **759** be entitled to-v ~할 자격이 있다 define 정의하다 order 질서 impose 부과하다   **760** depend on ~에 좌우되다   **761** neuron 뉴런, 신경 세포 activate 활성화하다 neural 신경(계)의 pathway 경로, 통로

CHAPTER

15

특수 구문

학습할 주요 개념을 먼저 정리하고 학습을 시작해 보세요!

필수 check point

58

도치 구문 1(부정어구, 장소 / 방향의 부사구)

[부정어구] + [조동사/be동사] + [S] + [V]

Little did I expect to hear such words from you.

[장소/방향의 부사구] + [V] + [S]

On the top of the hill stood a small stone church.

부정어구나 장소/방향의 부사구를 강조하기 위해 문장의 맨 앞에 위치시키면 주어와 동사의 위치가 바뀌는데, 이를 도치라고 한다. 해석할 때는 주어와 동사의 위치를 원래대로 바꾸어 해석한다. not, no, never, little, hardly, seldom, rarely, scarcely, barely 등의 부정어구로 문장이 시작되면 「조동사/be동사+S+V」로 도치가 일어나고, 장소나 방향의 부사구로 문장이 시작되면 주어와 동사의 위치를 서로 바꾼다.

· On the top of the hill **stood** a small stone church. (○) 언덕 꼭대기에 돌로 지은 작은 교회가 서 있었다.
　→ On the top of the hill did a small stone church stand. (×)

＋ Plus

Only의 수식을 받는 어구로 문장이 시작되어도 주어와 동사의 위치가 도치된다.
· **Only** through words **can** we truly **understand** others.　오로지 말을 통해서만 우리가 다른 사람을 진실로 이해할 수 있다.

762　**Not until** I had seen my result // did I really believe / I had passed the exam.
　　　　부정어구　S'　　V'　　　　O'　　　　　　S　　V　　　　　　　O

　　　　　내가 내 결과를 보고 나서야 비로소　　//　　나는 정말로 믿었다　/　내가 시험에 통과했다는 것을.
　···▶「not A until B」는 'B하기 전까지는 A하지 않다'는 의미로 「Not until B A」로 쓰면 주어와 동사의 도치가 B가 아닌 A
　　　에 일어난다.

763　**At the edge of the forbidden forest** / stood a huge ancient tree.
　　　　　　　　부정어구　　　　　　　　　　V　　　　　S

　　　　금지된 숲 가장자리에　　　　　　　/　거대한 아주 오래된 나무가 서 있었다.

764　Under no circumstances should you open that door.

765　Little could I imagine that this moment would arrive so soon.

---

763 edge 가장자리　forbidden 금지된　huge 거대한　ancient 아주 오래된　**765** arrive 도래하다

766 Beyond the distant horizon lies an unexplored, mystical land.

767 Among the ruins of the old castle lay hidden treasures forgotten by time.

768 Hardly had I walked in the door when my dog came rushing to greet me.

769 No longer did one have to ride the trolley to the theater to watch a movie.

770 Only after the rain stopped did we realize how much damage the storm had caused.

Level Up 고난도 문장으로 실력 키우기

771 On the other side of the mountain awaits a paradise untouched by human civilization.

772 Not only does the other person happen to have what I want, but I also have what he wants. 학평

773 In no way should you underestimate the importance of staying hydrated during the summer months.

774 Only when you can instantly recall what you understand, and practice using your remembered understanding, do you achieve mastery. 학평

---

766 distant 거리가 먼 unexplored 탐험되지 않은 mystical 신비로운 **767** ruins 잔해, 폐허 **768** hardly 거의 ~이 아니다 rush 돌진하다 greet 인사하다
769 trolley 전차 **771** await 기다리다 untouched 손상되지 않은 civilization 문명 **772** happen to-v 우연히 ~하다 **773** in no way 결코 ~하지 않다
underestimate 과소평가하다 hydrated 충분히 수분을 섭취한 **774** instantly 즉시 recall 상기하다 mastery 숙달

59

도치 구문 2(보어, so / neither)

$$\boxed{\text{보어}} + \boxed{V} + \boxed{S}$$

Important are the liberal arts for our future civilization.

$$\boxed{\text{so/neither/nor}} + \boxed{V} + \boxed{S}$$

Alex went to the club, and **so** did his brother.

be동사의 보어로 문장이 시작되면 주어와 동사가 도치되어 주어는 be동사 뒤로 이동하는데, 해석할 때는 주어와 동사의 위치를 원래대로 바꾸어 해석한다.

so나 neither/nor로 문장이 시작되는 경우에도 도치가 일어나 (조)동사가 주어 앞으로 이동하는데, 'S도 역시 (안) 그렇다'라고 해석한다. so와 neither/nor 뒤에는 앞에 나온 동사의 대동사를 쓴다.

· Robert has arrived, and **so has** his companion. Robert는 도착했고, 그의 동반자도 **역시 그랬다**.
· Russel is not a football player, and **neither is** Alex. Russel은 축구선수가 아니고, Alex도 **역시 아니다**.

775 So happy was the boy // that he was jumping up and down.

그 소년은 매우 기뻐서 // 그는 위아래로 껑충껑충 뛰고 있었다.

···▶「so ~ that ...」은 '매우 ~해서 ···하다'라는 의미이다. **UNIT 50**

776 Once the basis of equality changes // **so** does its content. 모평

일단 평등의 기초가 바뀌면 // 그것의 내용도 역시 그렇다.

···▶ does는 changes를 대신한다.
···▶ its는 equality를 가리킨다.

777 So impressed was the professor with the quality of the students' papers that he published them.

778 The payoff of many traits changed, and so did optimal life strategy. 학평

779 As time went on, conditions improved and so did the length of people's lives.

학평 응용

---

776 basis 기초, 기반 content 내용 **777** impressed 감명을 받은 **778** payoff 이점, 이득 trait 특성 optimal 최적의 **779** go on (시간이) 흐르다 length 길이

780 Indeed, nowadays our soil is less healthy and so are the plants grown on it.

781 So worried was she when her cat didn't come home after a whole day that she couldn't sleep.

782 Tom didn't receive an invitation to the party, nor was I invited.

783 A baseball player who had four outs in a row is not due for a hit, nor is a player who made four hits in a row due for an out.

Level Up 고난도 문장으로 실력 키우기

784 Repeated measurements with the same apparatus neither reveal nor do they eliminate a systematic error.

785 So revolutionary was the invention that it transformed industries and created new opportunities globally.

786 An adaptation does not draw the life-blood from its source and leave it dying or dead, nor is it paler than the adapted work.

787 His sharp insights were not accepted because they did not explain the problems biologists had at the time, nor did his explanation operate by known mechanisms.

---

780 soil 토양 **783** in a row 연속적으로 due for ~할 예정인 hit 안타 **784** measurement 측정 apparatus 장치, 기기 eliminate 제거하다 systematic error 계통 오차(측정 결과의 편차를 만드는 원인이 되는 오차) **785** revolutionary 혁명적인 invention 발명(품) transform 탈바꿈시키다 **786** adaptation 번안(물) draw 뽑아내다 source 원전, 원천 pale 창백한 adapt 번안[개작]하다 **787** insight 통찰력 biologist 생물학자

60

강조 구문(It ~ that, 동사 / 부정어)

> **It is/was** + **강조 내용** + **that**
>
> **It is** with practice **that** we can become great.

> **do/does/did** + **V**
>
> I **do** think we can overcome our differences.

> **not** + **at all/in the least/by any means**
>
> Giving up in the middle is worse than **not** starting **at all**.

「It is/was ~ that」 강조 구문에서 강조하는 부분은 It is/was와 that 사이에 쓰고 나머지 부분은 that 뒤에 쓴다. 해석은 '…**하는 것은 (바로) ~이다/이었다**'라고 한다. 동사를 강조할 때는 그 동사 앞에 do를 쓰는데, 주어의 수, 시제와 일치하여 do, does, did 중에 선택한다. 해석은 '**정말로 V한다/했다**'라고 한다. not과 at all, in the least, by any means를 함께 쓰면 부정어를 강조하는 것으로 '**결코 ~이 아니다/~하지 않다**'라고 해석한다.

---

788 **It is** not only beliefs, attitudes, and values / **that** are subjective. 〔학평〕
S / V SC

단지 신념, 태도, 가치관만이 아니다 / 주관적인 것은.

789 His opinion (on the matter) was **not at all** / what I had expected.
S V SC

(문제에 관한) 그의 의견은 전혀 아니었다 / 내가 기대했던 것이.

790 After negotiations, he did agree to lower the price of the car.

791 It is through open conversations that we can create a more harmonious world.

---

788 attitude 태도 value 가치(관) subjective 주관적인 **789** matter 문제 **790** negotiation 협상 **791** harmonious 조화로운

792 The weather forecast for the weekend turned out to be not in the least accurate.

793 The apes certainly do exhibit complex social interactions within their group.

794 Sometimes it is the simpler product that gives a business a competitive advantage. 학평

795 His performance during the presentation was not at all up to the company's standards.

796 It is only through language that we are able to perceive the natural world as it really is. 학평 응용

Level Up 고난도 문장으로 실력 키우기

797 When infants do succeed, they show pleasure by a brightening of their eyes. 수능 응용

798 The plants of the professor's neighbor were not damaged at all and were standing firm. 학평 응용

799 Although our ignorance is undeniably vast, it is from the vastness of this selfsame ignorance that our sense of wonder grows. 학평

800 It is through comparison with others that people evaluate their own opinions, abilities, emotions, and personality traits.

---

792 turn out to-v ~인 것으로 판명되다   **793** ape 유인원   **794** competitive 경쟁력 있는   **795** up to one's standard ~의 기준에 부합하는   **796** perceive 인식하다   **797** pleasure 기쁨 brighten 반짝이게 하다, 밝히다   **798** firm 굳건한   **799** ignorance 무지 undeniably 명백하게, 틀림없이 vast 거대한 vastness 거대함 selfsame 동일한 wonder 경이로움   **800** comparison 비교 evaluate 평가하다 personality 성격

Memo

김지훈 알앤비
김형표 표쌤영어학원
문상헌 에이원영어
박계민 영광중학교
박규정 베네치아 영어
박주연 아이린영어학원
박지연 케일리 영어
배세왕 BK영수전문학원(고등관)
변민준 The 채움영어
성유진 국영수과오름학원
손누리 이든샘영수학원
신보연 위잉글리시영어
장가은 엘리스영어학원
장미 잉글리시아이 원리학원
정상원 정상어학원 영천분원
정선린 포항항도중학교
정진욱 현일고등학교
정현주 필즈수학영어학원
천예슬 그린트리영어교습소
최동희 전문과외
허미정 레벨업영어 교습소

광주

고태연 원더영어
김도엽 스카이영어전문학원
김병남 위즈덤 영어
김영연 AnB영어학원
김원경 전문과외
김유경 프라임 아카데미
김유희 김유희영어학원
김인화 김인화영어학원
김종익 전문과외
김혜원 엘위스 영어학원
나혜영 윤선생우리집앞영어교실 동천빛고을
문장엽 엠제이영어수학전문학원
박주형 광주 봉선동 한수위 영어
봉병주 철수와영수
송수빈 전문과외
신지수 온에어영어학원
심연우 문미승 영어클리닉
양신애 윤학당오름국어영어학원
오승리 이지스터디
오평안 상무지산한길어학원
우진일 블루페스 영어학원
유현주 유즈영어교습소
윤상혁 하이엔드 영어 사회 학원
이민정 롱맨 어학원
이현미 IGSE풍암아카데미
이현창 진월유앤아이어학원
임지상 상무 외대어학원
전솔 서강고등학교
채성문 마하나임영수학원
한기석 이유국어영어한문학원
한방업 531학원인산학원

대구

강영미 강선생영어
강정임 공부방
곽민경 조성애세움영어수학학원
권보현 씨즈더데이어학원
권오길 공부를 디자인하다
권익재 제이슨영어교습소
권하련 아너스이엠에스학원

김근아 블루힐영어학원
김기목 목샘영어교습소
김미나 메이쌤 영어
김민재 열공열강 영어수학 학원
김유환 범어지성학원
김종석 보습학원
김지영 김지영영어
김하나 하나로운영어
김희정 탑에이스어학원
노태경 윙스잉글리쉬
문창숙 지앤비(GnB)스페셜입시학원
민승규 민승규영어학원
박고은 스테듀입시학원
박라율 열공열강영어수학학원
박소현 워싱턴어학원
박예빈 영재키움영어수학전문학원
박지환 전문과외
방성모 방성모영어학원
백재민 에소테리카 영어학원
서정인 서울입시학원
신혜경 전문과외
심경아 전문과외
엄재경 하이엔드영어학원
우유진 이듀 잉글리쉬
원현지 원샘영어교습소
유경아 티나잉글리시
유지연 에스피영어
윤이강 윤이강 영어학원
이가나 이나영어교실
이근성 헬렌영어학원
이동현 쌤마스터입시학원
이미경 전문과외
이샛별 전문과외
이수희 이온영어학원
이승현 학문당입시학원
이지현 지니영어
이헌욱 이헌욱 영어학원
이현지 리즈영어
인슬내 제인영어학당
임형주 사범대단과학원
전윤애 올리영어교습소
전윤영 뮤엠영어 경동초점
전지영 제이제이영어
정대웅 유신학원
정용희 에스피영어학원
진보라 메이킹어학원
최효진 너를 위한 영어
한정아 능인고등학교
황윤슬 사적인영어

대전

Tony Park Tony Park English
고우리 영어의꿈
김근범 딱쌤학원
김기형 상승학원
김민정 전문과외
김아영 전문과외
김영철 빅뱅잉글리시리더스
김주리 위드제이영어
김현지 영어의꿈
나규성 대전 비전21학원
남영종 엠베스트SE학원 대전 전민점
노지혜 제일학원

노현서 앨리잉글리쉬아카데미
박난정 제일학원
박성희 청담프라임학원
박정민 율영수학원
박지현 더브라이트학원
박효진 박효진 영어
심효령 삼부가람학원
안수정 궁극의 사고
오봉주 새미래영수학원
유수민 대치이강
윤영숙 전문과외
이보배 비비영어교습소
이성구 청명대입학원
임혜지 파라곤어학원
장유리 삼성영어셀레나 도안학습관
장윤정 이지탑학원
정예슬 소로영어
정윤희 Alex's English
정현지 전문과외
정혜수 쌜리영어
최성호 에이스영어교습소
한형식 서대전여자고등학교
허욱 Ben class (전문과외)
황지현 공부자존감영어입시학원

부산

강민주 에듀플렉스 명륜점
고경원 JS영수학원
김경희 거제동 니키영어
김대영 엘리트에듀 학원
김도담 도담한영어교실
김도윤 코어영어교습소
김동혁 코어영어수학전문학원
김동휘 장정호 영어전문학원
김미혜 더멘토영어교습소
김소림 엘라영어학원
김소연 전문과외
김은정 클라라 잉글리쉬
김재경 탑클래스영어학원
김진규 의문을열다
김효은 김효은 영수 전문학원
남재호 제니스학원
류미향 류미향입시영어
문희진 베아투스학원
박미진 MJ영어학원
박수진 제이엔씨 영어학원
박인혜 정철어학원
박정아 전문과외
박지우 영어를 ON하다
박지은 박지은영어전문과외방
박창현 오늘도,영어그리고수학
배슬기 전문과외
배찬원 에이플러스 영어
백은비 비앙카 영어
변혜련 전문과외
성장우 전문과외
손소희 에스 잉글리쉬 사이언스
송석준 스카이영수전문학원
송초롱 최상위영어교습소
안정희 GnB어학원양성캠퍼스
예다슬 전문과외
오세창 범천반석단과학원
오지은 이루다영어

옥지윤 더센텀영어학원
윤지영 잉글리쉬무무영어교습소
윤진희 위니드영어전문교습소
이미정 탑에듀영어교습소
이상석 엠베스트se 공부습관365 학원
이순실 하단종로엠학원
이영준 개금국제어학원
이혜린 스카이영어학원
임정연 안은경영어학원
장혜인 민락능률이엠학원
정승덕 학장중학교
정영훈 제이앤씨영어전문학원
채지영 리드앤톡영어도서관학원
최승빈 다온학원
최우성 초이English&Pass
최이내 전문과외
탁아진 에이블영어국어학원
하현진 브릿츠영어학원

서울

가혜림 위즈스터디
강경표 최선어학원 중계캠퍼스
강은 더이룸학원
강이권 네오어학원
강준수 전문과외
강현숙 토피아어학원 중계지점
강호영 인투엠학원
공진 리더스
김경수 탑킴입시컨설팅진학지도
김명열 대치명인학원 은평캠퍼스
김미은 오늘도맑음 영어교습소
김미정 전문과외
김배성 정명영어교습소
김상희 스카이플러스학원
김선경 마크영어학원
김성근 더원잉글리시
김성연 대치청출어람학원
김승환 Arnold English
김영재 제니퍼영어 교습소
김용봉 SKY PLUS 학원
김은영 LCA 영어학원
김은정 전문과외
김은진 ACE영어교습소
김정민 W영어
김종현 김종현영어
김지윤 비타윤영어
김태성 전문과외
김현지 전문과외
김혜영 스터디원
나영은 전문과외
노현희 전문과외
도선혜 중계동 영어
류하영 유니슨영어
맹혜선 휘경여자고등학교
명가은 명가은 영어하다 학원
문명기 문명기 영어학원
문슬기 문쌤 전문영어과외
박기철 한진연 입시전략연구소
박남규 알짜영어교습소
박미애 명문지혜학원
박미정 위드멘토학원
박병석 주영학원
박선경 씨투엠학원

박소영 JOY
박소하 전문과외
박솔이 Sole English
박승규 이지수능교육
박정미 드림영어 하이수학학원
박정효 성북메가스터디학원
박준용 G1230학원
박지훈 청담어학원
박진경 제이즈잉글리쉬
박찬경 펜타곤영어
박현진 e. Class
반향진 세레나영어수학
배지은 빛나는영어교습소
배현경 전문과외
백미선 최종호학원
백희영 대치정영학원
신경훈 탑앤탑수학영어학원
심나형 성북메가스터디
안미영 스카이플러스학원
양하나(바이올렛) 목동 씨앤씨
엄태열 대치차오름학원
오유림 헬리오 오쌤 영어
오은경 전문과외
용혜영 SWEET ENGLISH 영어전문 공부방
유경미 서율
유연이 오세용학원
유은주 리프영어
윤성 대치동 새움학원
윤은미 CnT영어학원
이계훈 이지영어학원
이남규 전문과외
이명순 Top Class 영어
이상유 주연학원
이석원 지구촌고등학교
이선미 범블비 영어 교습소
이선정 제이나영어학원
이성택 엠아이씨영어학원
이수정 영샘영어
이승혜 스텔라 영어
이승회Edward 임팩트7영어학원 목동
　　　　2단지 고등관
이연주 Real Iris Class
이은선 드림영어하이수학학원
이은영 한국연예예술학교
이자임 자몽영어교습소
이정혜 수시이룸교육
이지윤 전문과외
이철웅 비상하는 또또학원
이혜정 이루리학원
이희영 이샘아카데미 영어교습소
임광영 러셀 메가스터디
임서은 형설학원
임소례 윤선생영어교실우리집앞신내
　　　　키움영어교습소
임은옥 전문과외
임해림 그레이스학원
장서인 함께 자라는 스마트올클래스
전지영 탑클래스영수학원
정경록 미즈원어학원
정연우 전문과외
정유하 크라센어학원
정재욱 씨알학원
조길영 이앤조영어

조미영 튼튼영어마스터클럽구로학원
조미지 책읽는영어교습소 제니쌤영어
조민석 더원영수학원
조봉현 대치명인학원 중계캠퍼
채보경 개인과외
채상우 클레영어
채에스더 문래중학교 방과후
최미림 밀리에듀영어학원
최민주 전문과외
최유송 목동 씨앤씨학원
최정문 한성학원
최형미 전문과외
최희재 표현어학원
표호진 전문과외
하다님 연세 마스터스 학원
한성호 티포인트에듀
한인혜 레나잉글리쉬
한혜주 함영원입시전문학원
허미영 삼성영어 창일교실 학원
홍대균 홍대균 영어
홍영민 성북상상학원
홍형근 강남 대치 빙녹학원
황선애 앤스영어학원
황혜진 이루다 영어

세종
강홍구 세종시 더올림 입시학원
김세인 이룸영어교습소
방종영 세움학원
성민진 EiE 반곡 캠퍼스
손대령 강한영어학원
안성주 더타임학원

울산
강상배 전문과외
김경수 핀포인트영어학원
김경현 에린영어
김문정 천곡고려학원
김은주 공부발전소학원
김주희 하이디영어교습소
김한중 스마트영어전문학원
서예원 해법멘토영어수학학원
송회철 꿈꾸는고래학원
엄여은 준쌤영어교습소
윤주이 고도영어학원
이서경 이서경영어학원
이수현 제이엘영어학원
이승준 전문과외
이은민 스마트영어전문학원
이재은 잉크영어학원
임재희 임재희영어전문학원
정은선 한국esl어학원
정혜미 전문과외
조승현 스마트영어전문학원
조충일 YBM 잉글루 울산언양 제1학원
최아현 jp영어학원
한건수 한스영어
허부배 비즈단과학원

인천
강재민 스터디위드제이쌤
김미경 김선생영어/수학교실
김민영 YBM Homeschool 영종자이센터

김민정 김민영어
김서애 제이플러스영어
김선나 지니어스영어학원
김영태 에듀터학원
김영호 조주석수학&영어클리닉학원
김옥경 잉글리쉬 베이
김주영 아너스영어학원
김지연 송도탑영어학원
김현미 송도탑영어학원
김현섭 전문과외
김현준 JKD영어전문학원
나일지 두드림하이학원
문지현 전문과외
박가람 전문과외
박나혜 TOP과외
박민아 하이영어 공부방
박승민 대치세정학원
박주현 Ashley's English Corner
신나리 이루다교육학원
신은주 명문학원
신천경 GMI 어학원
오희정 더제니스엣지영어학원
윤효주 잉글리시브릿지
윤희영 세실영어
이가희 S&U영어
이미선 고품격EMEDU
이수진 전문과외
이영태 인천부흥고등학교
이은정 인천논현고등학교
이진희 이진희영어
장승혁 지엘학원
전혜원 제일고등학교
정도영 스테디 잉글리시
정춘기 정상어학원
조윤정 인천이음중학교
최민솔 영웅아카데미
최민지 빅뱅영어
최수련 업앤업영어교습소
최창영 학산에듀넷
최하은 정철어학원
홍영주 홍이어쎈영어

전남
강용문 강용문영수입시전문
김숙진 지니샘 공부방
김아름 전문과외
김은정 BestnBest 공부방
김임열 태강수학영어학원
김재원 나주혁신위즈수학영어학원
박민지 벨라영어
박주형 해룡고등학교
배송이 JH공터영어전문학원
손성호 아름다운 11월학원
양명승 엠에스어학원
오은주 순천금당고등학교
이상호 스카이입시학원
이용 해룡고등학교
이정원 앤더슨 영어학원
조소을 수잉글리쉬
차형진 상아탑학원

전북
길지만 비상잉글리시아이영어학원

김나은 애플영어학원
김보경 최영훈영수학원
김설아 전주 에듀캠프학원
김수정 베이스탑영어
김예원 옥스포드 어학원
김예진 카일리영어학원
이경훈 리더스영수전문학원
이수정 씨에이엔영어학원
이진주 전문과외
이한결 DNA영어학원
이효상 에임하이영수학원
장길호 장길호영어학원
조예진 에이펙스 영어학원
조형진 대니아빠앤디영어교습소
최미화 MH노블영어학원
최석원 전주에듀캠프학원
한주훈 알파스터디영어수학전문학원
황보희 에임드영수학원

제주
Brian T.K Top Class Academy
고보경 제주여자고등학교
고승용 진정성학원제주노형센터
김진재 함성소리학원
김평호 서이현아카데미학원
김현정 유비고영어학원
문재웅 문&YES 중고등 내신수능 영어
배동환 뿌리와샘
이승우 늘다올 학원
이윤아 에이투지어학원
이재철 함성소리학원
임정열 엑셀영어
정승현 J's English
지광미 지샘입시영어학원

충남
강유안 전문과외
고유미 고유미영어
김인영 더오름영어
김일환 김일환학원
김창현 타임영어학원
박서현 TIE고려대어학원
박재영 로제타스톤 영어교실
박희진 박쌤영어과외
우경희 우쌤'클라쓰
윤현미 비비안의 잉글리쉬 클래스
이규현 글로벌학원
이상진 마틴영어학원
이영롱 대승학원
이종화 오름에듀
임진주 원더크라운영어학원
장성은 상승기류
장완기 장완기학원
정래 (주)탑씨크리트교육
조남진 천안 불당PYO영어국어학원
채은주 위너스 학원

충북
김보경 더시에나영어학원
박광수 폴인어학원
박수열 전문과외
박현자 박샘영어
신유정 비타민 영어클리닉

이투스북 온라인 서점 단독 입점

이투스북 온라인 서점 | www.etoosbook.com

이투스북

CORE 구문 800

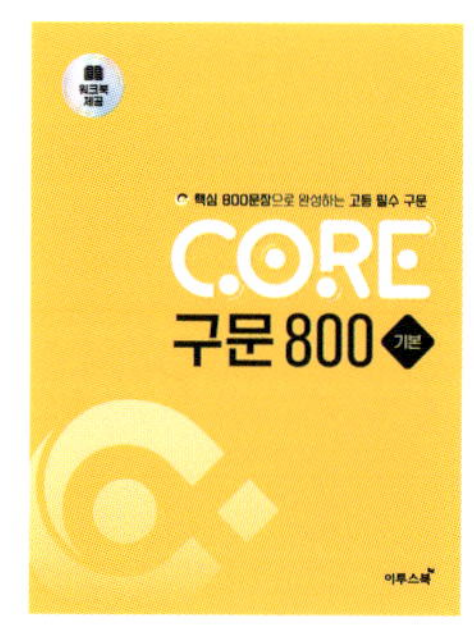

중2~중3　　기본

· 우선순위 빈출 구문
· 문장 구성 요소 중심의 구문 학습

· 중학 수준의 어휘
· 평균 10~15 단어의 문장 길이

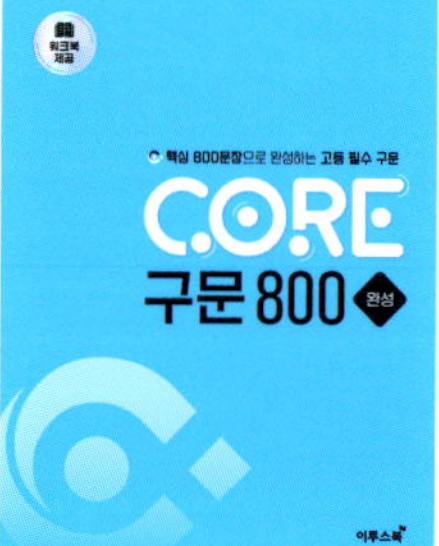

예비고~고2　　완성

· 고득점 대비 주요 구문
· 다양한 문장 구조 중심의 구문 학습

· 고1 수준의 어휘
· 평균 15~20 단어의 문장 길이

◆ 5개년 고1~3 학력평가, 모의평가, 수능 예문 수록 ◆

이투스북

핵심 800문장으로 완성하는 **고등 필수 구문**

CORE

구문 800 완성

WORKBOOK

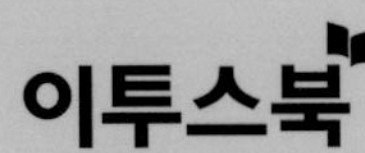

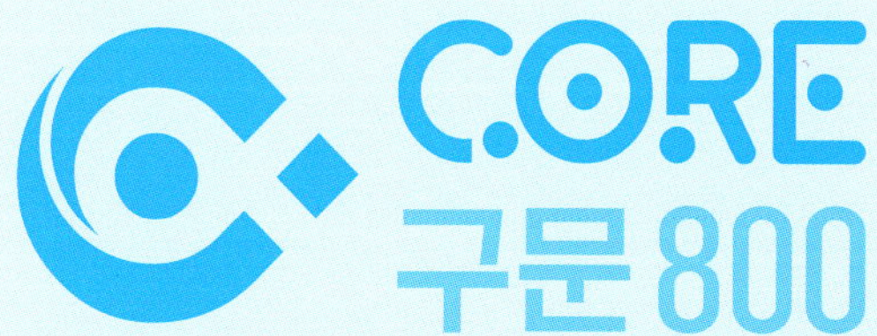

문장의 구성

문장 암기 REVIEW

A 다음 우리말과 의미가 같도록 괄호 안의 말을 배열하시오.

01 글라이더를 타고 하늘을 항해하는 것은 환상적인 경험이 될 것이다. (a glider, in, sail, the skies, to)

→ ____ would be a fantastic experience.

02 누군가를 창의적이라고 부르는 것은 그들이 의도적인 방식으로 어떤 것을 적극적으로 만들어 내고 있다는 것을 암시한다.
(call, creative, somebody, suggests, to)

→ ___________________________________ they are actively producing something in a deliberate way.

03 가난한 사람들에게 도움을 제공하는 것은 간단하지만 의미 있는 행위이다. (help, in need, offering, to, those)

→ ___________________________________ is a simple yet meaningful act.

04 무엇을 입는지가 직장 면접을 위한 유일한 고려 사항은 아니다. (is, not, the only, to, wear, what)

→ ___________________________________ consideration for a job interview.

05 더 많은 자료를 갖는 것이 더 정확하고 믿을 수 있는 예측을 하는 데 더 좋다. (data, more, having)

→ ___________________________________ is better for making accurate and reliable predictions.

06 새로운 기술을 사용하는 것을 배우는 것은 직원들에게 시간이 많이 걸리고 스트레스를 줄 수 있다.
(learning, new, technology, to, use)

→ ___________________________________ can be time-consuming and stressful for workers.

07 고등학교 시절을 어떻게 보내는지는 많은 학생들이 깊이 생각하는 문제이다. (days, high school, how, spend, to, your)

→ ___________________________________ is a question many students ponder.

08 고통을 줄이는 유일한 방법은 환부에 얼음을 바르는 것이었다. (reduce, the only, the pain, to, way)

→ ___________________________________ was to apply ice to the affected area.

09 Ben이 식사를 준비하는 것을 돕는 것은 그에게 요리책을 주는 행위를 포함해야만 한다.
(assist, Ben, in, preparing, the meal, to)

→ ___________________________________ must involve the action of giving him the cookbook.

10 어떤 사람들에게 주의를 기울이고 다른 사람들에게 그렇게 하지 않는 것이 여러분이 남을 무시하고 있다거나 거만하게 굴고 있다는 것을 의미하지는 않는다. (and, not others, paying attention, some people, to)

→ ___________________________________ doesn't mean you're being dismissive or arrogant.

NEW SENTENCES

B 다음 중 어법상 적절한 것을 고르시오.

01 Build / Building a new home in this area will take a long time, but it will be worth the wait.

02 Delayed / Delaying the game for over an hour would anger the fans even more in this situation.

03 Made / Making a donation to Action Education in our names was a nice gesture that we appreciated.

04 Where to explore / exploring was the team's main topic of discussion as they planned their next adventure.

05 Participate / Participating in collaborative practices is essential for enhancing innovation and achieving shared goals.

06 What ordered / to order in the restaurant was the dilemma on everyone's mind, as they were tempted by many options.

C 다음 밑줄 친 부분이 어법상 옳으면 ○, 틀리면 ×로 표시하고 바르게 고치시오.

01 The rainforests produce so much oxygen are often called the earth's lungs.

02 The ability to keep your energy levels high throughout the day requires good habits.

03 A new science called agribusiness has been responsible for much of the improvement.

04 Figure out the path through the ruins took some concentration, but it was rewarding.

05 Watching the sky for shooting stars is a summer evening pastime and fills one with a sense of wonder.

06 Deal with more than one task at the same time has been shown to be associated with lower performance.

문장 암기 REVIEW

» 다음 문제를 풀어보며 본책에서 학습한 문장을 복습해보세요.

A 다음 우리말과 의미가 같도록 괄호 안의 말을 배열하시오.

01 강추위가 여기에 곧 올 것이라는 것은 불행하지만, 사실이다. (be here, the bitter cold, that, will)

→ ____ soon is unfortunate, but true.

02 지식이 힘이라는 것은 우리 사회에서 잘 정립된 개념이다. (is, is, knowledge, power, that)

→ ____ a well-established concept in our society.

03 사실인 것으로 보였던 것이 추가 조사 후에 배제되었다. (appeared, be, to, true, what)

→ ____ was ruled out after further investigation.

04 그녀가 왜 그 작은 대학을 선택했는지는 그때까지 논의조차 되지 않았다. (small college, had chosen, she, that, why)

→ ____ was never even discussed until then.

05 그 실험을 책임지고 있던 사람은 누구든지 상당한 진전을 이루었다. (experiment, in charge of, that, was, whoever)

→ ____ made a significant breakthrough.

06 과거를 얼마나 많이 기억하느냐는 기억의 중요성에 의해 종종 영향을 받는다. (how, much, remember, the past, you)

→ ____ is often influenced by the significance of the memories.

07 팀이 어떻게 효과적으로 노력을 편성했는지가 프로젝트 관리자를 기쁘게 했다. (efforts, how, organized, the team, their)

→ ____ effectively pleased the project manager.

08 어디에서 전시회가 열릴지는 여전히 검토 중이다. (the exhibit, held, is, where, will be)

→ ____ still under consideration.

09 기억을 이해하는 것에 관해 그가 말한 것은 어린 아이의 마음에 관한 우리의 질문으로 확장될 수 있다.
(about, he, memory, said, understanding, what)

→ ____ can be extended to our questions about young children's minds.

10 우리가 성공하는지 혹은 실패하는지는 인간 개개인이 얼마나 이성적이고 지적인가의 문제로 나타난다.
(fail, or, succeed, turns out, we, whether)

→ ____ to be a matter of whether individual humans are rational and intelligent.

NEW SENTENCES

» 다음 문제를 풀어보며 새로운 문장을 익혀보세요.

B 다음 밑줄 친 부분이 어법상 옳으면 ○, 틀리면 ×로 표시하고 바르게 고치시오.

01 <u>However</u> you make of it is ultimately up to your interpretation and perspective.

02 <u>When</u> an apple was picked affects its taste and texture.

03 <u>That</u> makes them so special is their ability to adapt quickly to changing circumstances.

04 <u>Where</u> you went to school matters less after you get your first job.

05 <u>How</u> they solved the complex problem amazed the experts who had doubted their abilities.

06 <u>What</u> the new science book might be wrong never occurred to the students who trusted its accuracy without question.

C 다음 문장의 주어를 찾아 밑줄을 그으시오.

01 Whoever crosses the finish line first gets the grand prize and the glory of victory.

02 That the Bakers were coming the next morning was a complete surprise to the children.

03 Why people are generally cautious in making decisions is often attributed to their fear of failure.

04 Whether the wounded workers have been sent to the hospital without delay remains uncertain.

05 How far they were from their destination gave them a sense of urgency and a renewed determination.

06 What we had hoped to achieve this year was a significant increase in both customer satisfaction and overall sales.

문장 암기 REVIEW

A 다음 우리말과 의미가 같도록 괄호 안의 말을 배열하시오.

01 그것을 해결하기 위한 조치를 취하지 않고서 문제에 관해 이야기해 봐야 소용이 없다.
(about, good, no, the problem, talking, it, is)

➡ ____ without taking action to solve it.

02 돈을 벌 가게 주인의 권리를 침해하는 것은 부당했을 것이다. (interfere, unfair, it, would be, to, with)

➡ ______________________________________ the shopkeeper's right to make money.

03 당신이 당신의 정신 건강과 행복을 우선시하는 것이 가장 중요하다. (is, essential, it, prioritize, that, you)

➡ ______________________________________ your mental health and well-being.

04 제출하기 전에 너의 과제를 다시 확인하는 것은 좋은 생각이다. (is, it, double-check, a good idea, to, your work)

➡ ______________________________________ before submitting it.

05 이 특정 파일들이 언제 그리고 어떻게 삭제되었는지는 여전히 미스터리이다. (how, still, a mystery, it, is, when, and)

➡ ______________________________________ these particular files were erased.

06 우리가 모든 사람과 진정한 친구가 될 수는 없다고 가정하는 것이 안전하다. (that, safe, it's, we, to, assume)

➡ ______________________________________ can't be real friends with everyone.

07 우리는 우리의 소풍을 즐기기로 결심했기 때문에 비가 오든 날이 개든 중요하지 않았다.
(it, matter, or shined, rained, whether, it, did not)

➡ ______________________________________ because we were determined to enjoy our picnic.

08 들판에서 건초를 가져와 그것을 헛간에 보관하는 것은 매우 지치게 하는 일이었다.
(was, it, bringing in, from the fields, work, very exhausting, the hay)

➡ ______________________________________ and storing it in the barn.

09 전문 체스 선수가 빠르게 체스판을 평가할 수 있다는 것은 놀라운 일이 아니었다.
(chess players, expert, it, not surprising, was, that)

➡ ______________________________________ could quickly assess the board.

10 당신의 인생 여정에서 당신이 무엇을 강조하고 추구할 것인지 선택하는 것은 전적으로 당신에게 달려 있다.
(up to, it, you, is entirely, choose, what, you, to emphasize)

➡ ______________________________________ and pursue in your life journey.

NEW SENTENCES

>> 다음 문제를 풀어보며 새로운 문장을 익혀보세요.

B 다음 문장의 진주어를 찾아 밑줄을 긋고, 문장을 해석하시오.

01 It is unclear what factors contributed to the decision to restructure the company.

02 It is puzzling why the valuable artifacts were taken from the museum.

03 At times it is difficult to determine the most appropriate solution due to the complexity of the situation.

04 It is no use worrying about events which have already happened and which cannot be changed.

05 It is recommended that pedestrians not go jogging along the busy road.

C 다음 문장의 가주어와 진주어를 찾아 밑줄을 긋고, 문장을 해석하시오.

01 It is essential that the law be enforced to maintain order and stability in society.

02 It was always a very boring and time-consuming task painting the garage every summer.

03 It is quite uncertain how the changes in regulations will affect businesses and individuals alike.

04 It was nice to have the family all together for the holiday weekend and create cherished memories.

05 Altogether it is a bad idea to treat frostbite with heat sources such as heating pads or hot water bottles.

06 It is a familiar fact that the technological applications of science can create serious ethical dilemmas.

UNIT 04 to부정사 / 동명사의 의미상 주어

문장 암기 REVIEW

A 다음 우리말과 의미가 같도록 괄호 안의 말을 배열하시오.

01 판사가 그 사건에서 그런 중요한 증거를 간과한 것은 경솔했다. (careless, of, overlook, the judge, to)

→ It was ＿＿＿＿＿＿＿＿＿＿＿＿＿＿＿＿＿＿ such crucial evidence in the case.

02 여동생이 징징거리는 것은 불만을 표현하고 관심을 구하는 그녀의 방식이다. (her way, is, of, my sister's, whining)

→ ＿＿＿＿＿＿＿＿＿＿＿＿＿＿＿＿＿＿ expressing dissatisfaction and seeking attention.

03 우리 중 누구도 지속적인 주의력 수준을 유지하는 것은 어렵다. (any, difficult, for, of us, maintain, to)

→ It is ＿＿＿＿＿＿＿＿＿＿＿＿＿＿＿＿＿＿ a constant level of attention.

04 우리는 그것들이 자연적으로 지구 대기에 재진입하기를 기다리기만 하면 된다. (them, to, naturally reenter, for)

→ We just have to wait ＿＿＿＿＿＿＿＿＿＿＿＿＿＿＿＿＿＿ Earth's atmosphere.

05 다른 사람들이 자신의 생각을 제시할 필요가 없는데 왜냐하면 그것들은 부적절한 것으로 여겨지기 때문이다.

(for, no need, others, their ideas, to, present)

→ There is ＿＿＿＿＿＿＿＿＿＿＿＿＿＿＿＿＿＿ because they are considered inadequate.

06 성공이 일어나기 위해서는, 실수에 대한 어느 정도의 관용이 있어야만 한다. (for, in order, success, to happen)

→ ＿＿＿＿＿＿＿＿＿＿＿＿＿＿＿＿＿＿, there must be some level of tolerance for mistakes.

07 그녀의 연구는 그녀가 특허를 받은 최초의 아프리카계 미국 여성 의사가 되도록 이끌었다.

(African-American, becoming, female doctor, her, the first)

→ Her research led to ＿＿＿＿＿＿＿＿＿＿＿＿＿＿＿＿＿＿ to receive a patent.

08 이러한 감정적 경험은 우리가 행복하다고 느끼는 것으로 이어지는 선택과 행동의 결과이다. (feeling happy, our, result in, that)

→ These emotional experiences are the result of choice and behaviors ＿＿＿＿＿＿＿＿＿＿＿＿.

09 그는 부자와 가난한 사람 모두 법에 따라 동등하게 대우받아야 한다고 열정적으로 주장했다.

(alike, being, rich and poor, treated equally)

→ He passionately insisted on ＿＿＿＿＿＿＿＿＿＿＿＿＿＿＿＿＿＿ under the law.

10 한 설문조사에서, 61%의 미국인들은 그들이 정부가 '빈곤층의 지원'에 더 많이 돈을 지출하는 것을 지지한다고 말했다.

(to the poor, spending, more, on assistance, the government)

→ In one survey, 61 percent of Americans said that they supported ＿＿＿＿＿＿＿＿＿＿＿＿＿＿＿＿＿＿.

NEW SENTENCES

B 다음 밑줄 친 부분이 어법상 옳으면 ○, 틀리면 ×로 표시하고 바르게 고치시오.

01 It is possible <u>for</u> a disabled person to pursue their dreams and achieve success.

02 <u>He</u> being a lifeguard made him well prepared to handle emergencies at the pool.

03 It was really generous <u>for</u> her to invite her elderly aunt to live with them.

04 Finding a quiet place <u>for</u> him to focus on studying made a big difference.

05 <u>For</u> the materialization to happen, they must pass through a few gateways and gatekeepers.

06 An inclusive mindset is a powerful tool <u>of</u> you to encourage collaboration and innovation within your team.

C 다음 중 어법상 적절한 것을 고르시오.

01 With some plants, it is not even necessary | for / of | an animal to try to eat them.

02 Users will hardly give you a prescribed list of requirements | for / of | you to build.

03 The idea of the audience | to watch / watching | the stage in silence creates a powerful atmosphere.

04 They objected to | he / him | joining the expedition due to concerns about his lack of experience.

05 It was considerate | for / of | you not to interrupt the speaker while they were sharing their personal story.

06 Stories have been an effective mechanism | for / of | people to communicate and memorize information for thousands of years.

문장 암기 REVIEW

» 다음 문제를 풀어보며 본책에서 학습한 문장을 복습해보세요.

A   다음 우리말과 의미가 같도록 괄호 안의 말을 배열하시오.

01   결과적으로 당신의 삶과 경력이 진전하는 것을 멈출 가능성이 있다. (and career, is, it, likely, that, your life)

➡ ____ will stop progressing as a result.

02   당사자들의 문제가 입장의 충돌인 것처럼 보인다. (appears, is, it, problem, that, the parties')

➡ ____ a conflict of positions.

03   신발 크기가 커질수록, 읽기 능력이 향상되는 것처럼 보인다. (as, increases, it, seems, shoe size, that)

➡ ____ , reading ability improves.

04   너무 공교롭게도 전화벨이 울렸을 때 전화를 받을 사람이 아무도 없었다.

(it, there, no one, that, the phone, so, happened, was, to answer)

➡ ____ when it rang.

05   어떤 사람들은 그 문제를 해결하는 데 다른 접근 방식을 취하고 싶어 하는 것으로 판명되고 있다.

(it, some people, that, to take, turns out, want)

➡ ____ a different approach to solving the problem.

06   결론은 건축가와 공학자들은 바로 시작부터 함께 일한다는 것이다. (architects and engineers, follows, it, that)

➡ ____ work together right from the start.

07   당연히, 결론은 높은 소득이 더 큰 행복으로 이어진다는 것이 아니다. (does not, follow, higher income, it, leads, that)

➡ Naturally, ____ to greater happiness.

08   우리가 추가의 자원 없이는 그 프로젝트를 제시간에 완료할 수 있을 것처럼 보이지 않는다.

(be able to, does not, it, seem, that, finish, we, will)

➡ ____ the project on time without additional resources.

09   대다수 학생들이 전통적인 교실 강의보다 온라인 학습을 선호하는 것으로 나타났다.

(it, preferred, students, that, the majority of, turned out)

➡ ____ online learning over traditional classroom instruction.

10   제품이 생산 지연으로 인해 마감 시간을 맞출 가능성이 없다. (is, it, that, the deadline, the product, unlikely, will meet)

➡ ____ due to delays in production.

NEW SENTENCES

» 다음 문제를 풀어보며 새로운 문장을 익혀보세요.

B 밑줄 친 부분에 유의하여 다음 문장을 해석하시오.

01 <u>It is likely that</u> prices will increase due to the high demand for the product.

02 <u>It seems that</u> delight and disgust are basic and universal human reactions to food.

03 <u>It happens that</u> I have some extra tickets to the concert tonight, if you're interested.

04 <u>It appears that</u> you haven't provided the information to confirm your identity or financial status.

05 <u>It follows that</u> economic welfare is closely tied to employment rates and income distribution within society.

06 <u>It turned out that</u> the most important components were the setting, light and color.

C 다음 우리말과 같은 의미가 되도록 빈칸에 알맞은 말을 써넣으시오.

01 모든 사람이 그 문제 해결을 위한 최선의 접근 방식에 동의할 <u>가능성이 없다</u>.

_________________ that everyone will agree on the best approach to solve the problem.

02 폭풍우가 해안 지역에 상당한 피해를 일으킬 <u>가능성이 있다</u>.

_________________ that the rainstorm will cause significant damage to the coastal areas.

03 몇 년 만에 우리는 공항에서 우연히 마주치게 되었다.

_________________ that we ran into each other at the airport after many years.

04 이용할 수 있는 정보에 따르면, 개혁은 압박하는 사회적 요구로 불가피한 <u>것처럼 보였다</u>.

From the information available, _________________ that reform was inevitable, driven by pressing societal needs.

05 회의 일정이 다음 주로 변경되었으므로, 우리가 그에 따라 계획을 조정해야 하는 <u>것으로 판명된다</u>.

_________________ that the meeting has been rescheduled to next week, so we need to adjust our plans accordingly.

문장 암기 REVIEW

» 다음 문제를 풀어보며 본책에서 학습한 문장을 복습해보세요.

A 다음 우리말과 의미가 같도록 괄호 안의 말을 배열하시오.

01 나는 꼭 나의 선생님처럼 친절하고 부드러운 말을 더 많이 사용할 것을 약속했다. (and gentle, kind, to use, words)

→ I promised ____ more just like my teacher.

02 물을 끼얹어서 불을 끄려고 하지 마라, 왜냐하면 그렇게 하면 폭발이 일어날 테니까.

(by, throwing water, the fire out, to put)

→ Don't try ________________________ on it, because it will cause an explosion.

03 당신은 종종 당면한 우선순위와 이용할 수 있는 자원에 근거하여 다음에 무엇을 할지를 결정한다.

(based on, decide, next, often, to do, what)

→ You ____________________________ your immediate priorities and available resources.

04 그녀는 전 세계의 다양한 문화권의 음악을 듣는 것을 즐긴다. (enjoys, from various, music, listening, to)

→ She ____________________________ cultures around the world.

05 소년 시절에, Thomas는 바다에서보다는 수영장에서 수영하는 것을 선호했다. (a pool, in, preferred, rather than, swimming)

→ As a boys, Thomas ____________________________ in the ocean.

06 Charles Dickens는 런던을 거닐며 등장인물을 위한 아이디어들을 모으는 것을 좋아했다.

(and, gather ideas, to stroll, through London)

→ Charles Dickens liked ____________________________ for characters.

07 그는 자신의 다른 취미에 집중하기 위해 주말에 책을 읽는 것을 피한다. (books, reading, to focus, on weekends)

→ He avoids ____________________________ on his other hobbies.

08 우리는 시속 20마일 정도에서 눈을 마주치는 능력을 잃기 시작한다. (to keep, to lose, eye contact, the ability)

→ We begin ____________________________ around 20 miles per hour.

09 그 과학자들은 다양한 이유로 그들의 실험을 어디에서 실시할지를 정하지 않았다.

(choose, didn't, their experiment, to conduct, where)

→ The scientists ____________________________ for various reasons.

10 너는 수비를 하는 동안에 항상 공을 주시할 것을 기억해야 한다. (remember, should, on the ball, to keep, your eyes)

→ You ____________________________ at all times while playing defense.

NEW SENTENCES

B 다음 밑줄 친 부분이 어법상 옳으면 ○, 틀리면 ×로 표시하고 바르게 고치시오.

01 Despite his love for sweets, he avoids <u>eating</u> them to maintain a healthy diet.

02 We have not yet decided what <u>spend</u> money on and what occupation to choose.

03 He tried <u>using</u> a different route to avoid traffic but ended up getting lost instead.

04 Despite being a soccer fan, he refused <u>watching</u> the final match of the 2022 World Cup.

05 The artists tried <u>to represent</u> the pure, true forms underlying reality, but they were unable to do so.

06 After careful review of all the options, she is seriously considering <u>studied</u> abroad to broaden her horizons.

C 다음 중 어법상 적절한 것을 고르시오.

01 When you recognize your priorities, you'll know best how / what to allocate your time.

02 I forgot to bring / bringing my umbrella, and now I'm stuck in the rain without any cover.

03 Obviously, someone needs to develop / developing a way of exercising that is both enjoyable and effective.

04 Venturing into the great outdoors, they wholeheartedly enjoy to hike / hiking in the mountains on weekends.

05 During the race, she stopped to run / running to catch her breath and admire the scenic beauty of the landscape.

06 Looking at the photo album, we remembered to visit / visiting the old lighthouse to capture those breathtaking photos of the sunset.

문장 암기 REVIEW

» 다음 문제를 풀어보며 본책에서 학습한 문장을 복습해보세요.

A 다음 우리말과 의미가 같도록 괄호 안의 말을 배열하시오.

01 나의 누나는 자신의 직업에 관한 결정을 내릴 필요가 있다고 생각한다. (a decision, needs, she, that, to make)

➡ My sister thinks ____ about her job.

02 그는 학생들에게 그들은 그들의 과제들을 금요일까지 제출해야 한다고 말했다. (assignments, should submit, that, their, they)

➡ He told his students ____ by Friday.

03 사실상 가치 있는 것은 어떤 것이든 우리가 실패나 거절당할 위험을 무릅쓸 것을 요구한다.

(a risk of, being rejected, failure, or, take, that, we)

➡ Practically anything of value requires ____.

04 그들은 내가 그들의 발표를 도와주기로 약속했던 것을 나에게 상기시켜 주었다. (them, to help, had promised, I, that)

➡ They reminded me ____ with their presentation.

05 Tony는 가족 행사를 위해 상사에게 그가 다음 주 금요일에 쉴 수 있는지 물었다. (could, he, his boss, take, whether)

➡ Tony asked ____ next Friday off for a family event.

06 물리학자는 자신의 이론을 뒷받침할 구체적인 증거를 제공할 수 있을지를 숙고했다.

(concrete, could, evidence, he, if, provide)

➡ The physicist pondered ____ to support his theory.

07 그녀는 부모님에게 가족 반려동물을 돌볼 수 있을 만큼 자신이 책임감이 있다는 것을 보여주었다.

(enough to, her parents, responsible, she, that, was)

➡ She showed ____ take care of the family pet.

08 사람들은 광고가 자신들이 제품과 서비스를 구매하도록 설득하기 위해 사용된다는 것을 알고 있다.

(advertisements, are, that, them, to persuade, used)

➡ People know ____ to purchase products and services.

09 음악가들은 인기 예술가나 곡의 녹음이 라이브 음악에 대한 수요를 약화시킬지를 궁금해 한다.

(artists, popular, or songs, recordings of, whether, wonder)

➡ Musicians ____ would undermine the demand for live music.

10 John은 지도력을 위한 프로그램에 그가 받아들여질지를 궁금해 했다. (accepted into, he, if, wondered, would be)

➡ John ____ the program for leadership.

NEW SENTENCES

B 다음 중 어법상 적절한 것을 고르시오.

01 My friend actually asked them if / what they can give us a ride to the airport tomorrow.

02 Her dedication and hard work for 20 years would prove that / which she deserved the promotion.

03 Sometimes they wondered which / whether the hot chocolate or the pudding was a better choice.

04 Peg learned too late if / that Jack had stuffed all his exercise equipment into the hall closet.

05 She told me that / whether the beginners' band practice had begun, so I hurried to the rehearsal room to join them.

06 The manager proposed to his boss that / if there be no ice cream sales at all state beaches and all state parks.

C 다음 문장의 목적어를 모두 찾아 모두 밑줄을 그으시오.

01 Did you know that bats are the only mammals who've evolved to use powered flight?

02 For these reasons and others, I must inform you that I cannot accept your invitation.

03 In this study, we had to determine whether or not the birds exhibit homing behavior.

04 For more than half a century, they wondered if the theory could withstand empirical testing.

05 The manager showed that their hard work had paid off with the successful completion of the project.

06 The famous scientist taught his students that curiosity and perseverance were essential qualities for success.

08 명사절 목적어 2(관계대명사 what, 의문사)

문장 암기 REVIEW

A 다음 우리말과 의미가 같도록 괄호 안의 말을 배열하시오.

01 우리는 'Game of Thrones'와 'Breaking Bad' 중에 어떤 TV 프로그램이 더 나은지를 항상 논쟁했다.
(better, between, debated, television program, was, which)

→ We always ________________________________ "Game of Thrones" and "Breaking Bad."

02 나는 내가 적절히 준비를 할 수 있도록 위원회 구성원들이 어디에서 만나고 싶은지를 문의했다.
(the committee members, inquired, to meet, where, wished)

→ I ________________________________ so that I could make the proper arrangements.

03 그 성직자들은 인류가 언제 처음으로 시계를 생각해 내고 만들었을 수 있는지를 궁금해 했다.
(humanity, might have, first thought of, when)

→ The priests wondered ________________________________ and made clocks.

04 클럽 회원들은 자기들이 원하는 사람은 누구든지 연례 클럽 모임에 초대할 수 있다. (may invite, they, to, want, whomever)

→ Members of the club ________________________________ the annual club gathering.

05 위원회는 새로운 직책으로 선택된 누구든지 지원할 것이다. (is, for, chosen, the new position, whoever)

→ The committee will support ________________________________.

06 나의 부모님은 긴급 상황을 위해서 그들이 차 키를 어디에 숨겼는지를 나에게 말하지 않았다. (hid, the car key, they, where)

→ My parents didn't tell me ________________________________ for emergency situations.

07 여러분은 얼마나 많은 사람이 자신이 성공적으로 경기하고, 감독하고 스포츠팀을 관리할 수 있다고 믿는지를 금방 안다.
(believe, could play, how, many people, see, they)

→ You quickly ________________________________, coach, and manage sport teams successfully.

08 우리는 투명성과 책임성을 보장하기 위해 공무원이 하는 모든 발언에 의문을 제기해야 한다.
(the official, statement, whatever, makes)

→ We should always question ________________________________ to ensure transparency and accountability.

09 당신에게 이메일이 있었다면 당신이 무엇이 될 수 있었는지 상상하나요? (could have been, imagine, you, what)

→ Do you ________________________________ if you had an email?

NEW SENTENCES

B 다음 빈칸에 들어갈 가장 적절한 말을 골라 쓰시오. (단, 한 번씩만 사용할 것)

how	what	where	whom	why

01 The documentary explores ___________ motivates people to pursue extreme sports.

02 The holiday maps show ___________ roads will face chaos and where trains will be disrupted.

03 Some of the voters still didn't know ___________ they would choose as their new spokesperson.

04 We are wondering ___________ we keep encountering the same problem despite our efforts to resolve it.

05 Social studies teach us ___________ different cultures shape the beliefs and behaviors of individuals within society.

C 다음 문장의 목적어를 찾아 밑줄을 그으시오.

01 How can we tell how far away a star is from the Earth, let alone a galaxy?

02 The researcher never mentioned what led to permanent acquisition of new knowledge or skills.

03 I want to watch whichever television show has the most jokes to lift my spirits after a long day.

04 Those researchers questioned when the project would be able to meet the strict deadline set by the client.

05 The director explained to the actors why they had been asked to take part and what the expectations were.

06 The article described how carpenters build intricate furniture pieces using traditional woodworking techniques.

문장 암기 REVIEW

» 다음 문제를 풀어보며 본책에서 학습한 문장을 복습해보세요.

A 다음 우리말과 의미가 같도록 괄호 안의 말을 배열하시오.

01 어린 아이들에게 무엇을 해야 할지에 대해 직접적으로 달래고 지시하는 것이 유익하다. (beneficial, are, of, to do, what)

→ Direct soothing and directive guidance _______________________________ for younger children.

02 나의 막내 여동생은 자신의 공부에서 상위권 성적을 꾸준히 성취한다는 점에서 출중하다.

(consistently achieves, in that, she, top grades)

→ My youngest sister excels in her studies _______________________________.

03 여러분은 자신에게 결국 자신을 이롭게 할 어떤 일을 하도록 강요하고 있다. (do, forcing, something, to, you're, yourself)

→ _______________________________ that will benefit you in the long run.

04 우리는 우리의 안전지대에서 벗어나 탐험하기 위해 자주 우리 자신에게 도전한다. (challenge, explore, ourselves, to)

→ We often _______________________________ beyond our comfort zones.

05 여러분은 그저 다른 공원을 방문함으로써 새로운 가장 친한 친구를 사귈 수 있다. (by, a different, park, visiting)

→ You could make a new best friend simply _______________________________.

06 당신은 구매자가 그 제품을 재구매할지의 가능성을 이해할 수 있다. (a buyer, the product, of, will, repurchase, whether)

→ You can understand the likelihood _______________________________.

07 특정 기간 내에 성취될 수 있는 것에 관한 지나친 낙관주의는 문제이다.

(about, a set time period, be achieved, can, what, within)

→ Over-optimism _______________________________ is a problem.

08 그 계획은 예상치 못한 날씨 상황을 고려하지 않았다는 것 외에는 흠이 없었다. (account for, didn't, except that, it)

→ The plan was flawless, _______________________________ unexpected weather conditions.

09 일본인들은 자신들의 상호 작용에서 수줍어하고 자신들에 관하여 타인에게 거의 공개하지 않는 경향이 있다.

(about, disclosing, do, little, themselves, to others)

→ Japanese tend to be reserved in their interactions and _______________________________.

10 개인마다 업무와 외부 책임을 완수하기 위해 그들이 시간을 관리하는 방식에서 다르다.

(how, like to, manage, they, their time, to meet, in)

→ Individuals differ _______________________________ work and outside responsibilities.

NEW SENTENCES

B 다음 밑줄 친 부분이 어법상 옳으면 ○, 틀리면 ×로 표시하고 바르게 고치시오.

01 They are eager to begin production and look forward to <u>see</u> the project come to life.

02 After she seated <u>her</u> on the lawn, Sarah began to eat her huge sandwich with a soda.

03 A lot of time must be devoted to <u>addressing</u> the various factors contributing to these harmful practices.

04 More often than not, I remember forcing <u>myself</u> to look at such photographs in magazines.

05 All languages are dependent upon <u>what</u> appears to be a set of universal grammatical principles.

06 This essay is a good one in <u>what</u> it clearly expresses its arguments and provides strong evidence to support them.

C 다음 중 어법상 적절한 것을 고르시오.

01 It took me a while, but I got used to | speak / speaking | another language every day.

02 This drug is very effective except | that / what | it tends to cause drowsiness in some patients.

03 He talked about | how / what | his dog had saved him from a dangerous situation in the mountains.

04 Before you add cheese to potatoes, ask | you / yourself | whether a little pepper might add more flavor.

05 Some dancers and athletes often push | them / themselves | to the limits of their physical capabilities.

06 The poor have sometimes objected to | be / being | governed badly; the rich have always rejected governance altogether.

문장 암기 REVIEW

A 다음 우리말과 의미가 같도록 괄호 안의 말을 배열하시오.

01 우리는 마지막 순간에 그 행사가 취소된 것이 실망스럽다고 생각했다. (disappointing, it, the event, that, was)

→ We found ___________________________________ canceled at the last minute.

02 악천후 상황이 제시간에 서비스를 제공하는 것을 불가능하게 만들었다. (deliver, impossible, it, made, the service, to)

→ The severe weather conditions ___________________________________ on time.

03 과학자들은 예상치 못한 상황으로 인해 프로젝트가 지연될 것이 가능하다고 생각한다.

(will be delayed, it, possible, the project, that)

→ Scientists believe ___________________________________ due to unexpected circumstances.

04 그들은 잠들기 전에 모든 전자기기를 끄는 것을 규칙으로 삼고 있다. (a rule, all, electronic devices, it, to, turn off)

→ They make ___________________________________ before going to sleep.

05 우리는 지속 가능한 미래를 위해 재생 에너지원에 투자하는 것이 필요하다고 생각한다.

(in, invest, it, necessary, renewable energy sources, to)

→ We think ___________________________________ for a sustainable future.

06 사람들은 새로운 목적지를 여행하는 것과 다른 문화를 경험하는 것을 흥미롭다고 생각한다.

(experiencing, and, to, it, traveling, new destinations, exciting)

→ People find ___________________________________ different cultures.

07 많은 사람들이 자신을 위해 자신의 사랑하는 사람이 항상 있어 줄 것이라고 당연하게 생각한다.

(for granted, it, take, will, that, their loved ones)

→ Many individuals ___________________________________ always be there for them.

08 나는 좋은 건강을 유지하기 위해 규칙적으로 운동하는 것이 필수적이라고 생각한다. (consider, essential, to, exercise, it)

→ I ___________________________________ regularly for maintaining good health.

09 몇몇 사람들은 과거의 실수에 근거하여 다른 사람들을 판단하는 것을 부당하다고 믿는다.

(unfair, to, it, judge, based on, others)

→ Some people believe ___________________________________ their past mistakes.

10 느린 변화의 속도는 나쁜 버릇을 고치는 것을 쉽게 만든다. (easy, to, it, a bad habit, break)

→ The slow pace of transformation makes ___________________________________ .

NEW SENTENCES

B 다음 밑줄 친 부분이 어법상 옳으면 ○, 틀리면 ×로 표시하고 바르게 고치시오.

01 Many immigrants have found it difficult <u>adapt</u> to a new culture and language.

02 They find <u>it</u> unclear how the new regulations will affect their business in the future.

03 I never took <u>myself</u> for granted that people were gracious enough to invite me into their homes.

04 We can keep <u>it</u> private that discussing personal finances seems to trigger strong emotional reactions.

05 The teacher finds it essential <u>that</u> the students complete their assignments on time.

06 Many professionals consider it very important <u>learn</u> new skills continuously for career advancement.

C 다음 문장에서 가목적어와 진목적어를 찾아 밑줄을 긋고, 문장을 해석하시오.

01 Participants thought it essential that the site be accessible to people with disabilities.

02 Even in the past, the temple made it a rule to hold regular ceremonies to honor the ancestors.

03 Some students believed it important to have a strong support system during their college years.

04 They found it surprising how quickly they completed the project despite the challenges they faced.

05 The government made it a priority to invest in renewable energy sources to combat climate change.

06 The minister considers it necessary for us to determine what steps to take to address the future of farmland.

문장 암기 REVIEW

» 다음 문제를 풀어보며 본책에서 학습한 문장을 복습해보세요.

A 다음 우리말과 의미가 같도록 괄호 안의 말을 배열하시오.

01 우리가 직면한 딜레마는 우리가 새로운 소프트웨어를 사용할 것인지 혹은 현재 소프트웨어를 고수할 것인지이다.
(the new software, or, use, we, whether, would)

➡ The dilemma we face is ________________________________ stick with the current one.

02 그런 여행의 한 가지 장애물은 그것이 많은 준비를 필요로 할 것이라는 것이다. (a lot of, it, preparation, require, that, would)

➡ One obstacle of such a trip is ________________________________.

03 아이들은 공원에서 해가 지기 시작할 때까지 계속 놀았다. (the children, in, playing, remained, the park)

➡ ________________________________ until the sun began to set.

04 쇼에 대한 귀하의 의견은 그것을 시청하려는 나의 결정에 궁극적으로 영향을 미친 것이었다.
(ultimately influenced, it, my decision, to watch, what)

➡ Your opinion of the show was ________________________________.

05 이 원칙을 위반하는 것은 형제자매들 사이에 훨씬 더 큰 경쟁을 만드는 것이다. (greater, even, rivalry, to set up)

➡ To violate this principle is ________________________________ between siblings.

06 올해 그의 목표는 혼자 힘으로 기타를 연주하는 기술을 숙달하는 것이다. (to master, of playing, the art, the guitar)

➡ His goal this year is ________________________________ for himself.

07 그녀가 선택한 형태의 운동은 지역 연습실에서 차분하게 요가를 연습하는 것이었다.
(at, the local studio, calmly practicing, yoga)

➡ Her chosen form of exercise was ________________________________.

08 그 팀의 새로운 도전은 산에서 다양한 하이킹 코스를 탐험하는 것이었다. (different, exploring, hiking, trails)

➡ The team's new challenge was ________________________________ in the mountains.

09 침팬지의 협업은 '자신을 위한 모든 침팬지'라는 정신력에서 나오는 것 같다.
(to emerge, an 'every chimp for himself', from, seems)

➡ Collaboration in chimps ________________________________ mentality.

10 거의 모든 학생이 자신들의 휴대전화로 주의가 한 번 이상 산만해졌다. (by, distracted, got, mobile phones, their)

➡ Almost all the students ________________________________ at least once.

NEW SENTENCES

B 다음 밑줄 친 부분이 어법상 옳으면 ○, 틀리면 ×로 표시하고 바르게 고치시오.

01 The Bakers remain quite <u>satisfied</u> with our work on their house and garage.

02 An adventure for the whole family was <u>live</u> in the Middle East for a year or so.

03 A crucial part of group discussions can be how <u>analyzing</u> the gathered data effectively.

04 Some discoveries seem to <u>defying</u> conventional wisdom and challenge existing paradigms.

05 His desire as a young boy was <u>to become</u> an astronaut and explore the mysteries of outer space.

06 The major question after their escape from the situation was <u>what</u> they would do next to ensure their safety.

C 다음 문장에서 주격 보어를 모두 찾아 밑줄을 그으시오.

01 The hope of all the players is that the team will make it to the state finals.

02 In your personal life, a routine decision can be what to have for breakfast and dinner.

03 Upgrading the living room feels really good, but then the kitchen appears very outdated.

04 The most important issue in the project can be how participants' behavior changes over time.

05 Their reason for investing in renewable energy sources was to reduce their carbon footprint and promote sustainability.

명사 / 형용사 목적격 보어

A   다음 우리말과 의미가 같도록 괄호 안의 말을 배열하시오.

01   그녀는 하객들을 위한 다양한 활동을 준비하여 그 행사를 기억할 만하게 만들었다. (by, the event, memorable, organizing)

→ She made _______________________________ an array of activities for the guests.

02   하지만 이것은 일시적인 효과이고, 장기적으로 사람들은 그러한 소리가 너무 낭랑하다는 것을 알게 된다.

(bright, find, people, sounds, such, too)

→ But this is a short-lived effect, and in the long run, _______________________________.

03   정부는 나의 아버지를 우리나라를 대표하는 자의 역할을 하는 대사로 임명했다. (an ambassador, my father, to serve)

→ The government appointed _______________________________ as a representative of our nation.

04   우리는 그의 인상적인 경험과 실력을 고려하면 그 후보자가 그 직책에 매우 자격이 있다고 생각한다.

(for, highly qualified, the candidate, the position)

→ We believe _______________________________, given his impressive experience and skill.

05   그 회사는 문제를 처리하기 위해 그 제안을 혁신적이고 신선하다고 생각했다. (innovative, the proposal, and, fresh)

→ The company considered _______________________________ to address challenges.

06   당신의 마음은 당신의 마지막 생각을 현실의 일부로 만든다. 그러나 이번에 그 '현실'은 부정적인 것이 아니라 긍정적인 것이다.

(makes, last, of reality, part, thoughts, your)

→ Your mind _______________________________ — but this time, that "reality" is positive, not negative.

07   비록 그녀가 편집자인 것으로 유명하지만, 많은 비평가는 그녀의 소설 'Plum Bun'을 Fauset의 가장 뛰어난 업적으로 간주한다.

(her novel, Fauset's, strongest, *Plum Bun*, work)

→ Though she is famous for being an editor, many critics consider _______________________________.

08   그녀의 부재는 그 파티룸을 조용하고 갈망의 느낌이 가득하게 만들었다. (and, full of, left, the party room, quiet)

→ Her absence _______________________________ a sense of longing.

09   감독은 Terri를 합창단 축하 공연에서 리드 보컬 중 한 명으로 선정할 것이다. (the lead singers, name, of, one, Terri, will)

→ The director _______________________________ at the choir celebration.

10   가능한 한 많이 계속 눈을 뜨고 있으려는 시도로, 눈꺼풀은 무의식적으로 속도를 높인다.

(possible, the eyes, to keep, open, as much as)

→ In an attempt _______________________________, the eyelids involuntarily speed up.

NEW SENTENCES

B 다음 밑줄 친 부분이 어법상 옳으면 ○, 틀리면 ×로 표시하고 바르게 고치시오.

01 I always wanted to <u>call the dog Tree</u> for its love of climbing and exploring in the woods.

02 Citizens voted to <u>elect him mayor</u> due to his extensive experience and leadership qualities.

03 To <u>make the report more comprehensively</u>, the editor revised the draft thoroughly.

04 They <u>considered the experiment successfully</u> thanks to the collaborative effort of the entire team.

05 Foreigners find the high levels of humidity, characteristic of the tropical climate, <u>stickily and unpleasantly</u>.

06 The teacher <u>made her students responsible leaders</u> by assigning them important roles in the school council.

C 다음 문장에서 목적격 보어를 찾아 밑줄을 <u>그으시오</u>.

01 Multimedia presentations made his lectures more lively and engaging to the audience.

02 I always keep the dictionary handy and within reach whenever I need to look up words.

03 The unexpected turn of events left the soldiers speechless and uncertain of what to do next.

04 Some executives thought the board a possible source of previous leaks of confidential information.

05 The success of the project left everyone happy and satisfied with their hard work and dedication.

to부정사 / 원형부정사 목적격 보어

» 다음 문제를 풀어보며 본책에서 학습한 문장을 복습해보세요.

A 다음 우리말과 의미가 같도록 괄호 안의 말을 배열하시오.

01 놀이는 아이들이 상상력을 발휘할 수 있고 중요한 사회성을 기를 수 있게 해 준다.
(allows, children, explore, their imaginations, to)

→ Play ＿＿＿＿＿＿＿＿＿＿ and develop crucial social skills.

02 섬에 있는 주민들은 갑자기 자신들 발밑에서 땅이 흔들리는 것을 느꼈다. (felt, the ground, shake, their feet, underneath)

→ The residents on the island suddenly ＿＿＿＿＿＿＿＿＿＿.

03 훌륭한 선생님은 학생 개개인이 자신의 미덕과 강점을 깨닫게 할 수 있다. (have, his own, his students, each of, realize)

→ A great teacher can ＿＿＿＿＿＿＿＿＿＿ virtues and strengths.

04 성자는 그 남자에게 그의 일행에 있는 백 마리 낙타를 그날 밤에 돌봐 달라고 말했다.
(told, to, take care of, camels, a hundred, the man)

→ The saint ＿＿＿＿＿＿＿＿＿＿ in his group that night.

05 Erda는 햇살이 그녀 위쪽의 모자이크 모양의 나뭇잎 사이로 스며드는 것을 지켜보았다.
(slide, the mosaic, the sunlight, through, watched)

→ Erda ＿＿＿＿＿＿＿＿＿＿ of leaves above her.

06 동물 보호소는 어려움에 처한 유기 동물들이 사랑스러운 가정을 찾도록 도왔다. (animals, find, helped, in trouble, stray, to)

→ The animal shelter ＿＿＿＿＿＿＿＿＿＿ loving homes.

07 불확실성에도 불구하고, 그들은 그들이 자신들의 꿈을 추구할 때 자신들의 희망이 자신들의 추론에 영향을 미치게 했다.
(let, influence, their hopes, their reasoning, they)

→ Despite the uncertainty, ＿＿＿＿＿＿＿＿＿＿ as they pursued their dreams.

08 전자 보고 시스템은 재택 간호종사자가 자신의 활동과 소요 시간을 보고하도록 요구한다.
(home care workers, require, report on, to)

→ Electronic reporting systems ＿＿＿＿＿＿＿＿＿＿ their activities and the time spent.

09 그 학교는 학생들이 조사 기술에 관한 워크숍에 참석하기를 원한다. (attend, the students, the workshop, to, wants)

→ The school ＿＿＿＿＿＿＿＿＿＿ on research skills.

10 자동차 사고 부상은 그녀가 비행기 승무원으로서의 자신의 경력을 끝내도록 강제했다. (her, to, forced, her career, end)

→ A car accident injury ＿＿＿＿＿＿＿＿＿＿ as a flight attendant.

NEW SENTENCES

>> 다음 문제를 풀어보며 새로운 문장을 익혀보세요.

B 다음 밑줄 친 부분이 어법상 옳으면 ○, 틀리면 ×로 표시하고 바르게 고치시오.

01 A poor coach will tell you to do something without explaining why it is important.

02 Having a dream helps people survive difficult times by giving them motivation.

03 The boy felt something to move in the darkness, so he turned on the flashlight.

04 Many political leaders would have the world to see their actions as just and necessary for progress.

05 Fast-paced productivity leads people feel time-poor when they lack the time to enjoy themselves.

06 The new test should enable doctors to detect diseases at an earlier stage.

C 다음 중 어법상 적절한 것을 고르시오.

01 Laws compel cyclists wear / to wear a helmet for their safety while riding on public roads.

02 She asked him help / to help determine some ways to improve efficiency in the department.

03 The old man watched the waiter prepare / to prepare the coffee he had ordered.

04 Copying another's smile makes us feel / feels happy, as it triggers positive emotions within us.

05 Poor sanitation and lack of hygiene practices caused disease spread / to spread rapidly throughout the crowded city.

06 Now the city wants the citizens helped / to help each other participate in the new recycling program to reduce waste.

14 분사 목적격 보어

A 다음 우리말과 의미가 같도록 괄호 안의 말을 배열하시오.

01 그녀가 자신의 차의 시동을 걸기 전에, 그녀는 한 여자가 바깥에 건물 앞에 서 있는 것을 인지했다.
(noticed, outside, she, standing, a woman)

➡ Before she started her car, ________________________________ in front of the building.

02 관리자는 자신의 팀이 정기적인 피드백과 격려로 계속 자극받도록 했다. (her team, kept, the manager, motivated)

➡ ________________________________ with regular feedback and encouragement.

03 그 회사는 디자이너와 개발자로 구성된 팀에 의해 그 웹사이트가 다시 디자인되도록 했다.
(the company, had, its, redesigned, website)

➡ ________________________________ by a team of designers and developers.

04 회의 중에, 그녀는 자신감 있게 발언함으로써 자신의 의견이 분명히 알려지도록 했다.
(known clearly, her, made, opinion, she)

➡ During the meeting, ________________________________ by speaking up confidently.

05 그 기술자는 정기적으로 구성 요소를 업데이트하여 사운드 시스템이 원활하게 작동하도록 유지한다.
(keeps, running smoothly, the sound, system)

➡ The technician ________________________________ by regularly updating its components.

06 그는 자신의 등에 전율을 보내며, 차가운 빗줄기가 옷 사이로 스며들고 있는 것을 느꼈다.
(the cold rain, felt, his clothes, soaking, through)

➡ He ________________________________, sending shivers down his back.

07 지난여름에, 그들은 자신들의 집에 활기찬 분위기를 주며, 집이 생동감 넘치는 색으로 칠해지도록 했다.
(house, got, painted, their, vibrant colors, with)

➡ Last summer, they ________________________________, giving it a lively atmosphere.

08 신혼부부는 그들이 울타리 옆을 지나가던 중 이웃 중 일부가 자신들에 대해 험담하고 있는 것을 것을 목격했다.
(the neighbors, about, some of, gossiping, them)

➡ The new couple caught ________________________________ while they were passing by the fence.

09 집에 들어가자마자, 그녀는 자신의 전화기가 부엌 조리대 위에서 충전 중인 것을 발견했다. (her phone, charging, found)

➡ Upon entering the house, she ________________________________ on the kitchen counter

NEW SENTENCES

» 다음 문제를 풀어보며 *새로운 문장*을 익혀보세요.

B 다음 밑줄 친 부분이 어법상 옳으면 ○, 틀리면 ×로 표시하고 바르게 고치시오.

01 The client who is in a hurry wants the renovation work <u>to do</u> in a short period of time.

02 The parents heard their children <u>laughing</u> loudly as they played on the playground.

03 Friends of mine actually had their passports <u>renew</u> in only a couple of months.

04 He got his manuscript <u>edited</u> by a professional editor before submitting it to the publisher.

05 Wealthier, more industrialized nations left the population <u>felt</u> a constant sense of urgency.

06 According to the attendees, the organizers kept them <u>informed</u> of the event schedule and any changes.

C 다음 중 어법상 적절한 것을 고르시오.

01 The teacher caught the students talking / talked loudly without permission during the class.

02 Almost everyone there watched the birds flying / flown happily through the trees and across the sky.

03 Jennifer found her black cat abandoning / abandoned on an unfamiliar street corner.

04 Keeping good ideas floating / floated around in your head is a great way to ensure that they won't happen.

05 The news left the company's leaders hard-pressing / hard-pressed to find a new location to provide services.

06 When they got to the edge of the cliff, the adventurers suddenly felt themselves lifting / lifted from their feet.

PART

2

서술어

문장 암기 REVIEW   » 다음 문제를 풀어보며 본책에서 학습한 문장을 복습해보세요.

A 다음 우리말과 의미가 같도록 괄호 안의 말을 배열하시오.

01 우리의 지각은 항상 어느 정도의 상상력을 포함한다. (imagination, always, some, involves)

→ Our perception ____ .

02 만약 내일 비가 온다면, 우리는 우리 주말을 위한 대안이 되는 계획을 찾아야 할 것이다. (tommorrow, rains, it, if)

→ ________________________________ , we will have to find an alternative plan for our weekend.

03 그들은 서로를 볼 때마다 서로 다툰다. (each other, they, every time, argue with, each other, see)

→ They ____ .

04 개는 다리가 네 개인 포유동물이다. (with, a mammal, legs, is, four)

→ A dog ____ .

05 우리 음식의 다양성의 감소는 전적으로 인간이 만든 과정이다. (process, is, an entirely, human-made)

→ The decline in the diversity of our food ________________________________ .

06 아이들은 그림책에서 단어와 삽화가 서로를 보완한다는 것과 향상시킨다는 것을 배운다.

(complement, and, that, and, illustrations, enhance, words)

→ Children learn from a picture book ________________________________ each other.

07 일찍 자고 일찍 일어나는 것은 사람을 건강하고, 부유하고, 현명하게 만든다.

(a man, and, healthy, makes, wise, wealthy)

→ Early to bed and early to rise ________________________________ .

08 가상 세계에서, 우리는 덜 방어적인 경향을 가지고 있다. (a tendency, defensive, have, less, be, to)

→ In the virtual world, we ________________________________ .

09 반짝이는 모든 것이 금은 아니다. (not, that, is, glitters, gold)

→ All ________________________________ .

10 하루에 사과 하나가 의사를 멀리하게 한다. (the doctor, away, keeps)

→ An apple a day ________________________________ .

NEW SENTENCES

B 다음 밑줄 친 부분이 어법상 옳으면 ○, 틀리면 ×를 표시하고 바르게 고치시오.

01 The library is open late on Saturdays and Sundays.

02 Whenever they meet, John and Mary seemed to disagree.

03 Laughter is the best medicine.

04 Those who exercise regularly are often fit and energetic.

05 If you will see a fire, call 911 immediately.

06 Once the project will be complete, we will move on to the next challenge.

C 다음 중 어법상 적절한 것을 고르시오.

01 The Earth | revolves / revolved | around the Sun.

02 If you | finish / will finish | your dinner early, we can play a game.

03 Technology continuously | transforms / transformed | the way we communicate.

04 The current average human lifespan | is / was | approximately 79 years.

05 We can go hiking every weekend, unless it | snows / will snow |.

06 I'll start the movie when everyone | is / will be | settled in.

문장 암기 REVIEW

» 다음 문제를 풀어보며 본책에서 학습한 문장을 복습해보세요.

A 다음 우리말과 의미가 같도록 괄호 안의 말을 배열하시오.

01 이 사람들은 내가 불안으로 가득 차 있다는 것을 알게 될 것이고 나를 거부할 것이다.
(will, I, full, of anxiety, will, reject, find out, that, am, and)

➡ These people ________________________________ me.

02 대부분의 사람들은 그들에게 가장 적은 양의 불안을 초래할 선택지를 고른다.
(them, the least, of anxiety, cause, will, amount)

➡ Most people choose the option that ________________________________.

03 모든 등록비는 지역 자선단체에 기부될 것이다. (local charities, will, to, be donated)

➡ All registration fees ________________________________.

04 정부는 지역 안보를 논의하기 위해 인근 국가들과 정상회담을 개최할 것이다.
(neighboring, a summit, with, is holding, countries)

➡ The government ________________________________ to discuss regional security.

05 등록은 12월에 시작될 것이다. (in, will, December, start)

➡ Registration ________________________________.

06 축구 경기는 30분 후에 시작될 것이다. (going to, 30 minutes, in, start, is)

➡ The soccer match ________________________________.

07 머지않은 미래에, 이민자들은 우리 사이에서 더 이상 낯선 사람이 아닐 것이다. (among, no longer, will, us, strangers, be)

➡ In the not too distant future, immigrants ________________________________.

08 공식 발표가 내일 기자회견에서 있을 예정이었다. (the press conference, be made, was to, at)

➡ The official announcement ________________________________ tomorrow.

09 내가 그녀의 손을 붙잡았을 때 그녀가 절벽에서 막 떨어지려던 참이었다.
(the cliff, fall, was about to, off), (hand, her, grabbed)

➡ She ________________________________ when I ________________________________.

10 콘서트는 야외에서 열릴 예정이었지만, 비 때문에 실내로 옮겨졌다. (outdoors, be held, was to)

➡ The concert ________________________________, but it was moved indoors because of the rain.

NEW SENTENCES

B 다음 밑줄 친 부분이 어법상 옳으면 ○, 틀리면 ×를 표시하고 바르게 고치시오.

01 The new restaurant <u>open</u> next month.

02 The more you practice, the higher your scores <u>will be</u>.

03 She <u>will graduate</u> from college next spring.

04 The company <u>is held</u> a team-building retreat for employees next month.

05 Just as she <u>was about cross</u> the finish line, her shoelace came undone.

06 Advances in technology <u>will continue</u> to shape our lives.

C 다음 중 어법상 적절한 것을 고르시오.

01 The movie | is released / will be released | in Los Angeles next week.

02 The baby was about | to cry / crying | when her mother picked her up.

03 All the proceeds from the bake sale will | go / goes | to the school library.

04 Construction workers are about | to break / breaking | ground on a new wing of the hospital.

05 The winner is | to / to be | announced at the end of the competition.

06 The students are | for / to | be divided into two groups for the project.

문장 암기 REVIEW

» 다음 문제를 풀어보며 본책에서 학습한 문장을 복습해보세요.

A 다음 우리말과 의미가 같도록 괄호 안의 말을 배열하시오.

01 나는 네가 믿는 것을 옹호하는 방식을 감탄해왔다. (stand up for, you, the way, have admired)

➡ I ____ what you believe in.

02 컴퓨터 회사들은 최신 제품과 서비스를 광고하기 시작했다.

(products, latest, and, their, have begun, services, to advertise)

➡ Computer companies ____ .

03 그 예술가는 수년간 혁신적인 작품으로 자신에 대한 명성을 쌓아오고 있다. (a reputation, building, for herself, has been)

➡ The artist ________________________________ with her innovative work for years.

04 그 컴퓨터는 정보를 획득하고 보존하고 검색하는 문제를 해결했다.

(of acquiring, retrieving, the problem, preserving, has, solved, and)

➡ The computer ________________________, __________, ____________ information.

05 그 음악가는 자신의 영혼이 가득 한 멜로디로 음악 산업에 지속적인 영향을 미쳐오고 있다.

(the music industry, making, on, a lasting impact, has been)

➡ The musician ________________________________ with her soulful melodies.

06 많은 심리학자들은 부정적인 건강 습관을 다루는 열쇠는 행동을 변화시키는 것이라는 믿음을 고수해왔다.

(have, the belief, the key, to addressing, held to, that)

➡ Many psychologists ____________________ negative health habits is to change behavior.

07 기술은 음악이 제작되는 방식을 역사적으로 구별해왔다. (the way, is produced, music, has, historically distinguished)

➡ Technology ________________________________ .

08 홈 케어 제공업체의 관리자들은 관리 시스템을 도입해왔다. (have, systems, management, introduced)

➡ Managers of home care providers ________________________________ .

09 그들은 수십 년 동안 도심에 새 건물을 지어오고 있다. (the city center, new, putting up, buildings, have been, in)

➡ They ________________________________ for decades.

10 과거에 다양한 영양소 이용 가능성을 경험한 식물들은 위험을 감수하는 행동을 보이는 경향이 있다.

(variable, nutrient, in the past, availability, have experienced)

➡ Plants that ________________________________ tend to exhibit risk-taking behaviors.

NEW SENTENCES

» 다음 문제를 풀어보며 *새로운 문장*을 익혀보세요.

B 다음 밑줄 친 부분이 어법상 옳으면 ○, 틀리면 ×를 표시하고 바르게 고치시오.

01 I <u>have enjoyed</u> working for this company for the past four years.

02 Throughout history, humans <u>have built</u> complex systems of government.

03 Our family <u>has gone</u> to visit our grandparents last weekend.

04 The train <u>has departed</u> on time ten minutes ago.

05 Many studies <u>have shown</u> that it takes consistent effort to change habits.

06 Computer companies <u>have been developing</u> new products for months.

C 다음 중 어법상 적절한 것을 고르시오.

01 We were / have been best friends ever since I was a little boy until now.

02 Jeremy studied / has studied hard for the test last night.

03 Jane wrote / has written a letter to her boyfriend a month ago.

04 Scientists were / have discovered how plants adapt to changing environments.

05 Our society has become / became increasingly dependent on technology.

06 Researchers have studying / been studying the effects of technology on the human brain for decades.

문장 암기 REVIEW

» 다음 문제를 풀어보며 본책에서 학습한 문장을 복습해보세요.

A 다음 우리말과 의미가 같도록 괄호 안의 말을 배열하시오.

01 우리는 버스가 마침내 도착했을 때 두 시간 동안 기다리고 있었다. (hours, two, waiting, had been, for)

→ We ____ when the bus finally arrived.

02 Marie가 다시 나왔을 때, 나는 그녀에게 그녀가 무엇을 하고 있었는지 물었다. (she, her, had been, doing, asked, what)

→ When Marie came back out, I ________________________________.

03 Katie는 교수가 언급했던 것을 떠올렸다. (had mentioned, what, recalled, the professor)

→ Katie ________________________________.

04 그녀는 개인적인 어려움 때문에 예술에 대한 열정을 잃어버렸다.

(hardships, her passion, had, due to, personal, for art, lost)

→ She ________________________________.

05 Chanel의 마지막 슛은 그녀의 팀을 챔피언으로 만들었다. (the champions, made, her team, had)

→ Chanel's last shot ________________________________.

06 병에서 회복하기 위해, 그는 식물학에 관심을 갖게 되었다. (botany, developed, in, an interest, had)

→ To recover from an illness, he ________________________________.

07 나는 내 생각에 그녀의 결혼 반지가 떨어졌던 장소를 찾기 시작했다. (thought, landed, had, wedding ring, her, I)

→ I started looking in the area where ________________________________.

08 실패 피드백을 받았던 참가자들은 부정적인 감정을 경험할 가능성이 더 높았다. (feedback, failure, received, had)

→ The participants who ________________________________ were more likely to experience negative emotions.

09 심각한 손목 부상은 그가 남은 시즌을 놓치도록 했다. (the rest, had, to miss, of the season, him, caused)

→ A serious wrist injury ________________________________.

10 그녀는 그녀가 23살이 될 무렵에 대학을 졸업하게 될 것이다.

(23, will have, college, she, graduated, turns, by the time, from)

→ She ________________________________.

NEW SENTENCES

B 다음 밑줄 친 부분이 어법상 옳으면 ○, 틀리면 ×를 표시하고 바르게 고치시오.

01 By the time firefighters arrived, the house <u>burned</u> to the ground.

02 When I got to the door, I realized that I <u>had left</u> my keys at home.

03 The children <u>will have grown</u> so much by the time you see them next.

04 The detective <u>already interviewed</u> all the witnesses when he discovered the murder weapon.

05 By the end of the year, the mathematician <u>will make</u> a significant breakthrough in the field.

06 By the year 2050, technology <u>will have advanced</u> to the point that many of the jobs we have today will no longer be necessary.

C 다음 중 어법상 적절한 것을 고르시오.

01 She has / had never imagined she would win the competition, so the victory came as a complete surprise.

02 By the time you read this letter, I will begin / have begun my journey to climb Mount Everest.

03 The company has struggled / had struggled for years before finally filing for bankruptcy.

04 The scientist has / had been working on the project for years when he finally made a breakthrough discovery.

05 By tomorrow evening, the artist has finished / will have finished the commissioned portrait for the museum exhibit.

06 She has / had had a hard day at work, but she managed to put a smile on her face for her children.

to부정사 / 동명사의 완료형

A　다음 우리말과 의미가 같도록 괄호 안의 말을 배열하시오.

01　시험을 위해 열심히 공부했기 때문에, 그녀는 자신의 결과에 자신감이 있었다. (for, hard, having, the exam, studied)

→ ____, she was confident in her results.

02　그 문제를 해결하기 위해 모든 것을 다 시도했음에도 불구하고, 나는 결국 포기했다.

(everything, tried, the problem, to fix, having)

→ ____, I finally gave up.

03　많은 어려움에도 불구하고, 그녀는 석사 학위를 마친 것을 자랑스러워했다.

(master's, was, to, degree, her, have completed, proud)

→ Despite the many challenges, she ____.

04　그 사람은 그 또는 그녀의 경력에서 정체기에 접어든 것으로 보인다. (his or her, a plateau, in, to, have hit, career)

→ The person appears ____.

05　맛에 대한 인간 특유의 관심은 삶의 죽음의 문제로 생긴 것으로 밝혀졌다.

(as, life and death, have arisen, of, a matter, turns out, to)

→ Our uniquely human attention to flavor ____.

06　일부 실내 곤충은 먹이가 제한적일 때 살아남는 능력을 발달시켰던 것으로 보인다.

(to survive, have developed, seem, the ability, to)

→ Some indoor insects ____ when food is limited.

07　운동을 중단한 후에, John은 금세 살이 10파운드가 쪘다. (exercising, having, stopped)

→ ____, John quickly gained ten pounds.

08　나는 그녀에게 상처가 되는 그런 말을 한 것을 후회한다. (her, those, said, words, regret, having, to, hurtful)

→ I ____.

09　저는 제 발표에서 실수한 것에 대해 사과드립니다. (my presentation, mistakes, for, in, having, made, apologize)

→ I ____.

10　독일 바퀴벌레는 포도당에 대한 혐오를 가지고 있던 것으로 알려져 있다.

(to, glucose, for, have developed, are known, a distaste)

→ German cockroaches ____.

NEW SENTENCES

B 다음 밑줄 친 부분이 어법상 옳으면 ○, 틀리면 ×를 표시하고 바르게 고치시오.

01 The suspect admitted to <u>having stolen</u> the valuable painting from the museum.

02 The ancient ruins are believed <u>to be</u> an important place for social gatherings.

03 The company boasted about <u>reducing</u> its carbon footprint by 20% last year.

04 <u>Have</u> traveled extensively in Asia, I developed a deep appreciation for different cultures.

05 Ancient insect species are known <u>to go</u> extinct due to habitat loss.

06 <u>Having achieved</u> her dream of becoming a doctor, she now aims to open a free clinic.

C 다음 중 어법상 적절한 것을 고르시오.

01 My grandfather took pride in | serving / having served | his country during an important time in history.

02 | Had / Having | lived in this city for ten years, I still consider myself a newcomer.

03 Having | mastered / mastering | several programming languages made him an asset to the tech company.

04 The invention of the printing press is considered to | revolutionize / have revolutionized | communication.

05 He is known to | discover / have discovered | a new species of bacteria while conducting research in the rainforest.

문장 암기 REVIEW

>> 다음 문제를 풀어보며 본책에서 학습한 문장을 복습해보세요.

A 다음 우리말과 의미가 같도록 괄호 안의 말을 배열하시오.

01 직원들은 그들이 기꺼이 그렇게 하지 않는다면 초과 근무를 받아들일 필요가 없다. (overtime, have to, accept, work, don't)

➡ Employees ____ unless they are willing to do so.

02 협상가들은 큰 문제를 더 작은 조각으로 잘라내는 방법을 찾으려고 노력해야 한다.

(try to, should, to slice, ways, a large issue, find)

➡ Negotiators ____ into smaller pieces.

03 너는 너의 실수에 대해서 사과해야 한다. (apologize, mistake, your, should, for)

➡ You ____.

04 시험에 합격하고 싶다면 너는 지금 공부를 시작하는 것이 좋을 것이다. (now, had better, studying, start)

➡ You ____ if you want to pass the exam.

05 성공하기 위해서는, 자율주행 자동차는 이성적이 아니라 인간적으로 행동해야 한다.

(rationally, humanly, act, rather than, must)

➡ To be successful, a self-driving car ________________________, ________________________.

06 민주주의 국가에서, 시민은 법을 준수해야 하고 정치 과정에 참여해야 한다.

(the laws, follow, and, the political process, ought to, participate in)

➡ In a democracy, citizens ____.

07 너는 더 많이 공부하면서 상대성의 개념을 이해할 수 있을 것이다.

(as, will, be able to, understand, study, the concept of relativity, you)

➡ You ____ more.

08 숙련된 정비사는 그 차를 수리할 수도 있을 것이다. (the car, be able to, may, repair)

➡ Experienced mechanics ____.

09 그는 복잡한 수학 문제를 쉽게 풀 수 있다. (solve, math problems, can, complex)

➡ He ____ easily.

10 학생회 행사를 위해 우리가 체육관을 사용할 수 있을까요? (for, event, use, the student council, the gym)

➡ Can we ____?

NEW SENTENCES

» 다음 문제를 풀어보며 **새로운 문장**을 익혀보세요.

B 다음 중 문맥상 적절한 것을 고르시오.

01 Drivers should / can always wear seat belts while driving.

02 You had better / may prepare properly if you want to succeed.

03 Employees can / must be able to keep confidential information secure.

04 Scientists should / will be able to find a cure for cancer within the next decade.

05 By studying how animals interact with each other, we can / must learn valuable lessons.

06 You may / must follow the rules if you want to participate in the game.

C 다음 중 어법상 적절한 것을 고르시오.

01 You had better review / to review the most challenging topics thoroughly.

02 The new robot will can / be able to perform complex surgeries.

03 She doesn't have to bring / brings a gift if she doesn't want to.

04 We must / have leave early to avoid traffic on the way to the airport.

05 All passengers must can / be able to show a valid passport and boarding pass.

06 You had better give not / not give up on your dreams.

21 가능성, 추측, 후회

문장 암기 REVIEW

» 다음 문제를 풀어보며 본책에서 학습한 문장을 복습해보세요.

A 다음 우리말과 의미가 같도록 괄호 안의 말을 배열하시오.

01 지난 파티로부터 남은 많은 음식이 있기 때문에 너는 파티를 위해 그렇게 많은 음식을 살 필요가 없었다.

(so, much, the party, have bought, food, for, needn't)

➡ You ________________________________ because there's plenty left over from the last one.

02 그 의사는 약물의 잠재적 부작용에 대해 환자에게 알리는 것을 피하지 말았어야 했다.

(the patient, ought not, avoided, to have, informing)

➡ The doctor ________________________________ about the potential side effects of the medication.

03 나는 내 태블릿 PC를 더 일찍 수리했어야만 했다. (repaired, tablet PC, should, my, have)

➡ I ________________________________ earlier.

04 그 회사의 형편없는 재정 결정은 파산을 초래할 수도 있었다. (bankruptcy, led to, have, could)

➡ The company's poor financial decisions ________________________________ .

05 그녀의 반응은 완전히 진짜였고 예상 밖이었기 때문에 그녀가 깜짝 파티에 대해 알았을 리가 없다.

(the surprise party, cannot, about, have known)

➡ She ________________________________ because her reaction was completely genuine and unexpected.

06 우리는 그 걷기 프로그램을 취소했어야만 했다. (walking, have, canceled, program, that, should)

➡ We ________________________________ .

07 그 정치인은 기자의 질문에 대답하는 것을 회피하지 말았어야 했다. (avoided, ought, answering, not, to have)

➡ The politician ________________________________ the reporter's questions.

08 그녀가 전화를 받지 않기 때문에 그녀는 집에 휴대전화를 두고 왔음에 틀림없다. (at home, must, her, have left, phone)

➡ She ________________________________ since she's not answering.

09 노래하고 춤추고 행진했던 인간은 전장에서 강력한 이점을 누렸을지도 모른다.

(advantage, on, may, a strong, enjoyed, the battlefield, have)

➡ Humans who sang, danced, and marched ________________________________ .

10 그들은 심한 교통 체증 때문에 기차를 놓쳤을지도 모른다. (missed, the train, have, might)

➡ They ________________________________ due to the heavy traffic.

NEW SENTENCES

» 다음 문제를 풀어보며 *새로운 문장*을 익혀보세요.

B 다음 중 문맥상 적절한 것을 고르시오.

01 She must have been exhausted / should have been exhausted after working such long hours.

02 He must have saved / should have saved some of his earnings instead of spending everything.

03 You should not have revealed / could not have revealed that secret to anyone.

04 She must have finished / cannot have finished the entire project by herself in such a short time.

05 Had they taken an alternate route, they could have avoided / must have avoided the traffic jam.

06 John should have forgotten / might have forgotten to turn off the lights before leaving.

C 다음 중 어법상 적절한 것을 고르시오.

01 I must left / must have left my wallet at home, as I can't find it anywhere.

02 I cannot have misplaced / had misplaced my keys, as I always keep them in the same place.

03 Kevin ought / should not to have cheated on the exam, as it is unethical.

04 You ought to not / ought not to ignore your health, even when you're busy.

05 She should has / should have booked her tickets in advance, as they're sold out now.

06 I should / ought not have stayed up so late last night, as I feel exhausted today.

문장 암기 REVIEW

» 다음 문제를 풀어보며 본책에서 학습한 문장을 복습해보세요.

A 다음 우리말과 의미가 같도록 괄호 안의 말을 배열하시오.

01 학교 과제는 보통 학생들이 혼자서 해야 한다고 요구해왔다. (typically required, students, work, have, that, alone)

➡ School assignments ____.

02 그 남자는 Lily가 정시에 그곳에 가야 한다고 요구했다. (there, demanded, on time, Lily, that, be)

➡ The man ____.

03 나는 네가 친구들에게 어느 정도 도움을 요청할 것을 추천한다. (some, your, recommend, help, friends, ask, you, for)

➡ I ____.

04 그가 물을 많이 마시는 것이 필요하다. (water, is, a lot of, drink, necessary, he, that)

➡ It ____.

05 어떤 새로운 운동 프로그램을 시작하기 전에 당신이 의사와 상담하는 것은 권할 만하다.

(consult with, starting, advisable, you, a doctor, that, before, is)

➡ It ____ any new exercise program.

06 승진 자격을 얻기 위해서는 그 남자가 교육 프로그램을 이수해야 하는 것이 필수적이다.

(complete, the training program, essential, that, the man, is)

➡ It ____ to qualify for the promotion.

07 그는 3일 후에 그들이 특정 장소에서 그와 함께할 것을 요청했다.

(him, they, at, requested, that, a specific location, join)

➡ He ____ in three days.

08 그 제안은 직원들의 유연성을 높이기 위해 회사가 원격 근무 정책을 시행해야 한다는 것이다.

(that, implement, work policy, a remote, the proposal, the company, is)

➡ ____ to enhance flexibility for employees.

09 때때로, 그녀는 그 군인이 잠시 휴식을 취할 것을 제안했다. (for a while, the soldier, take, that, suggested, a rest)

➡ Occasionally, she ____.

10 나는 네가 매일 개를 산책시킬 것을 제안한다. (dog, walk, suggest, your, that, you)

➡ I ____ every day.

NEW SENTENCES

B 다음 밑줄 친 부분이 어법상 옳으면 ○, 틀리면 ×를 표시하고 바르게 고치시오.

01 The guide recommended that we <u>bring</u> plenty of water for the hike.

02 She insisted that she <u>see</u> the suspect running away from the scene.

03 The manager made a proposal that the team <u>works</u> on the project over the weekend.

04 The educational professional advised that the student <u>takes</u> a break from studying.

05 The witness insisted that the victim <u>be</u> wearing a red jacket.

06 It is essential that the lecturer <u>arrive</u> on time for the meeting.

C 다음 중 어법상 적절한 것을 고르시오.

01 The scientist insisted that the universe │be / was│ infinite.

02 The manager insisted that all employees │attend / attended│ the next meeting.

03 It is crucial that she │get / gets│ enough sleep.

04 The detective insisted that the evidence │pointed / pointing│ to the suspect's guilt.

05 It is important that my mother │follow / follows│ the doctor's instructions.

06 The expert made a recommendation that the company │change / changed│ its marketing strategy.

다양한 조동사 표현

» 다음 문제를 풀어보며 본책에서 학습한 문장을 복습해보세요.

A 다음 우리말과 의미가 같도록 괄호 안의 말을 배열하시오.

01 비록 나는 항상 그의 정치적 견해에 동의하지는 않지만, 나는 그의 열정을 인정하지 않을 수 없었다.

(but, his, acknowledge, help, passion, couldn't)

→ Even though I had always disagreed with his political views, I _________________________ .

02 그는 해질녘에 공원의 벤치에 앉아 있곤 했다. (the park, sit, on, in, a bench, used to)

→ He _________________________ at sunset.

03 나는 그의 우스꽝스러운 행동에 웃을 수밖에 없었다. (but, behavior, his, couldn't, laugh at, help, ridiculous)

→ I _________________________ .

04 나는 예전에 좌절한 작가였다. (writer, be, used to, a frustrated)

→ I _________________________ .

05 고객 만족의 필요성은 아무리 강조해도 지나치지 않다. (too, stressed, be, highly, cannot)

→ The need for customer satisfaction _________________________ .

06 나는 한 시간 넘게 교통 체증에 갇혀 있어서, 나는 포기하고 집에 가는 게 낫겠다는 것을 알았다.

(and, give up, knew, as well, go, might, home, I)

→ I was stuck in traffic for over an hour, so I _________________________ .

07 나는 감동받았고 반응하지 않을 수 없었다. (but, help, was, couldn't, and, respond, touched)

→ I _________________________ .

08 그들은 다른 사람들과 똑같이 행동하기를 선택하고 싶어 한다.

(the same way, others, to choose, would like, as, to behave)

→ They _________________________ .

09 전 세계의 가면들을 감상하고 싶은가요? (over the world, from, like, all, masks, to appreciate)

→ Would you _________________________ ?

10 나는 시험 준비를 위해 차라리 혼자서 공부하겠다. (to prepare for, would rather, alone, my exam, study)

→ I _________________________ .

NEW SENTENCES

» 다음 문제를 풀어보며 **새로운 문장**을 익혀보세요.

B 다음 밑줄 친 부분이 어법상 옳으면 ○, 틀리면 ×를 표시하고 바르게 고치시오.

01 Mary couldn't help but <u>feeling</u> guilty about what happened.

02 I didn't dare <u>asking</u> Kelly out on a date.

03 I'm not used to <u>speak</u> in front of large crowds.

04 I would rather <u>to stay</u> home and watch a movie than go out to a party.

05 When I was a child, I <u>would</u> spend hours playing outside.

06 The train is delayed, so we <u>might so well</u> take a taxi.

C 다음 중 어법상 적절한 것을 고르시오.

01 They | used / are used | to be very close friends, but they don't talk anymore.

02 The machine is used to | print / printing | books.

03 They couldn't help but | admire / admiring | her beauty.

04 You can't be | too / very | careful when handling dangerous chemicals.

05 She would like | to be / being | a doctor when she grows up.

06 He is used to | get / getting | up early every morning for his daily run.

3, 4, 5형식의 수동태

A　다음 우리말과 의미가 같도록 괄호 안의 말을 배열하시오.

01　그 여성이 비명 지르는 소리가 들렸고 그 남자가 집에서 도망치는 것이 목격되었다.

(scream, heard, was, to), (the house, run, seen, to, was, from)

➡ The woman ＿＿＿＿＿＿＿＿＿＿＿＿＿ and the man ＿＿＿＿＿＿＿＿＿＿＿＿＿ .

02　그녀는 성별 저항에 마주쳤고 외과 의사로서의 레지던트 근무를 거부당했다. (denied, a surgeon, residency, was, as)

➡ She encountered gender resistance and ＿＿＿＿＿＿＿＿＿＿＿＿＿＿＿＿＿ .

03　시간이 지남에 따라, 더 많은 책이 인쇄되면서, 글을 읽고 쓸 수 있는 능력이 증대되었다. (more, printed, as, were, books)

➡ Over time, ＿＿＿＿＿＿＿＿＿＿＿＿＿＿＿＿＿ , literacy increased.

04　어느 실험에서, 간식을 포함하고 있는 퍼즐 상자가 인간 유아와 침팬지에게 주어진다.

(a human toddler, given, is, a chimpanzee, to, and)

➡ In an experiment, a puzzle box containing a treat ＿＿＿＿＿＿＿＿＿＿＿＿＿＿＿ .

05　역사적으로, 유해한 자료의 유통을 제한함으로써 사생활은 보호되었다.

(circulation, was, by, the damaging material, protected, of, restricting)

➡ Historically, privacy ＿＿＿＿＿＿＿＿＿＿＿＿＿＿＿＿＿ .

06　나는 내 자신의 신념에 의문을 제기하고 다양한 관점으로부터 세상을 생각하는 방법을 배웠다.

(my, how, was, beliefs, question, to, taught, own)

➡ I ＿＿＿＿＿＿＿＿＿＿＿＿＿＿＿ and consider the world from a variety of viewpoints.

07　18세기에서야 영어 철자와 구두점을 공식화하려는 시도가 이루어졌다.

(formalize, and, spelling, made, to, of English, was, punctuation)

➡ It was only in the eighteenth century that any attempt ＿＿＿＿＿＿＿＿＿＿＿＿＿ .

08　그녀는 자신의 선생님에게서 읽을 책 몇 권을 받았다. (to read, by, her, given, books, teacher, a few, was)

➡ She ＿＿＿＿＿＿＿＿＿＿＿＿＿ .

09　나는 그녀에 의해서 한 시간 동안 밖에서 기다리게 되었다. (to, an hour, was, wait for, made, outside)

➡ I ＿＿＿＿＿＿＿＿＿＿＿＿＿ by her.

10　참가자들에게 다른 참가자들이 만든 영화에 대한 가짜 반응을 보여주었다. (shown, were, responses, about, the film, fake)

➡ Participants ＿＿＿＿＿＿＿＿＿＿＿＿＿ made by other participants.

NEW SENTENCES

>> 다음 문제를 풀어보며 **새로운 문장**을 익혀보세요.

B 다음 능동태 문장을 수동태 문장으로 고치시오.

01 Visitors admired the painting in the gallery.

→ ____

02 Their parents taught the children a valuable lesson.

→ ____

03 The evidence proved the criminal guilty.

→ ____

04 The coach made the team practice drills for hours every day.

→ ____

05 I heard him sing this song beautifully at the concert.

→ ____

06 The judges declared the athlete the winner of the competition.

→ ____

C 다음 중 어법상 적절한 것을 고르시오.

01 The book was | writing / written | by a famous author.

02 A new car was bought | to / for | me by my husband.

03 The room | painted / was painted | yellow by the decorator.

04 The students were considered | bright / brightly | by their teacher.

05 The actors were made | rehearse / to rehearse | their lines repeatedly.

06 The bird was heard | sing / to sing | its beautiful melody every morning.

문장 암기 **REVIEW**

A 다음 우리말과 의미가 같도록 괄호 안의 말을 배열하시오.

01 보고서는 관리자에 의해서 쓰여지고 있다. (written, by, is, the manager, being)

➡ The report ____.

02 당신의 인터뷰가 다음 주 수요일로 연기되었다. (to, next, delayed, has, Wednesday, been)

➡ Your interview ____.

03 내가 졸업할 때쯤이면, 나는 10년 이상 동안 다양한 봉사활동에 참여하게 될 것이다.

(volunteer activities, involved in, various, will have been)

➡ By the time I graduate, I ___________________________ for over 10 years.

04 스토리는 즉시 작성되고 촬영될 수 있고, 그리고 전 세계에 이용 가능해질 수 있다.

(instantaneously written, shot, and, made, can be, available)

➡ A story ___________________, _________, ___________________ to the entire world.

05 신청서는 인터뷰 전에 작성되어야 한다. (before, out, filled, must, be, the interview)

➡ The application form ___________________________________.

06 등록은 프로그램이 시작하기 적어도 7일 전에 해야 한다.

(the program, 7 days, made, should, before, be, begins, at least)

➡ Registration ___________________________________.

07 그녀의 연구는 해당 분야에서 획기적인 것으로 여겨져왔다. (its field, regarded, groundbreaking, has, been, as, in)

➡ Her work ___________________________________.

08 새 제품이 다음 달에 출시될 수도 있다. (month, launched, be, next, might)

➡ The new product ___________________________________.

09 시를 쓰는 것은 신체적, 정신적 이점을 가진 것으로 보여져왔다.

(have, and, been, physical, shown, mental, has, benefits, to)

➡ Writing poetry ___________________________________.

10 신선함은 이제 자연으로 돌아감의 일부로 식품 마케팅의 한 용어로 사용되고 있다.

(in, as part, of, food marketing, being used, a return, as a term)

➡ Freshness is now ___________________________________ to nature.

NEW SENTENCES

B 다음 능동태 문장을 수동태 문장으로 고치시오.

01 People of all ages can enjoy the concert.

→ ______________________________________

02 Several factors may influence the decision.

→ ______________________________________

03 The famous chef is cooking the food.

→ ______________________________________

04 The restaurant owners will close the restaurant for renovations next week.

→ ______________________________________

05 People must take the medication as prescribed by the doctor.

→ ______________________________________

06 They must make reservations far in advance for the popular restaurant.

→ ______________________________________

C 다음 괄호 안의 단어를 변형하여 문장을 완성하시오.

01 The problem can (solve) using different approaches.

02 The opportunity may (miss) if not acted upon promptly.

03 Healthy habits should (encourage) from an early age.

04 The book has been widely (acclaim) by critics.

05 The book is being (translate) into multiple languages.

06 Before the end of the month, the report will have (submit).

문장 암기 REVIEW

A 다음 우리말과 의미가 같도록 괄호 안의 말을 배열하시오.

01 유전자는 당신의 주변에 있는 것에 근거하여 켜지거나 꺼진다. (what, based on, are, around you, or off, is, turned on)

➡ Genes ____.

02 우리의 감정 반응은 시각 장면에 의해 설정될 수 있다. (a visual scene, set up, be, can, by)

➡ Our emotional response _______________________________________.

03 사회적 역학 관계와 구조적 불평등의 현실에 충분한 주의를 기울이지 않아 왔다.

(the realities, of, paid to, social dynamics, has been)

➡ Not enough attention _______________________________ and systemic inequality.

04 그 제안은 사장에 의해 거절되었다. (the president, was, by, turned down)

➡ The proposal _______________________________________.

05 프로젝트는 우리가 본사의 승인을 기다리는 동안 미뤄졌다.

(approval, was, from, waited for, we, put off, while, headquarters)

➡ The project _______________________________________.

06 우리 개는 우리가 휴가 중인 동안 이웃에 의해 돌봐지고 있다.

(while, our neighbor, on vacation, is being, we, are, by, looked after)

➡ Our dog _______________________________________.

07 여론을 조작하기 위해 언론의 힘이 활용되었다. (manipulate, public opinion, made use of, to, was)

➡ The power of the media _______________________________________.

08 그 모임은 나쁜 날씨 때문에 취소되었다. (bad, was, due to, called off, weather)

➡ The meeting _______________________________________.

09 일련의 체육 대회가 그들 사이에 준비되었다. (between, were, them, set up)

➡ A series of athletic competitions _______________________________________.

10 재임 기간 내내, Nelson Mandela는 정의와 평등에 대한 헌신으로 높이 평가받고 존경받았다.

(commitment, looked up to, for, was admired, his, to, and)

➡ Throughout his presidency, Nelson Mandela _______________________________
justice and equlity.

NEW SENTENCES

B 다음 능동태 문장을 수동태 문장으로 고치시오.

01 The scientist made use of the data to develop a new theory.

➡ ____

02 Amy picked up the hitchhiker at the side of the road.

➡ ____

03 She looks up to her parents for their wisdom and guidance.

➡ ____

04 The volunteers look after the homeless animals at the shelter.

➡ ____

05 The company called off its plans to expand into new markets.

➡ ____

06 The teacher paid careful attention to the student's presentation.

➡ ____

C 다음 중 어법상 적절한 것을 고르시오.

01 The difficult students had to put / be put up with by their teacher.

02 The ingredients in this cake are all making / made up of natural products.

03 A task force was set / setting up by the government to investigate the incident.

04 Some people look / are looked down on those who are less fortunate than themselves.

05 The new school policy was objected / objected to by the students.

06 The job offer turned / was turned down by the intern because she wanted to pursue other opportunities.

목적어가 that절인 수동태(It be p.p. + that절)

A 다음 우리말과 의미가 같도록 괄호 안의 말을 배열하시오.

01 그 남자가 부자라고 믿어진다. (the man, rich, believed, is, that, is)

→ It ______________________________________.

02 내 어머니는 미인이었다고 말해진다. (my mother, a beauty, is, that, said, was)

→ It ______________________________________.

03 그 새 영화가 비평적이고 상업적 성공작이라고 확인되었다. (the new movie, been, that, a critical, has, is, confirmed)

→ It ______________________________________ and commercial success.

04 고대 이집트인들은 첨단 기술을 사용하여 피라미드를 건설했다고 생각된다.

(the ancient Egyptians, the pyramids, built, is, thought, that)

→ It ______________________________________ using advanced technology.

05 자원봉사가 호주 경제에 연간 약 420억 달러를 기여한다고 추정되어 왔다.

(about $42 billion, volunteering, has, estimated, a year, been, contributes, that)

→ It ______________________________________ to the Australian economy.

06 주식 시장이 폭락했다고 보도된다. (the stock market, crashed, reported, has, that, is)

→ It ______________________________________.

07 지구가 기후 변화로 인한 심각한 위협에 직면해 있다고 믿어진다. (the Earth, a serious threat, believed, faces, that, is)

→ It ______________________________________ from climate change.

08 산업혁명은 사회에 지대한 영향을 미친 것으로 밝혀져 왔다.

(the Industrial Revolution, had, that, has, been, a profound impact, has, discovered)

→ It ______________________________________ on society.

09 인공지능은 결국 인간의 지능을 능가할 것이라고 믿어진다.

(artificial intelligence, believed, eventually surpass, is, will, that)

→ It ______________________________________ human intelligence.

10 그 행사에서 Henrietta가 그녀가 전에 한 번도 불러본 적이 없는 방식으로 노래를 불렀다고 말해졌다.

(on that occasion, she, Henrietta, was said, never, sang, that, had, as, sung)

→ It ______________________________________ before.

NEW SENTENCES

» 다음 문제를 풀어보며 새로운 문장을 익혀보세요.

B 다음 능동태 문장을 수동태 문장으로 고치시오.

01 Everyone knows that the Earth revolves around the Sun.

= The Earth ___________________________________.

02 The man reports that the thief is hiding in the abandoned building.

= The thief ___________________________________.

03 My father believes that ghosts exist.

= It ___________________________________.

04 People say that the novel was a bestseller in several countries.

= The novel ___________________________________.

05 The news reported that a major earthquake struck the region last night.

= It ___________________________________.

06 People say that the restaurant served the best pizza in town.

= The restaurant ___________________________________.

C 다음 중 어법상 적절한 것을 고르시오.

01 It believes / is believed that the new policy will boost economic growth.

02 The ancient ruins are thought date / to date back to the 5th century.

03 She is said to be / have been an excellent public speaker when young.

04 The company's success considers / is considered to be largely due to its innovative products.

05 It is reported that / what the company plans to expand its operations overseas.

06 It / What is believed that eating healthy foods can improve your overall health.

문장 암기 REVIEW

>> 다음 문제를 풀어보며 본책에서 학습한 문장을 복습해보세요.

A 다음 우리말과 의미가 같도록 괄호 안의 말을 배열하시오.

01 나는 귀중품을 소지하지 않음으로써 강도를 피했다. (by, being, not, valuables, avoided, carrying, robbed)

➡ I ____ .

02 새로운 기술은 긍정적이든 부정적이든 그것의 온전한 잠재적 영향에 대해 평가되어야 한다.

(full, be assessed, potential, for, impacts, need to, their)

➡ New technologies ________________________________ , both positive and negative.

03 Jane은 천문학을 공부하는 데 관심이 있다. (studying, interested, is, astronomy, in)

➡ Jane ____ .

04 그 장군은 적의 전술에 속았다는 것을 인정했다. (been fooled, the enemy's, admitted, by, having, tactics, to)

➡ The general ________________________________ .

05 학생들은 자신들에게 영향을 미치는 의사 결정 과정에 적극적으로 참여해야 한다.

(decision-making, actively involved in, should be, processes)

➡ Students ________________________________ that affect them.

06 그는 Dana Zátopková와 결혼했는데, 그녀 또한 올림픽 금메달리스트였다.

(an Olympic gold medalist, was, who, Dana Zátopková, was, married to)

➡ He ____________________ , ____________________ , too.

07 오랫동안 잃어버린 아즈텍의 보물에 대한 진실은 새로운 다큐멘터리 영화에서 공개될 예정이다.

(a new, is to, in, be revealed, documentary film)

➡ The truth about the long-lost treasure of the Aztecs ________________________________ .

08 초기 암벽화는 제의 목적으로 만들어졌다고 생각된다. (purposes, thought, ritual, for, been created, to have, are)

➡ Early rock paintings ________________________________ .

09 그녀는 보통 충동적으로 행동하지 않기 때문에 그녀의 갑작스러운 행동에 나는 깜짝 놀랐다.

(action, at, her, surprised, was, sudden)

➡ I ________________________________ because she usually doesn't act impulsively.

10 Uhuru Peak는 Kilimanjaro의 정상으로 알려져 있다. (the very top, Kilimanjaro, known, of, as, is)

➡ Uhuru Peak ________________________________ .

NEW SENTENCES

B 다음 밑줄 친 부분이 어법상 옳으면 ○, 틀리면 ×를 표시하고 바르게 고치시오.

01 The glass is made of sand, soda, and limestone.

02 Leonardo da Vinci is known by a genius of the Renaissance.

03 Parents are concerned by the safety of their children.

04 The new bridge is expected to be completed by the end of the year.

05 The identity of the criminal is to keep confidential until the trial begins.

06 He has been interested by learning about different cultures.

C 다음 중 어법상 적절한 것을 고르시오.

01 I try to be involved in / by community service projects.

02 The athlete knows / is known for her record-breaking performances.

03 The ancient city is believed to being / have been abandoned due to a severe drought.

04 The new rules are expected to implement / be implemented across all industries by next year.

05 His heart filling / was filled with the joy of seeing his family again.

06 After warning / being warned of the potential side effects, the patient has decided to reconsider the treatment.

전치사 from, to, as를 동반한 동사 구문

» 다음 문제를 풀어보며 본책에서 학습한 문장을 복습해보세요.

A 다음 우리말과 의미가 같도록 괄호 안의 말을 배열하시오.

01 그 지도자는 추종자들에게 자신감을 고취하는 강인하고 결단력 있는 인물로 여겨졌다.

(inspired, who, a strong and decisive figure, was seen, confidence, as)

➡ The leader ___________________________________ in his followers.

02 항생제는 박테리아를 죽이거나 또는 그것이 성장하는 것을 막는다. (them, bacteria, growing, stop, from, or, kill)

➡ Antibiotics either ___________________________________ .

03 그 치료사는 사람들이 스스로를 정서적 고통에서 구제하도록 돕는다.

(from, rescue, distress, people, themselves, emotional, helps)

➡ The therapist ___________________________________ .

04 곰팡이는 지하에서 다른 종을 지원하고 그것을 완전한 붕괴로부터 보호한다. (complete collapse, from, protect, them)

➡ Fungi support other species underground and ___________________________________ .

05 나무를 심는 것은 애국적인 행위로 여겨지는 추가적인 이점을 가지고 있었다.

(being regarded, a patriotic act, had, as, the additional, of, advantage)

➡ Planting trees ___________________________________ .

06 폭우는 내가 공원에 가는 것을 막았다. (going, me, the park, from, to, kept)

➡ Heavy rain ___________________________________ .

07 그 식물은 여섯 시간 동안 햇빛에 노출되었다. (sunlight, six hours, to, for, exposed, was)

➡ The plant ___________________________________ .

08 그 여행자는 자신의 여정을 내면의 평화와 깨달음을 추구하는 영적인 순례에 비유했다.

(a spiritual pilgrimage, his journey, to, likened)

➡ The traveler ___________________________________ seeking inner peace and enlightenment.

09 그 회사는 그것의 마케팅 전략을 변화하는 소비자 트렌드에 (맞게) 조정했다.

(marketing strategy, the changing, adapted, to, its, consumer trends)

➡ The company ___________________________________ .

10 여러분이 자신을 비교해야 할 유일한 사람은 여러분이다. (you, to, should, yourself, the only one, compare)

➡ ___________________________________ is you.

NEW SENTENCES

» 다음 문제를 풀어보며 새로운 문장을 익혀보세요.

B 다음 빈칸에 들어갈 전치사를 골라 쓰시오.

> from   to   as

01 It's often difficult to distinguish identical twins ___________ each other.

02 Traveling abroad exposes people ___________ different cultures and traditions.

03 The remote island has isolated its indigenous population ___________ outside influences.

04 In some cultures, elders are regarded ___________ wise and respected figures.

05 The dictionary defines happiness ___________ a state of joy and contentment.

06 Critics compared the new movie ___________ a masterpiece from the past.

C 다음 중 어법상 적절한 것을 고르시오.

01 The new regulations aim to prevent companies to / from polluting the environment.

02 The media often labels certain types of music as / for offensive or explicit.

03 The teacher introduced the class with / to the basics of computer programming.

04 The company has separated its operations by / from the parent company.

05 The poet compared the beauty of nature to / as a great symphony.

06 The news anchor referred to the natural disaster as / with a catastrophic event.

전치사 of, for, with를 동반한 동사 구문

A 다음 우리말과 의미가 같도록 괄호 안의 말을 배열하시오.

01 그 약은 그녀에게서 심한 통증을 덜어주었다. (severe, her, of, relieved, pain)

→ The medication ____ .

02 그의 아버지는 격노했고 Jack을 이기적이고, 배은망덕하며, 남자답지 못하다고 비난했다.

(being, ungrateful, and unmanly, Jack, of, selfish, accused)

→ His father raged and __________________________, ________, ___________________________ .

03 그 개 주인은 이웃집 아이를 공격한 것에 대한 책임을 지게 되었다.

(the attack, responsible, the neighbor's, for, child, held, on, was)

→ The dog owner ___________________________________ .

04 르네상스 시대의 위대한 과학자들은 강한 호기심과 지식에 대한 끝없는 탐구를 부여받았다.

(curiosity, quest, an endless, with, and, were endowed, a strong)

→ The great scientists of the Renaissance _________________________________ for knowledge.

05 우리의 감각은 우리에게 온도의 질적 지표를 제공한다. (with, us, of, provide, a qualitative, temperature, indication)

→ Our senses _______________________________________ .

06 경기가 시작되자마자, 그는 에너지로 가득 찼다. (with, was, energy, he, filled)

→ As soon as the game started, _________________________________ .

07 현대 사회에서 사람들은 친족에게 매우 다양한 서비스를 제공한다. (a wide variety of, their kin, services, with, provide)

→ In modern societies, people _________________________________ .

08 경험이 부족한 그 초보 미술품 수집가는 위작을 진품으로 착각했다.

(an authentic, mistook, for, masterpiece, the forgery)

→ The novice art collector, lacking experience, _________________________________ .

09 상사는 프로젝트의 실패에 대해 나를 비난했다. (failure, for, me, the project's, blamed)

→ The boss _______________________________ .

10 그 음악가의 목소리는 아름다운 멜로디로 방을 채웠다. (beautiful, the room, with, filled, melodies)

→ The musician's voice _________________________________ .

NEW SENTENCES

B 다음 빈칸에 들어갈 전치사를 골라 쓰시오.

of	for	with

01 The accident robbed the athlete ____________ his ability to compete professionally.

02 The dictator deprived the citizens ____________ their basic rights.

03 Parents often blame video games ____________ their children's aggressive behavior.

04 The outdated software has been replaced ____________ a new, more advanced program.

05 The article contrasted the lifestyles of the rich ____________ those of the poor.

06 Students filled their notebooks ____________ detailed lecture notes.

C 다음 중 어법상 적절한 것을 고르시오.

01 Hiring additional staff will relieve the employees of / with some of their workload.

02 The workshop aimed to equip students of / with essential life skills.

03 She took the mannequin of / for a real person and was startled.

04 The generous donor provided the university of / with substantial funding for research.

05 The war deprived many civilians of / with basic necessities such as food and shelter.

06 Nancy complimented her colleague of / for the well-organized presentation.

PART 3

수식어구

문장 암기 REVIEW

>> 다음 문제를 풀어보며 본책에서 학습한 문장을 복습해보세요.

A 다음 우리말과 의미가 같도록 괄호 안의 말을 배열하시오.

01 그 레크리에이션 센터는 아이들이 가지고 운동할 장비를 제공하지 않는다.

(equipment, exercise with, for, no, to, young children)

→ The recreation center provides ____.

02 그들은 그들의 집의 손상된 지붕을 수리해 줄 숙련된 일꾼들을 곧 요청했다. (the damaged roof, skilled, repair, to, workers)

→ They soon asked for ________________________________ of their house.

03 Golden Bay에는 서핑할 파도가 전혀 없고, 그곳은 분명히 열대 섬이 아니다! (are, no, on, surf, there, to, waves)

→ In Golden Bay ________________________________, and it is definitely not a tropical island!

04 왕은 그 어려운 시기에 그의 마음을 함께 나눌 사람이 없어서 외로움을 느꼈다. (feelings, his, no, one, share, to, with)

→ The king felt lonely with ________________________________ during those difficult times.

05 그렇다면, 우리는 우리 주변의 세계를 묘사할 언어를 갖지도 못할 것이다. (a language, describe, have, the world, to)

→ If so, we would not even ________________________________ around us.

06 외딴 목적지를 여행하고 싶은 그의 열망은 그를 잊을 수 없는 모험으로 이끌었다.

(desire, destinations, his, to, to, remote, travel)

→ ________________________________ led him on unforgettable adventures.

07 그들은 그것의 미리 정해진 코스와 길이에 걸쳐서 마라톤을 달릴 최적의 상태에 있다.

(condition, optimal, over, run, the marathon, to)

→ They are in ________________________________ its predetermined course and length.

08 도시 계획가들은 그들의 사무실을 더 조용한 지역으로 이전하는 결정을 승인했다.

(approved, offices, relocate, their, the decision, to)

→ The city planners ________________________________ to a quieter neighborhood.

09 좋은 과학 용품을 받을 기회를 위해, 학교 밖에서 과학을 즐기는 자신의 셀카 사진을 단지 제출하기만 하면 된다.

(a chance, for, science goodies, to, win)

→ ________________________, just submit a selfie of yourself enjoying science outside of school.

NEW SENTENCES

B 다음 밑줄 친 부분이 어법상 옳으면 ○, 틀리면 ×로 표시하고 바르게 고치시오.

01 My favorite place <u>to going</u> is anywhere I can see the sun setting on the lake.

02 The moment when the first debater begins speaking will be Jordan's cue <u>to start</u> the timer.

03 We refined our diets <u>to reduce</u> the risk of heart disease by focusing on healthier food choices.

04 They allowed themselves plenty of time <u>reached</u> their destination without the stress of rushing.

05 After reviewing the initial findings, the detective required additional evidence <u>supported</u> his theory.

06 These gems will always give you something <u>to talk</u> and make it easier to connect with people.

C 다음 문장에서 밑줄 친 명사를 꾸며주는 어구에 밑줄을 그으시오.

01 The new doctor didn't have <u>many patients</u> to look after initially, but that soon changed.

02 Everyone asked Jane for <u>the recipe</u> to make the salad that she brought to the dinner.

03 <u>Her ambition</u> to become a published author drove her to spend countless hours writing her manuscript.

04 The instructor gave the participants <u>an opportunity</u> to voice their opinions during the discussion.

05 They purchased <u>sustainable materials</u> to renovate the house with after learning about their environmental benefits.

06 Regular exercise <u>is a good way</u> to maintain brain power, as it promotes blood flow to and oxygenation of the brain.

문장 암기 REVIEW

» 다음 문제를 풀어보며 본책에서 학습한 문장을 복습해보세요.

A 다음 우리말과 의미가 같도록 괄호 안의 말을 배열하시오.

01 함께 성공적으로 일하는 집단은 다수의 사회적 기술을 가진 개인들을 요구한다.
(a group, requires, successfully, together, working)

➡ ____ individuals with a multitude of social skills.

02 나는 그 강당은 수리를 위해 폐쇄되는 첫 번째 빌딩일 것임을 여러분에게 알리기 위해서 글을 쓰고 있다.
(building, closed, the first, for repairs, will be)

➡ I'm writing to inform you that the auditorium ____.

03 그들은 자신들의 등록을 유지하기를 원하는 은퇴한 의사를 위한 절차를 논의했다. (any, for, the process, retired doctor)

➡ They discussed ________________________________ who wished to maintain their registration.

04 당신은 일부 쓰러진 나무들을 치우기 위해 제거 허가를 획득하는 것이 필요할 수도 있다.
(away, clear, fallen trees, in order to, permit, some)

➡ You may need to acquire a removal ____.

05 그것을 개선하려는 노력에도 불구하고, 쇠퇴하는 도시는 경제적 어려움에 직면하기를 계속한다.
(city, continues, the declining, face, to)

➡ Despite efforts to improve it, ________________________________ economic challenges.

06 구내식당 내의 금전 등록기 옆에 위치한 냉장고들은 탄산 음료만 채워져 있었다.
(located, next, the cash registers, the refrigerators, to)

➡ ________________________________ in the cafeteria were filled with only soda.

07 낮에는, 잠자는 스컹크는 지하 은신처에서 평화로운 휴식을 취한다. (skunks, take, rest, sleeping, peaceful)

➡ In the daytime, ________________________________ in underground shelters.

08 탐험대는 숲속 깊은 곳에 숨겨져 있는 파괴된 동굴을 발견했다. (cave, deep, a destroyed, discovered, hidden)

➡ The expedition ________________________________ within the forest.

09 습도의 변화는 온실에서 자라는 식물에 어떤 영향을 미치는가? (affect, growing, in, the plants, the greenhouse)

➡ How does the change of humidity ________________________________?

NEW SENTENCES

» 다음 문제를 풀어보며 새로운 문장을 익혀보세요.

B 다음 밑줄 친 부분이 어법상 옳으면 ○, 틀리면 ×로 표시하고 바르게 고치시오.

01 The tin can <u>uncovered</u> by my metal detector was rusted and buried deep in the sand.

02 The photographer <u>shot</u> the wedding focused several pictures on the smiling parents.

03 The speaker at the museum was a <u>respected</u> environmentalist and sociologist in Germany.

04 The city's authorities felt a <u>grown</u> concern about the rising crime rates in the downtown area.

05 She found a <u>faded</u> tablecloth to cover the cracks in the table's surface, giving it a renewed appearance.

06 The changes <u>emerge</u> in the social era challenge the idea that competition can only be maintained in isolation.

C 다음 중 어법상 적절한 것을 고르시오.

01 My wife was confused by the note | lying / lain | on the kitchen counter in the morning.

02 The experimenter pointed to a slide | showing / showed | the single-celled bacteria under the microscope.

03 They found their way out of the forest | covering / covered | in mud but relieved to be out of the dense woods.

04 In the warehouse, they discovered a | discarding / discarded | set of old-fashioned furniture hidden in the corner.

05 Members of the | performing / performed | taekwondo team ran quickly for cover as the sudden rainstorm began.

06 The | return / returned | doctors brought a lot of information on the latest medical advancements and treatments.

A 다음 우리말과 의미가 같도록 괄호 안의 말을 배열하시오.

01 라벨이 제대로 부착되지 않은 제품은 종종 좌절된 고객이 매장 직원의 도움을 찾는 것을 초래한다.
(searching, customers, result in, frustrated)

➡ Poorly labeled products often _________________________ for assistance from store staff.

02 우리는 각 응답에 대한 보상이 완전히 만족하기에는 충분하지 않다고 생각한다. (totally, satisfying, enough, not, to be)

➡ We think the reward from each response is _________________________.

03 그의 희생에 관한 감동적인 이야기는 객석에 있던 우리를 눈물을 흘리도록 움직였다. (about, his, sacrifice, story, the touching)

➡ _________________________ moved us in the audience to tears.

04 놀란 승객들은 기차에서 마술사가 마술을 행할 때 지켜보았다. (as, passengers, surprised, the magician, watched)

➡ _________________________ performed tricks on the train.

05 아이들은 손으로 만든 선물로 그들의 부모가 감동받게 했다. (left, their handmade gifts, their parents, touched, with)

➡ The children _________________________.

06 그들은 그 정보에 만족감을 느끼지 못하고 그들은 더 많은 자료가 필요하다고 생각한다.
(don't, feel, the information, satisfied, with)

➡ They _________________________ and think they need more data.

07 그녀는 사람들이 공공장소에서 휴대전화로 큰 소리로 통화할 때를 짜증난다고 생각했다.
(annoying, found, it, people, talked, when)

➡ She _________________________ loudly on their phones in public places.

08 운동 선수들이 대단히 열심히 운동하지만 자신이 원하는 진전을 이루지 못하는 것이 좌절감을 줄 수 있다.
(athletes, can be, for, frustrating, it, to work)

➡ _________________________ extremely hard but not make the progress they wanted.

09 자신의 팀의 경기력에 지루함을 느낀 수천 명의 팬들이 경기장을 일찍 떠났다. (bored, by, fans, performance, their team's)

➡ Thousands of _________________________ left the stadium early.

10 그녀가 다른 사람들이 만든 놀라운 예술 작품들을 보았을 때, 그녀의 자신감이 떨어졌다.
(the amazing, artworks, by, made, others)

➡ As she looked at _________________________, her confidence dropped.

NEW SENTENCES

» 다음 문제를 풀어보며 새로운 문장을 익혀보세요.

B 다음 밑줄 친 부분이 어법상 옳으면 ○, 틀리면 ×로 표시하고 바르게 고치시오.

01 I know how <u>disappointing</u> he felt, but I liked neither of the movies he rented.

02 The unexpected twist in the plot made our students <u>amazed</u> at how the story unfolded.

03 The <u>interesting</u> documentary about ancient civilizations captivated the audience with its content.

04 The referee considered it very <u>surprised</u> that the weather suddenly changed during the game.

05 She hoped the food would calm the two young children <u>scared</u> by the frightening chaos in their home.

06 The <u>annoyed</u> email spam flooded my inbox and made me frustrated with the constant interruptions.

C 다음 중 어법상 적절한 것을 고르시오.

01 The lecture on quantum physics was so boring / bored that they struggled to stay awake.

02 For Christopher Columbus, beyond the ocean lay an exciting / excited , mysterious adventure.

03 The children in the class were really delighting / delighted at the prospect of going to Disneyland.

04 A returning customer satisfying / satisfied with the quality of your service is keen to leave a review.

05 We have brought to you a very touching / touched story that will surely be an amazing read for you.

06 As long as there are people like Mr. Sanchez involved in the effort, no one will be disappointing / disappointed .

34 부사 역할을 하는 to부정사의 해석

A 다음 우리말과 의미가 같도록 괄호 안의 말을 배열하시오.

01 농경 사회는 수렵인들보다 심각하고, 실체론적으로 생존을 위협하는 기근을 겪을 가능성이 훨씬 더 높았다.
(far more, likely, severe, suffer, to, were)

➡ Farming societies ________________________, existentially threatening famines than foragers.

02 그들은 어젯밤 폭풍이 몰아치는 동안 창문을 닫지 않다니 부주의했다. (careless, not, close, the windows, to)

➡ They were ________________________ during the violent storm last night.

03 미국인들은 특히 만나는 것에 쉬운 것처럼 보이고 칵테일파티 대화를 잘한다.
(Americans, easy, meet, particularly, seem, to)

➡ ________________________ and are good at cocktail-party conversation.

04 짠맛 수용기는 후자의 행위로, 즉 그것들의 큰 욕구를 충족시키기 위해 소금을 찾아다니는 것에 대해 동물에게 보상한다.
(great, in order to, need, salt, satisfy, seeking out, their)

➡ The salt taste receptor rewards animals for doing the latter, ________________________.

05 그녀는 새로운 일을 시작하고 자신의 동료들에게 좋은 인상을 남기기를 매우 간절히 바랐다.
(her, new job, and, a good, to, begin, make, impression)

➡ She was very anxious ________________________ on her colleagues.

06 그 회사는 신제품의 효과를 테스트하기 위해 실험 비용을 지불했다. (effectiveness, new product's, their, test, to)

➡ The company paid for an experiment ________________________.

07 가장 빠른 토끼만이 새로운 세대의 토끼를 만들 만큼 오래 살 것이다. (enough, live, long, make, to, will)

➡ Only the fastest rabbits ________________________ a new generation of bunnies.

08 나는 내 개들이 이웃의 다른 개들과 함께 뛰어다니고 안전하게 놀도록 해주어서 매우 기쁘다.
(am, my dogs, let, run around, to, very, happy)

➡ I ________________________ and safely play with other dogs from the neighborhood.

09 우리 각자는 우리가 상대방의 다른 관점을 고려하기 때문에 기꺼이 타협한다. (compromise, each, is, of us, to, willing)

➡ ________________________ as we consider the different perspectives of the other.

10 제시간에 작업을 완수하기 위해서, 그들은 충분한 재원과 인력을 할당해야 한다. (for, to, the task, be completed)

➡ ________________________ on time, they must allocate sufficient resources and manpower.

NEW SENTENCES

B 다음 괄호 안의 단어를 문맥에 맞게 배열하여 문장을 완성하시오.

01 I had to fully engage with daily life (really, to, understand) how people use technology.

02 The wind was blowing hard, but the heating in the tent was (cope with, to, too, weak) it.

03 The king was (every detail, plan, sure, to) of the royal procession and spare no expense.

04 ABC Corporation is (announce, pleased, to, the expansion) of its operations into new markets.

05 They must (be, believe, crazy, to) that jumping off a cliff without a parachute is a good idea.

06 The professor's lecture (comprehend, difficult, to, was) due to its complex subject matter and advanced concepts.

C 다음 밑줄 친 부분이 어법상 옳으면 ○, 틀리면 ×로 표시하고 바르게 고치시오.

01 The telescope was powerful enough <u>to observe</u> the detailed features of the lunar surface.

02 The government was reluctant <u>acknowledging</u> the growing dissatisfaction among the population.

03 The graduate students were eager <u>to see</u> the presentation by the expert on artificial intelligence.

04 The new software system was very easy <u>to learn</u>, and we achieved great results immediately.

05 The team is likely <u>being</u> victorious after their fantastic performance in the previous matches.

06 <u>Make</u> a good decision, plants weigh various factors such as sunlight, soil quality, and water availability.

문장 암기 REVIEW

A 다음 우리말과 의미가 같도록 괄호 안의 말을 배열하시오.

01 직장에서 많은 책임을 맡고 있지만, 그는 여전히 어떻게든 여가 시간에 취미를 추구한다.
(at, having, many, responsibilities, work)

→ ________________________________, he still manages to pursue his hobbies in his free time.

02 나는 그 동물이 수면으로 나를 들어 올려주면서 보호해 주고 있었음을 느꼈다. (lifting, me, toward, the surface)

→ I felt that the animal was protecting me, ________________________________.

03 나의 언니는 자격증 시험에 합격하지 못해서, 실망했지만 다시 도전하기로 하는 단호함을 느꼈다.
(the certification, not, passing, test)

→ My sister, ________________________________, felt disappointed but determined to try again.

04 회의에 늦는다면, 그녀는 서둘러 그녀의 가방을 붙잡고 문을 나설 것이다. (for, late, the meeting, running)

→ ________________________________, she would hurriedly grab her bag and dash out the door.

05 캠프장으로 돌아왔을 때, 캠프 참가자들은 텐트가 찢어지고 소지품이 사방에 흩어져 있는 것을 목격했다.
(the campsite, returning, to)

→ ________________________________, the campers saw their tents torn and belongings scattered everywhere.

06 만약 카메라가 움직인다면, 가능한 한 자신에게 거의 관심을 불러일으키지 않으면서 그것은 눈에 띄지 않게 그렇게 한다.
(calling, as, little, attention)

→ If the camera moves, it does so unnoticeably, ________________________________ to itself as possible.

07 주방장은 부엌에서 채소를 썰면서, 아주 경쾌한 곡조를 흥얼거렸다. (chopping, in, the kitchen, vegetables)

→ The chef, ________________________________, hummed a very cheerful tune.

08 숲속을 하이킹할 때, 그는 자신을 둘러싼 자연의 아름다움에 감탄했다. (the forest, through, hiking)

→ ________________________________, he marveled at the beauty of nature surrounding him.

09 흐릿한 형체의 얼굴들을 둘러보았을 때, 나는 그들이 모두 내가 시작하기를 기다리고 있다는 것을 깨달았다.
(around, at, gazing, faces, of, the blur)

→ ________________________________, I realized they were all waiting for me to begin.

NEW SENTENCES

B 다음 밑줄 친 부분이 어법상 옳으면 ○, 틀리면 ×로 표시하고 바르게 고치시오.

01 <u>Being</u> incredibly touching, the letter he wrote brought tears to his grandma's eyes.

02 Delicately <u>navigates</u> in the forest, they discovered a variety of hidden treasures and secrets.

03 Tommy, <u>hoping</u> to master several business machines, is already practicing with them regularly.

04 Susan drank her coffee slowly, <u>enjoyed</u> the calm of the early morning in her favorite cafe.

05 <u>Not win</u> the championship game, the players were still proud of the team's effort and determination.

06 We hurried out of the car, <u>raced</u> to catch the last train of the night before it departed from the station.

C 다음 문장에서 분사구문을 찾아 밑줄을 그으시오.

01 Searching around the house, the children could not find their father's missing car keys.

02 They always venture into the outdoors on weekends, exploring both fields and mountains.

03 Differing in sound, grammar, and meaning, human languages are in fact greatly diverse.

04 The walls painted a fresh coat of white, the room began to look brighter and more spacious.

05 Browsing through the old bookstore, you will find the rare first edition of your favorite classic novel.

06 Jeremiah, not wanting a worse grade than his classmates, diligently completed an additional report on the subject.

문장 암기 REVIEW » 다음 문제를 풀어보며 본책에서 학습한 문장을 복습해보세요.

A 다음 우리말과 의미가 같도록 괄호 안의 말을 배열하시오.

01 자유로워지자마자 그는 유명한 노예제 폐지론자이자 모든 사람의 평등에 대해 강한 신념을 갖는 사람이 되었다.
(a, well-known, abolitionist, became, free, he, once)

➡ ________________, ______________________ and strong believer in equality for all people.

02 은색 액자에 담긴 그 사진은, 그들의 잊지 못할 휴가의 소중한 기념품이었다. (frame, in, mounted, the silver)

➡ The photograph, ________________, was a treasured keepsake of their unforgettable vacation.

03 프레젠테이션을 마친 후에, Sarah는 안도감을 느꼈고 심호흡을 했다. (completed, having, her, presentation)

➡ ________________________________, Sarah felt relieved and took a deep breath.

04 어렸을 때, William은 화석을 수집하는 동안 자연스럽게 그것에 관심을 갖게 되었다.
(collecting, in fossils, interested, them, while)

➡ As a child, William naturally became ________________________________.

05 우리는 소리를 내지 않고 자고 있는 사람을 방해하지 않도록 조심하면서 발끝으로 현관마루로 내려갔다.
(a sound, and, careful, disturb, not, to make)

➡ We tiptoed down the hall, ________________________________ anyone sleeping.

06 오랫동안 기다려 온 소포를 받은 받고서, 그는 조심스럽게 포장을 찢어 열었다.
(having, the long-awaited, package, received)

➡ ________________________________, he carefully tore open the wrapping.

07 시간적 압박을 받고 막다른 상태에 꼼짝 못 하고서, 그녀는 그 논문을 어떻게 끝마쳐야 할지 전혀 몰랐다.
(a deadlock, and, for, in, pressed, stuck, time)

➡ ________________________________, she had no idea how to finish the paper.

08 긴 여정에 지쳤을 때, 여행객들은 그 아늑한 여관에 간절하게 들어갔다. (exhausted, from, journey, the long)

➡ ________________________________, the travelers eagerly entered the cozy inn.

09 미래에 대해 불안해서, 그들은 자신들의 멘토로부터 지도와 도움을 구했다. (about, anxious, the future)

➡ ________________________________, they sought guidance and support from their mentors.

NEW SENTENCES

>> 다음 문제를 풀어보며 **새로운 문장**을 익혀보세요.

B 다음 밑줄 친 부분이 어법상 옳으면 ○, 틀리면 ×로 표시하고 바르게 고치시오.

01 <u>Eagerly</u> for exploration, the scientist sought new challenges and opportunities for discovery.

02 Small business owners typically make some mistakes while <u>developed</u> their websites.

03 The dog, <u>was caught</u> between the two fierce cats, fled to safety behind the nearest big tree.

04 <u>Absorbed</u> in their own thoughts, people may fail to notice the beauty of the world around them.

05 Finally <u>having</u> found the missing boy, they called off the search, bringing relief to the community.

06 The actors on the screen in the cinema can unfold their stories <u>unaware</u> of our reactions.

C 다음 중 어법상 적절한 것을 고르시오.

01 When face / faced with deadly events, leaders react differently to their own fears and grief.

02 He is afraid / Afraid of being home alone at night, the boy hesitated to turn off the lights in his room.

03 My family, followed / was followed by my friends and neighbors, yelled together as we celebrated the victory.

04 Not being / having discussed the matter at length, my father made a decision based on his past experiences.

05 Situated / Situating at the edge of the woods, the farmhouse offered a peaceful escape from busy city life.

06 The first female runner, after finishing / was finishing the 10-mile race, collapsed, but her face flushed with triumph.

문장 암기 REVIEW

» 다음 문제를 풀어보며 본책에서 학습한 문장을 복습해보세요.

A 다음 우리말과 의미가 같도록 괄호 안의 말을 배열하시오.

01 정원이 적절한 관리 없이 농약이 지나치게 사용되어서 죽고 있다. (applied excessively, been, having, pesticides)

➡ The garden is dying, _________________________________ without proper care.

02 꼬마 요정들은 배경에 음악이 은은하게 흐른 상태에서 별 아래에서 춤을 췄다. (playing, softly, the music, with)

➡ The elves danced under the stars _________________________ in the background.

03 눈이 가려진 채, 나는 그녀가 나를 어떤 멋진 장소로 데려가는지 궁금해 하고 있었다.

(with, I, was, my eyes, wondering, blindfolded)

➡ _________________, _________________ to what fantastic place she was taking me.

04 마지막 물 한 방울이 수통에서 떨어지자, 탐험가는 절망의 외침을 내뱉었다.

(fallen, from, having, the last drop, of water)

➡ _________________________ the canteen, the explorer let out a cry of despair.

05 일반적으로 말하면, 모국어는 학생들이 성장한 그 지역의 억양과 지역적 표현에 의해 표시된다.

(the first language, generally, is, marked, speaking)

➡ _________________, _________________ by the accent and regional expressions of

the area where students grow up.

06 나는 그날 발목에 내 등산화를 동여맨 채 오르는 데 어려움을 겪었다. (at, hiking boots, my, the ankles, tied, with)

➡ I had difficulty climbing _________________________________ that day.

07 그 책의 첫 페이지가 열렸을 때, 그녀는 소설의 세계로 모험을 시작했다. (opened, page, the book, the first, to)

➡ _________________________, she began her adventure into the world of fiction.

08 그 병으로 얼굴이 거의 얼어붙고 그의 손이 떨고 있으면서, 그는 올림픽 성화에 불을 붙였다.

(face, from, frozen, his, nearly, the disease)

➡ _________________________ and his hands trembling, he lit the Olympic torch.

09 성장기가 충분히 길다면 1년에 두 번 심는 것이 일반적으로 가능하다. (the growing season, is, long, provided, that)

➡ Two plantings per year are usually possible, _________________________ enough.

NEW SENTENCES

» 다음 문제를 풀어보며 **새로운 문장**을 익혀보세요.

B 다음 밑줄 친 부분이 어법상 옳으면 ○, 틀리면 ×로 표시하고 바르게 고치시오.

01 The skunk is a furry, little black animal with white stripes <u>radiate</u> down its back.

02 <u>The race being over</u>, the runners sat in the shade to catch their breath and cool down.

03 Her painting <u>completed</u>, the artist carefully examined every brushstroke and detail.

04 The last black cloud <u>had</u> disappeared from the sky, the players hurried onto the field.

05 The outdoor picnic will be moved indoors, <u>given</u> that the weather forecast predicts rain.

06 With everything <u>planning</u> in advance, the party proceeded smoothly, much to the enjoyment of all attendees.

C 다음 중 어법상 적절한 것을 고르시오.

01 The house looked abandoned, empty and sad, its shutters boxed[swinging / swung] loosely in the wind.

02 The early hours boxed[excluding / excluded], I love my job at the radio station due to the freedom it offers.

03 We plan to move to a larger city, career opportunities boxed[are / being] rare in our current location.

04 With the sky boxed[full / fully] of brilliant stars, the night felt magical and filled with endless possibilities.

05 Many species of herbs boxed[have / having] become well established in wastelands, we drove there to study them.

06 boxed[Judging / Judged] from the media reports, the result is likely to spark widespread debate and discussion.

PART

4

절

문장 암기 REVIEW

A 다음 우리말과 의미가 같도록 괄호 안의 말을 배열하시오.

01 마음은 강하고 건강하지만, 몸은 약하고 아프다. (and, but, is, the body, weak, ill)

→ The mind is strong and healthy, ___________________________________ .

02 Nick은 매우 비참했는데, 그가 자신의 자유를 빼앗긴 적이 없었기 때문이었다.

(deprived of, he, been, had never, his liberty, for)

→ Nick was very miserable, ___________________________________ .

03 비가 오는 경우에, 행사는 취소되거나 시간이 변경될 것이다. (changed, the time, will, or, be)

→ In the case of rain, the event will be canceled, ___________________________________ .

04 다행스럽게도, 이 버스가 딱 제시간에 와서, 나는 늦지 않을 것이다. (be, I, so, won't, late)

→ Luckily, this bus came just in time, ___________________________________ .

05 그는 감옥에서 앞뒤로 왔다 갔다 돌진했지만, 그는 탈출할 수 없었다. (not, but, could, he, escape)

→ He dashed backward and forward in the prison, ___________________________________ .

06 연꽃은 연못의 진흙 바닥에서 자라지만, 그것의 잎들은 항상 깨끗하다. (leaves, are, yet, its, clean, always)

→ The lotus plant grows in the muddy bottom of ponds, ___________________________________ .

07 기후 변화가 새로운 개념은 아니지만, 과학자들은 자신들의 메시지를 어떻게 전달해야 할지로 여전히 고심하고 있다.

(struggling with, are, still, yet, how to, convey, scientists)

→ Climate change is not a new concept, ___________________________________ their messages.

08 그의 통찰력은 그 당시의 생물학적 문제들을 설명하지 못했고, 그의 설명은 기존의 메커니즘에 의해서 작동하지도 않았다.

(by, nor, his explanation, did, known mechanisms, operate)

→ His insights did not explain the biological problems at the time, ___________________________________ .

09 Emily는 그의 창조적 정신을 회복하는 데 도움이 되기를 결심해서 그녀는 지역 문화 센터에서 미술 전시회를 조직했다.

(so, the community center, organized, in, she, an art exhibition)

→ Emily resolved to help revive his creative spirit, ___________________________________ .

10 브랜드 사이의 인지된 차이가 거의 없어서, 소비자는 어떤 브랜드를 선택해야 할지 모른다.

(which brand, so, the consumer, to choose, know, does not)

→ There are few perceived differences between brands, ___________________________________ .

NEW SENTENCES

B 다음 빈칸에 들어갈 문맥상 가장 적절한 등위접속사를 써넣으시오.

01 The little boy didn't like spinach, ___________ did he enjoy eating broccoli.

02 She went to bed early, ___________ she was exhausted from the day's work.

03 We can go out for dinner, ___________ we can cook something at home.

04 She forgot to set her alarm, ___________ she overslept and missed her class.

05 He bought a new laptop, ___________ he also upgraded his phone.

06 The traffic was terrible, ___________ we decided to take a different route.

C 다음 중 문맥상 적절한 것을 고르시오.

01 I wanted to go for a walk, but / so it started raining heavily.

02 She studied hard for the exam, and / yet she passed with excellent grades.

03 He wanted to go to the beach with his friends, nor / yet it was too cold.

04 The concert was canceled, but / so we went to the movies instead.

05 You can have tea, and / or you can choose coffee with breakfast.

06 I cannot tell whether he is kind or not, for / so I have never seen him.

문장 암기 REVIEW

>> 다음 문제를 풀어보며 본책에서 학습한 문장을 복습해보세요.

A 다음 우리말과 의미가 같도록 괄호 안의 말을 배열하시오.

01 현대 생활에서, 대부분의 사람들은 결국 지도자와 추종자 둘 다 되게 된다. (and, followers, being, both, leaders)

→ In modern life, most people end up _________________________________.

02 자신의 바쁜 스케줄에도 불구하고, 그는 자신의 가족에게 소홀히 하지도 자기 건강에 대해 타협하지도 않고 있다.

(his health, compromising, nor, on, neither, his family, neglecting)

→ Despite his busy schedule, he is _________________________________.

03 Alexandra는 인터넷을 검색하기 위해서 자신의 전화기와 태블릿을 둘 다 사용한다. (her, both, and, phone, tablet)

→ Alexandra uses _________________________________ to surf the Internet.

04 그녀는 재능 있는 예술가일 뿐만 아니라, 훌륭한 교사이기도 하다. (artist, a talented, not, only)

→ She is _________________________________, but a wonderful teacher.

05 Dorothy에게, 집은 장소가 아니라 사랑하는 이들과의 안심의, 위로의 감정이다. (a feeling, security, but, not, of, a place)

→ For Dorothy, home is _________________________________, of comfort with loved ones.

06 금은 귀중하고 값비싼 금속일 뿐만 아니라, 그것은 또한 순수와도 관련된다. (metal, gold, is, and valuable, a precious)

→ Not only _________________________________, it is also associated with purity.

07 특히 녹음의 초기에는, 악기뿐만 아니라 인간의 목소리가 일단 녹음되면 흔히 왜곡되었다.

(as, voices, human, as, often, instruments, were, well, distorted)

→ Especially in the early days of recording, _________________________________ once recorded.

08 팀이나 개별 선수들은 성과 목표를 달성할 것으로 기대된다.

(expected, are, either, or, the team, the individual players)

→ _________________________________ to meet the performance targets.

09 과거에, 위험은 우리가 달아나거나 싸우거나 둘 중 하나를 해야 한다는 것을 의미했다. (or, fight, we either, flee, had to)

→ In the past, danger meant _________________________________.

10 그림뿐만 아니라 실생활에서도 우리는 단지 얼굴만 마주치지는 않는다. (well, in, as, real life, as, painting, in)

→ _________________________________ we do not come across just faces.

NEW SENTENCES

» 다음 문제를 풀어보며 새로운 문장을 익혀보세요.

B 다음 중 어법상 적절한 것을 고르시오.

01 He has neither the time or / nor the resources to complete the project.

02 Neither the employees nor the manager was / were prepared for the meeting.

03 We can either / neither invest in new equipment or upgrade our existing systems.

04 The study aims to explore both theoretical concepts and / or practical applications.

05 Not only the new policy will / will the new policy enhance efficiency, but it will also improve employee morale.

C 다음 우리말과 같은 의미가 되도록 빈칸에 알맞은 말을 써넣으시오.

01 교육과정은 고대 문명뿐만 아니라 현대사도 또한 포함한다.

The curriculum includes modern history ________________ ancient civilizations.

02 그 위원회는 제안을 승인하거나 추가 수정을 요청할 것이다.

The committee will ___________ accept the proposal ___________ request further revisions.

03 그 교수는 연구 보고서의 양이 아니라 질을 강조했다.

The professor emphasized ___________ the quantity ___________ the quality of research papers.

04 새로운 계획은 비용을 절감할 뿐만 아니라 효율성도 또한 향상할 것이다.

The new initiative will ___________ reduce costs ___________ improve efficiency.

05 그 실험은 기대하지도 않았고 유용하지도 않은 결과를 냈다.

The experiment yielded results that were ___________ expected ___________ useful.

06 그 회의는 그 분야의 현재 추세와 향후 과제를 둘 다 다룰 것이다.

The conference will address ___________ current trends ___________ future challenges in the field.

A　다음 우리말과 의미가 같도록 괄호 안의 말을 배열하시오.

01　음악 치료는 단지 음악 연주와 노래하기에 관한 것이 아니다. (about, music, singing, playing, and)

→ Music therapy is not just ___________________________________ .

02　그는 그가 전에 견딘 것에 대해서 불평하지도 않고 자랑하지도 않았다. (nor, boasted, neither, about, complained)

→ He ___________________________________ what he had endured before.

03　마지막 도미노를 쓰러지게 한 것은 그것 앞에 있는 도미노가 아니었고, 첫 번째 도미노였다. (the, before, wasn't, it, but, one)

→ What caused the last domino to fall ______________, ______________ the first one.

04　우리 회사의 10주년 기념일을 기념하기 위해서 그리고 더 큰 성장을 북돋우기 위해서, 우리는 작은 행사를 마련했다.
(celebrate, 10th anniversary, and, our company's, to)

→ ___________________________________ to boost further growth, we have arranged a small event.

05　우리의 많은 인구는 빈곤의 원인이 아니라 자산이자 자원이다. (not, a resource, a cause, and, of, an asset, poverty, but)

→ Our large population is ___________________________________ .

06　교수는 그 이론이 추가적인 검증이 필요하고 실험 데이터도 신중하게 검토되어야 한다고 지적했다.
(that, the experimental data, carefully, and, be reviewed, must)

→ The professor pointed out that the theory needs further validation ___________________________________ .

07　그때 이후로, 나는 벽이나 천장을 건드린 적이 없다. (the ceiling, touched, never, the walls, or)

→ Since that time, I have ___________________________________ .

08　개뿐만 아니라 고양이도 역시 동물 보호소에서 입양될 수 있다. (only, cats, not, but, dogs, also)

→ ___________________________________ can be adopted at the animal shelter.

09　대부분의 유기 화학 물질은 물과 기름 둘 중 하나와 결합하기를 선호할 것이다. (water, or, with, either, oil, with)

→ Most organic chemicals would prefer to associate ___________________________________ .

10　새로운 정책과 최근의 변화 모두 회사에 이익이 되었다.
(beneficial, have been, both, the new policy, the recent changes, and)

→ ___________________________________ for the company.

NEW SENTENCES

» 다음 문제를 풀어보며 **새로운 문장**을 익혀보세요.

B 다음 밑줄 친 부분이 어법상 옳으면 ○, 틀리면 ×로 표시하고 바르게 고치시오.

01 She enjoys reading novels, writing essays, and <u>paints</u> landscapes.

02 It is not the heat but <u>humid</u> that makes the weather so uncomfortable.

03 You can either call me or <u>send</u> me an email if you have any questions.

04 The curriculum includes advanced mathematics as well as <u>extensively literary</u>.

05 The research study addressed both the <u>psychological</u> and physiological impacts of stress.

06 The manager is responsible for coordinating with the team and <u>ensure</u> deadlines are met.

C 다음 중 어법상 적절한 것을 고르시오.

01 The movie was not only entertaining but also education / educational .

02 She is neither prepared for the exam nor confidence / confident in her abilities.

03 You can either take the bus or walk / to walk to the campus.

04 The experiment not only confirmed the hypothesis but also to reveal / revealed new data.

05 Students must either submit assignments electronically or present / presenting them in person.

06 The study examines the social behavior as well as cognitive development / cognitively developing of adolescents.

주격 / 소유격 / 목적격 관계대명사절

문장 암기 REVIEW

» 다음 문제를 풀어보며 본책에서 **학습한 문장**을 복습해보세요.

A 다음 우리말과 의미가 같도록 괄호 안의 말을 배열하시오.

01 도시의 사회 상호 작용 대부분은 단지 특정한 역할 속의 서로를 아는 사람들 사이에서 일어난다. (who, each other, know, only)

→ Most social interactions in cities occur between people ________________________ in specific roles.

02 텔레비전에서의 상호 작용에서는, 일상생활을 특징짓는 멈춤과 지체가 편집을 통해서 제거된다.

(everyday, the pauses, and, that, delays, life, characterize)

→ In interactions on television, ________________________ are removed through editing.

03 여러분이 해결해야 하는 몇 가지 갈등이 있을 수 있다는 것을 알고 있어라. (have to, resolve, some, that, conflicts, you)

→ Be aware that there could be ________________________.

04 그 영화는 바로 그 저자가 그것의 등장인물 중 하나인 소설에 토대를 둔다. (its characters, one, very author, whose, is, of)

→ The movie is based on a novel ________________________.

05 청각이 아니라 시각과 관련된 어떤 분야가 있다면, 그것은 과학이다. (that, any field, with, is, seeing, associated)

→ If there is ________________________ rather than with hearing, it is science.

06 사람들은 그들이 자신과 같다고 판단하는 다른 사람들을 모방하려는 타고난 충동을 가지고 있는 것 같다.

(they, whom, judge, like them, to be)

→ People seem to have an innate drive to imitate others ________________________.

07 우리가 도와주기를 원하는 이 아이들은 재정적 어려움 때문에 공장에서 일하는 것이 흔히 목격된다.

(these, that, hope, children, to help, we)

→ ________________________ are often seen working in factories due to financial difficulties.

08 음식에 관해 생각하지 않으려고 하는 다이어트를 하는 사람들은 흔히 음식에 관해 훨씬 더 많이 생각하기를 시작한다.

(not to think, food, try, who, about)

→ People on a diet ________________________ often begin to think much more about food.

09 목적이 정보를 알리는 것인 저자는 독자들에게 어떤 것을 설명할 것이다. (to, whose, inform, purpose, is)

→ An author ________________________ will explain something to readers.

10 내가 작년에 참석한 회의는 인공지능의 최신 발전에 초점을 맞추었다. (which, last year, the conference, I, attended)

→ ________________________ focused on the latest advancements in artificial intelligence.

NEW SENTENCES

» 다음 문제를 풀어보며 **새로운 문장**을 익혀보세요.

B 다음 밑줄 친 부분이 어법상 옳으면 ○, 틀리면 ×로 표시하고 바르게 고치시오.

01 The professor <u>who wrote the article</u> specializes in linguistics.

02 The cat <u>that I adopted it</u> from the shelter is very playful and friendly.

03 I attended a seminar <u>which topic was</u> the future of artificial intelligence.

04 This is the theory <u>which many scholars have debated</u> for decades.

05 I met a writer <u>whose novels have been translated</u> into several languages.

06 The book <u>which it discusses the latest theories</u> is essential for our research.

C 다음 중 어법상 적절한 것을 고르시오.

01 The engineer who / he is designing the bridge has years of experience.

02 The plants which is / are native to this region require very little water.

03 The company which / whose CEO is an innovator in technology is expanding rapidly.

04 The student who / whom received the scholarship plans to study economics.

05 The research project is led by a professor who has / have published numerous papers.

06 We need to understand the principles that the scientist explained / explained them in the lecture.

문장 암기 REVIEW

» 다음 문제를 풀어보며 본책에서 학습한 문장을 복습해보세요.

A 다음 우리말과 의미가 같도록 괄호 안의 말을 배열하시오.

01 정체성 갈등은 사람들이 이주해 가는 사회에 의해서 크게 결정된다. (one, the community, migrates, to, which)

→ Identity conflicts are greatly determined by ___________________________________ .

02 여러분은 여러분 논밭의 수확물이 적은 해가 가끔 도래할 때 굶주릴 수 있다. (which, your, has, in, a low, yield, field)

→ You can starve when the occasional year arrives ___________________________________ .

03 나는 그 작가가 등장인물 간의 차이를 만들어 내는 방식을 좋아한다. (creates, the way, a contrast, that, the writer)

→ I like ___________________________________ between the characters.

04 문학 작품은 여러분이 그것이 영감을 얻은 장소를 방문할 때 더 풍부한 것처럼 보인다.

(where, were, the place, inspired, they)

→ Literary works seem richer when you visit ___________________________________ .

05 특정한 일들이 우리에게 일어나는지 이유를 이해하는 것은 어려울 수 있다. (certain, us, happen, why, to, things)

→ It can be hard to understand the reason ___________________________________ .

06 착취 공장은 근로자들이 열악한 환경에서 일하라는 강요를 받으면서 낮은 임금을 받는 공장이다.

(to, work, where, workers, being forced, receive, while, low wages)

→ A sweatshop is a factory ___________________________________ in poor environments.

07 초기의 사회적 상호 작용은 유아들이 자기 행동의 결과를 쉽게 알 수 있는 상황을 제공한다.

(infants, where, can, the effect, their behavior, of, easily notice)

→ Early social interactions provide a context ___________________________________ .

08 여러분이 꿈에 그리던 장소를 방문하는 여행을 상상하라. (during, you, your dream places, which, visit)

→ Imagine a trip ___________________________________ .

09 여러분이 산타클로스의 존재를 믿었던 시기가 아마도 있었을 것이다. (you, Santa Claus, when, believed in)

→ There was likely a time ___________________________________ .

10 그는 동물들이 자유로이 거닐고 보살펴 주는 상황에서 살 수 있는 장소에 관해 늘 꿈꿨다.

(where, live in, free, and, animals, could roam)

→ He always dreamed of a place ___________________________________ caring conditions.

NEW SENTENCES

B 다음 밑줄 친 부분이 어법상 옳으면 ○, 틀리면 ×로 표시하고 바르게 고치시오.

01 I visited the park <u>where I used to play</u> as a child.

02 He explained the method <u>which they solved the problem</u>.

03 He is the scientist <u>whom the research team relies</u> for expertise.

04 This is the organization <u>for which he works</u> as a consultant.

05 Do you know the person <u>whom she traveled</u> to the conference?

06 The book <u>about which everyone has been talking</u> was just released.

C 다음 중 어법상 적절한 것을 고르시오.

01 Do you know the restaurant | which / where | they're hosting the party?

02 The book analyzed the ways | that / how | different cultures perceive leadership.

03 The professor | whom / with whom | I worked on the project is highly respected.

04 The chef showed me the recipe | which / with which | he made the delicious cake.

05 I cherish the precious moments | which / when | my entire family gathers together.

06 The researcher presented the data | which / from which | his conclusions were drawn.

관계사가 생략된 관계사절

문장 암기 REVIEW

» 다음 문제를 풀어보며 본책에서 학습한 문장을 복습해보세요.

A 다음 우리말과 의미가 같도록 괄호 안의 말을 배열하시오.

01 여러분이 친구와 점심을 먹기 위해 앉아서 여러분의 전화기를 식탁 위에 두었던 모든 순간들을 생각해 보라.
(you've, all, sat, the times, down)

→ Think of ________________________ to have lunch with a friend and set your phone on the table.

02 단지 긍정적인 진술을 쓰는 것에 의해, 여러분이 생각하고 행동하는 방식에 변화가 생긴다. (think, act, the way, and, you)

→ Just by writing positive statements, there is a shift in ________________________.

03 한국의 대학들은 그들이 전 세계로부터 받아들이는 학생들의 수를 늘리기를 바란다. (admit, the world, from, they, around)

→ Universities in Korea wish to increase the number of students ________________________.

04 환경적, 신체적, 심리적 요인들은 우리가 살아가면서 할 수 있는 일의 범위를 제한한다. (do, we, with, things, our lives, can)

→ Environmental, physical, and psychological factors narrow the range of ________________________.

05 여러분이 성취하기를 원하는 장기적인 목표를 이해하려면, 여러분은 여러분이 자신을 위해 정한 목표의 목록을 쓸 수 있다.
(goals, want, the long-term, to achieve, you)

→ To understand ________________________, you can write a list of the goals you've set for yourself.

06 스트레스를 위협이라고 여기는 것 대신에, 군대 문화는 그것이 만들어 내는 공유된 회복력으로부터 자긍심을 얻는다.
(the shared, resilience, creates, it)

→ Instead of seeing stress as a threat, the military culture derives pride from ________________________.

07 여러분은 여러분이 만나는 사람들과 그들이 공유하는 이야기들로부터 많이 배울 수 있다.
(share, the stories, they, meet, you, and)

→ You can learn a lot from people ________________________.

08 파티 혹은 어쩌면 여러분이 방문한 호텔의 뷔페 테이블에 대해 생각해 보라. (visited, a hotel, at, you've)

→ Think of a buffet table at a party, or perhaps ________________________.

09 여러분이 방문하는 장소의 역사를 배우는 것은 대단히 흥미로운 모험이다. (you, of, visit, a place, a fascinating, is, adventure)

→ Learing the history ________________________.

10 사람들이 선택을 하는 데 어려움을 겪는 이유는 그들이 자신이 하기로 되어 있는 일을 하기 원하지 않는다는 것이다.
(the reason, making, have, choices, people, trouble)

→ ________________________ is they do not want to do the things they are supposed to do.

NEW SENTENCES

B 다음 밑줄 친 부분이 어법상 옳으면 ○, 틀리면 ×로 표시하고 바르게 고치시오.

01 The library is a place <u>I can read without distractions</u>.

02 They finally returned to the city <u>the expedition departed from it</u>.

03 The cafe <u>in we had lunch today</u> has the best coffee in town.

04 The laptop <u>he bought it last week</u> needs a software update.

05 Graduation day is the time <u>students celebrate their accomplishments</u>.

06 The solution <u>they came up with</u> solved the problem quickly.

C 다음 중 어법상 적절한 것을 고르시오.

01 The teacher explained | the reason / the reason which | the experiment didn't work.

02 The company she | works / works for | is expanding internationally.

03 The person I | talked / talked to | at the meeting is an influential author.

04 The house | into / into which | they moved last month has a beautiful garden.

05 Now she has a very different perspective from | the one which she / the one she | used to have.

06 The song she | performed / performed it | at the concert was well received by the audience.

문장 암기 REVIEW

A 다음 우리말과 의미가 같도록 괄호 안의 말을 배열하시오.

01 어미 나비는 유액 분비 식물의 잎 아랫면에 단지 한 개의 알을 낳는데, 그것은 약 3일에서 5일 후에 부화한다.

(five, hatches, days, later, about, three, which, to)

➡ The mother butterfly lays only one egg on the underside of milkweed leaves, _________________________.

02 플로리다에 머무는 동안, Greg는 Tom과 친구가 되었는데, 그의 조카와 그는 나중에 결혼했다.

(later married, niece, whose, he)

➡ During his stay in Florida, Greg became friends with Tom, _________________________.

03 일반적으로, 사람들은 동물 단속 당국이 데려가라고 돌아다니는 개들을 신고하는데, 그들은 그 개를 지역 보호소로 데려간다.

(take, the local shelter, the dog, who, to)

➡ Typically, people report wandering dogs for pickup by animal control authorities, _________________________.

04 우리는 에너지를 함유하는 영양분에서 에너지를 얻는데, 그것은 단백질, 탄수화물 및 지방을 포함한다.

(include, and, proteins, fats, which, carbohydrates)

➡ We derive energy from energy-containing nutrients, ___________, ___________, ___________.

05 가사 노동자를 고용하는 것은 홍콩에서 흔한데, 그곳에서는 여덟 가구 당 한 가구가 가사 노동자를 고용한다.

(in, employs, where, one, one, eight families)

➡ Hiring a domestic worker is common in Hong Kong, _________________________.

06 편지가 Stephanie에게 보내졌는데, 그녀도 또한 대회에 참가했다. (participated, who, had also)

➡ The letter was addressed to Stephanie, _________________________ in the contest.

07 내 자신은 강렬한 감정의 영향을 받아서 현명하지 못한 선택을 했는데, 나는 그것을 나중에 후회했다.

(later regretted, which, I)

➡ I myself made unwise choices under the influence of strong emotions, _________________________.

08 졸업한 후, 나는 단지 한 달 만에 교직 자리를 얻을 수 있었는데, 그것은 그 시절에 매우 희귀했다.

(was, which, very, those, days, rare, in)

➡ After graduating, I was able to obtain a teaching position just one month later, _________________________.

09 그 회사는 실적 보고서를 발표했는데, 그때 모든 사람이 상당한 이익 증가를 기대했다.

(when, profit, a, significant, everyone, increase, expected)

➡ The company announced its earnings report, _________________________.

NEW SENTENCES

» 다음 문제를 풀어보며 **새로운 문장**을 익혀보세요.

B 다음 밑줄 친 부분이 어법상 옳으면 ○, 틀리면 ×로 표시하고 바르게 고치시오.

01 My friend, who lives in New York, is visiting me next week.

02 The conference, which it was held online this year, had record attendance.

03 We had a great time at the party, which all our friends were together.

04 The project, which we completed ahead of schedule, was a huge success.

05 The city of Paris, where we spent our vacation, is known for its architecture.

06 Our professor, who lectures are always engaging, has written a new book.

C 다음 중 어법상 적절한 것을 고르시오.

01 The seminar will take place in October, which / when we expect many participants to attend.

02 His office, which / where important meetings are held, is always organized.

03 I bought a nice laptop as a gift for my husband, who / which made him happy.

04 He chose the university in London, which / where he could pursue his passion for theater.

05 The book discusses different theories of leadership, which is / are applicable in various contexts.

06 The hypothesis, that / which was initially controversial, has now gained wide acceptance.

명사절을 이끄는 관계대명사 what

A 다음 우리말과 의미가 같도록 괄호 안의 말을 배열하시오.

01 새로운 정책이 다루는 것은 탄소 배출을 줄이고 우리의 일상적인 실천에서 지속 가능성을 촉진하는 방법이다.
(is, what, addresses, the new policy)

➡ ____ how to reduce carbon emissions and promote
sustainability in our daily practices.

02 다큐멘터리는 전문가들이 다가오는 환경 위기에 대해 경고했던 것을 강조했다. (what, had, experts, warned)

➡ The documentary highlighted __________________________ about the impending environmental crisis.

03 우리가 결정을 내리기 전에 고려해야 할 것은 모든 관련된 잠재적 위험과 이점이다. (we, need, what, to, consider)

➡ ____________________________ before making a decision is all the potential risks and benefits involved.

04 그 경험에서 우리가 배운 것은 매우 귀중했다. (from, what, learned, we, the experience)

➡ ____ was invaluable.

05 그녀가 현장 조사 동안 발견한 것은 과학계에 큰 돌파구가 되었다. (her, during, what, discovered, she, field research)

➡ ____ was a breakthrough for the scientific community.

06 우월성에 대한 강조는 우리가 일반적으로 경쟁의 해로운 효과를 조장한다고 여기는 것이다.
(we, as, what, fostering, typically, see)

➡ The emphasis on superiority is __________________________ a harmful effect of competition.

07 저자가 이 소설에서 탐구하는 것은 인간 존재의 본질뿐만 아니라 개인들이 직면하는 존재론적 고난들이다.
(is, what, this novel, the author, explores, in)

➡ ____ not only the nature of human existence but also
the existential struggles faced by individuals.

08 만일 성장이 여러분이 추구하는 것이라면, 그러면 훈련은 여러분이 그것을 찾는 방법이다. (is, you, growth, seek, what)

➡ If ____ , then training is how you will find it.

09 숫자가 우리에게 하도록 해 주는 것은 한 세트의 상대적 크기를 다른 세트와 비교하는 것이다.
(numbers, us, what, to do, allow)

➡ ____ is to compare the relative size of one set with another.

NEW SENTENCES

B 다음 밑줄 친 부분이 어법상 옳으면 ○, 틀리면 ×로 표시하고 바르게 고치시오.

01 It is impossible to fight against <u>what you cannot see it</u>.

02 <u>What makes him successful</u> is his dedication to his work.

03 <u>That defines true leadership</u> is the ability to inspire others.

04 He told me <u>what I already knew it</u>.

05 I can't remember <u>what she said during the meeting</u> because I was distracted by a phone call.

06 The teacher emphasized <u>what is important in life during the lesson</u>.

C 다음 중 어법상 적절한 것을 고르시오.

01 She gave me | what / that | I needed to complete the project.

02 He couldn't quite grasp | what / that | the complicated instructions were trying to convey.

03 The manager stressed | what / that | we need to focus on improving productivity.

04 The painting | what / that | hangs in the gallery was created by a renowned artist.

05 She examined | what / that | the survey data suggested about consumer behavior trends.

06 The report highlighted | what / that | the key factors influencing the results were not considered.

명사절 / 부사절을 이끄는 복합관계사

 » 다음 문제를 풀어보며 본책에서 학습한 문장을 복습해보세요.

A 다음 우리말과 의미가 같도록 괄호 안의 말을 배열하시오.

01 잃어버린 것을 복원하는 것이 가능한 곳은 어디든지, 그것은 반드시 복원되어야 한다. (wherever, to restore, possible, it, is)

➡ _________________________________ what has been lost, it must be restored.

02 여러분의 말을 듣기 위해 어떤 사람이 멈추는 때는 언제든지, 무언의 신뢰라는 요소가 존재한다.

(to you, stops, someone, whenever, to listen)

➡ _________________________________, an element of unspoken trust exists.

03 내가 이 기계를 사용하는 때가 언제든지, 내 커피는 충분히 따뜻하게 되지 않는다. (this, I, machine, whenever, use)

➡ _________________________________, my coffee does not get hot enough.

04 삶이 여러분에게 주는 어떤 것이라도 여러분을 위한 기회를 만들어 내기 위해 사용될 수 있다. (gives, life, whatever, you)

➡ _________________________________ can be used to create opportunities for you.

05 웨이터들은 주문이 얼마나 복잡하든지 그 주문이 완료되었을 때까지 그것을 기억하곤 했다. (was, complicated, however, it)

➡ The waiters would remember an order, _________________, until the order was complete.

06 그 범죄를 저지른 사람은 누구라도 조만간 잡힐 것이고 처벌받을 것이다. (the, whoever, crime, committed, will)

➡ _________________________________ sooner or later be caught and will be punished.

07 피지 사람들은 조상의 관점에서는 운이 없어 보이는 것은 어떤 것이라도 결국 운이 있다고 밝혀질 수 있다고 말한다.

(looks, whatever, unfortunate, turn out, may)

➡ Fijians say that from the ancestral viewpoint _________________ to be fortunate after all.

08 결승선에 맨 처음 오는 누구라도 경주의 승자가 될 것이다. (comes first, whoever, the finish line, to)

➡ _________________________________ will be the winner of the race.

09 종이 위의 시는 여러분이 그것을 읽고 싶어 하는 어떤 식으로든지 읽힐 수 있다. (you, to read, however, it, want)

➡ Poetry on the paper can be read _________________________________.

10 모든 사람은 그들이 가지는 인종적 배경이 어떤 것이든지 혹은 그들이 말하는 언어가 어떤 것이든지 존중받으며 대우받을 자격이 있다. (ethnic, have, or, background, whatever, they)

➡ Everybody deserves to be treated with respect, _________________________________
whichever language they speak.

NEW SENTENCES

» 다음 문제를 풀어보며 **새로운 문장**을 익혀보세요.

B 다음 밑줄 친 부분이 어법상 옳으면 ○, 틀리면 ×로 표시하고 바르게 고치시오.

01 Who finishes the assignment first will receive extra credit.

02 You can study wherever you feel comfortable and productive.

03 Feel free to contact me whichever you need any assistance.

04 Discuss the project with whoever can offer valuable insights.

05 You can choose whatever topic interests you for your research paper.

06 Wherever path you choose in your career, make sure it fulfills you.

C 다음 중 어법상 적절한 것을 고르시오.

01 Whoever / Whenever applies for the scholarship must meet the criteria.

02 Take whatever / however materials you need from the library for your paper.

03 Publish your findings whatever / whenever they are ready for peer review.

04 Conduct your interviews wherever / whichever it is convenient for the participants.

05 However / Whatever you analyze the data, make sure your conclusions are supported by evidence.

06 The project's success relies on whoever / whatever manages to secure the necessary funding.

UNIT 47 시간 / 원인을 나타내는 부사절

>> 다음 문제를 풀어보며 본책에서 학습한 문장을 복습해보세요.

A 다음 우리말과 의미가 같도록 괄호 안의 말을 배열하시오.

01 내가 터미널에 도착하자마자, 나는 내 버스가 떠나는 것을 보았다. (the terminal, as soon, at, I, as, arrived)

➡ ______________________________, I saw my bus pulling away.

02 투어 가이드 Greg은 그 마을을 잘 알고 있었기 때문에 우리 투어를 재미있게 만들었다. (the town, as, well, he, knew)

➡ The tour guide Greg made our tour interesting, ______________________________.

03 내가 너를 매우 오랜 시간 동안 알아 왔기 때문에, 너는 내 남자 형제 같다. (I've, now that, you, known)

➡ ______________________________ for such a long time, you are like my brother.

04 내가 여러 해 전에 당신의 청소년 스포츠 프로그램에 가입한 이래로, 나는 정말로 수영을 즐겨 왔다.
(your, I, program, youth, joined, since, sports)

➡ ______________________________ several years ago, I have really enjoyed swimming.

05 그의 가족이 마침내 런던에 도착했을 때, 그들은 말 그대로 무일푼이었다. (his family, London, finally, when, reached)

➡ ______________________________, they were literally penniless.

06 많은 학생들이 그 문제들을 신중하게 읽지 않아서 그것들을 틀린다. (them, because, carefully, do not, they, read)

➡ Many students get the questions wrong ______________________________.

07 일단 여러분이 여러분의 로고 디자인 제안을 끝내면 그것을 저희에게 보내 주세요. (it, once, done, you, with, are)

➡ Please send us your logo design proposal ______________________________.

08 그가 광범위하게 글을 쓰는 동안에, Rosen은 2012년에 사망할 때까지 그의 여생 동안 피아니스트로서 계속 공연했다.
(in, he, until, 2012, died)

➡ While he was writing extensively, Rosen continued to perform as a pianist for the rest of his life
______________________________.

09 청소년은 특히 그것이 소셜 미디어 채널을 통해 전해질 때, 잘못된 정보에 의해 쉽게 속는다.
(social media, when, comes, it, channels, through)

➡ Youth are easily fooled by misinformation, especially ______________________________.

10 지원자가 관련 경험과 자격을 가지고 있다는 것으로 보아, 그녀는 그 직무의 강력한 후보자이다.
(the applicant, experience, seeing that, qualifications, and, has, relevant)

➡ ______________________________, she is a strong candidate for the position.

NEW SENTENCES

>> 다음 문제를 풀어보며 **새로운 문장**을 익혀보세요.

B 다음 중 문맥상 적절한 것을 고르시오.

01 Till / When the results are published, peer scientists will take notice.

02 Now that / Until the budget has been approved, we can begin the project.

03 Once / While you understand the basic principles, the rest will be easier.

04 As / As long as she was feeling unwell, she decided to stay home and rest.

05 Until / While the students were taking the test, the instructor monitored the room.

06 Since / When you finished your project early, you can take the rest of the day off.

C 다음 우리말과 같은 의미가 되도록 빈칸에 알맞은 말을 써넣으시오.

01 모든 데이터가 분석될 때까지 우리는 결과를 발표할 수 없다.

We cannot publish the results _________________ all the data has been analyzed.

02 마감 시간이 다가옴에 따라, 그들은 프로젝트를 완료하기 위해 부지런히 일했다.

_________________ the deadline approached, they worked diligently to complete the project.

03 여러분이 지침을 따르기만 하면, 여러분의 실험은 성공할 것이다.

_________________ you follow the guidelines, your experiment should be successful.

04 다음에 발표할 때는, 청중과 눈을 마주치는 것을 기억하라.

_________________ you present, remember to make eye contact with the audience.

05 그들이 처음 논문을 공동으로 작업했을 때, 그것은 최고의 저널에 발표되었다.

_________________ they collaborated on a paper, it was published in a top journal.

06 여러분은 신청서를 제출하자마자 확인 이메일을 받게 될 것이다.

_________________ you submit your application, you will receive a confirmation email.

조건 / 양태를 나타내는 부사절

A 다음 우리말과 의미가 같도록 괄호 안의 말을 배열하시오.

01 상황이 나아지지 않으면 의학적 치료를 받으러 나를 보러 와라. (improve, if, things, don't)

➡ Come and see me for medical treatment ___________________________________.

02 내가 예상한 대로, 그 책은 저자가 이전에 인터뷰에서 암시했던 모든 주제를 다루고 있었다.

(all, as, I, the book, the themes, addressed, anticipated)

➡ ___________________________, ___________________________ the author had

previously hinted at in her interviews.

03 프랑스인들이 자신들의 와인을 사랑하는 것과 꼭 마찬가지로, 독일인들은 자신들의 맥주를 사랑한다.

(love, just as, wine, their, the French)

➡ ___________________________________, the Germans love their beer.

04 우리가 그 질병을 가진 사람을 이해하지 못하면 우리는 질병을 이해할 수 없다. (understand, we, unless, the person)

➡ We cannot understand disease ___________________________ with the disease.

05 시간이 가장 훌륭한 치유자인 것과 꼭 마찬가지로, 웃음은 여전히 최고의 명약이다. (healer, time, just like, is, the greatest)

➡ ___________________________, laughter still is the best medicine.

06 만약 회의가 연기된다면, 다음 회의는 언제 열릴 것인가? (the meeting, suppose that, postponed, is)

➡ ___________________________, when will the next one be held?

07 만약 제때 모든 과제를 완료한다면, 너는 학기 말에 추가 학점을 받을 것이다.

(you, all, provided that, complete, the assignments)

➡ ___________________________ on time, you will receive extra credit at the

end of the semester.

08 만일 그것이 매우 신뢰할 수는 없는 누군가에 의해 쓰인다면, 사람들은 설득력 있는 주장에 의해 납득되지 않는다.

(it's, written, is not, if, by someone, very credible, who)

➡ People are unconvinced by a persuasive argument ___________________________.

09 오늘날 몇몇 직업이 다른 직업보다 더 나은 것처럼, 초기 사회에서도 그들은 그랬을 것이었다.

(better, just as today, others, than, jobs, some, are)

➡ ___________________________, so would they have been in early societies.

NEW SENTENCES

B 다음 밑줄 친 부분이 어법상 옳으면 ○, 틀리면 ×로 표시하고 바르게 고치시오.

01 The project will be delayed <u>unless we don't resolve the issues</u> immediately.

02 You can't borrow the car <u>unless you ask for permission first.</u>

03 Just as the stars guide sailors at night, <u>so mentors guide their mentees.</u>

04 She won't get the promotion <u>unless she does not work</u> hard.

05 Just as a clear sky brings sunshine, <u>so do a clear mind bring wisdom.</u>

06 Just as the sun sets in the west, <u>so does the moon rise in the east.</u>

C 다음 중 어법상 적절한 것을 고르시오.

01 The contract will not be renewed unless they | comply / don't comply | with the terms.

02 Just as water relieves thirst, so | does / do | knowledge satisfy curiosity.

03 He greeted everyone at the party like | being / they were | his old friends.

04 You won't be able to join the team unless you | pass / don't pass | the tryouts.

05 You won't understand the movie | if / unless | you watch it from the beginning.

06 Just as the ocean's waves are constant, so | is / are | the tides of change in our lives.

양보 / 대조를 나타내는 부사절

» 다음 문제를 풀어보며 본책에서 학습한 문장을 복습해보세요.

A 다음 우리말과 의미가 같도록 괄호 안의 말을 배열하시오.

01 비록 과학자들이 기후 변화 사실에 관한 전문가이긴 하지만, 사실만으로는 사람들의 마음을 바꾸기에 충분하지 않다.
(scientists, climate change facts, are, even though, experts, on)

→ ________________________________, facts alone are not enough to change people's minds.

02 개는 흔드는 꼬리와 쾌활한 본성으로 알려져 있는 반면에, 고양이는 우아한 몸동작으로 알려져 있다.
(known for, dogs, are, whereas, their wagging tails)

→ Cats are known for their graceful movements, ________________________ and playful nature.

03 비록 우리가 늘 훌륭한 판단을 내리기에 우리의 마음이 충분히 예리하다고 생각하고 싶어 하지만, 그것들은 단지 그렇지 않다.
(sharp enough, we'd, are, although, like to, that, think, our minds)

→ ________________________________ to always make good decisions, they just aren't.

04 여러분이 그것을 좋아하든지 그렇지 않든지 간에, 여러분은 여러분의 현실을 있는 그대로 받아들여야 한다.
(it, or not, you, whether, like)

→ ________________________________, you need to accept your reality as it is.

05 비록 우리가 절대적으로 정확하게 세상을 알 수 없을지라도, 우리는 여전히 그것을 통제할 수 있다.
(we, even if, know, absolute precision, the world, cannot, with)

→ ________________________________, we can still control it.

06 비록 우리 인간이 생존을 위해서 반사 신경을 갖추고 있지만, 태어났을 때 우리는 무력하다.
(we humans, though, reflexive, are, with, equipped, responses)

→ ________________________________ for survival, at birth we are helpless.

07 비록 그녀는 건강이 안 좋았지만, 그녀는 계속 자신의 의무를 수행했다. (poor health, she, although, was, in)

→ ________________________________, she continued to perform her duties.

08 대부분의 사람들은 믿을 수 없을 정도로 열린 마음이 될 수 있지만, 어떤 사람들은 그럴 수 없다.
(most people, can, while, incredibly, open-minded, become)

→ ________________________________, some can't.

09 규칙이 아무리 엄격하더라도, 그것들은 안전을 위해 필요하다. (are, strict, the rules, as)

→ ________________________________, they are necessary for safety.

NEW SENTENCES

» 다음 문제를 풀어보며 새로운 문장을 익혀보세요.

B 다음 밑줄 친 부분에 유의하여 다음 문장을 해석하시오.

01 Although she was tired, she stayed up late to finish her report.

02 While most people prefer coffee, he likes to drink tea in the morning.

03 Though the movie was long, it kept the audience engaged until the end.

04 Even if it rains tomorrow, we will continue with the outdoor event.

05 Even if you apologize, it might take some time for her to forgive you.

06 Whether you are writing about a historical or modern topic, make sure it is well researched.

C 다음 중 문맥상 적절한 것을 고르시오.

01 The team won the championship, even though / while they had lost several key players during the season.

02 Whereas / Although he had missed several classes due to illness, he managed to pass the final exam with excellent grades.

03 Whereas / Even if funding is insufficient, the project will continue with a reduced scope.

04 Whether you agree with the theory and / or not, it's important to understand its implications.

05 Even though / Even if the sample size was small, his study provided significant insights.

06 While / Even if the new policy might seem beneficial at first glance, it could lead to several unforeseen problems in the long run.

문장 암기 REVIEW

» 다음 문제를 풀어보며 본책에서 학습한 문장을 복습해보세요.

A 다음 우리말과 의미가 같도록 괄호 안의 말을 배열하시오.

01 이 강좌는 학생들이 자기 자신의 속도로 나아갈 수 있도록 계획되었다. (can, students, so that, at their own speed, progress)

➡ This course is designed ___________________________________.

02 John의 웃음은 매우 전염성이 있어서 John이 간지럼을 타기 시작하면, 모두가 결국 끝없이 웃게 되었다.
(John's, was, contagious, laughter, that, so)

➡ ___________________ when John started feeling ticklish, everyone ended up in endless laughter.

03 교사는 학생들이 특정한 학습 차원에 집중할 수 있도록 일시적으로 얼마간의 인지적 부담을 완화한다.
(focus on, dimensions of learning, can, so that, students, particular)

➡ Instructors temporarily relieve some of the cognitive load ___________________________________.

04 여러분은 나중에 그것들을 암송할 수 있도록 시를 암기해야 한다. (them, that, you, later, can recite, in order)

➡ You need to learn poems by heart ___________________________________.

05 그 강좌는 너무 인기가 있어서 거의 그것이 열리자마자 등록이 마감되었다. (so, the registration, that, popular, closed)

➡ The course was ___________________________________ almost as soon as it opened.

06 운전하는 동안에 여러분이 사고를 피할 수 있도록 휴대폰을 보면 안 된다. (you, in order that, an accident, can avoid)

➡ You should not look at your cellphone while driving ___________________________________.

07 몇몇 운동선수들은 승리하기를 너무 많이 원할 수 있어서 거짓말하고 부정행위를 하고 팀 규칙을 위반한다.
(to win, some athletes, so, may, much, want, that)

➡ ___________________________________ they lie, and break team tules.

08 그녀가 내게 자기 돈의 일부를 빌려 주어서, 나는 무용 수업을 받을 수 있었다. (so that, was able to, I, have)

➡ She lent me some of her money, ___________________________________ my dance lessons.

09 어린 소년이 누구에 의해서든지 자신이 보여지지 않도록 하기 위해서 커다란 바위 뒤에 자신을 숨겼다.
(by, anyone, be seen, he, lest, should)

➡ The little boy hid himself behind a large rock ___________________________________.

10 자신의 소설에서, Voltaire는 매우 즐거움을 주는 방식으로 종교적 낙관주의를 지지해서 그 책은 즉각적인 베스트셀러가 되었다.
(such, an, became, entertaining, in, way, that, the book)

➡ In his novel, Voltaire supported religious optimism ___________________________________ an instant bestseller.

NEW SENTENCES

>> 다음 문제를 풀어보며 새로운 문장을 익혀보세요.

B 다음 밑줄 친 부분이 어법상 옳으면 ○, 틀리면 ×로 표시하고 바르게 고치시오.

01 The printer ran out of ink so I couldn't print my assignment.

02 He adjusted his schedule lest he could go to the concert of his dreams.

03 The glacier melts at such a slow rate that it's imperceptible year to year.

04 She spoke in a low voice so that anyone would overhear their conversation.

05 The rain was so heavy that the streets were flooded within minutes.

06 The concert ticket was so expensive that we could not go together.

C 다음 중 어법상 적절한 것을 고르시오.

01 The wind was blowing so fiercely that / which trees were swaying violently.

02 The music was played with so / such emotion that it brought tears to my eyes.

03 They tiptoed down the hallway lest they / so that they would wake their sleeping baby.

04 She laughed so loudly / loudness that everyone in the room turned to look at her.

05 I lost my voice so / my voice, so I couldn't participate in the singing competition.

06 The technology evolves at such a rapid pace / such rapid a pace that new models are released every few months.

PART

5

주요 구문

가정법 과거 / 가정법 과거완료

A 다음 우리말과 의미가 같도록 괄호 안의 말을 배열하시오.

01 여러분의 여생 동안 여러분이 한 가지 음식을 먹어야 한다면, 여러분은 무엇을 선택할 것인가? (you, one food, had to, if, eat)

→ _______________________________ for the rest of your life, what would you choose?

02 네가 지도를 따랐다면, 너는 숲속에서 길을 잃지 않았을 것이다. (you, have, lost, would, been, not)

→ If you had followed the map, _______________________________ in the forest.

03 네가 파란색 드레스를 골랐다면, 그것이 네 눈과 완벽하게 어울렸을 것이다. (would, it, have, your eyes, matched)

→ If you had chosen the blue dress, _______________________________ perfectly.

04 그가 자신의 행동에 대해 정말로 미안해한다면, 그는 진심으로 어떠한 망설임도 없이 사과할 것이다.

(apologize, he, sincerely, would)

→ If he were truly sorry for his actions, _______________________________ without any hesitation.

05 내가 키가 더 크다면, 나는 훨씬 더 효과적으로 농구를 할 수 있을 것이다. (taller, I, if, were)

→ _______________________________, I could play basketball even more effectively.

06 네가 콘서트에 갔다면, 너는 놀라운 공연을 볼 수 있었을 것이다. (you, had gone, if, the concert, to)

→ _______________________________, you could've seen an amazing performance.

07 그녀가 그 아기를 무릎 위에 올려놓고 몸부림치는 아기를 즐겁게 해야 했다면 그것은 훨씬 더 어려웠을 것이다.

(if, had, on, had to, her lap, hold, she, the baby)

→ _______________________________ and entertain the wiggly one, it would have
been much more difficult.

08 내가 우주 비행사라면, 나는 우주에 가서 우리 행성의 아름다움을 위에서 목격하는 내 평생의 꿈을 성취할 수 있을 것이다.

(if, I, were, I, could, my, an astronaut, lifelong dream, fulfill)

→ _______________________, _______________________ of going to space
and witnessing the beauty of our planet from above.

09 우리 모두가 내일 일어나서 X 은행이 파산할 것이라고 믿는다면, 그것은 파산하게 될 것이다.

(tomorrow, woke, and, believed, up)

→ If we all _______________________________ that Bank X would be broke, then
it would become broke.

NEW SENTENCES

>> 다음 문제를 풀어보며 새로운 문장을 익혀보세요.

B 다음 밑줄 친 부분이 어법상 옳으면 ○, 틀리면 ×로 표시하고 바르게 고치시오.

01 If I am invisible, I would explore places that are not open to the public.

02 If I had studied harder, I might have been admitted to my dream university.

03 If time travel were possible, I would visit the ancient civilizations of Egypt.

04 If he studied ancient languages, he would have learned how to accurately translate historical texts.

05 If I had the ability to read minds, I will use it to understand people better.

06 If he had taken that advanced coding course, he could have developed his own app.

C 다음 중 어법상 적절한 것을 고르시오.

01 If I can / could talk to animals, I would ask my dog what he thinks about all day.

02 If I had known about the job opening, I would apply / have applied and possibly been hired.

03 If I had / had had the opportunity to travel to outer space, I would visit Mars and explore its landscape.

04 If we invested / had invested in electric vehicles earlier, we would have reduced our carbon footprint significantly.

05 If I could stop time, I would take / have taken long breaks during my stressful moments.

06 If they have / had explored renewable energy sources sooner, their company could have been a leader in green technology.

혼합가정법, if + should / were to

A　다음 우리말과 의미가 같도록 괄호 안의 말을 배열하시오.

01　(만에 하나) 화성이 지구 궤도 안으로 들어온다면, 그것은 두 행성 모두에게 대재앙의 영향을 미칠 것이다.
(would, catastrophic, it, effects, have)

→ If Mars were to enter Earth's orbit, _________________________ on both planets.

02　내가 그 일자리 제의를 받아들였다면 나는 지금 다른 도시에서 살고 있을지도 모른다. (if, had taken, I, job offer, that)

→ I might be living in a different city now _________________________ .

03　네가 네 에세이의 교정을 보았다면, 너는 지금 흠 없는 과제물을 가지고 있을 것이다. (you, your essay, had, if, proofread)

→ _________________________ , you would now have a flawless paper.

04　오늘 밤에 (혹시라도) 눈이 많이 내린다면, 우리는 아침에 등교를 중지시켜야 할지도 모른다.
(it, tonight, snow, if, should, heavily)

→ _________________________ , we might have to cancel school in the morning.

05　네가 너의 예술에 대한 열정을 추구했다면, 너는 오늘날 전문 화가일지도 모른다. (painter, might, be, a professional)

→ If you had pursued your passion for art, you _________________________ today.

06　내가 심부전으로 고통받고 인공 심장에 의존하게 된다면 나는 내가 누구인지 궁금해 할 것인가?
(if, heart failure, I, to, suffer, were, from)

→ Would I wonder who I am _________________________ and depend upon an artificial heart?

07　내가 (혹시라도) 복권에 당첨된다면, 나는 자선 운동에 얼마간을 기부할 것이다. (I, if, were, the lottery, to, win)

→ _________________________ , I would donate some to charitable causes.

08　(만에 하나) 공기가 없다면, 지구상에 생명체가 없을 것이다. (there, be, no air, if, should)

→ _________________________ , there would be no living things on the earth.

09　내가 내 건강에 더 일찍 투자했다면, 나는 지금 이런 건강 문제를 다루고 있지 않을 것이다.
(my health, if, had, invested, I, in, earlier)

→ _________________________ , I wouldn't be dealing with these medical issues now.

NEW SENTENCES

» 다음 문제를 풀어보며 **새로운 문장**을 익혀보세요.

B 다음 밑줄 친 부분이 어법상 옳으면 ○, 틀리면 ×로 표시하고 바르게 고치시오.

01 If I <u>took up</u> gardening years ago, I would have a thriving garden now.

02 If I <u>were to become</u> president, I would make education reform a priority.

03 If I had listened to my parents as a child, <u>I wouldn't be</u> in this mess.

04 If <u>we will discover</u> a new element, it would revolutionize the field of chemistry.

05 If the weather should clear up, <u>we can go for a hike</u> this afternoon.

06 If <u>he were training</u> for marathons since childhood, he would be competing in international races by now.

C 다음 중 어법상 적절한 것을 고르시오.

01 If I had started exercising sooner, I would be / have been in better shape now.

02 If gravity were to suddenly reverse, everything would float / have floated into the sky.

03 If he dedicated / had dedicated more time to writing, his novel would be a bestseller by now.

04 If invisibility should exist / exists, privacy would take on a whole new meaning.

05 If I had taken international relations courses in college, I would have / have had a deeper understanding of global diplomacy today.

06 If plants have / were to have consciousness, gardening would involve conversations with them.

문장 암기 REVIEW

» 다음 문제를 풀어보며 본책에서 학습한 문장을 복습해보세요.

A 다음 우리말과 의미가 같도록 괄호 안의 말을 배열하시오.

01 그 제품이 결함이 있다고 발견되면, 우리는 추가 비용 없이 그것을 교체할 것이다. (defective, were, the product, found)

➡ __________________________________, we would replace it at no additional cost.

02 그들이 의사소통을 더 잘 했다면, 그들의 관계가 끝나지 않았을지도 모른다. (better, had, communicated, they)

➡ __________________________________, their relationship might not have ended.

03 포장 상품이 하자가 생긴 채로 도착하면, 우리는 사진으로 상태를 기록해야 할 것이다.
(arrive, should, damaged, the package)

➡ __________________________________, we would have to document the condition with photos.

04 가격이 계속 이런 속도로 증가한다면, 소비자들은 더 높은 비용을 수용하기 위해서 자신의 예산을 조정해야 할지도 모른다.
(prices, at, this rate, continue, should, to rise)

➡ __________________________________, consumers might need to adjust their budgets to
accommodate higher expenses.

05 외계인이 지구를 방문한다면, 그것은 인류 역사에서 가장 큰 뉴스일 것이다. (the Earth, aliens, to, were, visit)

➡ __________________________________, it would be the biggest news in human history.

06 내가 내 집을 더 일찍 수리했다면, 그것의 가치는 상당히 증가했을 것이다. (I, house, earlier, renovated, had, my)

➡ __________________________________, its value would have increased significantly.

07 프로젝트가 예기치 않은 지연에 맞닥뜨리면, 우리는 우리의 일정표를 재평가해야 할 것이다.
(the project, unexpected, should, delays, encounter)

➡ __________________________________, we would have to reassess our timeline.

08 그가 내 상관이라면, 나는 즉시 내 일자리를 그만둘 것이다. (were, my boss, he)

➡ __________________________________, I would quit my job right away.

09 우리가 다른 경로를 택했다면, 우리는 훨씬 일찍 도착했을 것이다. (we, the other, had, route, taken)

➡ __________________________________, we would have arrived much earlier.

10 내가 자영업을 시작한다면, 나는 지속 가능한 제품에 중점을 둘 것이다. (I, own, business, to, start, were, my)

➡ __________________________________, I would focus on sustainable products.

NEW SENTENCES

» 다음 문제를 풀어보며 새로운 문장을 익혀보세요.

B 다음 밑줄 친 부분이 어법상 옳으면 ○, 틀리면 ×로 표시하고 바르게 고치시오.

01 <u>You should meet</u> a bear, stay calm and make yourself appear as large as possible.

02 <u>Had we won</u> the game, we would have had a laugh about it.

03 <u>Were I the hare</u>, I would challenge the tortoise to a running race.

04 <u>Were capable robots</u> of emotions, human-robot relationships would become more complex.

05 <u>Had I</u> a photographic memory, I could excel in academics and remember every detail.

06 Had I known about the surprise party, I <u>might have dressed up</u> for the occasion.

C 다음 중 어법상 적절한 것을 고르시오.

01 Were cars / Cars were powered by renewable energy sources, air pollution would significantly decrease.

02 Should a universal cure for all diseases be / is discovered, it would transform healthcare systems worldwide.

03 Were / Was solar panels integrated into every building, energy consumption would be more sustainable.

04 Had humans develop / developed the ability to communicate telepathically, interpersonal relationships would be much more complex.

05 Had humans / Humans had evolved to breathe underwater, our architecture would be vastly different.

06 Should virtual reality technology advance further, education could be / have been revolutionized with immersive learning experiences.

S + wish 가정법, as if[though] 가정법

A 다음 우리말과 의미가 같도록 괄호 안의 말을 배열하시오.

01 내가 그날 밤 네게 한 말을 취소할 수 있다면 좋을 텐데. (I wish, take, could, I, back)

➡ ____ what I said to you that night.

02 우리 지역 사회가 쓰레기양을 줄이기 위해서 더 나은 재활용 프로그램을 가진다면 좋을 텐데.
(community, our, programs, had, recycling, better)

➡ I wish ________________________________ to reduce the amount of waste.

03 우리는 마치 다른 사람들이 우리 피부를 꿰뚫고 우리 마음속을 볼 수 있는 것처럼 느낀다. (as though, could, feel, see, others)

➡ We ________________________________ through our skin and into our mind.

04 그는 그것이 세상에서 가장 소중한 것인 것처럼 그 고대 유물을 쥐었다. (precious, as, it, if, were, thing, the, most)

➡ He held the ancient artifact ________________________________ in the world.

05 그녀는 그것이 이미 현실인 것처럼 자신의 꿈에 관해서 자신감 있게 말했다. (they, as, were, a reality, already, though)

➡ She spoke confidently about her dreams ________________________________.

06 우리는 마치 우리가 현실을 충실하게 묘사하고 있다는 것을 의심하지 않는 것처럼 맹목적으로 우리가 구성하는 현실을 신뢰한다.
(as, no, doubt, there, if, were)

➡ We blindly trust the reality we construct ________________ that we are portraying reality faithfully.

07 하늘 전체가 어두워진 것처럼 보였다. (as though, turned, the entire sky, dark, had)

➡ It appeared ________________________________.

08 내가 내 생애에 화성으로의 유인 우주 비행을 목격할 수 있다면 좋을 텐데. (I, a manned, mission, could witness, I wish)

➡ ________________________________ to Mars in my lifetime.

09 더 많은 사람들이 기후 변화와 그것이 우리 행성에 미치는 파괴적인 영향을 다뤄야 할 위급한 필요성을 알고 있다면 좋을 텐데.
(were, of, aware, the urgent, more people, need)

➡ I wish ________________________________ to address climate change and its
devastating effects on our planet.

10 가게 주인은 더 많은 거래를 끌어들이기 위해서 마치 그가 친절하고 정직한 사람인 것처럼 행동하기 시작할 수 있다.
(he, honest, as, man, if, were, and, a kind)

➡ A shopkeeper may begin to act ________________________ in order to attract more business.

NEW SENTENCES

» 다음 문제를 풀어보며 **새로운 문장**을 익혀보세요.

B 다음 밑줄 친 부분이 어법상 옳으면 ○, 틀리면 ×로 표시하고 바르게 고치시오.

01 I wish <u>I can travel back</u> in time to correct my mistakes.

02 She smiled at her son <u>as though she knew</u> his deepest secrets.

03 He spoke with such passion, <u>as if the topic were</u> his life's mission.

04 The cat pounced on the toy <u>as if it had been</u> its real prey in the wild.

05 <u>I wish I apologized</u> to my friend before our friendship fell apart.

06 <u>I wish I could see</u> into the future so I could make better decisions in life.

C 다음 중 어법상 적절한 것을 고르시오.

01 It looked as though the room were recently / had recently been remodeled.

02 I wish I can / could visit fictional worlds from books to experience their adventures.

03 The sculpture was so lifelike that it seemed as if it will / would start moving at any moment.

04 I wish I expressed / had expressed my feelings to someone I cared about before it was too late.

05 The child built the sandcastle as though it were / had been a majestic palace.

06 The tourists walked through the ancient ruins as though they were / had been uncovering lost civilizations as archaeologists.

문장 암기 REVIEW » 다음 문제를 풀어보며 본책에서 학습한 문장을 복습해보세요.

A 다음 우리말과 의미가 같도록 괄호 안의 말을 배열하시오.

01 우리는 식물들에게 규칙적으로 물을 주어야 하는데, 그렇지 않으면 그것들은 말라서 죽을 것이다.
(would wither, otherwise, they)

➡ We must water the plants regularly; ________________________________ and die.

02 햇빛이 없다면, 우리는 위험할 정도로 비타민 D가 부족하게 될 것이다. (sunlight, for, but)

➡ ________________________________, we would become dangerously deficient in vitamin D.

03 다른 사람들의 도움이 없이는, 아무도 그 손실을 보상할 수 없을 것이다. (of, without, others, the help)

➡ ________________________________, no one could make the loss up.

04 그 자선 단체는 그렇지 않으면 굶주릴지도 모르는 아이들에게 식사를 제공한다. (go, might otherwise, hungry)

➡ The charity provides meals to children who ________________________________.

05 자신을 기계로 연장시키지 않으면, 운전하는 것이 불가능할 것이다. (into machine, self, the extension, but for, of)

➡ ________________________________, it would be impossible to drive.

06 그 문해력 교육 프로그램은 그렇지 않으면 문맹의 상태로 남아 있을지도 모르는 성인들을 가르친다.
(who, illiterate, might otherwise, remain)

➡ The literacy program teaches adults ________________________________.

07 기관의 지지가 없으면, 내집단 구성원들은 외부인과 상호 작용을 하는 것을 꺼릴지도 모른다.
(be, of, reluctant, an in-group, members, might)

➡ But for institutional support, ________________________________ to interact
  with outsiders.

08 기억은 여러분이 배운 것을 저장하는 것인데, 그렇지 않으면 우리가 왜 애초에 배우려고 애쓸 것인가?
(bother, would, learning, why, we)

➡ Memory means storing what you have learned; otherwise, ________________________________
  in the first place?

09 그녀는 늘 자신이 한 일을 재확인하는데, 그렇지 않으면 그녀는 부주의한 실수를 할지도 모른다.
(make, otherwise, mistakes, she, careless, might)

➡ She always double-checks her work; ________________________________.

NEW SENTENCES

B 다음 밑줄 친 부분이 어법상 옳으면 ○, 틀리면 ×로 표시하고 바르게 고치시오.

01 Without his help, we <u>could not have finished</u> the project on time.

02 She missed the bus. Otherwise, she <u>would have been</u> at work early.

03 Without the wheel, transportation <u>would be difficult</u> in ancient times.

04 But for his encouragement, she <u>would have given up</u> on her dream.

05 But for access to healthcare, many people <u>would suffer</u> from preventable illnesses.

06 Traveling opens our minds to cultures and perspectives that we <u>might not encountering</u> otherwise.

C 다음 중 어법상 적절한 것을 고르시오.

01 But for the barking dog, we could sleep / have slept better last night.

02 Art allows us to express things that would otherwise remain / have been remained unspoken.

03 But for the language barrier, our previous communication would be / have been easier.

04 The meeting ran late. Otherwise, I would make / have made it to the doctor's appointment.

05 Without the power outage, the presentation would go / have gone smoothly that day.

06 The store offers discounts, which might otherwise be / have been too expensive for many customers.

문장 암기 REVIEW   ≫ 다음 문제를 풀어보며 본책에서 학습한 문장을 복습해보세요.

A 다음 우리말과 의미가 같도록 괄호 안의 말을 배열하시오.

01 65세가 넘는 사람들은 더 젊은 사람들보다 7배나 더 많은 잘못된 정보를 공유했다.

(much misinformation, as, shared, seven times, as)

➡ People over 65 ____ their younger counterparts.

02 쓰나미는 해안 지역에서의 자연재해 중에서 가장 파괴적이다. (most, of, the, natural hazards, devastating)

➡ Tsunamis are ________________________________ for coastal zones.

03 형태가 있는 서점들은 가상 서점이 할 수 있는 만큼 많은 서적을 채울 수 없을 것이다.

(a virtual, so many, titles, bookstore, as)

➡ Physical bookstores could not stock ________________________________ could.

04 어떤 식품은 전반적인 건강과 행복 면에서 다른 식품보다 더 낫다. (than, foods, others, are, some, better)

➡ ________________________________ in terms of general health and well-being.

05 2023년에, 한 주의 다른 어떤 날보다 일요일에 더 많은 치명적인 사건이 일어났다.

(fatal, other, more, day, accidents, any, than)

➡ In 2023, Sundays saw ________________________________ of the week.

06 우리는 우리가 들이마시는 공기만큼 물이 풍부하다고 느낀다. (as, the air, as, abundant)

➡ We feel that water is ________________________________ we breathe.

07 노인들에게는, 직접 투표하는 것이 온라인으로 투표하는 것보다 더 편하다. (voting online, accessible, more, than)

➡ For older people, voting in person is ________________________________ .

08 어떤 다른 스포츠도 비치 발리볼보다 리우데자네이루와 더 긴밀하게 연관되어 있지 않다.

(other, no, closely associated, sport, more, is)

➡ ________________________________ with Rio de Janeiro than beach volleyball.

09 심지어 카페인을 섭취하고도, 잠을 거의 자지 않은 집단은 충분히 잠을 잔 사람들만큼 점수를 썩 잘 얻지 못했다.

(with, adequate, as well, sleep, as, score, those)

➡ Even with caffeine, the group with little sleep did not ________________________________ .

NEW SENTENCES

B 다음 밑줄 친 부분이 어법상 옳으면 ○, 틀리면 ×로 표시하고 바르게 고치시오.

01 The dog sprints across the field <u>as swift as</u> a gazelle escaping predators.

02 The new skyscraper is <u>more than twice as tall as</u> the old building it replaced.

03 Her performance in the competition was better than <u>any other participants'</u>.

04 This winter has been <u>the colder season</u> we've endured in the last twenty years.

05 There is no other family member who supports me <u>as much as my brother</u>.

06 <u>No other dessert satisfies</u> my sweet tooth more than chocolate cake.

C 다음 중 어법상 적절한 것을 고르시오.

01 The athlete's endurance is as impressive / impressively as a marathon runner's.

02 There is no other writer who captivates me as much / many as George Orwell.

03 No other music genre moves / genres move me more than classical music.

04 Her laughter echoed through the cafe as joyfully / joyfulness as the ringing of church bells on a festive day.

05 This smartphone has a longer battery life than any other phone / phones I've owned.

06 The new telescope can see two times far / farther into deep space than older models.

문장 암기 REVIEW

» 다음 문제를 풀어보며 본책에서 학습한 문장을 복습해보세요.

A 다음 우리말과 의미가 같도록 괄호 안의 말을 배열하시오.

01 근로자들은 매주 많아야 52시간을 일하기로 되어 있다. (no, than, work, 52 hours, more)

➡ Workers are supposed to ________________________________ each week.

02 상업적인 성공을 성취하기 위해, 청취자는 가능한 한 많아야 한다. (be, as, must, possible, as large)

➡ To achieve commercial success, the audience ________________________________.

03 Jackson은 친구를 찾고 있는 게 아니라 자신과 꼭 같은 어떤 사람을 찾고 있다. (as, a, so much, not, friend)

➡ Jackson is seeking ________________________________ someone just like himself.

04 여러분이 더 많은 사람과 상호 작용할수록, 여러분은 자신을 더 많이 이해한다. (understand, the more, yourself, you)

➡ The more people you interact with, ________________________________.

05 그 작은 소년은 심지어 기차에 결코 타 본 적이 없었고, 비행기는 말할 것도 없었다. (an, much, airplane, less)

➡ The little boy had never even been on a train, ________________________________.

06 그녀의 프로그래밍 능력이 인상적인 것은 데이터 과학에서의 그의 전문성이 인상적인 것과 같다. (no less, are, than, impressive)

➡ Her skills in programming ________________________________ his expertise in data science is.

07 건강에 대한 인간의 권리는 의사들의 기술 못지않게 공공 의료 서비스에 좌우된다. (less, the skills, no, of doctors, than, on)

➡ The human right to good health depends on public healthcare services ________________________________.

08 어떤 국가도 국제 질서가 무엇인지 정의할 자격이 없고, 자기 기준을 다른 국가들에게 부과하는 것은 말할 것도 없다.
(less, their standard, still, others, on, to impose)

➡ No countries are entitled to define what the international order is, ________________________________.

09 더 많은 뉴런이 반복된 사고와 활동에 의해 활성화되면서 발화할수록, 그것들은 더 빨리 신경 통로로 변한다.
(into, faster, neural pathways, they, the, develop)

➡ The more neurons fire as they are activated by repeated thoughts and activities, ________________________________.

10 여러분이 더 여러 번 그 피드백 기술을 시도할수록, 그것은 더 쉽게 여러분에게 생각날 것이다. (will come, the, more easily, it)

➡ The more times you try the feedback technique, ________________________________ to you.

NEW SENTENCES

» 다음 문제를 풀어보며 새로운 문장을 익혀보세요.

B 다음 밑줄 친 부분이 어법상 옳으면 ○, 틀리면 ×로 표시하고 바르게 고치시오.

01 The longer you stay in the sun, <u>the more likely you are</u> to get sunburned.

02 Let's get this done <u>as efficient as possible</u> to save time and resources.

03 His hesitation to try new foods isn't so much about taste as <u>fearful of allergies</u>.

04 Make your message <u>as clear as you can</u> to avoid any misunderstandings.

05 The more you meditate daily, <u>the clearer and calm</u> your mind will become over time.

06 The story's charm lies <u>not so much in its plot twists</u> as in its rich character development.

C 다음 우리말과 같은 의미가 되도록 빈칸에 알맞은 말을 써넣으시오.

01 사람들은 기사의 내용보다는 오히려 그것의 어조를 비판했다.

People criticized _______________________ the content of the article as its tone.

02 한 번에 기껏해야 7명의 사람이 엘리베이터에 탑승할 수 있다.

_______________________ seven people are allowed in the elevator at once.

03 Alex가 수학에 관심이 없는 것은 Jamie가 문학 수업에 관심이 없는 것과 같았다.

Alex had _______________ interest in math than Jamie had in literature class.

04 Sophia가 원예에 열정을 가지는 것은 Henry가 목공에 열정을 가지는 것과 같았다.

Sophia had _______________ passion for gardening than Henry had for woodworking.

05 그 미술가는 적어도 10가지 다른 파란색 색조를 그림에 사용했다.

The artist used _______________ than ten different shades of blue in the painting.

06 그는 기본 댄스 스텝을 추는 법을 몰랐고, 복잡한 탱고 루틴은 더 말할 것도 없었다.

He didn't know how to dance a basic step, _______________ a complex tango routine.

문장 암기 REVIEW

» 다음 문제를 풀어보며 본책에서 학습한 문장을 복습해보세요.

A 다음 우리말과 의미가 같도록 괄호 안의 말을 배열하시오.

01 어떤 상황에서도 너는 그 문을 열면 안 된다. (you, that door, should, open)

➡ Under no circumstances ____.

02 나는 이 순간이 그렇게 빨리 도래할 것이라고 거의 상상할 수 없었다. (imagine, could, little, I)

➡ ____ that this moment would arrive so soon.

03 나는 내 개가 내게 인사하기 위해 돌진하며 왔을 때 문 안으로 거의 들어서지도 못했다. (in the door, had, hardly, walked, I)

➡ ____ when my dog came rushing to greet me.

04 먼 지평선 너머에 탐험되지 않은 신비로운 땅이 놓여 있다. (mystical, an unexplored, lies, land)

➡ Beyond the distant horizon ______________________, ______________________.

05 오랜 성의 잔해 가운데에 시간에 의해 잊힌 숨겨진 보물이 놓여 있었다. (forgotten, hidden, by time, lay, treasures)

➡ Among the ruins of the old castle ____.

06 결코 여러분은 여름철 동안 충분히 수분을 섭취한 상태를 유지하는 것의 중요성을 과소평가하지 말아야 한다.
(underestimate, should, in no way, you)

➡ ____ the importance of staying hydrated during
the summer months.

07 나는 내 결과를 보고 나서야 비로소 내가 시험에 통과했다는 것을 정말로 믿었다. (really, did, believe, I)

➡ Not until I had seen my result ______________________ I had passed the exam.

08 금지된 숲 가장자리에 거대한 아주 오래된 나무가 서 있었다. (tree, a huge, stood, ancient)

➡ At the edge of the forbidden forest ____.

09 더는 사람들이 영화를 보기 위해서 극장으로 전차를 타고 갈 필요가 없었다. (one, ride, did, the trolley, have to)

➡ No longer ____ to the theater to watch a movie.

10 상대방이 우연히 내가 원하는 것을 가지고 있을 뿐만 아니라, 나 또한 그가 원하는 것을 가지고 있다.
(the other, happen to, does, have, person)

➡ Not only ______________________ what I want, but I also have what he wants.

NEW SENTENCES

B 다음 밑줄 친 부분이 어법상 옳으면 ○, 틀리면 ×로 표시하고 바르게 고치시오.

01 In the middle of the living room <u>did a Christmas tree stand</u>.

02 <u>Not only the runner won</u> the race, but he also set a new record.

03 <u>Never before had she seen</u> such a breathtaking view of the mountains.

04 <u>Little she knew</u> how deeply her words had impacted her son.

05 Under the old porch swing <u>lay a sleepy cat</u>, enjoying the morning sun.

06 Only after the meeting <u>did they realize</u> the importance of the decision made.

C 다음 중 어법상 적절한 것을 고르시오.

01 At the edge of the cliff | sat an eagle / did an eagle sit |, surveying the landscape intently.

02 Not until the final whistle blew | the team celebrated / did the team celebrate | their hard-fought victory.

03 Near the stone path | was / were | a lot of tulips, their colors bright against the green grass.

04 Only after the experiment concluded | they understood / did they understand | the true nature of the substance.

05 No sooner | the artist had finished / had the artist finished | the mural than it became an iconic landmark in the city.

문장 암기 REVIEW

» 다음 문제를 풀어보며 본책에서 학습한 문장을 복습해보세요.

A 다음 우리말과 의미가 같도록 괄호 안의 말을 배열하시오.

01 일단 평등의 기초가 바뀌면 그것의 내용도 역시 그렇다. (content, does, its, so)

➡ Once the basis of equality changes ____.

02 많은 특성의 이점이 바뀌었고, 최적의 삶의 전략도 그랬다. (optimal, strategy, did, life, so)

➡ The payoff of many traits changed, and ____.

03 Tom은 파티 초대장을 받지 못했고, 나도 역시 초대받지 못했다. (I, nor, invited, was)

➡ Tom didn't receive an invitation to the party, ____.

04 그 소년은 매우 기뻐서 그는 위아래로 껑충껑충 뛰고 있었다. (was, boy, the, so, happy)

➡ ____ that he was jumping up and down.

05 시간이 흐르면서, 상황이 개선되었고 사람들의 생애 길이도 역시 그랬다. (the length, did, lives, people's, of, so)

➡ As time went on, conditions improved and ____.

06 그 발명품이 매우 혁명적이어서 그것은 전 세계적으로 산업을 탈바꿈시켰고 새로운 기회를 만들어 냈다.
(revolutionary, the invention, so, was)

➡ ____ that it transformed industries and created new opportunities globally.

07 정말로, 현재 우리 토양이 덜 건강하고 그것에서 재배되는 식물도 그러하다. (the plants, on, are, it, grown, so)

➡ Indeed, nowadays our soil is less healthy and ____.

08 그 교수는 학생들의 논문의 질에 너무 감명받아서, 그는 그것들을 출간했다. (the, so, impressed, professor, was)

➡ ____ with the quality of the students' papers that he published them.

09 똑같은 장치로 반복해서 하는 측정은 계통 오차를 드러내지도 못하고 그것을 제거하지도 못한다.
(a systematic, nor, they, error, eliminate, do)

➡ Repeated measurements with the same apparatus neither reveal ____.

10 그녀는 그녀의 고양이가 하루 종일이 지나도 집으로 돌아오지 않았을 때 매우 걱정되었고 그래서 그녀는 잠들 수 없었다.
(was, worried, she, so)

➡ ____ when her cat didn't come home after a whole day that she couldn't sleep.

NEW SENTENCES

» 다음 문제를 풀어보며 **새로운 문장**을 익혀보세요.

B 다음 밑줄 친 부분이 어법상 옳으면 ○, 틀리면 ×로 표시하고 바르게 고치시오.

01 The company's financial situation improved, and so improved employee morale.

02 The solution didn't solve the problem, nor did the alternative method.

03 So crowded was the beach that they struggled to find a spot to lay their towels.

04 Lost in thought did the professor stand, staring into the vastness of the universe.

05 Jane wasn't informed of the change in schedule, and neither was her colleagues.

06 Lying on the kitchen counter was a handwritten note, left by someone in a hurry.

C 다음 중 어법상 적절한 것을 고르시오.

01 His speech didn't impress the audience, nor did / impressed his colleague's.

02 The weather suddenly changed and so our plans did / did our plans .

03 Resting on the table was / were well-worn books, their pages marked with notes.

04 So cold the weather was / was the weather that they decided to build a fire to keep warm.

05 Her relationship with her family strengthened, and so was / did her sense of belonging.

06 His car didn't start in the cold weather, and neither his neighbor's did / did his neighbor's .

문장 암기 REVIEW

» 다음 문제를 풀어보며 본책에서 학습한 문장을 복습해보세요.

A 다음 우리말과 의미가 같도록 괄호 안의 말을 배열하시오.

01 그 교수의 이웃의 식물들은 전혀 피해를 입지 않았고 굳건히 서 있었다. (not, were, at, damaged, all)

➡ The plants of the professor's neighbor ＿＿＿＿＿＿＿＿＿＿＿＿＿＿ and were standing firm.

02 문제에 관한 그의 의견은 내가 기대했던 것이 전혀 아니었다. (not, was, all, at)

➡ His opinion on the matter ＿＿＿＿＿＿＿＿＿＿＿＿＿＿ what I had expected.

03 협상 후에, 그는 자동차 가격을 내리기로 정말로 동의했다. (to, did, lower, agree)

➡ After negotiations, he ＿＿＿＿＿＿＿＿＿＿＿＿＿＿ the price of the car.

04 우리가 더 조화로운 세상을 만들어 낼 수 있는 것은 바로 마음을 연 대화를 통해서이다.
(conversations, through, is, open, that)

➡ It ＿＿＿＿＿＿＿＿＿＿＿＿＿＿ we can create a more harmonious world.

05 주관적인 것은 단지 신념, 태도, 가치관만이 아니다. (that, subjective, are)

➡ It is not only beliefs, attitudes, and values ＿＿＿＿＿＿＿＿＿＿＿＿＿＿.

06 유아들이 정말로 성공하면, 그들은 눈의 반짝거림에 의해서 즐거움을 나타낸다. (do, when, succeed, infants)

➡ ＿＿＿＿＿＿＿＿＿＿＿＿＿＿, they show pleasure by a brightening of their eyes.

07 때때로 사업체에 경쟁력 있는 이점을 주는 것은 바로 더 단순한 제품이다. (the simpler, gives, that, it, is, product)

➡ Sometimes ＿＿＿＿＿＿＿＿＿＿＿＿＿＿ a business a competitive advantage.

08 우리의 무지가 틀림없이 거대하지만, 우리의 경이로움이 커지는 것은 바로 이 똑같은 무지함의 거대함으로부터이다.
(this, selfsame, from, ignorance, of, the vastness, it, is, that)

➡ Although our ignorance is undeniably vast, ＿＿＿＿＿＿＿＿＿＿＿＿＿＿
our sense of wonder grows.

09 주말의 일기 예보는 전혀 정확하지 않은 것으로 판명되었다. (not, be, accurate, in the least)

➡ The weather forecast for the weekend turned out to ＿＿＿＿＿＿＿＿＿＿＿＿＿＿.

10 발표하는 동안의 그의 업무 성과는 전혀 회사의 기준에 부합하지 못했다.
(the company's, was, not at all, up, to, standards)

➡ His performance during the presentation ＿＿＿＿＿＿＿＿＿＿＿＿＿＿.

NEW SENTENCES

» 다음 문제를 풀어보며 새로운 문장을 익혀보세요.

B 다음 밑줄 친 부분이 어법상 옳으면 ○, 틀리면 ×로 표시하고 바르게 고치시오.

01 She does believes in fairies, even if others find it hard to understand.

02 It is during the quiet moments that we find the most profound insights within.

03 You must have missed her call somehow because she does call you yesterday.

04 It is literary characters who inspires us to face our own challenges with courage.

05 It is the kindness of strangers what restores our faith in humanity each day.

06 It is in times of adversity that true friendships are tested and proven.

C 다음 중 어법상 적절한 것을 고르시오.

01 It is through hard work and perseverance that / what dreams are turned into reality.

02 I do / did see Tom at the concert last night, although he didn't notice me.

03 It is the laughter of children that bring / brings the greatest joy to any household.

04 He does / did complete the marathon, despite injuring his ankle halfway through the race.

05 It is / was Picasso's ability to capture the essence of subjects that made his portraits so compelling.

06 It is long road trips / during long road trips that we have the best family conversations.

Memo

Memo

Memo

Memo

Memo

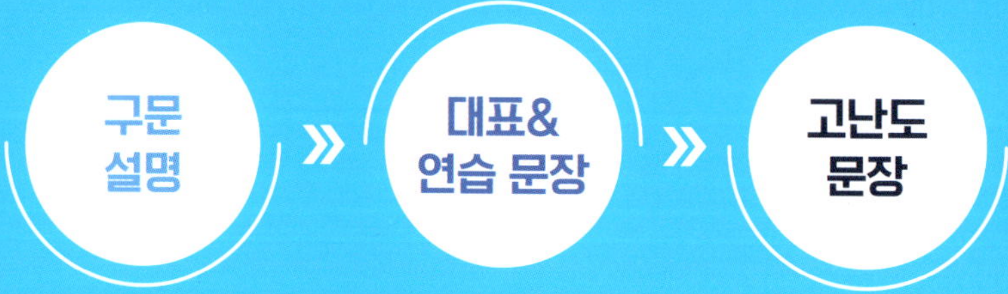

CORE 구문 800

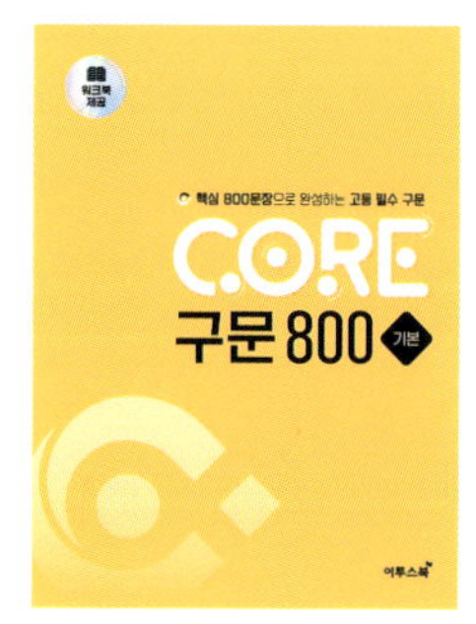

중2~중3 · 기본

· 우선순위 빈출 구문
· 문장 구성 요소 중심의 구문 학습

· 중학 수준의 어휘
· 평균 10~15 단어의 문장 길이

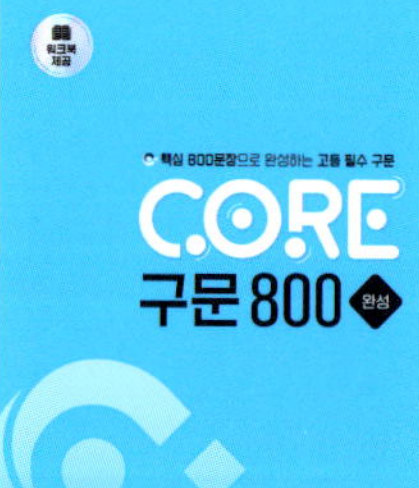

예비고~고2 · 완성

· 고득점 대비 주요 구문
· 다양한 문장 구조 중심의 구문 학습

· 고1 수준의 어휘
· 평균 15~20 단어의 문장 길이

◆ 5개년 고1~3 학력평가, 모의평가, 수능 예문 수록 ◆

CHAPTER 01 주어

본문 20쪽

UNIT 01 명사구 주어

001 To sail the skies in a glider / would be a fantastic experience.
S · V · SC

글라이더를 타고 하늘을 항해하는 것은 / 환상적인 경험이 될 것이다.
→ 전치사 in은 '~을 타고'의 의미이다.

002 Offering help to those in need / is a simple yet meaningful act.
S · V · SC

가난한 사람들에게 도움을 제공하는 것은 / 간단하지만 의미 있는 행위이다.
→ those in need는 '가난한 사람들'이라는 의미이다.

003 What to wear / is not the only consideration (for a job interview).
S · V · SC

무엇을 입는지가 / (직장 면접을 위한) 유일한 고려 사항은 아니다.

004 *The only way* (to reduce the pain) / was to apply ice to the affected area.
S · V · SC

(고통을 줄이는) 유일한 방법은 / 환부에 얼음을 바르는 것이었다.
→ to reduce the pain은 The only way를 꾸며주는 to부정사구이다. UNIT 31
→ affected area는 '환부(상처가 난 곳)'라는 의미이다.

005 To pay for anything in cash / is becoming rare / in today's digital age.
S · V · SC · M

현금으로 물건값을 치르는 것은 / 드물어지고 있다 / 오늘날의 디지털 시대에.

006 Learning to use new technology / can be time-consuming and stressful / for workers.
S · V · SC · M

새로운 기술을 사용하는 것을 배우는 것은 / 시간이 많이 걸리고 스트레스를 줄 수 있다 / 직원들에게.

007 How to spend your high school days / is *a question* [many students ponder].
S · V · SC

고등학교 시절을 어떻게 보내는지는 / [많은 학생들이 깊이 생각하는] 문제이다.
→ many students ponder는 a question을 꾸며주는 목적격 관계대명사절이다. UNIT 43

008 To assist Ben in preparing the meal / must involve / the action (of giving him the cookbook).
S · V · O

Ben이 식사를 준비하는 것을 돕는 것은 / 포함해야만 한다 / (그에게 요리책을 주는) 행위를.

009 Having more data / is better / for making accurate and reliable predictions.
S · V · SC · M

더 많은 자료를 갖는 것이 / 더 좋다 / 더 정확하고 믿을 수 있는 예측을 하는 데.

010 Whether to ask for guidance / is *a decision*
[that requires careful consideration].

안내를 요청할지는 / [신중한 고려가 필요한] 결정이다.
→ 「ask for ~」는 '~을 요청하다'의 의미이다.
→ that requires careful consideration은 주격 관계대명사
절이다. UNIT 41

011 Paying attention to some people and
not others / doesn't mean / you are being
dismissive or arrogant.

어떤 사람들에게 주의를 기울이고 다른 사람들에게 그렇게 하지
않는 것이 / 의미하지는 않는다 / 여러분이 남을 무시하고 있다
거나 거만하게 굴고 있다는 것을.
→ not others는 not (paying attention to) others의 의미이
다.
→ you are 앞에는 명사절을 이끄는 접속사 that이 생략되었다.
UNIT 43

012 To call somebody creative / suggests /
they are actively producing something (in a
deliberate way).

누군가를 창의적이라고 부르는 것은 / 암시한다 / 그들이 (의도
적인 방식으로) 어떤 것을 적극적으로 만들어 내고 있다는 것을.

013 Keeping good ideas floating around in your
head / is *a great way* (to ensure that they
won't happen).

여러분의 머릿속에 좋은 생각이 떠돌게 하는 것은 / (그것이 이
루어지지 않도록 확실히 하는) 대단한 방법이다.
→ to ensure ~ happen은 a great way를 꾸며주는 to부정
사구이다. UNIT 31
→ that ~ happen은 ensure의 목적어 역할을 하는 명사절이
다. UNIT 07

UNIT 02 명사절 주어

014 That the bitter cold will be here soon / is
unfortunate, / but true.

강추위가 여기에 곧 올 것이라는 것은 / 불행하다, / 그러나 사실
이다.

015 What appeared to be true / was ruled out /
after further investigation.

사실인 것으로 보였던 것이 / 배제되었다 / 추가 조사 후에.
→ 「appear+to-v」는 '~인 것으로 보이다'의 의미이다.

016 Why she had chosen that small college /
was never even discussed / until then.

그녀가 왜 그 작은 대학을 선택했는지는 / 논의조차 되지 않았다 /
그때까지.

017 Whoever was in charge of that experiment /
made a significant breakthrough.

그 실험을 책임지고 있던 사람은 누구든지 / 상당한 진전을 이루
었다.
→ whoever는 anyone who의 의미이나.
→ be in charge of는 '~을 책임지고[담당하고] 있다'의 의미이
다.

018 That knowledge is power / is
a well-established concept / in our society.

지식이 힘이라는 것은 / 잘 정립된 개념이다 / 우리 사회에서.

019 How the team organized their efforts
effectively / pleased the project manager.

팀이 어떻게 효과적으로 그들의 노력을 편성했는지가 / 프로젝
트 관리자를 기쁘게 했다.

020 **Whether we make a profit** / depends on /

market conditions and consumer demand.

우리가 이윤을 낼지는 / (~에) 달려 있다 / 시장 상황과 소비자 수요.
➔ depend on은 '~에 달려 있다, ~에 의지하다'의 의미이다.

021 **Where the exhibit will be held** / is still

under consideration.

어디에서 전시회가 열릴지는 / 여전히 검토 중이다.

022 **What matters most** / is not *the distance*

(traveled) / but the travel mode (surface

versus air).

가장 중요한 것은 / (이동) 거리가 아니라 / 이동 방식(지상 대 공중)이다.
➔ 「not A but B」는 'A가 아니라 B'의 의미이다. ⬤ UNIT 39
➔ traveled는 the distance를 꾸며주는 과거분사이다.
⬤ UNIT 32

023 **How much you remember the past** / is

often influenced / by the significance (of the

memories).

과거를 얼마나 많이 기억하느냐는 / 종종 영향을 받는다 / (기억의) 중요성에 의해.

024 **What he said about understanding memory** /

can be extended / to our questions (about

young children's minds).

기억을 이해하는 것에 관해 그가 말한 것은 / 확장될 수 있다 / (어린 아이의 마음에 관한) 우리의 질문으로.

025 **Whether we succeed or fail** turns out / to be

a matter (of whether individual humans are

rational and intelligent).

우리가 성공하는지 혹은 실패하는지는 / 나타난다 / (인간 개개인이 얼마나 이성적이고 지적인가의) 문제로.
➔ 「turn out to be ~」는 '~인 것으로 나타나다[밝혀지다]'의 의미이다.

026 **Whichever route you want to take** / is

ultimately *your decision* (to make), // and we

will support you / either way.

당신이 어떤 경로를 선택하는지는 / 궁극적으로 당신이 (내릴) 결정이다, // 그리고 우리는 당신을 지원할 것이다 / 어느 쪽이든.
➔ Whichever route는 take의 목적어이다.

본문 24쪽

UNIT 03 가주어 it

027 **It** is a good idea / to double-check your work
가주어 V SC 진주어

before submitting it.

(~은) 좋은 생각이다 / 제출하기 전에 너의 과제를 다시 확인하는 것은.
➔ before submitting it = before you submit it

028 **It** is no good / talking about the problem
가주어 V SC 진주어

without taking *action* (to solve it).

(~은) 소용이 없다 / (그것을 해결하기 위한) 조치를 취하지 않고서 문제에 관해 이야기해 봐야.
➔ 「without+v-ing」는 '~하지 않고서'의 의미이다.

029 **It** is essential / that you prioritize your mental
가주어 V SC 진주어

health and well-being.

(~은) 가장 중요하다 / 당신이 당신의 정신 건강과 행복을 우선시하는 것이.

030 It is still a mystery / when and how these
가주어 V　　　SC　　　　　진주어
particular files were erased.

(~은) 여전히 미스터리이다 / 이 특정 파일들이 언제 그리고 어떻게 삭제되었는지는.

031 It's okay / to keep your professional and
가주어 V SC　　　　진주어
personal tasks in one place.

(~은) 괜찮다 / 당신의 직업적 그리고 개인적 일을 한 곳에 두는 것은.

032 It's safe / to assume / that we can't be real
가주어 V SC　　　　　진주어
friends with everyone.

(~은) 안전하다 / 가정하는 것이 / 우리가 모든 사람과 진정한 친구가 될 수는 없다고.

033 It did not matter / whether it rained or shined //
가주어　　V　　　　　진주어
because we were determined / to enjoy our
　　　　S′　　　V′　　　　　SC′
picnic.

(~은) 중요하지 않았다 / 비가 오든 날이 개든 // 우리는 결심했기 때문이다 / 우리의 소풍을 즐기기로.
�;「be determined to-v」는 '~하기로 결심하다'의 의미이다.

034 It would be unfair / to interfere with *the*
가주어　　V　　SC　　　진주어
shopkeeper's right (to make money).

(~은) 부당했을 것이다 / (돈을 벌) 가게 주인의 권리를 침해하는 것은.
➡ to make money는 the shopkeeper's right를 꾸며주는 to부정사구이다. **UNIT 31**

035 It was not surprising / that expert chess
가주어　　V　　　SC　　　　진주어
players could quickly assess the board.

(~은) 놀라운 일이 아니었다 / 전문 체스 선수가 빠르게 체스판을 평가할 수 있다는 것은.

036 It is entirely up to you / what you choose to
가주어 V　　SC　　　　　진주어
emphasize and pursue / in your life journey.

(~은) 전적으로 당신에게 달려 있다 / 당신이 무엇을 강조하고 추구할 것인지 선택하는 것은 / 당신의 인생 여정에서.
➡ what은 명사절을 이끄는 관계대명사로 you choose to emphasize and pursue의 목적어 역할을 한다. **UNIT 45**

037 It is possible / to argue / that the influence
가주어 V　　SC　　　　진주어
of books is vastly overshadowed / by that of
television.

(~은) 가능하다 / 주장하는 것이 / 책의 영향은 크게 가려진다고 / 텔레비전의 영향력에 의해.
➡ by that에서 that은 the influence를 지칭하는 대명사이다.

038 It was very exhausting work / bringing in the
가주어　V　　　　SC　　　　　진주어
hay from the fields and storing it in the barn.

(~은) 매우 지치게 하는 일이었다 / 들판에서 건초를 가져와 그것을 헛간에 보관하는 것은.
➡ bringing과 storing이 병렬 구조로 연결되었다. **UNIT 40**

039 It became clear / that when food appeared /
가주어　　V　　　SC　　　　진주어
as a consequence of the rat's actions, // this
influenced its future behavior.

(~은) 분명해졌다 / 음식이 나타났을 때 / 쥐의 행동의 결과로, // 이것이 그것의 향후 행동에 영향을 미쳤다는 것이.

UNIT 04 to부정사 / 동명사의 의미상 주어

040 It is difficult / **for any of us** / to maintain a
가주어 V　　SC　　　　의미상 주어　　　　진주어
constant level of attention.

(~은) 어렵다 / 우리 중 누구도 / 지속적인 주의력 수준을 유지하
는 것은.

041 It was careless / **of the judge** / to overlook
가주어　V　　SC　　의미상 주어　　　진주어
such crucial evidence in the case.

(~은) 경솔했다 / 판사가 / 그 사건에서 그런 중요한 증거를 간과
한 것은.

042 **My sister's whining** / is her way (of expressing
의미상 주어　　　S　　V　　　SC
dissatisfaction and seeking attention).

여동생이 징징거리는 것은 / (불만을 표현하고 관심을 구하는)
그녀의 방식이다.

043 We just have to wait / **for them** / to naturally
S　　　V　　　　의미상 주어　　　　O
re-enter Earth's atmosphere.

우리는 기다리기만 하면 된다 / 그것들이 / 자연적으로 지구 대
기에 재진입하기를.

044 Hurried reading results in / **the learner**
S　　　　V　　　　의미상 주어
forgetting / half of what he reads.
O

급하게 읽는 것은 결과를 초래한다 / 학습자가 잊어버리는 / 그
가 읽는 내용의 절반을.
➡ half of what he reads는 forgetting의 목적어이다.

045 In order **for success to happen**, / there must
의미상 주어　　　　M　V
be / some level of tolerance for mistakes.
S

성공이 일어나기 위해서는, / 있어야만 한다 / 실수에 대한 어느
정도의 관용이.
➡ 「in order for+행위자+to-v」는 '~가 …하기 위해서'의 의미
로 '목적'을 나타낸다.

046 There is *no need* / **for others** (to present
M　V　　S　　　　의미상 주어
their ideas) // because they are considered
S'　　　V'
inadequate.
SC'

필요가 없다 / 다른 사람들이 (자신의 생각을 제시할) // 왜냐하
면 그것들은 부적절한 것으로 여겨지기 때문이다.

047 Her research led to / **her** / becoming *the first*
S　　　　V　의미상 주어　　　O
African-American female doctor (to receive
SC'
a patent).

그녀의 연구는 이끌었다 / 그녀가 (특허를 받은) 최초의 아프리
카계 미국 여성 의사가 되도록.

048 It's easier / **for a person** / to accept new
가주어 V　SC　　의미상 주어　　　진주어
values or ideas // when they see / that others
S'　V'　　　O'
have already done so.

(~은) 더 쉽다 / 어떤 사람이 / 새로운 가치나 아이디어를 받아들이
기가 // 그들이 알 때 / 다른 사람들이 이미 그렇게 했다는 것을.
➡ done so = accepted new values or ideas

049 There isn't really *a way* / **for us** / (to pick up
M　V　　　S　의미상 주어
smaller pieces of debris / such as bits of
O'
paint and metal).

방법은 정말로 없다 / 우리가 / (작은 잔해물을 집어 들 수 있는 /
페인트 조각이나 금속 같은).

050 He passionately insisted on / **rich and poor**
S　　　V　　　　의미상 주어
alike / being treated equally under the law.
O

그는 열정적으로 주장했다 / 부자와 가난한 사람 모두 / 법에 따
라 동등하게 대우받아야 한다고.
➡ insist on은 동명사를 목적어로 취한다.

051 These emotional experiences / are *the result*

of choices and behaviors [that result in **our**

feeling happy].

이러한 감정적 경험은 / [우리가 행복하다고 느끼는 것으로 이어
지는] 선택과 행동의 결과이다.
→ that result in ~ happy는 주격 관계대명사절로, 동명사
feeling이 result in의 목적어로 쓰였고, our가 feeling의 의
미상 주어이다.

052 In one survey, / 61 percent of Americans

said / that they supported **the government**

spending more on 'assistance to the poor'.

한 설문조사에서, / 61%의 미국인들은 말했다 / 그들이 정부가
'빈곤층의 지원'에 더 많이 (돈을) 지출하는 것을 지지한다고.
→ that they supported ~ the poor는 문장 전체의 목적어이
고, 그 안에서 supported의 목적어로 동명사 spending이
쓰였고 the government가 spending의 의미상 주어이다.
→ 「the+형용사」는 「형용사+people」로 '~하는 사람들'을 의미
한다.

UNIT 05 **it으로 시작하는 관용표현**

053 It seems / that as shoe size increases, reading

ability improves.

~처럼 보인다 / 신발 크기가 커질수록, 읽기 능력이 향상되는 것.

054 It is **likely** / that your life and career will stop

progressing as a result.

가능성이 있다 / 결과적으로 당신의 삶과 경력이 진전하는 것을
멈춤.
→ = Your life and career are likely to stop progressing
as a result.

055 It **appears** / that the parties' problem is a

conflict of positions.

~처럼 보인다 / 당사자들의 문제가 입장의 충돌인 것.
→ = The parties' problem appears to be a conflict of
positions.

056 It **turns out** / that some people want to take a

different approach to solving the problem.

~으로 판명되고 있다 / 어떤 사람들은 그 문제를 해결하는 데 다
른 접근 방식을 취하고 싶어 하는 것.
→ approach 다음의 to는 전치사이므로 뒤에 동명사 solving
이 왔다.

057 It **follows** / that architects and engineers work

together right from the start.

결론은 ~이다 / 건축가와 공학자들은 바로 시작부터 함께 일한
다는 것.
→ right from the start는 '바로 시작부터'의 의미이다.

058 It is **unlikely** / that the product will meet the

deadline due to delays in production.

가능성이 없다 / 제품이 생산 지연으로 인해 마감 시간을 맞춤.
→ 「due to ~」는 '~으로 인해'라는 의미로 「because of ~」로
바꿀 수 있다.

059 It so **happened** / that there was *no one* (to

answer the phone) // when it rang.

너무 공교롭게도 / (전화를 받을) 사람이 아무도 없었다 // 전화
벨이 울렸을 때.

060 Naturally, / **it does not follow** / that higher

income leads to greater happiness.

당연히, / 결론은 ~이 아니다 / 더 높은 소득이 더 큰 행복으로
이어진다는 것.

061 It turns out / that we were failing to measure

something (with far greater impact).

~으로 판명되고 있다 / 우리가 (훨씬 더 큰 영향력을 가진) 무언
가를 측정하지 못하고 있었다는 것.
➔ 「fail+to-v」는 '~하지 못하다'의 의미이다.
➔ 「far+비교급」은 '훨씬 더 ~한[하게]'의 의미이다.

062 It does not seem / that we will be able to

finish the project on time / without additional

resources.

~처럼 보이지 않는다 / 우리가 그 프로젝트를 제시간에 완료할
수 있을 것 / 추가의 자원 없이는.

063 It seems likely / that this sort of person

is extremely hard-working, serious, and

ambitious.

가능성이 있는 것처럼 보인다 / 이런 종류의 사람은 매우 근면하
고 진지하며 야망이 있을.

064 It appears / that the erection of the multiple

rings took many successive generations.

~처럼 보인다 / 여러 개의 고리를 세우는 것은 많은 잇따른 세대
를 거친 것.
➔ = The erection of the multiple rings appears to have
taken many successive generations. **UNIT 19**

065 It turned out / that the majority of students

preferred online learning / over traditional

classroom instruction.

~으로 나타났다 / 대다수 학생들이 온라인 학습을 선호하는 것 /
전통적인 교실 강의보다.
➔ 「prefer A over[to] B」는 'B보다 A를 선호하다'의 의미이다.

본문 32쪽

UNIT 06 명사구 목적어
(to부정사구, 동명사구, 의문사구)

066 I promised / to use kind and gentle words

more / just like my teacher.

나는 약속했다 / 친절하고 부드러운 말을 더 많이 사용할 것을 /
꼭 나의 선생님처럼.
➔ = I promised that I would use kind and gentle words
more just like my teacher.

067 She enjoys / listening to music / (from

various cultures around the world).

그녀는 즐긴다 / (전 세계의 다양한 문화권의) 음악을 듣는 것을.

068 Charles Dickens liked / to stroll through

London / and gather ideas for characters.

Charles Dickens는 좋아했다 / 런던을 거니는 것을 / 그리고
등장인물을 위한 아이디어들을 모으는 것을.
➔ liked 다음에 to stroll ~ London과 (to) gather ~
characters가 병렬로 연결되어 있다. **UNIT 40**

069 He avoids / reading books on weekends /

to focus on his other hobbies.

그는 피한다 / 주말에 책을 읽는 것을 / 자신의 다른 취미에 집중
하기 위해.

070 For some technical reasons, / the ground crew

needed / to delay the flight.

약간의 기술적인 이유로, / 지상 승무원은 필요로 했다 / 그 비행
을 지연시킬 것.
➔ 「need+to-v」는 '~할 필요가 있다, ~해야 한다'의 의미이다.

071 As a boy, / Thomas preferred / **swimming in a**
pool / rather than in the ocean.

소년 시절에, / Thomas는 선호했다 / 수영장에서 수영하는 것
을 / 바다에서보다는.

072 We begin / **to lose** *the ability* (**to keep eye**
contact) / around 20 miles per hour.

우리는 시작한다 / (눈을 마주치는) 능력을 잃기 / 시속 20마일
정도에서.

073 The scientists didn't choose / **where to conduct**
their experiment / for various reasons.

그 과학자들은 정하지 않았다 / 그들의 실험을 어디에서 실시할
지를 / 다양한 이유로.

074 If you want / **to achieve your goals**, // you
must learn / **how to tackle distractions**.

만약 여러분이 원한다면 / 목표를 달성하는 것을, // 여러분은 배
워야 한다 / 집중에 방해가 되는 것들에 대처하는 법을.
➔ 「learn how+to-v」는 '~하는 (방)법을 배우다'의 의미이다.

075 Don't try **to put the fire out** / by throwing
water on it, // because it will cause
an explosion.

불을 끄려고 하지 마라 / 물을 끼얹어서, // 왜냐하면 그렇게 하
면 폭발이 일어날 테니까.
➔ put the fire out은 「put+명사+out(부사)」 구문으로 명사
(the fire)는 부사(out) 뒤에 위치해 put out the fire로 쓸 수
도 있다.

076 You often decide / **what to do next** / based
on your immediate priorities and available
resources.

당신은 종종 결정한다 / 다음에 무엇을 할지를 / 당면한 우선순
위와 이용할 수 있는 자원에 근거하여.
➔ your immediate priorities and available resources는
전치사 on의 목적어이다.

077 You should remember / **to keep your eyes on**
the ball at all times / while playing defense.

너는 기억해야 한다 / 항상 공을 주시할 것을 / 수비를 하는 동
안에.
➔ remember 다음의 to부정사는 미래의 일을 나타내어 '~할
것을 기억하다'로 해석한다.

078 Try / **running your laptop for twenty-four**
hours / on a muffin // and see / how far you
get.

시험 삼아 해 보아라 / 24시간 동안 노트북을 작동시키는 것을 /
머핀 하나로 // 그리고 보라 / 얼마나 가는지.

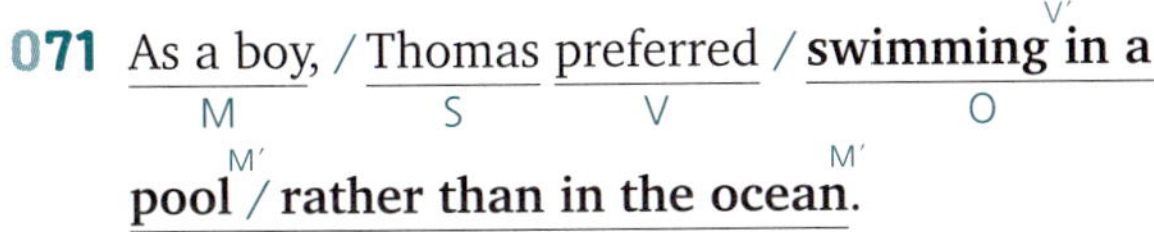

UNIT 07 명사절 목적어 1(that, if[whether])

079 My sister thinks / **that she needs to make a**
decision (**about her job**).

나의 누나는 생각한다 / (자신의 직업에 관한) 결정을 내릴 필요
가 있다고.
➔ thinks 다음의 접속사 that은 생략할 수 있다.

080 John wondered / **if he would be accepted** /
into the program for leadership.

John은 궁금해 했다 / 그가 받아들여질지를 / 지도력을 위한 프
로그램에.
➔ if 대신 whether를 사용할 수 있다.

081 He told his students / **that they should**
submit / their assignments / by Friday.

그는 학생들에게 말했다 / 그들은 제출해야 한다고 / 그들의 과
제들을 / 금요일까지.
➔ 「tell+IO(간접목적어)+DO(직접목적어 that절)」의 구문이
쓰였다.

082 We all know / that tempers are one of the
key factors / in a heated argument.

우리는 모두 안다 / 화는 핵심 요인 중 하나이다 / 열띤 논쟁에
서.
➔ that ~ argument는 know의 목적어 역할을 하는 명사절이
다.

083 They reminded me / that I had promised / to
help them with their presentation.

그들은 나에게 상기시켜 주었다 / 내가 약속했던 것을 / 그들의
발표를 도와주기로.
➔ 「help A with B」는 'A의 B를 도와주다'의 의미이다.

084 Tony asked his boss / whether he could take
next Friday off / for a family event.

Tony는 자신의 상사에게 물었다 / 그가 다음 주 금요일에 쉴 수
있는지 / 가족 행사를 위해.
➔ take off는 '~(동안)을 쉬다'의 의미이다.

085 These teenagers argue / that they can study
more effectively / without any distractions.

이러한 십 대들은 주장한다 / 그들은 더 효과적으로 공부를 할
수 있다고 / 어떠한 집중을 방해하는 것도 없다면.
➔ that ~ distractions는 argue의 목적어 역할을 하는 명사절
이다.

086 The physicist pondered / if he could provide
concrete evidence (to support his theory).

물리학자는 숙고했다 / (자신의 이론을 뒷받침할) 구체적인 증거
를 제공할 수 있을지를.

087 Practically anything of value requires /
that we take a risk / (of failure or being
rejected).

사실상 가치 있는 것은 어떤 것이든 요구한다 / 우리가 위험을
무릅쓸 것을 / (실패나 거절당할).

088 She showed her parents / that she was
responsible / enough to take care of the
family pet.

그녀는 부모님에게 보여주었다 / 자신이 책임감이 있다는 것을 /
가족 반려동물을 돌볼 수 있을 만큼.
➔ 「형용사+enough+to-v」는 '~할 만큼 …한'의 의미이다.

089 You'll determine / whether the buyer will
encourage / others to purchase the product
from you.

당신은 알아낼 것이다 / 구매자가 권장할지를 / 다른 사람들에게
당신으로부터 제품을 구매하도록.
➔ 「encourage+O+to-v」는 '~에게 …하도록 권장[장려]하다'
의 의미이다. UNIT 13

090 People know / that advertisements are used /
to persuade them to purchase products and
services.

사람들은 알고 있다 / 광고가 사용된다는 것을 / 자신들이 제품
과 서비스를 구매하도록 설득하기 위해.

091 Musicians wonder / whether recordings of
popular artists or songs / would undermine
the demand (for live music).

음악가들은 궁금해 한다 / 인기 예술가나 곡의 녹음이 / (라이브
음악에 대한) 수요를 약화시킬지를.

UNIT 08 명사절 목적어 2 (관계대명사 what, 의문사)

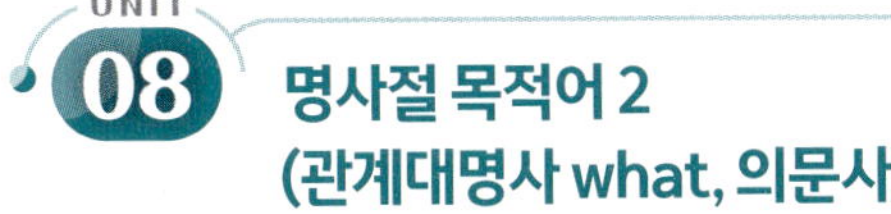

092 Do you imagine / **what you could have been** // **if you had an email?**

상상하나요 / 당신이 무엇이 될 수 있었는지 // 당신에게 이메일이 있었다면?

➜ 의문사 what이 이끄는 명사절이 타동사 imagine의 목적어이다.

093 The company will test / **how well one of its new products works** / before launch.

회사는 테스트할 것이다 / 그 신제품 중 하나가 얼마나 잘 작동하는지를 / 출시 전에.

➜ 「one of+복수명사」는 '~ 중 하나'라는 의미로, 주어로 쓰인 경우 단수동사가 온다.

094 Science still cannot explain / **why some animals behave oddly / before earthquakes.**

과학은 여전히 설명하지 못한다 / 왜 일부 동물이 이상하게 행동하는지를 / 지진 전에.

➜ why 앞에 the reason이 생략된 것으로도 볼 수 있다.

UNIT 43

095 The priests wondered / **when humanity might have first thought of and made clocks.**

그 성직자들은 궁금해 했다 / 인류가 언제 처음으로 시계를 생각해 내고 만들었을 수 있었는지를.

➜ might have 다음에 thought of와 made가 병렬로 연결되어 있다.

096 Members of the club may invite / **whomever they want / to the annual club gathering.**

클럽 회원들은 초대할 수 있다 / 자기들이 원하는 사람은 누구든지 / 연례 클럽 모임에.

➜ whomever = anyone whom

097 The committee will support / **whoever is chosen (for the new position).**

위원회는 지원할 것이다 / (새로운 직책으로) 선택된 누구든지.

098 Preschoolers believe / **what their parents tell them / in a very profound way.**

미취학 아동들은 생각한다 / 그들의 부모가 자신들에게 하는 말을 / 매우 깊게.

➜ 「in a(n)+형용사+way」는 부사의 의미이다.

099 My parents didn't tell me / **where they hid the car key / for emergency situations.**

나의 부모님은 나에게 말하지 않았다 / 그들이 차 키를 어디에 숨겼는지를 / 긴급 상황을 위해서.

➜ where ~ situations는 tell의 직접목적어 역할을 하는 명사절이다.

100 A woman (in the audience) asked the author / **why he wrote the story in the present tense.**

(청중 속의) 한 여성이 작가에게 물었다 / 그가 왜 현재시제로 이야기를 썼는지를.

101 We always debated / **which television program was better / between "Game of Thrones" and "Breaking Bad."**

우리는 항상 논쟁했다 / 어떤 TV 프로그램이 더 나은지를 / 'Game of Thrones'와 'Breaking Bad' 중에.

➜ which는 television program을 수식하는 의문형용사이다.

102 I inquired / **where the committee members**
S V M´ S´

wished to meet // so that I could make
S´ V´ S´ V´

the proper arrangements.
O´

나는 문의했다 / 위원회 구성원들이 어디에서 만나고 싶은지를 //
내가 적절한 준비를 할 수 있도록.

→ 「so that+S+can+동사원형」은 'S가 ~할 수 있도록'의 의
미이다.

103 You quickly see / **how many people believe** /
S V M´ S´ V´ O

they could play, coach, and manage sport

teams successfully.
O´

여러분은 금방 안다 / 얼마나 많은 사람이 믿는지를 / 자신이 성
공적으로 경기하고, 감독하고 스포츠팀을 관리할 수 있다고.

→ how가 이끄는 명사절의 동사 believe의 목적어로 명사절
(that) they ~ successfully가 이어지고 있다.

104 We should always question / **whatever**
S V O

statement the official makes / to ensure
O´ S´ V´ V´ M

transparency and accountability.
O´

우리는 언제나 의문을 제기해야 한다 / 공무원이 하는 모든 발언
에 / 투명성과 책임성을 보장하기 위해.

본문 38쪽

UNIT 09 재귀대명사 목적어 / 전치사의 목적어

105 We often challenge **ourselves** / to explore
S V O V´

beyond our comfort zones.
M´

우리는 자주 우리 자신에게 도전한다 / 우리의 안전지대에서 벗
어나 탐험하기 위해.

106 You could make a new best friend / simply **by**
S V O 전

visiting a different park.
V´ O´

여러분은 새로운 가장 친한 친구를 사귈 수 있다 / 그저 다른 공
원을 방문함으로써.

→ 「by+v-ing」는 '~함으로써'의 의미이며, visiting ~ park는
전치사 by의 목적어이다.

107 You can understand the likelihood / **of**
S V O 전

whether a buyer will repurchase the
S´ O´

product.
O´

당신은 가능성을 이해할 수 있다 / 구매자가 그 제품을 재구매할
지의.

→ whether ~ product는 전치사 of의 목적어이다.

108 Over-optimism / **about what can be achieved** /
S 전 S´ V´ O´

within a set time period / is a problem.
M´ V SC

지나친 낙관주의는 / 무엇이 성취될 수 있는지에 대한 / 정해진
기간 내에 / 문제이다.

→ what can be ~ period는 전치사 about의 목적어이다.

109 Direct soothing and directive guidance / **of**
S 전

what to do / are beneficial for younger
O´ V´ V SC M

children.

직접적으로 달래고 지시하는 것이 / 무엇을 해야 할지에 대해 /
어린 아이들에게 유익하다.

→ 「의문사+to-v」가 전치사 of의 목적어이다.

110 My youngest sister excels / in her studies // **in**
S V M 전

that she consistently achieves top grades.
S´ V´ O´

나의 막내 여동생은 출중하다 / 자신의 공부에서 // 상위권 성적
을 꾸준히 성취한다는 점에서.

→ in that은 '~라는 점에서, ~이므로'의 의미이다.

→ that she ~ grades가 전치사 in의 목적어이다.

111 You're forcing / **yourself** to do *something* [that
S V O OC V´ O´ S´

will benefit you in the long run].
V´ O´ M´

여러분은 강요하고 있다 / 자신에게 [결국 자신을 이롭게 할] 어떤 일을 하도록.
→ 「force+O+to-v(OC)」는 '~이[에게] …하도록 강요[강제]하다'의 의미이다. 🔗 **UNIT 13**

112 The plan was flawless, // **except that it didn't account for unexpected weather conditions**.

그 계획은 흠이 없었다, // 예상치 못한 날씨 상황을 고려하지 않았다는 것 외에는.
→ except that은 '~라는 것 외에는, ~이라는 것을 제외하면'의 의미이다.

113 It feels // as though time flows effortlessly / and the present is constantly updating **itself**.

느껴진다 // 시간은 쉽게 흐르는 것처럼 / 그리고 현재가 지속적으로 그 자체를 갱신하고 있는 것처럼.
→ as though는 '마치 ~인 것처럼'의 의미로 as if와 같다.

114 Japanese tend / to be reserved / in their interactions / and do little disclosing **about themselves** / to others.

일본인들은 경향이 있다 / 수줍어하는 / 자신들의 상호 작용에서 / 그리고 자신들에 관하여 거의 공개하지 않는 / 타인에게.
→ tend to(~하는 경향이 있다) 다음에 be와 do가 and에 의해 병렬로 연결되어 있다. 🔗 **UNIT 40**

115 Don't blame **yourself** too hard / **for making mistakes**; // they are opportunities / for learning and growth.

자기 자신을 너무 나무라지 마라 / 실수하는 것에 // 그것들은 기회이기 때문이다 / 학습과 성장을 위한.
→ 세미콜론(;)은 등위접속사 역할을 하는데, 이 문장에서는 for(~이기 때문에)의 의미로 볼 수 있다.

116 Individuals differ / **in how they like to manage their time** / to meet work and outside responsibilities.

개인마다 다르다 / 그들이 시간을 관리하는 방식에서 / 업무와 외부 책임을 완수하기 위해.
→ how they ~ responsibilities는 전치사 in의 목적어이다.

117 Professionals (with years of training) may find / themselves being given advice / **on how to do their jobs**.

(수년간의 훈련을 받은) 전문가들은 발견할지도 모른다 / 자신이 충고를 듣고 있다는 것을 / 어떻게 자신의 일을 해야 하는지에 관하여.
→ 「find+O(재귀대명사)+OC(현재분사)」 구문이 쓰였다. 🔗 **UNIT 14**
→ how to ~ jobs는 전치사 on의 목적어이다.

UNIT 10 가목적어 it

118 The slow pace of transformation / makes **it** easy / **to break a bad habit**.

느린 변화의 속도는 / 쉽게 만든다 / 나쁜 버릇을 고치는 것을.
→ 의역: 변화의 속도가 느리면 나쁜 버릇을 고치기가 쉽다.
→ 「S+V+O+OC」 구문에서 S가 사람이 아니라 무생물이면, S를 부사구처럼 해석한다.

119 We found **it** disappointing / **that the event was canceled** / at the last minute.

우리는 실망스럽다고 생각했다 / 그 행사가 취소된 것이 / 마지막 순간에.

120 I consider **it** essential / **to exercise regularly** / for maintaining good health.

나는 필수적이라고 생각한다 / 규칙적으로 운동하는 것이 / 좋은 건강을 유지하기 위해.

121 Some people believe **it** unfair / **to judge**
S · · · · · · V 가목적어 OC · · · · · · 진목적어
others / **based on their past mistakes**.

몇몇 사람들은 부당하다고 믿는다 / 다른 사람들을 판단하는 것을 / 과거의 실수에 근거하여.

122 They make **it** a rule / **to turn off all electronic**
S · · · V 가목적어 OC · · · · · · 진목적어
devices / **before going to sleep**.

그들은 규칙으로 삼고 있다 / 모든 전자기기를 끄는 것을 / 잠들기 전에.
➡ turn off는 '~을 끄다'의 의미이다.

123 We think **it** necessary / **to invest in renewable**
S · · V 가목적어 OC · · · · · · 진목적어
energy sources / **for a sustainable future**.

우리는 필요하다고 생각한다 / 재생 에너지원에 투자하는 것이 / 지속 가능한 미래를 위해.
➡ We think it necessary to invest ~ = We think (that) it is necessary to invest ~ ⓒ **UNIT 07**

124 People find **it** exciting / **traveling to new**
S · · V 가목적어 OC · · · · · · 진목적어
destinations / **and experiencing different**

cultures.

사람들은 흥미롭다고 생각한다 / 새로운 목적지로 여행하는 것을 / 그리고 다른 문화를 경험하는 것을.
➡ traveling과 experiencing이 병렬로 연결되어 진목적어를 이루고 있다. ⓒ **UNIT 40**

125 Many individuals take **it** for granted / **that**
S · · · · V 가목적어 OC · · · · 진목적어
their loved ones will always be there / **for**

them.

많은 사람들이 당연하게 생각한다 / 자신의 사랑하는 사람이 항상 있어 줄 것이라고 / 자신을 위해.
➡ individual은 '개인'이라는 뜻 이외에 '사람'이라는 뜻도 있다.

126 The severe weather conditions / made **it**
S · · · · · · · · · · · · V · · · · · · 가목적어
impossible / **to deliver the service on time**.
OC · · · · · · · · · · · 진목적어

악천후 상황이 / 불가능하게 만들었다 / 제시간에 서비스를 제공하는 것을.
➡ 의역: 악천후 상황으로 인해 제시간에 서비스를 제공할 수 없었다.
➡ 「S+V+O+OC」 구문에서 S가 사람이 아니라 무생물이면 S를 부사구처럼 해석한다.

127 Scientists believe **it** possible / **that the**
S · · · · · · V 가목적어 OC · · · · 진목적어
project will be delayed / **due to unexpected**

circumstances.

과학자들은 가능하다고 생각한다 / 프로젝트가 지연될 것이 / 예상치 못한 상황으로 인해.
➡ due to는 '~으로 인해, ~ 때문에'라는 의미이다.

128 Dick thought **it** remarkable / **that a painter**
S · · · · V 가목적어 OC · · · · · · 진목적어
should choose to work / **in such a crowded**

market.

Dick은 놀랍다고 생각했다 / 화가가 일하려고 결심해야 한다는 것을 / 이렇게 혼잡한 시장에서.
➡ 「choose+to-v」는 '~하려고 결심하다, ~하기를 택하다'의 의미이다.

129 These victim students of distractions / found **it**
S · · · · · · · · · · · · · · · · V 가목적어
very difficult / **to study anywhere** / **except in**
OC · · · · · · · · · · · 진목적어
their private bedrooms and libraries.

이 주의 산만한 희생자 학생들은 / 매우 어렵다고 생각했다 / 어디에서도 공부하는 것이 / 개인 침실과 도서관을 제외하고는.
➡ 「find+it(가목적어)+OC(형용사)+to-v(진목적어)」는 '~하는 것이 …하다고 생각하다'의 의미이다.

130 The brain does not consider **it** valuable / **to**
S · · · · · · · · V · · · · 가목적어 OC
remember all of the details // **as long as it is**
진목적어 · · · · · · · · · · · S′ V′
able to convey the main message.
O′

뇌는 가치 있다고 여기지 않는다 / 모든 세부 사항을 기억하는
것을 // 그것이 주요 메시지를 전달할 수 있는 한.
➜ 「as long as+S+V」는 'S가 V하는 한'의 의미이다.

본문 44쪽

UNIT 11 구와 절 형태의 주격 보어

131 His goal this year / is **to master the art of
playing the guitar / for himself**.

올해 그의 목표는 / 기타를 연주하는 기술을 숙달하는 것이다 /
혼자 힘으로.
➜ to부정사가 이끄는 명사구가 주격 보어이다.

132 Her chosen form of exercise / was
calmly **practicing yoga / at the local studio**.

그녀가 선택한 형태의 운동은 / 차분하게 요가를 연습하는 것이
었다 / 지역 연습실에서.
➜ calmly의 수식을 받는 동명사구 practicing yoga ~ studio
가 주격 보어이다.

133 One obstacle of such a trip / is **that it would
require / a lot of preparation**.

그런 여행의 한 가지 장애물은 / 그것이 필요로 할 것이라는 것
이다 / 많은 준비를.
➜ 접속사 that이 이끄는 명사절이 주격 보어이다.

134 The children remained **playing** / in the park //
until the sun began to set.

아이들은 계속 놀았다 / 공원에서 // 해가 지기 시작할 때까지.
➜ 상태의 계속동사 「remain+현재분사」는 '계속 ~하다'로 해석
한다.

135 Your opinion of the show / was **what
ultimately influenced** / *my decision* (to
watch it).

쇼에 대한 귀하의 의견은 / 궁극적으로 영향을 미친 것이었다 /
(그것을 시청하려는) 나의 결정에.
➜ 선행사가 포함된 관계대명사 what이 이끄는 명사절이 주격
보어이다. **UNIT 45**

136 Almost all the students / got **distracted** /
by their mobile phones / at least once.

거의 모든 학생이 / 주의가 산만해졌다 / 자신들의 휴대전화로 /
한 번 이상.
➜ 상태의 변화동사(get) 뒤의 과거분사(distracted)가 주격 보
어이다.

137 To violate this principle / is **to set up even
greater rivalry / between siblings**.

이 원칙을 위반하는 것은 / 훨씬 더 큰 경쟁을 만드는 것이다 /
형제자매들 사이에.
➜ to부정사가 이끄는 명사구가 주격 보어이다.
➜ even은 '훨씬'의 의미로 비교급을 수식한다.

138 The team's new challenge / was **exploring
different hiking trails / in the mountains**.

그 팀의 새로운 도전은 / 다양한 하이킹 코스를 탐험하는 것이었
다 / 산에서.
➜ 동명사 exploring이 이끄는 명사구가 주격 보어이다.

139 Collaboration in chimps / seems **to emerge** /
from an 'every chimp for himself' mentality.

침팬지의 협업은 / 나오는 것 같다 / '자신을 위한 모든 침팬지'라
는 정신력에서.

140 The real lesson of the study / is **that we**
S V SC
should all relax a little / and not let our
V'1 M'1 V'2
work take over our lives.
O'2 OC'2

이 연구의 진정한 교훈은 / 우리가 모두 약간의 휴식을 취해야
한다는 것이다 / 그리고 우리의 일이 우리의 삶을 장악하게 해서
는 안 된다는 것이다.
[illegible] 접속사 that이 이끄는 명사절이 주격 보어이다.
➡ should 다음에 relax와 let이 병렬로 연결되어 있다.

141 *The dilemma* [we face] / is **whether we would**
S' V' S V SC
use the new software / or stick with the
V'1 O'1 V'2
current one.
M'2

[우리가 직면한] 딜레마는 / 우리가 새로운 소프트웨어를 사용할
것인지이다 / 혹은 현재 소프트웨어를 고수할 것인지.
➡ 「whether A or B」의 명사절이 주격 보어이다.
➡ one은 a software를 대신하는 부정대명사이다.

142 *The way* [we wish the world to be] / is **how,**
S' V' O' OC' S V SC
in the movies, it more often than not winds
M' S' M'
up being.
V' O'

[우리가 바라는 세상의] 방식(모습)은 / 영화 속에서 (종종) 그것
이 존재하는 방식이다.

143 The goal of the fair / is **to encourage /**
S V SC
V'
them to be interested in science / through
O' OC'
guided experiments.
M'

그 박람회의 목적은 / 장려하는 것이다 / 그들이 과학에 관심을
갖도록 / 안내를 받는 실험을 통해.
➡ 「encourage+O+OC(to-v)」는 '~이[가] …하도록 장려[격
려]하다'의 의미이다.

UNIT **12** 명사 / 형용사 목적격 보어

144 They thought / themselves **the most**
S V O OC
innovative thinkers / in the industry.
M

그들은 생각했다 / 자신들을 가장 혁신적인 사상가라고 / 그 산
업에서.
➡ = They thought themselves to be the most
innovative thinkers ~.

145 Her absence left / the party room **quiet /** and
S V O OC'
full of a sense of longing.
OC² M

그녀의 부재는 만들었다 / 그 파티룸을 조용하게 / 그리고 갈망
의 느낌이 가득하게.
➡ 의역: 그녀의 부재로 파티룸이 조용해지고 갈망의 느낌으로
가득해졌다.
➡ 목적격 보어인 형용사 quiet와 full이 병렬로 연결되어 있다.

146 The director will name / Terri **one of the lead**
S V O OC
singers / at the choir celebration.
M

감독은 선정할 것이다 / Terri를 리드 보컬 중 한 명으로 / 합창단
축하 공연에서.
➡ 명사구 one of lead singers가 목적격 보어이다.

147 She made / the event **memorable /** by
S V O OC M
organizing an array of activities / for the
V' O'
guests.
M'

그녀는 만들었다 / 그 행사를 기억할 만하게 / 다양한 활동을 준
비하여 / 하객들을 위한.
➡ 「make+O+OC(형용사)」는 '~을 …하게 만들다[하다]'의 의
미이다.

148 In *an attempt* (to keep the eyes **open**) / as
V' O' OC'
M' M
much as possible, / the eyelids involuntarily
S
speed up.
V

(계속 눈을 뜨고 있으려는) 시도로 / 가능한 한 많이, / 눈꺼풀은
무의식적으로 속도를 높인다.
  ➡ an attempt를 꾸며주는 to부정사구는 「keep+O+OC(형
    용사)」의 구문이다.

149 They call / this **the "inverted pyramid"**

structure // — the most important information /

is at the top.

그들은 부른다 / 이것을 '역피라미드' 구조라고 // 가장 중요한
정보가 / 맨 위에 있다.
  ➡ 명사구 the ~ structure가 목적격 보어이다.

150 But this is a short-lived effect, // and in the

long run, / people find / such sounds too

bright.

하지만 이것은 일시적인 효과이다, // 그리고 장기적으로, / 사람
들은 알게 된다 / 그러한 소리가 너무 낭랑하다는 것을.
  ➡ 「find+O+OC(형용사)」는 '~이[가] …하다는 것을 알게 되다'
    의 의미이다.

151 The government appointed / my father **an**

ambassador / to serve / as a representative of

our nation.

정부는 임명했다 / 나의 아버지를 대사로 / 역할을 하는 / 우리나
라를 대표하는 자의.
  ➡ appointed my father an ambassador = appointed
    my father as an ambassador
  ➡ serve as는 '~로서의 역할을 하다'의 의미이다.

152 We believe / the candidate highly **qualified** /

for the position, / given his impressive

experience and skill.

우리는 생각한다 / 그 후보자가 매우 자격이 있다고 / 그 직책에, /
그의 인상적인 경험과 실력을 고려하면.
  ➡ believe the candidate highly qualified = believe the
    candidate to be highly qualified
  ➡ given ~은 '~을 고려하면'의 의미이다. 🔗 UNIT 37

153 The company considered / the proposal

innovative and fresh / to address challenges.

그 회사는 생각했다 / 그 제안이 혁신적이고 신선하다고 / 문제
를 처리하기에.
  ➡ 「consider+O+as[to be]+OC(명사/형용사)」에서 as[to
    be]는 흔히 생략된다.

154 Your mind makes / your last thoughts **part of**

reality // — but this time, / that "reality" is

positive, not negative.

당신의 마음은 만든다 / 당신의 마지막 생각을 현실의 일부로 // 그
러나 이번에, / 그 '현실'은 부정적인 것이 아니라 긍정적인 것이다.
  ➡ 명사구 part of reality가 목적격 보어이다.

155 Though she is famous / for being an editor, //

many critics consider / her novel *Plum Bun*

Fauset's strongest work.

비록 그녀가 유명하지만 / 편집자인 것으로, // 많은 비평가는 간
주한다 / 그녀의 소설 'Plum Bun'을 Fauset의 가장 뛰어난 업
적으로.
  ➡ 명사구 Fauset's strongest work가 목적격 보어이다.
  ➡ be famous for는 '~으로 유명하다'의 의미이다.

156 Relying on only a few varieties / of cultivated

crops / can leave / humankind **vulnerable** /

to starvation and agricultural loss.

단지 몇 가지 종류에만 의존하는 것은 / 재배된 작물의 / 둘 수도
있다 / 인류를 취약한 상태로 / 기아와 농업의 손실에.
  ➡ rely on은 '~에 의존하다(= depend on)'의 의미이다.
  ➡ 「leave+O+OC(형용사)」는 '~을 …하게 두다[방치하다]'의
    의미이다.

UNIT 13 — to부정사 / 원형부정사 목적격 보어

157 The school wants / the students **to attend the**

　　　S　　　　V　　　　　　O　　　　　　　OC

workshop (on research skills).

　　　　　　　　O′　　　　　　M′

그 학교는 원한다 / 학생들이 (조사 기술에 관한) 워크숍에 참석하기를.
- 「want+O+OC(to-v)」는 '~가 …하기를 원하다'의 의미이다.

158 Our recycling program will make / our

　　　　　S　　　　　　　　V　　　O

apartment complex / **look more pleasant**.

　　　　　　　　　　　　OC　　SC′

우리의 재활용 프로그램은 만들 것이다 / 우리 아파트 단지를 / 더 쾌적해 보이게.
- 「make+O+OC(v)」는 '~을 …하게 만들다'의 의미이다.

159 Erda watched / the sunlight **slide** / through

　S　　V　　　　　O　　　　OC′　　M

the mosaic of leaves / above her.

　　　　　　　　　　　　　　M′

Erda는 지켜보았다 / 햇살이 스며드는 것을 / 모자이크 모양의 나뭇잎 사이로 / 그녀 위쪽의.
- 「watch+O+OC(v)」는 '~가 …하는 것을 지켜보다'의 의미이다.

160 The animal shelter helped / stray animals in

　　　　S　　　　　V　　　　　　O

trouble / **to find loving homes**.

　　M′　　　　　OC　　　O′

동물 보호소는 도왔다 / 어려움에 처한 유기 동물들이 / 사랑스러운 가정을 찾도록.
- help는 목적격 보어로 to부정사와 원형부정사 모두를 가질 수 있다.

161 A car accident injury forced / her **to end her**

　　　　　S　　　　　　V　　　O　　　OC

career / **as a flight attendant**.

　O′　　　　　　M′

자동차 사고 부상은 강제했다 / 그녀가 자신의 경력을 끝내도록 / 비행기 승무원으로서의.
- 의역: 자동차 사고 부상으로 그녀는 자신의 비행기 승무원의 일을 그만두어야 했다.
- 「force+O+OC(to-v)」는 '~가 …하도록[하는 것을] 강제하다'의 의미이다.

162 Play allows / children **to explore their**

　S　　V　　　O　　　　OC

imaginations / **and develop crucial social**

　　O′

skills.

　O′

놀이는 (~할) 수 있게 해 준다 / 아이들이 상상력을 발휘할 수 있게 / 그리고 중요한 사회성을 기를 수 있게.
- 「allow+O+to-v」는 '~이 …할 수 있게 해 주다'의 의미이다.
- 목적격 보어 자리에 두 개의 to부정사구 to explore와 (to) develop이 병렬로 연결되어 있다. UNIT 40

163 The residents on the island suddenly felt /

　　　　　　　S　　　　　　　　　　　V

the ground **shake** underneath their feet.

　　O　　　OC　　　　　　M

(섬에 있는) 주민들은 갑자기 느꼈다 / 자신들 발밑에서 땅이 흔들리는 것을.
- 「feel(지각동사)+O+OC(v)」의 구문이다.

164 A great teacher can have / each of his students /

　　　S　　　　　V　　　　　　O

realize his own virtues and strengths.

　　　　　　　　　OC　　O′

훌륭한 선생님은 (~하게) 할 수 있다 / 학생 개개인이 / 자신의 미덕과 강점을 깨닫게.
- 「have(사역동사)+O+OC(v)」의 구문이다.

165 The saint told / the man **to take care of** / a

　　S　　　V　　　O　　　　OC

hundred camels in his group / **that night**.

　　　　O′　　　　　　　　　　M′

성자는 말했다 / 그 남자에게 돌봐 달라고 / 그의 일행에 있는 백 마리 낙타를 / 그날 밤에.
- 「tell+O+OC(to-v)」의 구문이다.

166 Despite the uncertainty, / they let / their hopes

　　　　　M　　　　　　　　　S　　V　　　O

influence their reasoning // as they pursued /

　　　　OC　　O′　　　　　　　S′　　　V′

their dreams.

　　O′

불확실성에도 불구하고, / 그들은 (~하게) 했다 / 자신들의 희망이 자신들의 추론에 영향을 미치게 // 그들이 추구할 때 / 자신들의 꿈을.
- 「let(사역동사)+O+OC(v)」는 '~이 …하게[하도록] 하다'의 의미이다.

167 The response profile (of each species) will

enable / it **to locate** *sources of smell* [that

are relevant to it].

(각 종의) 반응 도표는 (~할 수) 있게 해 줄 것이다 / 그것이 [그
것과 관련된] 냄새의 원천을 찾을 수 있게.
➜ 「enable+O+OC(to-v)」는 '~이[가] …할 수 있게 하다'의 의
  미이다.
➜ 두 개의 it은 모두 each species를 대신한다.

168 Electronic reporting systems require / home

care workers **to report** / **on their activities**

and the time spent.

전자 보고 시스템은 요구한다 / 재택 간호종사자가 보고하도록 /
자신의 활동과 소요 시간을.
➜ 「require+O+OC(to-v)」는 '~이[가] …하도록 요구하다'의
  의미이다.
➜ the time과 spent 사이에는 「주격 관계대명사+be동사」인
  which is가 생략되어 있다.

169 *Every event* [that causes you **to smile**] / makes

you **feel happy** / and produces feel-good

chemicals / in your brain.

[당신을 미소 짓게 만드는] 온갖 사건은 / 당신이 행복감을 느끼
게 한다 / 그리고 기분을 좋게 만드는 화학 물질을 생산해 낸다 /
당신의 뇌에서.
➜ 「cause+O+OC(to-v)」는 '~이[가] …하게 하다'의 의미이다.
➜ 「make(사역동사)+O+OC(v)」는 '~이 …하게 만들다'의 의
  미이다.

UNIT 14 분사 목적격 보어

170 He felt / the cold rain **soaking** through his

clothes, / **sending** shivers down his back.

그는 느꼈다 / 차가운 빗줄기가 옷 사이로 스며들고 있는 것을, /
자신의 등에 전율을 보내며.

171 The manager kept / her team **motivated** /

with regular feedback and encouragement.

관리자는 계속 (~하도록) 했다 / 자신의 팀이 자극받도록 / 정기
적인 피드백과 격려로.
➜ 「keep+O+OC(과거분사)」의 구문에서 O와 OC(과거분사)
  는 수동의 관계이다.

172 The company had / its website **redesigned** /

by a team of designers and developers.

그 회사는 (시켜서 ~하게) 했다 / 그 웹사이트가 다시 디자인되
도록 / 디자이너와 개발자로 구성된 팀에 의해.
➜ 「have+O+OC(과거분사)」의 구문으로 이 문장에서 had는
  '시켰다'의 의미의 사역동사이다.

173 Upon entering the house, / she found / her

phone **charging** / on the kitchen counter.

집에 들어가자마자, / 그녀는 발견했다 / 자신의 전화기가 충전
중인 것을 / 부엌 조리대 위에서.
➜ 「upon+v-ing」은 '~하자마자'의 의미이다.
➜ 「find+O+OC(현재분사)」는 '~가 …하고 있는 것을 발견하
  다'의 의미이다.

174 During the meeting, / she made / her opinion

clearly **known** / by speaking up confidently.

회의 중에, / 그녀는 ~하도록 했다 / 자신의 의견이 분명히 알려
지게 / 자신감 있게 발언함으로써.
➜ 「make+O+known」은 '~을 알려지게 하다, 발표하다'의 의
  미이다.

175 The poor employment market has left / them

feeling locked / in an ultimately unsatisfying

job.

열악한 고용 시장이 (~하게) 해 놓았다 / 그들을 갇혀 있다고 느
끼게 / 궁극적으로는 만족스럽지 못한 일에.
➜ 「leave+O+OC(feeling)」에 「감각동사(feel)+과거분사
  (locked)」의 구문이 합쳐져 있다.

176 The technician keeps / the sound system
running smoothly / by regularly updating its
components.

그 기술자는 유지한다 / 사운드 시스템이 원활하게 작동하도록 /
정기적으로 구성 요소를 업데이트하여.
➡ 「keep+O+OC(현재분사)」는 '~이 …하도록[하게] 유지하
다'의 의미이다.

177 Last summer, / they got / their house
painted with vibrant colors, / giving it a lively
atmosphere.

지난여름에, / 그들은 (~하게) 했다 / 자신들의 집이 생동감 넘
치는 색으로 칠해지도록, / 그것에 활기찬 분위기를 주며.
➡ 「get+O+OC(과거분사)」는 '~가 …되게 하다'의 의미이다.

178 Before she started her car, // she noticed /
a woman standing outside / in front of the
building.

그녀가 자신의 차의 시동을 걸기 전에, // 그녀는 인지했다 / 한
여자가 바깥에 서 있는 것을 / 건물 앞에.
➡ 「notice(지각동사)+O+OC(현재분사)」는 '~이[가] ~하고 있
는 것을 인지하다[알아채다]'의 의미이다.

179 A stroke left / Stuart partially paralyzed, //
but he still continued / to paint / for two
years.

뇌졸중이 (~하게) 했다 / Stuart를 부분적으로 마비되게, // 그
러나 그는 여전히 계속했다 / 그리기를 / 2년 동안.
➡ 「leave+O+OC(과거분사)」는 '~이 …되게 하다'의 의미이다.

180 The new couple caught / some of the
neighbors gossiping about them // while they
were passing / by the fence.

신혼부부는 목격했다 / 이웃 중 일부가 자신들에 대해 험담하고
있는 것을 // 그들이 지나가던 중 / 울타리 옆에.
➡ 「catch+O+OC(현재분사)」는 '~이 …하고 있는 것을 목격
[발견]하다'의 의미이다.

181 He set / the machine going with a series of
precise adjustments / and stepped back /
to observe its operation.

그는 (~하도록) 했다 / 그 기계가 일련의 정밀한 조정을 통해 작
동하도록 / 그리고 한 발짝 물러섰다 / 그것의 작동을 관찰하기
위해.
➡ 「set+O+OC(현재분사)」는 '~을 ~하도록 하다'의 의미이다.

182 During the 2019 trial excavation, / a team of
archaeologists found / a treasure of ancient
artifacts buried beneath the ruins.

2019년 시범 발굴 과정에서, / 한 팀의 고고학자들은 발견했다 /
고대 유물이라는 보석이 유적지 아래에 묻혀 있는 것을.
➡ 「find+O+OC(과거분사)」는 '~이 …된 것을 발견하다'의 의
미이다.

CHAPTER 04 동사의 시제

본문 56쪽

UNIT 15 현재시제의 다양한 의미

183 The store / **opens** at 9 a.m. / and **closes** at 10 p.m. / every day.

그 가게는 / 오전 9시에 문을 연다 / 그리고 오후 10시에 문을 닫는다 / 매일.
→ 반복적인 행동을 나타내는 부사구 every day와 함께 현재시제가 쓰였다.

184 Our perception / always **involves** / some imagination.

우리의 지각은 / 항상 포함한다 / 어느 정도의 상상력을.

185 They **argue** with each other // every time they **see** each other.

그들은 서로 다툰다 // 서로를 볼 때마다.

186 A dog **is** a mammal / with four legs.

개는 포유동물이다 / 다리가 네 개인.
→ 개에 대한 일반적인 사실을 나타내기 때문에 현재시제로 쓰였다.

187 *All* [that glitters] / **is** not gold.

[반짝이는] 모든 것이 / 금은 아니다.
→ 속담 표현으로 현재시제가 쓰였다.
→ that glitters는 All을 수식하는 관계사절이다. **UNIT 41**

188 An apple a day / **keeps** the doctor **away**.

하루에 사과 하나가 / 의사를 멀리하게 한다.
→ 속담 표현으로 현재시제가 쓰였다.

189 If you **possess** / a high level of ability / in an area, // others may desire / to connect with you / because of it.

만약 소유하고 있다면 / 높은 수준의 능력을 / 어떤 영역에서, // 다른 사람들이 바랄 수도 있다 / 여러분과 연결되는 것을 / 그것 때문에.
→ 대명사 it은 a high level of ability in an area를 대신한다.

190 The decline / in the diversity of our food / **is** an entirely human-made process.

감소는 / 우리 음식의 다양성의 / 전적으로 인간이 만든 과정이다.

191 Unless you **finish** / your homework, // you can't watch TV.

네가 끝내지 않으면 / 너의 숙제를, // 너는 TV를 볼 수 없다.
→ unless는 '~하지 않으면'의 뜻으로, unless 이하의 부사절은 If you don't finish your homework의 의미이다. **UNIT 48**
→ 조건의 부사절이므로 현재시제가 미래시제를 대신해 쓰였다.

192 Children **learn** / from a picture book / that words and illustrations **complement** / and **enhance** each other.

아이들은 배운다 / 그림책에서 / 단어와 삽화가 보완한다는 것을 / 그리고 서로를 향상시킨다(는 것을).
→ that 이하는 learn의 목적어 역할을 하는 명사절로 동사와 명사절 사이에 삽입 명사구인 from a picture book이 위치한다. **UNIT 07**
→ 명사절 안에 동사인 compliment와 enhance는 and로 병렬 연결되어 있으며 공통 목적어인 each other를 뒤에 한 번만 썼다.

193 Early to bed and early to rise / **makes** a man / healthy, wealthy, and wise.

일찍 자고 일찍 일어나는 것은 / 사람을 만든다 / 건강하고, 부유하고, 현명하게.

194 In the virtual world, / we **have** *a tendency* (to be less defensive).

가상 세계에서, / 우리는 (덜 방어적인) 경향을 가지고 있다.
→ to be less defensive는 a tendency를 수식하는 to부정사구이다. **UNIT 31**

195 If it **rains** tomorrow, // we will have to find / an alternative plan / for our weekend.

만약 내일 비가 온다면, // 우리는 찾아야 할 것이다 / 대안이 되는 계획을 / 우리의 주말을 위한.
→ 조건의 부사절이므로 현재시제인 rains가 왔다.

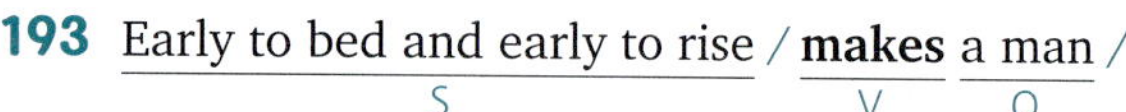

UNIT 16 미래를 나타내는 표현

196 Registration / **will start** / in December.

등록은 / 시작될 것이다 / 12월에.

197 The soccer match / **is going to start** / in 30 minutes.

축구 경기는 / 시작될 것이다 / 30분 후에.

198 In the not too distant future, / immigrants **will no longer be** strangers / among us.

머지않은 미래에, / 이민자들은 더 이상 낯선 사람이 아닐 것이다 / 우리 사이에서.

199 Most people choose / *the option* [that **will cause** them the least amount of anxiety].

대부분의 사람들은 고른다 / [그들에게 가장 적은 양의 불안을 초래할] 선택지를.
→ that will cause ~ anxiety는 the option을 수식하는 관계사절이다. **UNIT 41**

200 These people **will find out** / that I am full of anxiety / and **will reject** me.

이 사람들은 알게 될 것이다 / 내가 불안으로 가득 차 있다는 것을 / 그리고 나를 거부할 것이다.
→ and에 의해 will find out과 will reject가 병렬로 연결되어 주어 These people의 술어 역할을 한다. **UNIT 40**

201 She **was about to fall** / off the cliff // when I grabbed her hand.

그녀가 막 떨어지려던 참이었다 / 절벽에서 // 내가 그녀의 손을 붙잡았을 때.

202 The concert **was to be held** / outdoors, // but it was moved / indoors / because of the rain.

콘서트는 열릴 예정이었다 / 야외에서, // 하지만 그것은 옮겨졌다 / 실내로 / 비 때문에.

203 I **was going to meet** her / yesterday, // but I had to cancel / due to an emergency.

나는 그녀를 만날 예정이었다 / 어제, // 하지만 나는 취소해야 했다 / 급한 일 때문에.
→ due to는 '~ 때문에'의 의미이다.

204 All registration fees / **will be donated** /

S / V

to local charities.

M

모든 등록비는 / 기부될 것이다 / 지역 자선단체에.

205 We build / *museums and parks and bridges*

S   V   O

[that (we hope) **will last** / for generations].

S'   V'   M'

우리는 건설한다 / [(우리가 희망하길) 지속될 / 여러 세대에 걸쳐] 박물관과 공원과 다리를.

→ that we hope will last for generations는 선행사인 museums and parks and bridges를 수식하는 주격 관계대명사절이다. **UNIT 41**

→ we hope는 관계대명사 that과 will last 사이에 삽입된 삽입절이다.

206 The government / **is holding** a summit / with

S   V   O   M

neighboring countries / to discuss regional

V'   M

security.

O'

정부는 / 정상회담을 개최할 것이다 / 인근 국가들과 / 지역 안보를 논의하기 위해.

207 The official announcement / **was to be made** /

S   V

at the press conference / tomorrow.

M

공식 발표가 / 있을 예정이었다 / 기사회견에서 / 내일.

208 Just as he **was about to take off**

S'   V'

the blindfold / to run away, // a voice came in /

O'   M'   S   V

from somewhere.

M

그가 눈가리개를 막 벗었을 때 / 도망가려고, // 목소리가 들려왔다 / 어딘가에서.

209 Technology / **has historically distinguished** /

S   V

the way [music is produced].

S'   V'   O

기술은 / 역사적으로 구별해왔다 / [음악이 제작되는] 방식을.

210 Managers of home care providers / **have**

S   V

introduced / management systems.

O

홈 케어 제공업체의 관리자들은 / 도입해왔다 / 관리 시스템을.

211 They / **have been putting up** / new buildings /

S   V   O

in the city center / for decades.

M   M

그들은 / 지어오고 있다 / 새 건물을 / 도심에 / 수십 년 동안.

212 It **has been** a privilege / to serve in this

가주어   V   SC   진주어   V'

company / for the past four years.

M'   M'

특권이었다 / 이 회사에서 일하는 것은 / 지난 4년 동안.

→ It은 가주어이고 to serve 이하가 진주어이다. **UNIT 03**

213 When I look around, // *all* [I see] / is *the work*

S'   V'   S   V   SC'

[I **haven't finished**] / and *the bills* [I **haven't**

V'   SC²

paid].

V'

내가 주위를 둘러볼 때, // [내가 보는] 모든 것은 / [내가 끝내지 못한] 일이다 / 그리고 [내가 지불하지 못한] 청구서이다.

→ I see는 그 앞에 that이 생략된 관계사절로 all을 수식하며, I haven't finished와 I haven't paid도 모두 앞에 that 또는 which가 생략된 관계사절로 각각 the work와 the bills를 수식한다. **UNIT 43**

214 Computer companies / **have begun**

S   V

to advertise / their latest products and services.

O

컴퓨터 회사들은 / 광고하기 시작했다 / 최신 제품과 서비스를.

215 The artist / **has been building** / a reputation

for herself / with her innovative work /

for years.

그 예술가는 / 쌓아 오고 있다 / 자신에 대한 명성을 / 혁신적인 작품으로 / 수년간.

216 Our kids may be living / in the Information

Age // but our brains **have not been**

redesigned yet.

우리 아이들은 살고 있을지 모른다 / 정보 시대에 // 하지만 우리의 뇌는 아직 재설계되지 않았다.

217 *Plants* [that **have experienced** variable

nutrient availability / in the past] / tend

to exhibit risk-taking behaviors.

[다양한 영양소 이용 가능성을 경험한 / 과거에] 식물들은 / 위험을 감수하는 행동을 보이는 경향이 있다.
> that have experienced variable nutrient availability in the past는 관계사절로 Plants를 수식한다. **UNIT 41**

218 I **have admired** / *the way* [you stand up for /

what you believe in].

나는 감탄해왔다 / [네가 옹호하는 / 네가 믿는 것을] 방식을.

219 The computer / **has solved** the problem /

(of acquiring, preserving, and retrieving /

information).

그 컴퓨터는 / 문제를 해결했다 / (획득하고, 보존하고, 검색하는 / 정보를).

220 The musician / **has been making** a lasting

impact / on the music industry / with her

soulful melodies.

그 음악가는 / 지속적인 영향을 미쳐오고 있다 / 음악 산업에 / 자신의 영혼이 가득한 멜로디로.

221 Many psychologists / **have held to** *the belief*

[that the key to addressing negative health

habits / is to change behavior].

많은 심리학자들은 / [부정적인 건강 습관을 다루는 열쇠는 / 행동을 변화시키는 것이라는] 믿음을 고수해왔다.
> that ~ behavior는 the belief의 구체적 내용을 설명하는 동격절이다. 동격절 안의 첫 번째 to는 전치사이기 때문에 뒤에 동명사(addressing)가 왔다.

UNIT 18 과거완료 / 미래완료시제

222 She **will have been training** / for the

marathon / for a year // by the time she runs

it.

그녀는 훈련하고 있을 것이다 / 마라톤을 위해 / 1년 동안 // 마라톤을 뛸 때쯤이면.

223 Katie recalled / what the professor **had**

mentioned.

Katie는 떠올렸다 / 교수가 언급했던 것을.
> Katie가 떠올린(recalled) 시점보다 교수가 언급한 시점이 더 먼저 일어난 동작이므로, 대과거인 had mentioned를 썼다.

224 She **had lost** / her passion for art / due to

personal hardships.

그녀는 잃어버렸다 / 예술에 대한 열정을 / 개인적인 어려움 때문에.

225 A serious wrist injury / **had caused** him
to miss the rest of the season.

심각한 손목 부상은 / 그가 남은 시즌을 놓치도록 했다.

226 She **will have graduated** from college //
by the time she turns 23.

그녀는 대학을 졸업하게 될 것이다 // 그녀가 23살이 될 무렵에.

227 Chanel's last shot / **had made** her team
the champions.

Chanel의 마지막 슛은 / 그녀의 팀을 챔피언으로 만들었다.
➡ her team = the champions이므로 the champions는 목적격 보어이다. ⓒ UNIT 12

228 He told his friend / about *the Vincent Mountain
hike* [he **had read** about].

그는 친구에게 말했다 / [그가 읽었던] 빈센트 마운틴 하이킹에 관해.
➡ he had read about은 그 앞에 that 또는 which가 생략된 관계사절로 the Vincent Mountain hike를 선행사로 갖는다. ⓒ UNIT 43

229 To recover from an illness, / he **had developed**
an interest in botany.

병에서 회복하기 위해, / 그는 식물학에 관심을 갖게 되었다.
➡ To recover from an illness는 '목적'의 의미를 나타내는 to부정사구이다. ⓒ UNIT 34

230 I started looking in *the area* [where (I
thought) her wedding ring **had landed**].

나는 [(내 생각에) 그녀의 결혼 반지가 떨어졌던] 장소를 찾기 시작했다.
➡ 내가 찾기 시작한 시점은 과거(started)이지만 그 이전에 그녀의 결혼반지가 떨어진 것이므로, 대과거(had landed)를 썼다.
➡ where ~ landed는 the area를 수식하는 관계부사절로, 그 안에 I thought가 삽입되었다. ⓒ UNIT 42

231 When Marie came back out, // I asked her /
what she **had been doing**.

Marie가 다시 나왔을 때, // 나는 그녀에게 물었다 / 그녀가 무엇을 하고 있었는지.
➡ 내가 Marie에게 물은 시점은 과거(asked)이고, 그녀가 무엇을 하고 있었는지는 그 이전이므로 대과거 진행(had been doing)시제를 썼다.

232 We **had been waiting** / for two hours // when
the bus finally arrived.

우리는 기다리고 있었다 / 두 시간 동안 // 버스가 마침내 도착했을 때.
➡ 버스가 도착한 시점은 과거(arrived)이지만 그 이전부터 두 시간 동안 기다린 것이므로, 대과거 진행(had been waiting)시제를 썼다.

233 *The participants* [who **had received** failure
feedback] / were more likely to experience /
negative emotions.

[실패 피드백을 받았던] 참가자들은 / 경험할 가능성이 더 높았다 / 부정적인 감정을.
➡ who had received failure feedback은 The participants를 수식하는 관계사절이다. ⓒ UNIT 41

234 Long before the idea was turned into /
a physical reality, // the mind **had clearly
pictured** / the finished product.

아이디어가 바뀌기 훨씬 전에 / 물리적 현실로, // 마음은 분명히 상상했다 / 완제품을.
➡ 아이디어가 물리적인 현실이 된 것은 과거(was turned)이고, 마음이 완제품을 분명히 상상한 것은 그 이전이므로, 대과거(had pictured)시제를 썼다.

UNIT 19 to부정사 / 동명사의 완료형

235 Bancroft / became *the first woman* (**to have stood** at both poles).

Bancroft는 / (양쪽 극에 서 보았던) 최초의 여성이 되었다.
➡ Bancroft가 양쪽 극에 서 본 것이 최초의 여성이 된 것보다 먼저 일어난 일이기 때문에 to부정사의 완료형인 to have stood가 쓰였다.

236 I regret / **having said** those hurtful words / to her.

나는 후회한다 / 상처가 되는 그런 말을 한 것을 / 그녀에게.
➡ 이전에 그녀에게 상처가 되는 말을 했던 것을 현재 후회한다는 내용이므로, 동명사의 완료형인 having said가 쓰였다.
➡ regret 뒤에 동명사 목적어가 오면 과거의 일을 후회한다는 의미이다.

237 I apologize / for **having made** mistakes / in my presentation.

저는 사과드립니다 / 실수한 것에 대해 / 제 발표에서.

238 German cockroaches / are known / **to have developed** a distaste for glucose.

독일 바퀴벌레는 / 알려져 있다 / 포도당에 대한 혐오를 가지고 있던 것으로.
➡ to have developed는 완료부정사이므로 본동사의 시제인 현재(are known)보다 먼저 일어난 일을 나타낸다.

239 Despite the many challenges, / she was proud / **to have completed** her master's degree.

많은 어려움에도 불구하고, / 그녀는 자랑스러워했다 / 석사 학위를 마친 것을.

240 The person appears / **to have hit** a plateau / in his or her career.

그 사람은 보인다 / 정체기에 접어든 것으로 / 그 또는 그녀의 경력에서.

241 Our uniquely human attention to flavor / turns out **to have arisen** / as a matter (of life and death).

맛에 대한 인간 특유의 관심은 / 생긴 것으로 밝혀졌다 / (삶과 죽음의) 문제로.

242 **Having studied** hard / for the exam, / she was confident / in her results.

열심히 공부했기 때문에 / 시험을 위해, / 그녀는 자신감이 있었다 / 자신의 결과에.
➡ 분사구문인 Having studied hard for the exam은 Because[Since] she had studied hard for the exam의 의미를 나타낸다. **UNIT 35**

243 **Having tried** everything / to fix the problem, / I finally gave up.

모든 것을 다 시도했음에도 불구하고 / 그 문제를 해결하기 위해, / 나는 결국 포기했다.
➡ 분사구문인 Having tried everything to fix the problem은 Although I had tried everything to fix the problem의 의미를 나타낸다. **UNIT 35**

244 Some indoor insects seem / **to have developed** *the ability* (to survive when food is limited).

일부 실내 곤충은 보인다 / (먹이가 제한적일 때 살아남는) 능력을
발달시켰던 것으로.
➜ to survive when food is limited는 the ability를 수식하
는 to부정사구이다.

245 *The idea* [that planting trees could have a
social or political significance] / appears /
to have been invented by the English.

[나무를 심는 것이 사회적 또는 정치적 의미를 가질 수 있다는]
생각은 / 보인다 / 영국인에 의해 만들어진 것으로.
➜ that planting trees could have a social or political
significance는 The idea의 구체적 내용을 설명하는 동격절
이다

246 **Having stopped** exercising, / John quickly
gained ten pounds.

운동을 중단한 후에, / John은 금세 살이 10파운드가 쪘다.
➜ 분사구문인 Having stopped exercising은 After he had
stopped exercising의 의미를 나타낸다. ⓒ **UNIT 35**

247 **Having been neglected** / for many years, /
the old house / still had a special charm.

방치되었음에도 불구하고 / 수년 동안, / 그 낡은 집은 / 여전히
특별한 매력을 지니고 있었다.
➜ 분사구문인 Having been neglected for many years는
Although it had been neglected for many years의 의
미를 나타낸다. ⓒ **UNIT 35**

05 **조동사**

본문 68쪽

**UNIT
20** **능력, 허락, 충고, 의무**

248 You **should apologize** / for your mistake.
너는 사과해야 한다 / 너의 실수에 대해서.

249 You **had better start** studying now // if you
want to pass the exam.

너는 지금 공부를 시작하는 것이 좋을 것이다 // 시험에 합격하
고 싶다면.
➜ had better는 '~하는 것이 좋을 것이다'라는 의미로 즉각적
인 조치를 취해야 하는 것에 대한 충고를 나타낼 때 쓰인다.

250 He **can solve** / complex math problems easily.
그는 풀 수 있다 / 복잡한 수학 문제를 쉽게.

251 **Can** we **use** / the gym / for the student council
event?

우리가 사용할 수 있을까요 / 체육관을 / 학생회 행사를 위해?

252 To be successful, / a self-driving car **must act** /
humanly, rather than rationally.

성공하기 위해서는, / 자율주행 자동차는 행동해야 한다 / 이성
적이 아니라 인간적으로.

253 In a democracy, / citizens **ought to follow** the
laws / and **participate** in the political process.

민주주의 국가에서, / 시민은 법을 준수해야 한다 / 그리고 정치
과정에 참여해야 한다.

254 Negotiators / **should try** to find *ways* (to slice
a large issue into smaller pieces).

협상가들은 / (큰 문제를 더 작은 조각으로 잘라내는) 방법을 찾
으려고 노력해야 한다.
➜ to slice a large issue into smaller pieces는 ways를 수
식하는 to부정사구이다.

255 You **will be able to understand** / the concept
of relativity // as you study more.

너는 이해할 수 있을 것이다 / 상대성의 개념을 // 더 많이 공부
하면서.

256 Experienced mechanics / **may be able to**
           S   V

repair / the car.
  O

숙련된 정비사는 / 수리할 수도 있을 것이다 / 그 차를.

257 Employees / **don't have to accept** / overtime
     S   V   O

work // unless they are willing to do so.
           S′   V′

직원들은 / 받아들일 필요가 없다 / 초과 근무를 // 그들이 기꺼이 그렇게 하지 않는다면.
➜ don't have to는 '~할 필요가 없다'라는 뜻으로 don't need to, need not으로도 바꿔 쓸 수 있다.

258 If you have any questions (about the project), /
     S′ V′   O′

you **can contact** the project manager /
 S   V¹   O¹

during office hours / or **send** an email / for
     M¹   V²   O²   M²

more detailed inquiries.

여러분이 (프로젝트에 대한) 질문이 있다면, / 여러분은 프로젝트 매니저에게 연락할 수 있다 / 근무 시간 중에 / 또는 이메일을 보낼 수 있다 / 더 자세한 문의를 위해.

259 Parents **must provide** / an explanation for
     S   V   O

absences / to the school / within 7 days /
             M   M

from the first day (of any period of absence).

부모는 제시해야 한다 / 결석에 대한 해명서를 / 학교에 / 7일 이내에 / (어떤 결석 기간의) 첫날로부터.

260 *Cells* [that help your hand muscles reach out
           S′ V′   O′
                     OC′   S

to an object] / **need to know** / the size and
                 V   O

location (of the object).

[손 근육이 물체에 닿을 수 있도록 도와주는] 세포는 / 알아야 한다 / (물체의) 크기와 위치를.
➜ that help your hand muscles reach out to an object는 Cells를 수식하는 관계사절이다. **UNIT 41**

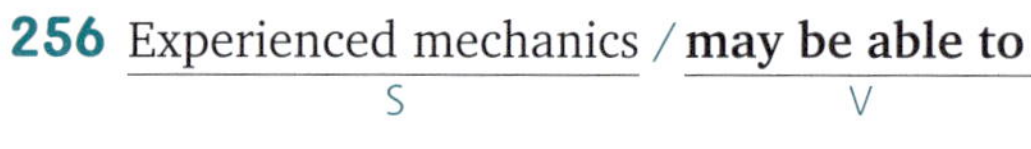
UNIT **21** **가능성, 추측, 후회**

261 You **should have arrived** / earlier.
     S   V

너는 도착했어야 했다 / 더 일찍.

262 They **might have missed** the train / due to
     S   V   O   M

the heavy traffic.

그들은 기차를 놓쳤을지도 모른다 / 심한 교통 체증 때문에.

263 We **should have canceled** / that walking
     S   V   O

program.

우리는 취소했어야만 했다 / 그 걷기 프로그램을.

264 She **must have left** her phone / at home //
     S   V   O   M

since she's not answering.
      S′   V′

그녀는 휴대전화를 두고 왔음에 틀림없다 / 집에 // 왜냐하면 전화를 받지 않기 때문이다.

265 I **should have repaired** / my tablet PC /
 S   V   O

earlier.

나는 수리했어야만 했다 / 내 태블릿 PC를 / 더 일찍.

266 The company's poor financial decisions /
                   S

could have led to bankruptcy.
     V   O

그 회사의 형편없는 재정 결정은 / 파산을 초래할 수도 있었다.

267 The politician / **ought not to have avoided** /
     S   V

answering the reporter's questions.
     V′   O′
            O

그 정치인은 / 회피하지 말았어야 했다 / 기자의 질문에 대답하는 것을.

268 I **ought to have apologized** to her
  S¹   V¹   M¹

immediately / after the argument, // but I was
   M¹   M¹   S² V²

too upset to do so / at that time.
     SC²   M²

나는 그녀에게 즉시 사과했어야 했다 / 그 논쟁 후에, // 그러나 나는 그렇게 하기에는 너무 화가 났다 / 그 당시에는.

➡ 그녀에게 사과했어야 했는데 하지 못했던 것에 대한 후회(유감)를 표현하고 있다.

269 She **cannot have known** about the surprise
  S   V   M

party // because her reaction / was completely
          S'   V'   SC'

genuine and unexpected.

그녀가 깜짝 파티에 대해 알았을 리가 없다 // 왜냐하면 그녀의 반응은 / 완전히 진짜였고 예상 밖이었다.

270 She **must have not had** / *enough money* (to
  S   V   O

get something to eat). // Jennifer thought
                              S   V

to herself, / feeling pity for her.
   M   M

그녀는 가지지 못했음에 틀림없다 / (먹을 것을 살) 충분한 돈을. // Jennifer는 혼자 생각했다, / 그녀를 불쌍히 여기며.

➡ 「enough+명사+to-v」는 '~을 하기에[할] 충분한 명사'의 의미이다. **UNIT 34**

➡ feeling pity for her는 Jennifer를 의미상 주어로 하는 분사구문이다. **UNIT 35**

271 The doctor **ought not to have avoided** /
  S   V

informing the patient / about the potential
    V'   O'

side effects of the medication.
                  M'

그 의사는 피하지 말았어야 했다 / 환자에게 알리는 것을 / 약물의 잠재적 부작용에 대해.

272 Such a label **might have made** / the possibility
  S   V   O

of a second worldwide conflict / a greater
                                    OC

reality for governments and individuals.

그러한 명칭은 만들었을지도 모른다 / 두 번째 세계 분쟁의 가능성을 / 정부와 개인에게 더 큰 현실로.

➡ the possibility of a second worldwide conflict = a greater reality for governments and individuals이므로, a greater reality ~ individuals는 목적격 보어이다.

273 *Humans* [who sang, danced, and marched] /
                   S'   V'1   V'2   V'3
              S

may have enjoyed / a strong advantage /
   V   O

on the battlefield.
       M

[노래하고 춤추고 행진했던] 인간은 / 누렸을지도 모른다 / 강력한 이점을 / 전장에서.

274 You **needn't have bought** so much food / for
  S   V   O   M
                                                  V'
the party // because there's *plenty* [left over /
                            V'   S'

from the last one].
      M'

너는 그렇게 많은 음식을 살 필요가 없었다 / 파티를 위해 // 왜냐하면 [남은 / 지난 파티로부터] 많은 음식이 있다.

➡ left over는 plenty를 후치 수식하는 분사구이다. **UNIT 32**

UNIT 22 **should의 특별한 쓰임**

275 The man **demanded** / that Lily **be** there on
  S   V   S'   V'
           M'
time.
  O

그 남자는 요구했다 / Lily가 정시에 그곳에 가야 한다고.

➡ that절의 동사 be 앞에 should가 생략되어 있는 문장으로 본동사(demanded)의 과거시제의 영향을 받지 않았다.

276 It is **necessary** / that he **drink** a lot of water.
 가주어 V   SC   S'   V'   O'
필요하다 / 그가 물을 많이 마시는 것이.

277 I **suggest** / that you **walk** your dog / every
  S   V   S'   V'   O'
                        M'
day.

나는 제안한다 / 네가 개를 산책시킬 것을 / 매일.

278 I **recommend** / you **ask** your friends / for
some help.

나는 추천한다 / 네가 친구들에게 요청할 것을 / 어느 정도 도움
을.

➡ recommend와 you 사이에는 명사절을 이끄는 접속사 that
이 생략되어 있다. UNIT 07

279 School assignments **have** typically **required** /
that students **work** alone.

학교 과제는 보통 요구해왔다 / 학생들이 혼자서 해야 한다고.

280 He **requested** / that they **join** him / at a
specific location / in three days.

그는 요청했다 / 그들이 그와 함께할 것을 / 특정 장소에서 / 3일
후에.

281 Occasionally, / she **suggested** / that the soldier
take a rest / for a while.

때때로, / 그녀는 제안했다 / 그 군인이 휴식을 취할 것을 / 잠시.

282 It is **advisable** / that you **consult** with a
doctor / before starting any new exercise
program.

권할 만하다 / 당신이 의사와 상담하는 것은 / 어떤 새로운 운동
프로그램을 시작하기 전에.

283 He once **suggested** / that a newcomer to a
neighborhood **ask** / a new neighbor to do him
or her a favor.

그는 제안한 적이 있다 / 동네에 새로 이사 온 사람은 요청하라
고 / 새 이웃에게 자신의 부탁을 들어달라고.

➡ ask는 목적어(a new neighbor)와 목적격 보어(to do him
or her a favor)를 취하는 5형식 동사로 쓰였다. UNIT 13

284 It is **essential** / that the man **complete**
the training program / to qualify for the
promotion.

필수적이다 / 그 남자가 교육 프로그램을 이수해야 하는 것이 /
승진 자격을 얻기 위해서는.

285 The detective **demanded** / that they **consider**
interpreting the fingerprints / to see if they
could identify the killer.

그 형사는 요구했다 / 그들은 지문 해석을 고려해야 하는 것을 / 그
들이 살인자를 식별할 수 있는지 알아보기 위해서는.

➡ to see if they could identify the killer는 '목적'의 의미를
나타내는 to부정사구이다. UNIT 34
➡ if가 이끄는 절은 see의 목적어 역할을 하는 명사절이다.
UNIT 07

286 **The proposal** is / that the company
implement a remote work policy / to enhance
flexibility for employees.

그 제안은 ~이다 / 그 회사가 원격 근무 정책을 시행해야 한다는
것 / 직원들의 유연성을 높이기 위해.

➡ 명사 proposal(제안)이 왔으므로 that절에 동사원형
(implement)이 쓰였다.

287 Utilitarian ethics **argues** / that all action
should be directed / toward achieving the
greatest total amount of happiness / for the
largest number of people.

공리주의 윤리는 주장한다 / 모든 행동은 향해야 한다고 / 최대
행복을 달성하기 위한 방향으로 / 최대 다수를 위한.

288 Employers **insisted** / that newcomers^{S'}

to the labor market **demonstrate** / not

only traditional independence, / but also

interdependence.^{O'}

고용주들은 주장했다 / 노동 시장에 새로 진입한 사람들은 입증
해야 한다고 / 전통적인 독립뿐만 아니라, / 상호의존성도 역시.
→ 'A뿐만 아니라 B도 역시'라는 의미의 「not only A but also
B」가 쓰였다. **UNIT 39**

UNIT 23 다양한 조동사 표현

289 He **used to sit** / on a bench / in the park /

at sunset.

그는 앉아 있곤 했다 / 벤치에 / 공원의 / 해질녘에.

290 I **couldn't help but laugh at** / his ridiculous

behavior.

나는 ~에 웃을 수밖에 없었다 / 그의 우스꽝스러운 행동(에).
→ couldn't help but laugh at은 couldn't help laughing
at 또는 couldn't but laugh at으로 바꿔 쓸 수 있다.

291 I / **used to be** a frustrated writer.

나는 / 예전에 좌절한 작가였다.

292 People **used to write** letters / to each other, //

but now / they mostly communicate / through

email and social media.

사람들은 예전에 편지를 썼지만 / 서로에게, // 그러나 이제는 /
그들은 주로 소통한다 / 이메일과 소셜 미디어를 통해.

293 I **would rather study** / alone / to prepare for

my exam.

나는 차라리 공부하겠다 / 혼자서 / 시험 준비를 위해.
→ to prepare for my exam은 '목적'의 의미를 나타내는 to부
정사구이다.

294 I was touched / and **couldn't help but**

respond.

나는 감동받았다 / 그리고 반응하지 않을 수 없었다.

295 The need for customer satisfaction / **cannot**

be stressed too highly.

고객 만족의 필요성은 / 아무리 강조해도 지나치지 않다.
→ The need for customer satisfaction cannot be
overstressed[overemphasized].로도 바꿔 쓸 수 있다.

296 I was stuck / in traffic / for over an hour, //

so I knew / I **might as well give up** and **go**

home.

나는 갇혀 있었다 / 교통 체증에 / 한 시간 넘게, // 그래서 나는
알았다 / 포기하고 집에 가는 게 낫겠다는 것을.

297 **Would** you **like to appreciate** / masks / from

all over the world?

감상하고 싶은가요 / 가면들을 / 전 세계의?

298 Clara **used to be** a talented swimmer, // but

she had to give up / her dream (of becoming

an Olympic medalist in swimming) / because

of injuries.

Clara는 예전에 재능 있는 수영 선수였다, // 하지만 그녀는 포기해야 했다 / (올림픽에서 수영 메달리스트가 되는) 자신의 꿈을 / 부상 때문에.

299 My mother **used to say** / that someday when her daughter married someone, // her pearl ring would be hers.

내 어머니는 말씀하시곤 했다 / 언젠가 그녀의 딸이 누군가와 결혼할 때, // 자신의 진주 반지가 그녀의 것이 될 것이라고.
➡ hers는 소유대명사로 her daughter's pearl ring의 의미이다.

300 They **would like to choose** / to behave the same way / as others.

그들은 선택하고 싶어 한다 / 똑같이 행동하기를 / 다른 사람들과.
➡ 「the same A as B」는 'B와 똑같은 A'의 의미이다.

301 A person (of moral excellence) / **cannot help doing** good — // it is as natural as / the change of seasons or the rotation of the planets.

(도덕적으로 뛰어난) 사람은 / 선을 행하지 않을 수 없다 // 그것은 ~만큼 자연스러운 일이다 / 계절의 변화나 행성의 자전(만큼).
➡ 「as ~ as ...」는 '...만큼 ~한'이라는 의미의 원급 비교 구문이다. UNIT 56

302 Even though I had always disagreed / with his political views, // I **couldn't help but acknowledge** / his passion.

비록 나는 항상 동의하지는 않지만 / 그의 정치적 견해에, // 나는 인정하지 않을 수 없었다 / 그의 열정을.

UNIT 24 3, 4, 5형식의 수동태

303 The window **was broken** / by the ball.

창문은 깨졌다 / 공에 의해.

304 She **was given** / a few books (to read) / by her teacher.

그녀는 받았다 / (읽을) 책 몇 권을 / 자신의 선생님에게서.
➡ 직접목적어를 주어로 하여 A few books to read were given to her by her teacher.로도 쓸 수 있다.

305 I **was made** / to wait for an hour outside / by her.

나는 되었다 / 한 시간 동안 밖에서 기다리게 / 그녀에 의해서.

306 After being in the water / for 3 hours, / she **was finally rescued**.

물속에 있던 후에 / 3시간 동안, / 그녀는 마침내 구조되었다.

307 She encountered gender resistance / and **was denied** residency / as a surgeon.

그녀는 성별 저항에 마주쳤다 / 그리고 레지던트 근무를 거부당했다 / 외과 의사로서의.

308 Over time, / as more books **were printed**, // literacy increased.

시간이 지남에 따라, / 더 많은 책이 인쇄되면서, // 글을 읽고 쓸 수 있는 능력이 증대되었다.

309 In an experiment, / *a puzzle box* (containing
　　　　　　M　　　　　　　　S

a treat) / **is given** / to a human toddler and a
　　　　　　V　　　　　　　　M

chimpanzee.

어느 실험에서, / (간식을 포함하고 있는) 퍼즐 상자가 / 주어진
다 / 인간 유아와 침팬지에게.

310 Many inventions **were invented** / thousands
　　　　　　S'　　　　　V'　　　　　　M'

of years ago // so it can be difficult / to know
　　　　　　　　가주어 V²　　　SC²　　　진주어
　　　　　　　　　　　　　　　　　　　　　O'

their exact origins.

많은 발명품이 발명되었다 / 수천 년 전에 // 그래서 어려울 수
있다 / 그들의 정확한 기원을 아는 것이.
➡ so 이하에서 it은 가주어이고 to know their exact origins
　는 진주어이다. 🔗 UNIT 03

311 Historically, / privacy **was protected** /
　　　　　　　　　　　　S　　　　　V

by restricting circulation (of the damaging
　　　V'　　　　　　　　M

material).
　　　O'

역사적으로, / 사생활은 보호되었다 / (유해한 자료의) 유통을 제
한함으로써.
➡ 「by+v-ing」는 '~함으로써'의 의미이다.

312 The woman **was heard** to scream // and the
　　　　　　S'　　　　V'　　　SC'　　　　　S²

man **was seen** to run from the house.
　　　V²　　　　　SC²

그 여성이 비명 지르는 소리가 들렸다 // 그리고 그 남자가 집에
서 도망치는 것이 목격되었다.
➡ 지각동사 hear과 see가 수동태 문장으로 전환되어 목적격
　보어는 to부정사인 to scream과 to run으로 각각 바뀌었다.

313 Participants **were shown** / *fake responses*
　　　　　S　　　　　V　　　　　　O

about the film (made by other participants).

참가자들에게 보여주었다 / (다른 참가자들이 만든) 영화에 대한
가짜 반응을.
➡ made by other participants는 fake responses를 수식
　하는 분사구이다. 🔗 UNIT 32

314 I **was taught** / how to question my own beliefs /
　　　S　V　　　　　　V'¹　　　O'¹　　　O

and consider the world / from a variety of
　　　　V'²　　　O'²

viewpoints.
　　M'²

나는 배웠다 / 내 자신의 신념에 의문을 제기하는 방법을 / 그리
고 세상을 생각하는 (방법을) / 다양한 관점으로부터.
➡ question ~과 consider ~는 and로 연결되어 how to에 이
　어진다.

315 Having *the ability* / (to take care of oneself /
　　　　　　O'　　　　　V'　　　O'　　　S

without depending on others) / **was**
　　　　　　　M'　　　　　　　　V

considered a requirement for everyone.
　　　　　　　　SC

능력을 갖추는 것은 / (스스로를 돌볼 수 있는 / 다른 사람들에게
의존하지 않고) / 모든 사람의 필수 요건으로 여겨졌다.
➡ Having ~ others는 문장의 주어 역할을 하는 동명사구이다.
　　　　　　　　　　　　　　　🔗 UNIT 01
➡ 그 안의 to take ~ others는 the ability를 수식하는 to부정
　사구이다. 🔗 UNIT 31

316 It was only in the eighteenth century /
　　　　　　　　　　　　M

that *any attempt* **was made** (to formalize
　　　　　S　　　　V　　　　　M　　　V'

spelling and punctuation of English).
　　　　　　　　　　　O'

18세기에서야 / (영어 철자와 구두점을 공식화하려는) 시도가
이루어졌다.
➡ 「it was ~ that」강조 구문에 의해 only in the eighteenth
　century가 강조되었다. 🔗 UNIT 60
➡ to formalize spelling and punctuation of English는
　any attempt를 수식하는 to부정사구이다. 🔗 UNIT 31

본문 80쪽

UNIT
25 수동태의 시제, 조동사+수동태

317 The new product / **might be launched** / next
　　　　　　S　　　　　　V　　　　　　M

month.

새 제품이 / 출시될 수도 있다 / 다음 달에.

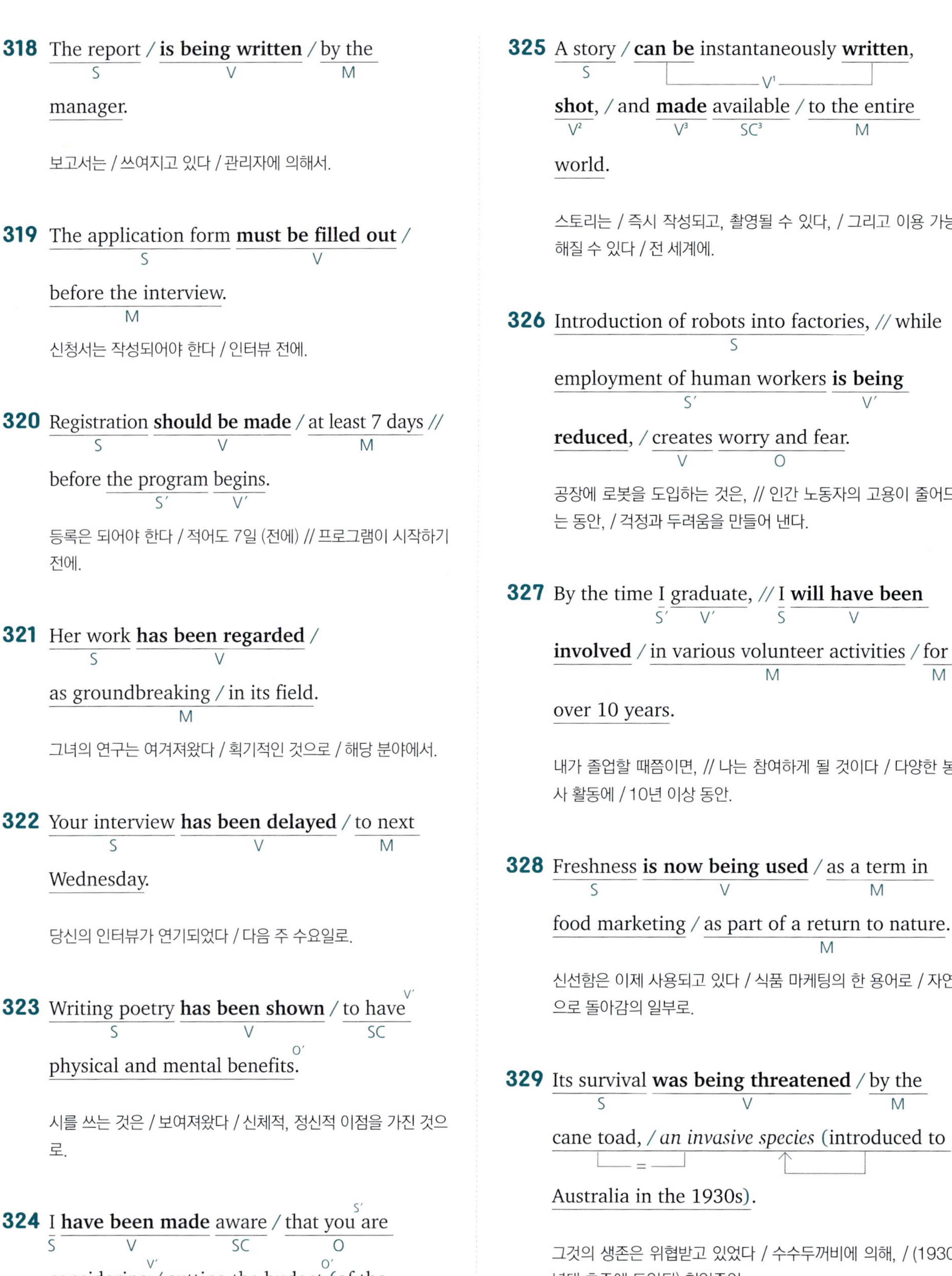

318 The report / **is being written** / by the manager.

보고서는 / 쓰여지고 있다 / 관리자에 의해서.

319 The application form **must be filled out** / before the interview.

신청서는 작성되어야 한다 / 인터뷰 전에.

320 Registration **should be made** / at least 7 days // before the program begins.

등록은 되어야 한다 / 적어도 7일 (전에) // 프로그램이 시작하기 전에.

321 Her work **has been regarded** / as groundbreaking / in its field.

그녀의 연구는 여겨져왔다 / 획기적인 것으로 / 해당 분야에서.

322 Your interview **has been delayed** / to next Wednesday.

당신의 인터뷰가 연기되었다 / 다음 주 수요일로.

323 Writing poetry **has been shown** / to have physical and mental benefits.

시를 쓰는 것은 / 보여져왔다 / 신체적, 정신적 이점을 가진 것으로.

324 I **have been made** aware / that you are considering / cutting the budget (of the theater).

나는 알게 되었다 / 당신이 고려하고 있다는 것을 / (극장의) 예산을 삭감하는 것을.

325 A story / **can be** instantaneously **written**, shot, / and **made** available / to the entire world.

스토리는 / 즉시 작성되고, 촬영될 수 있다, / 그리고 이용 가능해질 수 있다 / 전 세계에.

326 Introduction of robots into factories, // while employment of human workers **is being reduced**, / creates worry and fear.

공장에 로봇을 도입하는 것은, // 인간 노동자의 고용이 줄어드는 동안, / 걱정과 두려움을 만들어 낸다.

327 By the time I graduate, // I **will have been involved** / in various volunteer activities / for over 10 years.

내가 졸업할 때쯤이면, // 나는 참여하게 될 것이다 / 다양한 봉사 활동에 / 10년 이상 동안.

328 Freshness **is now being used** / as a term in food marketing / as part of a return to nature.

신선함은 이제 사용되고 있다 / 식품 마케팅의 한 용어로 / 자연으로 돌아감의 일부로.

329 Its survival **was being threatened** / by the cane toad, / *an invasive species* (introduced to Australia in the 1930s).

그것의 생존은 위협받고 있었다 / 수수두꺼비에 의해, / (1930년대 호주에 도입된) 침입종인.

➔ an invasive species introduced to Australia in the 1930s는 콤마에 의해 the cane toad와 동격 관계를 이루고 있다.

➔ introduced to Australia in the 1930s는 an invasive species를 수식하는 분사구이다. **UNIT 32**

330 Ostrom emphasizes / that all users **must be given** / access to local forums / for solving problems and conflicts / among themselves.

Ostrom은 강조한다 / 모든 사용자에게 주어야 한다고 / 지역 포럼에 대한 접근권을 / 문제와 갈등을 해결하기 위한 / 그들 사이의.

UNIT 26 구동사 수동태

331 The proposal / **was turned down** / by the president.

그 제안은 / 거절되었다 / 사장에 의해.

332 The meeting / **was called off** / due to bad weather.

그 모임은 / 취소되었다 / 나쁜 날씨 때문에.
➡ 모임을 취소시킨 행위자가 불분명하기 때문에 「by＋행위자」는 생략되었다.

333 A series of athletic competitions / **were set up** / between them.

일련의 체육 대회가 / 준비되었다 / 그들 사이에.

334 The project **was put off** // while we waited for / approval from headquarters.

프로젝트는 미뤄졌다 // 우리가 기다리는 동안 / 본사의 승인을.

335 Our dog **is being looked after** / by our neighbor // while we are on vacation.

우리 개는 돌봐지고 있다 / 이웃에 의해 // 우리가 휴가 중인 동안.

336 Our emotional response / can **be set up** / by a visual scene.

우리의 감정 반응은 / 설정될 수 있다 / 시각 장면에 의해.

337 Genes **are turned on** or **off** / based on [what is around you].

유전자는 켜지거나 꺼진다 / [당신의 주변에 있는 것]에 근거하여.

338 Throughout his presidency, / Nelson Mandela **was** admired and **looked up to** / for his commitment to justice and equality.

재임 기간 내내, / Nelson Mandela는 높이 평가받고 존경받았다 / 정의와 평등에 대한 헌신으로.

339 Most sand **is made up of** / tiny bits of rock [that came all the way / from the mountains].

대부분의 모래는 이루어져 있다 / [산에서 먼 길을 온] 매우 작은 바위 조각으로.
➡ that came all the way from the mountains는 tiny bits of rock을 수식하는 관계사절이다. **UNIT 41**

340 Not enough attention **has been paid** / to the realities of social dynamics and systemic inequality.

충분한 주의를 기울이지 않아 왔다 / 사회적 역학 관계와 구조적 불평등의 현실에.

341 The power of the media / **was made use of** / to manipulate public opinion.

언론의 힘이 / 활용되었다 / 여론을 조작하기 위해.

342 The proposal was met / with silence, // and it
　　　　S'　　　　　V'　　　　　　M'　　　　　가주어

was clear / that it **was not being listened to**.
V²　　SC²　　　　　진주어

그 제안은 부딪혔다 / 침묵에, // 그리고 분명했다 / 그것을 귀담
아듣지 않고 있었던 것이.

343 Close attention **was paid to** / *the things* [he
　　　　S　　　　　V　　　　　　　M　　　　　　S'

saw].
V'

세심한 주의가 기울여졌다 / [그가 본] 것들에.

344 How much attention **is paid** / **to** awakening
　　　　　　M'　　　　S'　　V'　　　　　
　　　　　　　　　　S

our children's minds / can make a difference /
　　　　　　　　M'　　　　　V　　　　　　O

in their lives.
　　　M

얼마나 많은 관심이 기울여지느냐가 / 우리 아이들의 마음을 일
깨우는 데 / 차이를 만들 수 있다 / 그들의 삶에.

➔ How much attention is paid to awakening our
children's minds는 의문사가 이끄는 명사절로 문장의 주어
역할을 한다. ⊙ UNIT 02

➔ is paid to는 pay to의 수동태로, 여기서 to는 전치사이므로
뒤에 동명사 awakening이 왔다.

UNIT 27 목적어가 that절인 수동태 (It be p.p. + that절)

345 It is believed / **that** the man is rich.
　　　가주어　　V　　　　　S'　V'　SC'
　　　　　　　　　　　　진주어

믿어진다 / 그 남자가 부자라고.

346 It is said / **that** my mother was a beauty.
　　　가주어　V　　　　S'　　V'　　SC'
　　　　　　　　　　　진주어

말해진다 / 내 어머니는 미인이었다고.

➔ 수동태 문장인 My mother is said to have been a
beauty.로 바꿀 수 있다. 어머니가 미인이었다는 것은 과거
의 일이고 그것이 지금 말해지는 것이므로, 과거를 나타내는
to have been임에 유의한다. 참고로 My mother is said
to be a beauty.는 말해지는 현재 시점에서 어머니가 미인
이라는 의미이다.

347 **It is reported** / **that** the stock market has
　　　가주어　V　　　　　　　　S'
　　　　　　　　　　　　　　　진주어

crashed.
　V'

보도된다 / 주식 시장이 폭락했다고.

348 **It is believed** / **that** hearing in moths arose /
　　　가주어　V　　　　　　S'　　　　V'
　　　　　　　　　　　　　진주어

specifically / in response to the threat / of
　　　　　　　　　　　　　M'

being eaten by bats.
　　M'

믿어진다 / 나방의 청각은 생겼다고 / 특별히 / 위협에 대한 반응
으로 / 박쥐에게 잡아먹힐 수 있다는.

349 **It has been confirmed** / **that** the new movie
　　　가주어　　　V　　　　　　　　　S'
　　　　　　　　　　　　　　　　진주어

is a critical and commercial success.
V'　　　　　　　　　SC'

확인되었다 / 그 새 영화가 비평적이고 상업적 성공작이라고.

350 **It is believed** / **that** artificial intelligence will
　　　가주어　V　　　　　　　S'
　　　　　　　　　　　　진주어

eventually surpass / human intelligence.
　　V'　　　　　　O'

믿어진다 / 인공지능은 결국 능가할 것이라고 / 인간의 지능을.

351 **It was said** / **that** on that occasion / Henrietta
　　　가주어　V　　　　　M'　　　S'
　　　　　　　　　　　진주어

sang / as she had never sung before.
V'　S'　　　V'　　M'

말해졌다 / 그 행사에서 / Henrietta가 노래를 불렀다고 / 그녀
가 전에 한 번도 불러본 적이 없는 방식으로.

352 **It is thought** / **that** the ancient Egyptians built
　　　가주어　V　　　　　S'　　　V'
　　　　　　　　　　진주어

the pyramids / using advanced technology.
　O'　　　　M'

생각된다 / 고대 이집트인들은 피라미드를 건설했다고 / 첨단 기
술을 사용하여.

353 **It has been estimated** / **that** volunteering
　　　가주어　　　V　　　　　　　S'
　　　　　　　　　　　　　　진주어

contributes / about $42 billion a year / to the
V'　　　　　　M'

Australian economy.
　　M'

추정되어 왔다 / 자원봉사가 기여한다고 / 연간 약 420억 달러를 / 호주 경제에.

354 **It has been discovered** / **that** the Industrial
가주어　　　　 V　　　　　　　진주어
Revolution has had a profound impact / on
　　　 S′　　　 V′　　　　　　 O′
society.
　M′

밝혀져 왔다 / 산업혁명은 지대한 영향을 미친 것으로 / 사회에.

355 **It is believed** / **that** the Earth faces a serious
가주어　　 V　　　　　　　 S′　　 V′
threat / from climate change.
　O′　　　　　 M′

믿어진다 / 지구가 심각한 위협에 직면해 있다고 / 기후 변화로 인한.

356 **It was suggested** / **that** the evolved psychology
가주어　　　 V　　　　　　　　진주어
of cooperation / is highly sensitive / to subtle
　　 S′　　　　 V′　　　　　　　　　 SC′
cues of being watched.
　　　　　 M′

제시되었다 / 협력의 진화한 심리는 / 매우 민감하다 / 감시된다는 미묘한 신호에.

357 **It was discovered** / **that** the properties of a
가주어　　　 V　　　　　　　진주어
material could be altered / by heat treatments /
　 S′　　　　 V′　　　　　　　　 M′
and by the addition of other substances.
　　　　　　　　 M′

밝혀졌다 / 물질의 특성은 변경될 수 있다는 것이 / 열처리에 의해 / 그리고 다른 물질의 첨가에 의해.

358 **It has been suggested** / **that** "organic"
가주어　　　 V　　　　　　진주어
methods would be less damaging / to the
　 S′　　　 V′　　　　　 SC′
biosphere.
　 M′

제시되어왔다 / "유기농" 방법이 덜 해로운 것이라는 것이 / 생물권에.

---

359 I avoided **being robbed** / by not carrying
　　 S　　　 V　　　　 O　　　　　 M
valuables.
　 O′

나는 강도를 피했다 / 귀중품을 소지하지 않음으로써.

360 Jane **is interested in** / studying astronomy.
　　 S　　 V　　　　　　　 O

Jane은 (~에) 관심이 있다 / 천문학을 공부하는 데.

361 The general admitted to / **having been fooled** /
　　　　 S　　　 V　　　　　　　　 O
by the enemy's tactics.
　　　 M′

그 장군은 (~를) 인정했다 / 속았다는 것을 / 적의 전술에.

362 Early rock paintings are thought / **to have
　　　　　 S　　　　 V　　　 SC
been created** for ritual purposes.
　 V′　　　　　　 M′

초기 암벽화는 생각된다 / 제의 목적으로 만들어졌다고.

363 I can't imagine / **being stuck in** a hospital
　 S　　 V　　　　　　　 O
bed. // I just want / her to get better soon.
　　　 S　　 V　　 O　　 OC
나는 상상할 수 없다 / 병원 침대에 갇혀 있는 것을. // 나는 단지 바랄 뿐이다 / 그녀가 곧 좋아지기를.

364 You should create / *a list of items* (**to be
　 S　　　 V¹　　　　　 O′
discussed**) / and share your list / with other
　　　　　　　 V²　　 O²　　　　 M²
participants / before a meeting.
　　　　　　　　 M²
당신은 만들어야 한다 / (논의될) 항목의 목록을 / 그리고 목록을 공유해야 (한다) / 다른 참가자들과 / 회의 전에.

365 I **was surprised** / at her sudden action //
　 S　　 V　　　　　 M
because she usually doesn't act / impulsively.
　　　 S′　　　　　 V′

나는 깜짝 놀랐다 / 그녀의 갑작스러운 행동에 // 그녀는 보통 행동하지 않기 때문에 / 충동적으로.

366 Uhuru Peak **is known** / **as** the very top of
Kilimanjaro.

Uhuru Peak는 알려져 있다 / Kilimanjaro의 정상으로.

367 He **was married** / **to** Dana Zátopková, /
who was an Olympic gold medalist, / too.

그는 결혼했다 / Dana Zátopková와, / 그녀는 올림픽 금메달리스트였다, / 또한.
→ who was an Olympic gold medalist, too는 관계사절로 Dana Zátopková를 부연 설명한다.

368 Magicians **are not worried** / **about** copying
tricks, // but they are strict / about disclosing
the methods of tricks // as it damages their
industry.

마술사들은 걱정하지 않는다 / 속임수들의 방법을 모방하는 것에 대해, // 하지만 그들은 엄격하다 / 마술의 비법을 공개하는 것에 대해서는 // 그것이 그들 업계에 피해를 주기 때문에.

369 Students / **should be actively involved** / **in**
decision-making processes [that affect them].

학생들은 / 적극적으로 참여해야 한다 / [자신들에게 영향을 미치는] 의사 결정 과정에.
→ that affect them은 decision-making processes를 수식하는 관계사절이다. **UNIT 41**
→ them은 students를 대신한다.

370 New technologies / need **to be assessed** / for
their full potential impacts, / both positive and
negative.

새로운 기술은 / 평가되어야 한다 / 그것의 온전한 잠재적 영향에 대해, / 긍정적이든 부정적이든.

371 The truth (about the long-lost treasure of
the Aztecs) / is **to be revealed** / in a new
documentary film.

(오랫동안 잃어버린 아즈텍의 보물에 대한) 진실은 / 공개될 예정이다 / 새로운 다큐멘터리 영화에서.

372 They might benefit / from **being involved in**
a voluntary program / where they receive /
support and help (to build their own social
network).

그들은 혜택을 얻을 수도 있다 / 자발적인 프로그램에 참여하는 데서 / 그곳(그 프로그램)에서 그들은 받는다 / (자기 자신의 소셜 네트워크를 구축하기 위한) 지원과 도움을.
→ where they receive ~ network는 a voluntary program을 수식하는 관계부사절이다.  **UNIT 42**
→ to build their own social network는 support and help를 수식하는 to부정사구이다.  **UNIT 31**

본문 90쪽

UNIT
29 전치사 from, to, as를 동반한
동사 구문

373 Heavy rain / **kept** me **from** going to the park.

폭우는 / 내가 공원에 가는 것을 막았다.
→ Heavy rain forbade me to go to the park.로 쓸 수도 있다. forbid는 '금(지)하다'의 뜻으로, from 대신 to부정사를 취한다.

374 The plant / **was exposed to** sunlight / for six hours.
S · V · M · M

그 식물은 / 햇빛에 노출되었다 / 여섯 시간 동안.

375 Antibiotics either kill bacteria / or **stop** them from growing.
S · V' · O' · V² · O² · M²

항생제는 박테리아를 죽인다 / 또는 그것이 성장하는 것을 막는다.

376 The therapist helps / people **rescue** themselves / from emotional distress.
S · V · O · V' · OC · M'

그 치료사는 돕는다 / 사람들이 스스로를 구제하도록 / 정서적 고통에서.

377 Tom cheered / and looked like / he could barely **keep** himself / **from** running up / to hug and congratulate her.
S · V' · V² · O² · V' · O' · M' · V'1 · V²2 · O' · M

Tom은 환호했다 / 그리고 ~처럼 보였다 / 그가 간신히 자신을 막을 수 있는 것(처럼) / 뛰어올라가는 것을 / 그녀를 안아주고 축하해주기 위해.
→ to hug and congratulate her는 '목적'의 의미를 나타내는 to부정사구이다.

378 Fungi support / other species underground / and **protect** them **from** complete collapse.
S · V' · O' · M' · V² · O² · M²

곰팡이는 지원한다 / 지하에서 다른 종을 / 그리고 그것을 완전한 붕괴로부터 보호한다.

379 The company **adapted** / its marketing strategy / **to** the changing consumer trends.
S · V · O · M

그 회사는 조정했다 / 그것의 마케팅 전략을 / 변화하는 소비자 트렌드에.

380 *The only one* [you should **compare** yourself to] / is you.
S · V · SC

[여러분이 자신을 비교해야 할] 유일한 사람은 / 여러분이다.
→ you should compare yourself to는 앞에 that이 생략된 관계사절로 The only one을 수식한다. 문장 전체의 술어 동사는 is이다. **UNIT 43**

381 The teacher **referred to** / the book / **as** "a must-read for all students."
S · V · O · M

그 선생님은 불렀다 / 그 책을 / "모든 학생들의 필독서"라고.

382 Planting trees / had the additional advantage / of **being regarded as** a patriotic act.
S · V · O · V' · M'

나무를 심는 것은 / 추가적인 이점을 가지고 있었다 / 애국적인 행위로 여겨지는.

383 When the news presents health-related information / in a pessimistic way, // people are less likely to take steps / to **protect** themselves **from** illness.
S' · V' · O' · M' · S · V · O · M · V' · O' · M'

뉴스가 건강 관련 정보를 제시할 때 / 비관적인 방식으로, // 사람들은 조치를 취할 가능성이 낮아진다 / 질병으로부터 자신을 보호할.

384 The traveler **likened** his journey / **to** *a spiritual pilgrimage* (seeking inner peace and enlightenment).
S · V · O · M · V' · O'

그 여행자는 자신의 여정을 비유했다 / (내면의 평화와 깨달음을 추구하는) 영적인 순례에.
→ seeking inner peace and enlightenment는 a spiritual pilgrimage를 수식하는 분사구이다. **UNIT 32**

385 The leader **was seen** / **as** *a strong and decisive*
S   V   M

figure [who inspired confidence / in his
    S'   V'   O'

followers].
   M'

그 지도자는 여겨졌다 / [자신감을 고취하는 / 추종자들에게] 강인하고 결단력 있는 인물로.
→ who inspired confidence in his followers는 a strong and decisive figure를 수식하는 관계사절이다. **UNIT 41**

386 The term "artificial intelligence" / **was** initially
             S   V

defined / **as** *the ability of machines* (to
                  M

simulate human intelligence).
   V'   O'

"인공 지능"이라는 용어는 / 처음에 정의되었다 / (인간의 지능을 모의실험할 수 있는) 기계의 능력으로.
→ to simulate human intelligence는 the ability of machines를 수식하는 to부정사구이다. **UNIT 31**

전치사 of, for, with를 동반한 동사 구문

387 The boss / **blamed** me / **for** the project's
      S   V   O   M

failure.

상사는 / 나를 비난했다 / 프로젝트의 실패에 대해.

388 The musician's voice / **filled** the room / **with**
          S   V   O   M

beautiful melodies.

그 음악가의 목소리는 / 방을 채웠다 / 아름다운 멜로디로.

389 The medication / **relieved** her / **of** severe
        S   V   O   M

pain.

그 약은 / 그녀에게서 덜어주었다 / 심한 통증을.

390 His father raged / and **accused** Jack / **of** being
S   V'   V²   O²   M²   V'

selfish, ungrateful, and unmanly.
        SC'

그의 아버지는 격노했다 / 그리고 Jack을 비난했다 / 이기적이고, 배은망덕하며, 남자답지 못하다고.

391 The dog owner / **was held responsible** / **for**
       S   V   SC   M

the attack on the neighbor's child.

그 개 주인은 / 책임을 지게 되었다 / 이웃집 아이를 공격한 것에 대한.

392 The letter said, / '**Thank** you / **for** applying to
      S   V   V'   O'   M'   V'

our company.'

그 편지에는 적혀 있었다, / '감사합니다 / 우리 회사에 지원해 주셔서'라고.

393 Our senses **provide** us / **with** a qualitative
      S   V   O   M

indication of temperature.

우리의 감각은 우리에게 제공한다 / 온도의 질적 지표를.

394 As soon as the game started, // he **was filled** /
           S'   V'   S   V

with energy.
   M

경기가 시작되자마자, // 그는 가득 찼다 / 에너지로.
→ 「as soon as+S+V」는 'S가 V하자마자'라는 의미이다.

395 In modern societies, / people **provide** their kin /
        M   S   V   O

with a wide variety of services.
   M

현대 사회에서, / 사람들은 친족에게 제공한다 / 매우 다양한 서비스를.

396 The great scientists of the Renaissance / **were**
              S   V

endowed / **with** a strong curiosity / and an
                M

endless quest for knowledge.

르네상스 시대의 위대한 과학자들은 / 부여받았다 / 강한 호기심
을 / 그리고 지식에 대한 끝없는 탐구를.

397 The endangered species / **has been deprived** /
S   V

of its natural habitat / due to human
M   M

development.

멸종 위기에 처한 그 종은 / 빼앗겼다 / 그것의 자연 서식지를 /
인간의 개발로 인해.

398 The novice art collector, / lacking experience, /
S   V'   O'   M

mistook the forgery / **for** an authentic
V   O   M

masterpiece.

그 초보 미술품 수집가는, / 경험이 부족한, / 위작을 착각했다 /
진품으로.
➜ lacking experience는 The novice art collector를 부연
  설명하는 분사구문이다. **UNIT 35**

399 Unrealistic optimists believe / that success will
S   V   O   S'1

come to them / and the universe **will reward**
V'1   M'1   S'2   V'2

them / **for** their positive thinking.
O'2   M'2

비현실적인 낙관주의자들은 믿는다 / 성공이 자신들에게 올 것
이라고 / 그리고 우주가 그들에게 보상할 것이라고 / 그들의 긍
정적 사고에 대해.
➜ that success ~ to them과 the universe ~ thinking은
  모두 believe의 목적어 역할을 하는 명사절이다. **UNIT 07**

400 Sleep additionally **provides** / some vital
S   V   O

services / **for** the organism.
       M

잠은 추가로 제공한다 / 필수적인 서비스를 / 유기체에.
➜ Sleep additionally provides the organism with some
  vital services.로 바꿔 쓸 수 있다.

본문 98쪽

UNIT
31 명사를 꾸며주는 to부정사

401 If so, / we would not even have / *a language*
(**to describe** the world around us).

그렇다면, / 우리는 갖지도 못할 것이다 / (우리 주변의 세계를 묘사할) 언어를.
→ 수식받는 a language가 to describe의 의미상 주어이다.

402 The recreation center / provides no *equipment*
(for young children **to exercise with**).

그 레크리에이션 센터는 / (아이들이 가지고 운동할) 장비를 제공하지 않는다.
→ 수식받는 명사 equipment가 with의 목적어이고, for young children은 to exercise의 의미상 주어이다.

403 There may be / *a time* [when people have
money but no *children* (**to look after**)].

있을 수도 있다 / [사람들이 돈은 있지만 (돌볼) 자녀가 없는] 때가.
→ when people ~ to look after는 a time을 수식하는 관계사절이며, 관계사절 안에서 children은 to look after가 수식하는 의미상 목적어이다. ➡ UNIT 42

404 *His desire* (**to travel** to remote destinations) /
led him / on unforgettable adventures.

(외딴 목적지를 여행하고 싶은) 그의 열망은 / 그를 이끌었다 / 잊을 수 없는 모험으로.
→ to travel ~ destinations는 수식을 받는 His desire를 설명한다.

405 They soon asked for / *skilled workers* (**to
repair** the damaged roof of their house).

그들은 곧 요청했다 / (그들의 집의 손상된 지붕을 수리해 줄) 숙련된 일꾼들을.
→ 수식받는 skilled workers가 to repair의 의미상 주어이다.

406 Her volunteers harvested / *thousands of
pounds of wheat* (**to give** to food banks).

그녀의 자원봉사자들은 수확했다 / (푸드 뱅크에 줄) 수천 파운드의 밀을.
→ 수식받는 thousands of pounds of wheat가 to give의 의미상 목적어이다.

407 Basic survival depends / on *the ability* (**to
perceive** causes and **predict** effects).

기본적인 생존은 달려 있다 / (원인을 인식하고 결과를 예측하는) 능력에.
→ to perceive ~ effects는 이것의 수식을 받는 the ability를 설명한다.

408 In Golden Bay / there are no *waves* (**to surf
on**), // and it is definitely not / *a tropical
island*.

Golden Bay에는 / (서핑할) 파도가 전혀 없다, // 그리고 그곳은 분명히 아니다 / 열대 섬이.
→ 수식받는 waves가 to surf on의 의미상 목적어이다.

409 You'll have / *a reminder and motivator* (**to get
going on** *those things* [that are calling you]).

당신은 갖게 될 것이다 / ([당신을 부르고 있는] 그것들을 시작하도록) 상기시키고 동기를 부여하는 것을.
→ 수식받는 a reminder and motivator가 to get의 의미상 주어이다.
→ that are calling you는 those things를 수식하는 관계사절이다. **UNIT 41**

410 The king felt lonely / with *no one* (**to share** his feelings with) / during those difficult times.

왕은 외로움을 느꼈다 / (그의 마음을 함께 나눌) 사람이 없어서 / 그 어려운 시기에.
→ 「명사+to-v+O+with」의 구문으로, 수식받는 no one이 전치사 with의 목적어이다.

411 They are in *optimal condition* (**to run** the marathon / over its predetermined course and length).

그들은 (마라톤을 달릴 / 그것의 미리 정해진 코스와 길이에 걸쳐서) 최적의 상태에 있다.
→ to run ~ length는 수식받는 optimal condition을 설명한다.

412 The city planners approved / *the decision* (**to relocate** their offices to a quieter neighborhood).

도시 계획가들은 승인했다 / (그들의 사무실을 더 조용한 지역으로 이전하는) 결정을.
→ to relocate ~ neighborhood는 수식받는 the decision을 설명한다.
→ 「relocate A to B」는 'A를 B로 이전하다'의 의미이다.

413 For *a chance* (**to win** science goodies), / just submit / a selfie of *yourself* (enjoying science outside of school).

(좋은 과학 용품을 받을) 기회를 위해, / 단지 제출하기만 하면 된다 / (학교 밖에서 과학을 즐기는) 자신의 셀카 사진을.
→ to win ~ goodies는 수식받는 a chance를 설명하고 있으며, enjoying ~ of school은 yourself를 수식하는 분사구이다.

414 *The point* (**to remember**) is / that sometimes in arguments / the other person is trying / to get you to be angry.

(기억해야 할) 점은 ~이다 / 때로는 논쟁에서 / 상대방은 ~하려고 한다는 것이다 / 여러분을 화나게.
→ 수식받는 The point는 to remember의 의미상 목적어이다.
→ 「get+O+to-v(목적격 보어)」는 '~을 …하게 하다'의 의미이다. **UNIT 13**

UNIT 32 명사를 꾸며주는 분사

415 In the daytime, / (**sleeping**) *skunks* take peaceful rest / in underground shelters.

낮에는, / (잠자는) 스컹크는 평화로운 휴식을 취한다 / 지하 은신처에서.
→ 「sleeping(현재분사)+skunks(명사)」가 문장의 주어이다.

416 The expedition discovered / a (**destroyed**) cave (**hidden** deep within the forest).

탐험대는 발견했다 / (숲속 깊은 곳에 숨겨져 있는) (파괴된) 동굴을.
→ destroyed는 cave를 꾸며주고 hidden deep within the forest 또한 cave를 꾸며준다.

417 How does the change of humidity affect / *the plants* (**growing** in the greenhouse)?

습도의 변화는 어떤 영향을 미치는가 / (온실에서 자라는) 식물에?
→ 자동사의 현재분사 growing이 in the greenhouse를 동반하여 the plants를 뒤에서 꾸며주고 있다.

418 Charity is *the bone* (**shared** with the dog), // when you are just as hungry / as the dog.

자선 행위는 (개와 공유된) 뼈이다, // 당신이 배가 고플 때 / 개
만큼.
➜ 의역: 진정한 자선이란 자신이 넉넉할 때 나누는 것이 아니라,
  자신도 어려운 상황에 처해 있을 때조차 다른 이와 나누는 것
  이다.
➜ the bone을 수식하는 shared with the dog 앞에 which
  is가 생략되어 있다고 볼 수 있다.

419 You may need / to acquire a removal permit /
in order to clear away / some (**fallen**) trees.

당신은 필요할 수도 있다 / 제거 허가를 획득하는 것이 / 치우기
위해 / 일부 (쓰러진) 나무들을.
➜ 자동사의 과거분사 fallen이 trees를 꾸며주고 있다.

420 Fatty foods cause / the brain to release /
a hormone with a (**calming** and **relaxing**)
influence / into the blood stream.

지방이 많은 음식은 (~하게) 한다 / 뇌가 분비하도록 / (진정시키
고 이완시키는) 효과를 가진 호르몬을 / 혈류에.
➜ calming과 relaxing이 and로 연결되어 명사 influence를
  동시에 꾸며주고 있다.

421 Supermarkets no longer make / all their
money / selling their produce and
(**manufactured**) goods.

슈퍼마켓은 더 이상 버는 것이 아니다 / 자신의 모든 돈을 / 자신
의 농산물과 (제조된) 물품을 판매해서.
➜ selling ~ goods(= as they sell their produce and
  manufactured goods)는 이유의 의미를 나타내는 분사구
  문이다. **UNIT 35**
➜ 타동사의 과거분사 manufactured가 goods를 꾸며주고
  있다.

422 A group (**working** together successfully) /
requires individuals (with a multitude of social
skills).

(함께 성공적으로 일하는) 집단은 / (다수의 사회적 기술을 가진)
개인들을 요구한다.
➜ 현재분사 working이 together successfully를 동반하여 A
  group을 뒤에서 꾸며주고 있다.

423 I'm writing / to inform you / that the
auditorium will be / *the first building* (**closed**
for repairs).

나는 글을 쓰고 있다 / 여러분에게 알리기 위해서 / 그 강당은 ~
일 것임을 / (수리를 위해 폐쇄되는) 첫 번째 빌딩.
➜ 타동사의 과거분사 closed가 for repairs를 동반하여 the
  first building을 뒤에서 꾸며주고 있다.

424 They discussed / the process for *any* (**retired**)
doctor [who wished to maintain their
registration].

그들은 논의했다 / [자신들의 등록을 유지하기를 원하는] (은퇴
한) 의사를 위한 절차를.
➜ 자동사의 과거분사 retired가 doctor를 꾸며주고 있다.
➜ who가 이끄는 관계사절이 any retired doctor를 꾸며주고
  있다. **UNIT 41**

425 Despite *efforts* (to improve it), / the
(**declining**) *city* continues / to face economic
challenges.

(그것을 개선하려는) 노력에도 불구하고, / (쇠퇴하는) 도시는 계
속한다 / 경제적 어려움에 직면하기를.
➜ 자동사의 현재분사 declining이 city를 꾸며주고 있다.

426 *The refrigerators* (**located** next to the cash
registers) / in the cafeteria / were filled / with
only soda.

(금전 등록기 옆에 위치한) 냉장고들은 / 구내식당 내의 / 채워져
있었다 / 탄산 음료로만.
➜ 타동사의 과거분사 located가 next ~ registers를 동반하
  여 The refrigerators를 뒤에서 꾸며주고 있다.

427 *Organisms* (**living** in the deep sea) / have
  S   V

adapted to the high pressure / by storing water
     M   M

in their bodies.

(심해에 살고 있는) 유기체들은 / 고압에 적응해 왔다 / 그들의 몸 안에 물을 저장하여.
→ 자동사의 현재분사 living이 in the deep sea를 동반하여 Organisms를 뒤에서 꾸며주고 있다.

428 The (**rushing**) *river* / forcefully carried debris
  S   V   O

downstream / including *branches, leaves, and*
    M   M

others (**caught** in its powerful current).

(급히 움직이는) 강은 / 힘차게 잔해물을 하류로 운반했다 / (그 강력한 조류에 잡힌) 나뭇가지, 나뭇잎, 그리고 다른 것들을 포함하여.
→ 자동사의 현재분사 rushing이 river를 꾸며주고 있다.
→ 타동사의 과거분사 caught가 in its powerful current를 동반하여 branches ~ others를 꾸며주고 있다.

UNIT 33 감정을 나타내는 분사

429 The (**touching**) *story* about his sacrifice /
  S

moved us in the audience / to tears.
  V   O   M

그의 희생에 관한 (감동적인) 이야기는 / 객석에 있던 우리를 움직였다 / 눈물을 흘리도록.
→ 이야기가 사람들을 감동하게 하는(touching) 원인으로, move ~ to tears는 '~을 눈물 흘리게 하다'의 의미이다.

430 (**Surprised**) *passengers* watched // as the
  S   V   S′

magician performed tricks / on the train.
    V′   O′   M′

(놀란) 승객들은 지켜보았다 // 마술사가 마술을 행할 때 / 기차에서.
→ 승객들(passengers)이 마술로 인해 놀란 감정을 느낀 것이므로 과거분사인 surprised를 썼다.

431 We think / the reward from each response / is
  S   V   O

not enough / to be totally **satisfying**.
  SC′

우리는 생각한다 / 각 응답에 대한 보상이 / 충분하지 않다고 / 완전히 만족하기에는.
→ think 다음에 명사절을 이끄는 접속사 that이 생략되었다. UNIT 07
→ the reward from each response가 우리를 만족시키는 원인이므로 현재분사가 쓰였다.

432 The children left / their parents **touched** /
  S   V   O   OC

with their handmade gifts.
     M

아이들은 ~되게 했다 / 그들의 부모가 감동받게 / 손으로 만든 선물로,
→ 과거분사 touched가 left의 목적격 보어로 쓰였다. UNIT 14

433 *Thousands of fans* (**bored** by their team's
  S

performance) / left the stadium early.
       V   O

(자신의 팀의 경기력에 지루함을 느낀) 수천 명의 팬들이 / 경기장을 일찍 떠났다.
→ Thousands of fans가 지루한 감정을 느낀 것이므로 과거분사 bored가 왔다.
→ bored 앞에는 who were가 생략된 것으로 볼 수 있다.

434 As she looked at / at the (**amazing**) *artworks* /
  S′   V′   O′

(made by others), // her confidence dropped.
           S   V

그녀가 보았을 때 / (놀라운) 예술 작품들을 / (다른 사람들이 만든), // 그녀의 자신감이 떨어졌다.
→ 명사 artworks가 놀라운 감정을 일으키는 원인이므로 현재분사 amazing이 왔다.
→ 과거분사구 made ~ others는 앞의 the amazing artworks를 꾸며주고 있다. UNIT 32

435 They don't feel **satisfied** / with the
  S   V′   SC′   M′

information / and think / they need more
              V²   S′   V′

data.
  O′

그들은 만족감을 느끼지 못한다 / 그 정보에 / 그리고 생각한다 /
그들은 더 많은 자료가 필요하다고.

➡ 감정의 과거분사 satisfied가 동사 feel의 보어로 쓰였다.

436 She found it **annoying** / when people talked
loudly / on their phones in public places.

그녀는 짜증난다고 생각했다 / 사람들이 큰 소리로 통화할 때를 /
공공장소에서 휴대전화로.

➡ it은 가목적어이고 감정의 현재분사 annoying이 목적격 보어
이다. UNIT 10

437 She said / in an (**excited**) voice, // "The
concert was **amazing**! I've never heard /
anything like it!"

그녀는 말했다 / (흥분된) 목소리로, // "콘서트는 정말 굉장했어
요! 나는 들어본 적이 없어요 / 이와 같은 것을!"

➡ 감정의 과거분사 excited는 명사 voice를 꾸며주고, 현재분
사 amazing은 주격 보어로 쓰였다.

438 Noah thought / that it looked / exactly like
every other dorm room / at the university, //
and he became **disappointed**.

Noah는 생각했다 / 그것이 생겼다고 / 정확히 다른 모든 기숙
사 방과 똑같이 / 그 대학교의, // 그리고 그는 실망하게 되었다.

➡ 감정의 과거분사 disappointed가 주격 보어로 쓰였다.

439 The manager considered / the team's
performance in the recent project /
disappointing.

관리자는 생각했다 / 최근 프로젝트에서 팀의 성과가 / 실망스럽
다고.

➡ 감정의 현재분사 disappointing이 목적격 보어로 사용되었
다. 팀의 성과가 실망의 감정을 일으키는 원인이므로 현재분
사가 쓰였다.

440 It can be **frustrating** / for athletes to work
extremely hard / but not make *the progress*
[they wanted].

좌절감을 줄 수 있다 / 운동선수들이 대단히 열심히 운동하는 것
이 / 그러나 [자신이 원하는] 진전을 이루지 못하는 것이.

➡ 열심히 운동해도 진전이 없는 상황이 좌절을 주는 원인이 되
는 것이므로 감정의 현재분사 frustrating이 주격 보어로 쓰
였다.

➡ work와 make가 to에 병렬로 연결되어 있다. UNIT 40

441 (Poorly labeled) *products* often result /
in (**frustrated**) *customers* searching for /
assistance from store staff.

(라벨이 제대로 부착되지) 않은 제품은 종종 초래한다 / (좌절한)
고객이 찾는 것을 / 매장 직원의 도움을.

➡ customers가 좌절된 감정을 느끼는 것이므로 과거분사
frustrated가 왔다.

➡ frustrated customers는 동명사 searching의 의미상 주어
이다. UNIT 04

442 *The psychologist* (**interested** in young
children) / may have to venture / a little more
often / into the wilderness.

(어린 아이에게 관심이 있는) 심리학자는 / 모험해야 할지도 모
른다 / 조금 더 자주 / 야생으로 들어가는.

➡ The psychologist를 후치 수식하는 감정의 과거분사 interested
앞에는 who is가 생략된 것으로 볼 수 있다.

본문 106쪽

443 The company paid / for an experiment / to
test their new product's effectiveness.

그 회사는 지불했다 / 실험 비용을 / 신제품의 효과를 테스트하기 위해.
➜ '목적'의 의미를 명확히 나타내기 위해 to부정사 앞에 in order나 so as를 붙이기도 한다.

444 Sorry **to interrupt**, / but could you spare /
a moment (to answer a quick question)?

방해해서 죄송하지만, / 내 주실 수 있나요 / (간단한 질문에 답할) 잠깐의 시간을?
➜ sorry 다음의 to부정사는 '감정의 원인'을 나타낸다.

445 They rushed to the airport, / only **to miss**
their flight.

그들은 공항에 서둘러 갔다, / 그러나 (결국) 비행기를 놓쳤다.

446 **To listen** to him, / you would believe he was
an expert.

그의 말을 듣는다면, / 너는 그가 전문가라고 믿을 것이다.

447 They were careless / not **to close** the windows /
during the violent storm last night.

그들은 부주의했다 / 창문을 닫지 않다니 / 어젯밤 폭풍이 몰아치는 동안.
➜ careless 다음의 to부정사는 '판단의 근거'를 나타낸다.

448 Americans seem / particularly easy **to meet** /
and are good / at cocktail-party conversation.

미국인들은 ~처럼 보인다 / 특히 만나는 것에 쉬운 / 그리고 잘하는 / 칵테일파티 대화를.
➜ 형용사를 수식하는 to부정사는 '~하는 것에'라고 해석한다.

449 She was very anxious / **to begin** her new
job / and **make** a good impression / on her
colleagues.

그녀는 매우 간절히 바랐다 / 새로운 일을 시작하고 / 그리고 좋은 인상을 남기기를 / 자신의 동료들에게.
➜ begin과 make가 to에 병렬로 연결되어 있다. 🔗 UNIT 40

450 Only the fastest rabbits / will live long /
enough **to make** / a new generation of
bunnies.

가장 빠른 토끼만이 / 오래 살 것이다 / 만들 만큼 / 새로운 세대의 토끼를.
➜ 「부사(long)+enough+to-v」는 '~할 만큼 오래'의 의미이다.

451 Each of us is willing / **to compromise** // as we
consider / the different perspectives (of the
other).

우리 각자는 기꺼이 / 타협한다 // 우리가 고려하기 때문이다 / (상대방의) 다른 관점을.
➜ the other는 '둘 중 나머지 하나'를 나타낸다.

452 Farming societies were far more likely /
to suffer severe, existentially threatening
famines / than foragers.

농경 사회는 가능성이 훨씬 더 높았다 / 심각하고, 실체론적으로 생존을 위협하는 기근을 겪을 / 수렵인들보다.
➜ Farming societies와 foragers를 비교하고 있으며 「be likely to-v」의 관용어구가 쓰였다.

453 The old wooden bridge was not safe / **to**

S　　　　　　　V　　SC　　M

cross, / with its rotting planks and shaky

　　　　　　　　　M

handrails.

오래된 나무 다리는 안전하지 않았다 / 건너기에, / 썩은 널빤지
와 흔들리는 난간 때문에.
➡ 여기서 with는 '~ 때문에' 정도의 의미로 해석할 수 있다.

454 I am very happy / **to let** my dogs run around /

S　V　　　　　　SC　　　　　　M

and safely play with other dogs　(from the

　　　　　　　　　　　

neighborhood).

나는 매우 기쁘다 / 내 개들이 뛰어다니도록 해주어서 / 그리고
(이웃의) 다른 개들과 함께 안전하게 놀도록 해주어서.
➡ 「let + O + 원형부정사(목적격 보어)」는 '~가 …하도록 해주다'
　의 의미이다. **UNIT 13**
➡ let의 목적격 보어로 run around와 safely play ~
　neighborhood가 병렬로 연결되어 있다. **UNIT 40**

455 For the task **to be completed** / on time, /

　　　　　　　　　　M

they must allocate / sufficient resources and

S　　　V　　　　　　　O

manpower.

작업을 완수하기 위해서 / 제시간에, / 그들은 할당해야 한다 / 충
분한 재원과 인력을.
➡ For the task는 '목적'을 나타내는 to be completed의 의
　미상 주어이다. **UNIT 04**

456 The salt taste receptor rewards animals / for

　　　S　　　　　　　V　　　O　　M

doing the latter, / seeking out salt / **in order**

　　　　　　　　　　　M　　　　　M

to satisfy their great need.

짠맛 수용기는 동물에게 보상한다 / 후자의 행위로, / 즉 소금을
찾아다니는 것에 대해 / 그것들의 큰 욕구를 충족시키기 위해.
➡ the latter가 지칭하는 것은 seeking out salt의 내용이다.
➡ '목적'의 의미를 강조하기 위해 to부정사 앞에 in order[so
　as]를 사용할 수 있다.

457 **Hiking** through the forest, / he marveled / at

　　　　　　　M　　　　　　S　　V　　M

the beauty of *nature* (surrounding him).

숲속을 하이킹할 때, / 그는 감탄했다 / (자신을 둘러싼) 자연의
아름다움에.
➡ Hiking through the forest = When he hiked through
　the forest

458 The chef, / **chopping** vegetables in the

　　S　　　　　　　　　M

kitchen, / hummed a very cheerful tune.

　　　　　V　　　　　　　　　O

주방장은, / 부엌에서 채소를 썰면서, / 아주 경쾌한 곡조를 흥얼
거렸다.
➡ chopping vegetables in the kitchen = as[while] he
　chopped[was chopping] vegetables in the kitchen

459 She gained star status / in Hollywood, /

S　　V　　　O　　　　　　M

playing many roles / as the heroine (of the

　　　　　　　　　M

film).

그녀는 스타의 지위를 얻었다 / 할리우드에서, / 많은 역할을 맡
으며 / (영화의) 여주인공으로.
➡ playing many roles ~ = as she played many roles ~

460 **Feeling** like a fool, / the man appeared

　　M　　　　　　S　　　V

resigned, / **accepting** his mistake / with a

SC　　　　　　　　　M

sigh.

M

바보가 된 기분이 들어서, / 그 남자는 체념한 듯 보였다, / 그의
실수를 인정하며 / 한숨을 내쉬며.
➡ Feeling like a fool = As he felt like a fool
➡ appeared resigned = appeared to be resigned

461 **Gazing** around at / the blur of faces, / I

　　　　　　　M　　　　　　　S

realized / they were all waiting / for me to

V　　　　S　　　　　V　　　　O

begin.

O

둘러보았을 때 / 흐릿한 형체의 얼굴들을, / 나는 깨달았다 / 그들이 모두 기다리고 있다는 것을 / 내가 시작하기를.
➔ Gazing around ~ = As I gazed around ~

462 I felt / that the animal was protecting me, / **lifting** me toward the surface.

나는 느꼈다 / 그 동물이 나를 보호해 주고 있었음을, / 수면으로 나를 들어 올려주면서.

463 My sister, / not **passing** the certification test, / felt disappointed but determined / to try again.

나의 언니는, / 자격증 시험에 합격하지 못해서, / 실망했지만 단호함을 느꼈다 / 다시 도전하기로 하는.
➔ not passing the certification test = as she didn't pass the certification test

464 **Running** late for the meeting, / she would hurriedly grab her bag / and dash out the door.

회의에 늦는다면, / 그녀는 서둘러 그녀의 가방을 붙잡을 것이다 / 그리고 문을 나설 것이다.
➔ Running late for ~ = If she ran late for ~

465 If the camera moves, // it does so unnoticeably, / **calling** as little attention / to itself as possible.

만약 카메라가 움직인다면, // 그것은 눈에 띄지 않게 그렇게 한다, / 거의 관심을 불러일으키지 않으면서 / 가능한 한 자신(카메라)에게.
➔ does so = moves
➔ moves와 calling은 동시에 이루어지는 동작이다.

466 **Returning** to the campsite, / the campers saw / their tents torn / and belongings scattered everywhere.

캠프장으로 돌아왔을 때, / 캠프 참가자들은 목격했다 / 그들의 텐트가 찢어진 것을 / 그리고 소지품이 사방에 흩어져 있는 것을.
➔ Returning to the campsite = When they returned to the campsite
➔ torn과 scattered는 과거분사(수동)로 saw의 목적격 보어이다. **UNIT 14**

467 **Having** many responsibilities at work, / he still manages to pursue / his hobbies in his free time.

직장에서 많은 책임을 맡고 있지만, / 그는 여전히 어떻게든 추구한다 / 여가 시간에 그의 취미를.
➔ Having many responsibilities ~ = Although he has many responsibilities ~

468 Not **wanting** to argue / about the matter, / we should seek common ground / and understand each other.

논쟁하고 싶지 않다면 / 그 문제에 대해, / 우리는 공통점을 찾아야만 한다 / 그리고 서로 이해해야 한다.
➔ Not wanting to argue ~ = If we don't want to argue ~

469 The problem / is that we are continually judging people, / **wishing** / they were something [that they are not].

문제는 / 우리가 계속해서 사람들을 판단하고 있다는 것이다, / 바라면서 / 그들이 [그들이 아닌] 무언가이기를.
➔ are judging과 wishing은 동시에 이루어지는 동작이다.
➔ that they are not은 보어인 something을 후치 수식한다.

470 The balloons, / **hanging** from the ceiling, / gently swayed / with each passing breeze, / **adding** the final touch / to our decoration.

풍선들이, / 천장에 매달려 있어서, / 부드럽게 흔들렸다 / 흘러
가는 미풍에, / 마지막 터치를 더하며 / 우리의 장식에.
  ➜ hanging from the ceiling = as they hung from the
    ceiling

UNIT  36 다양한 형태의 분사구문

471 **Exhausted** from the long journey, / the
travelers eagerly entered / the cozy inn.

긴 여정에 지쳤을 때, / 여행객들은 간절하게 들어갔다 / 그 아늑
한 여관에.
  ➜ Exhausted = Being exhausted = When they were
    exhausted

472 **Anxious** about the future, / they sought
guidance and support / from their mentors.

미래에 대해 불안해서, / 그들은 지도와 도움을 구했다 / 자신들
의 멘토로부터.
  ➜ Anxious = Being anxious = As they were anxious

473 **Having completed** her presentation, / Sarah
felt relieved / and took a deep breath.

프레젠테이션을 마친 후에, / Sarah는 안도감을 느꼈다 / 그리
고 심호흡을 했다.
  ➜ Having completed ~ = After she had completed ~

474 As a child, / William naturally became
interested / in fossils / while **collecting** them.

어렸을 때, / William은 자연스럽게 관심을 갖게 되었다 / 화석
에 / 그것들을 수집하는 동안.
  ➜ while collecting them에서 접속사 while은 분사구문의 의
    미를 확실히 전달하기 위해 생략하지 않은 것이다.

475 The people sat / in the chocolate houses /
for hours, / **dressed** in their best clothes.

그 사람들은 앉아 있었다 / 초콜릿 가게에 / 여러 시간 동안, / 자
신들의 가장 좋은 옷을 차려 입고서.
  ➜ dressed in = as they were dressed in

476 We tiptoed down the hall, / **careful** / not to
make a sound and disturb anyone sleeping.

우리는 발끝으로 현관마루로 내려갔다, / 조심하면서 / 소리를
내지 않고 자고 있는 사람을 방해하지 않도록.
  ➜ careful은 형용사로 시작하는 분사구문으로 그 앞에 being이
    생략되어 있다.

477 **Having received** the long-awaited package, /
he carefully tore open / the wrapping.

오랫동안 기다려온 소포를 받고서, / 그는 조심스럽게 찢어 열었
다 / 포장을.
  ➜ Having received가 tore보다 앞선 시제를 나타낸다.
  ➜ tear open은 '~을 찢어 열다'의 의미이다.

478 When **approaching** / practical music making, /
it is important / to stay open-minded.

접근할 때는 / 실용음악 제작에, / (~하는 것이) 중요하다 / 열린
마음을 유지하는 것이.
  ➜ When approaching은 When we approach의 의미로,
    일반적인 사람을 뜻하는 대명사 we는 생략할 수 있다.

479 He was shocked / and just stood there, /
unable to comprehend what had just
happened.

그는 충격을 받았다 / 그리고 그곳에 서 있기만 했다, / 방금 무
슨 일이 일어났는지 알지 못한 채.
  ➜ unable to comprehend = as[because] he was unable
    to comprehend
  ➜ what had just happened는 comprehend의 목적어이고
    what은 의문대명사이다. **UNIT 08**

480 **Pressed** for time / and **stuck** in a deadlock, /

she had no idea / how to finish the paper.

시간적 압박을 받고 / 막다른 상태에 꼼짝 못 하고서, / 그녀는 전혀 몰랐다 / 그 논문을 어떻게 끝마쳐야 할지.
  → Pressed for time and stuck in a deadlock = As [Because] she was pressed for time and stuck in a deadlock
  → have no idea는 '~을 전혀 모르다'라는 뜻으로 don't know 의 의미이다.

481 **Once free**, / he became / a well-known

abolitionist / and strong believer in equality

for all people.

자유로워지자마자, / 그는 되었다 / 유명한 노예제 폐지론자가 / 그리고 모든 사람의 평등에 대해 강한 신념을 갖는 사람이.
  → Once (being) free = Once he was free

482 **Having studied** for hours, / I went for a walk /

and watched *the cliff* (dashed by the waves).

몇 시간 동안 공부한 후, / 나는 산책을 나갔다 / 그리고 (파도에 부딪히는) 절벽을 바라보았다.
  → dashed by the waves는 the cliff를 꾸며주는 과거분사구 이다. 🔗 UNIT 32
  → 공부를 끝낸 뒤 산책을 나간 흐름이므로 완료분사구문이 왔 다.

483 The photograph, / **mounted** in the silver

frame, / was a treasured keepsake / (of their

unforgettable vacation).

그 사진은, / 은색 액자에 담긴, / 소중한 기념품이었다 / (그들의 잊지 못할 휴가의).
  → mounted in = and it(= which) was mounted in

484 **Although** repeatedly **referred** to / as "The

Wizard" / in the press, / he had no time /

for the supernatural or superstitions.

비록 반복해서 언급되기는 했지만 / '마법사'로 / 언론에서, / 그는 시간이 없었다 / 초자연적이거나 미신적인 것을 하기 위한.
  → Although repeatedly referred to = Although he was repeatedly referred to
  → 「refer to A as B」는 'A를 B로 언급하다'의 의미이다.
  🔗 UNIT 29

UNIT 37 주의해야 할 분사구문의 의미상 주어

485 **Seeing that** the company is expanding, / it

makes sense to hire more staff.

회사가 확장되고 있는 점에서 보면, / 더 많은 직원을 채용하는 것이 타당하다.

486 I had difficulty climbing / **with my hiking**

boots tied / at the ankles / that day.

나는 오르는 데 어려움을 겪었다 / 내 등산화를 동여맨 채 / 발목 에 / 그날.
  → with my hiking boots tied = as my hiking boots were tied

487 **Frankly speaking**, / I'm not sure / if I can

make it / to the public meeting on time.

솔직히 말하면, / 나는 확신하지 못한다 / 내가 갈 수 있을지 / 공 개 회의에 제시간에.
  → 「make it to ~」는 '~에 가다'의 의미이다.

488 The book opened to the first page, / she

began her adventure / into the world of

fiction.

그 책의 첫 페이지가 열렸을 때, / 그녀는 모험을 시작했다 / 소 설의 세계로.
  → The book opened = As[When] the book was opened

489 The garden is dying, / **pesticides** having been applied excessively / without proper care.

정원이 죽고 있다, / 농약이 지나치게 사용되어서 / 적절한 관리 없이.
➜ pesticides having been applied = as pesticides have been applied

490 The elves danced / under the stars / **with the music** playing softly / in the background.

꼬마 요정들은 춤을 췄다 / 별 아래에서 / 음악이 은은하게 흐르는 상태에서 / 배경에.
➜ 「with+명사+자동사의 현재분사」에서는 명사와 현재분사가 능동(진행)의 관계이다.

491 **With my eyes** blindfolded, / I was wondering / to what fantastic place she was taking me.

눈이 가려진 채, / 나는 궁금해 하고 있었다 / 그녀가 나를 어떤 멋진 장소로 데려가는지.
➜ 「with+명사+타동사의 과거분사」에서는 명사와 과거분사가 수동의 관계이다.

492 **His face** nearly frozen / from the disease / and **his hands** trembling, / he lit the Olympic torch.

얼굴이 거의 얼어붙고 / 그 병으로 / 그리고 그의 손이 떨고 있으면서, / 그는 올림픽 성화에 불을 붙였다.
➜ 「명사(의미상 주어)+자동사의 과거분사」와 「명사(의미상 주어)+자동사의 현재분사」가 병렬로 연결되어 있다.

493 Two plantings per year / are usually possible, / **provided that** the growing season is long enough.

1년에 두 번 심는 것이 / 일반적으로 가능하다, / 성장기가 충분히 길다면.
➜ 「provided[providing] that ~」은 '만약 ~이면'이라는 의미로 비인칭 독립분사구문이다.

494 Brazil consumed / the most animal protein / from meat, / **with eggs and dairy** / being the second most consumed.

브라질은 섭취했다 / 가장 많은 동물성 단백질을 / 육류로부터, / 달걀과 유제품이 / 두 번째로 많이 섭취되면서.
➜ with eggs and dairy being the second most consumed = and eggs and dairy were the second most consumed

495 **With the door** wide open, / a cool breeze swept / through the room, / bringing relief / from the summer heat.

문이 활짝 열려 있어서, / 시원한 바람이 휩쓸었다 / 방 안을 통해, / 안도감을 주면서 / 여름의 더위로부터.
➜ With the door wide open = As the door was wide open
➜ bringing relief from = and it brought relief from

496 **The last drop of water** / having fallen from the canteen, / the explorer let out / a cry of despair.

마지막 물 한 방울이 / 수통에서 떨어지자, / 탐험가는 내뱉었다 / 절망의 외침을.
➜ The last drop of water having fallen = As the last drop of water had fallen

497 He claims / that surprise in the classroom / is one of the most effective ways / of teaching **with brain stimulation** in mind.

그는 주장한다 / 교실에서의 놀라움은 / 가장 효과적인 방법 중 하나라고 / 뇌 자극을 염두에 두고서 가르치는.
➜ with brain stimulation in mind = as the brain stimulation is in mind

498 **Generally speaking**, / the first language
　　　　M　　　　　　　　　S

is marked / by the accent and regional
　V　　　　　　　M

expressions (*of the area*) [where students
　　　　　　　　　　　　　　M′　　　S′

grow up].
　V′

일반적으로 말하면, / 모국어는 표시된다 / [학생들이 성장한]
(그 지역의) 억양과 지역적 표현에 의해.

➡ where students grow up은 the area를 꾸며주는 관계사
　절이다. ⓖ UNIT 42

CHAPTER **10** 등위절과 병렬 구조

UNIT **38** 등위접속사

499 David was four years old, // **and** his brother
was half his age.

David는 4살이었고, // 그의 남동생은 그의 나이의 절반이었다.

500 In case of rain, / the event will be canceled, //
or the time will be changed.

비가 오는 경우에, / 행사는 취소되거나, // 시간이 변경될 것이다.

501 Luckily, / this bus came just in time, // **so** I
won't be late.

다행스럽게도, / 이 버스가 딱 제시간에 와서, // 나는 늦지 않을 것이다.

502 The mind is strong and healthy, // **but**
the body is weak and ill.

마음은 강하고 건강하지만, // 몸은 약하고 아프다.

503 The children laugh joyfully / in the playground, //
and the parents smile / from the benches.

아이들은 기쁘게 웃는다 / 놀이터에서, // 그리고 부모들은 웃는다 / 벤치에서.

504 Nick was very miserable, // **for** he had never
been deprived of his liberty.

Nick은 매우 비참했다, // 그가 자신의 자유를 빼앗긴 적이 없었기 때문이었다.

505 He dashed backward and forward / in the
prison, // **but** he could not escape.

그는 앞뒤로 왔다 갔다 돌진했지만 / 감옥에서, // 그는 탈출할 수 없었다.

506 These buildings may be old and genuine, // **or**
they may be recent reproductions.

이 건물들은 오래된 진짜 건물일 수도 있거나, // 그것들은 최근의 복제물일 수도 있다.

507 The lotus plant grows / in the muddy bottom
of ponds, // **yet** its leaves are always clean.

연꽃은 자라지만 / 연못의 진흙 바닥에서, // 그것의 잎들은 항상 깨끗하다.

508 A creative violinist may not be a creative
conductor, // **and** a creative conductor may
not be very good / at composing new works.

창의적인 바이올린 연주자가 창의적인 지휘자는 아닐 수 있고, // 창의적인 지휘자가 그리 능숙하지 않을 수 있다 / 새로운 작품을 작곡하는 데.

509 There are few perceived differences / between
brands, // **so** the consumer does not know /
which brand to choose.

인지된 차이가 거의 없어서 / 브랜드 사이의, // 소비자는 모른다 /
어떤 브랜드를 선택해야 할지.
➡ 유도부사 There가 문장 앞으로 가면서 「동사+주어」의 어순
이 되었다.

510 Climate change is not a new concept, // **yet**
scientists are still struggling / with how to
convey their messages.

기후 변화가 새로운 개념은 아니지만, // 과학자들은 여전히 고
심하고 있다 / 자신들의 메시지를 어떻게 전달해야 할지로.

511 Emily resolved / to help revive his creative
spirit, // **so** she organized an art exhibition /
in the community center.

Emily는 결심했다 / 그의 창조적 정신을 회복하는 데 도움이 되
기를, // 그래서 그녀는 미술 전시회를 조직했다 / 지역 문화 센
터에서.

512 His insights did not explain / the biological
problems (at the time), // **nor** did his explanation
operate / by known mechanisms.

그의 통찰력은 설명하지 못했고 / (그 당시의) 생물학적 문제들을, //
그의 설명은 작동하지도 않았다 / 기존의 메커니즘에 의해서.
➡ 부정어 nor가 문장 앞으로 가면서 「동사+주어」의 어순이 되
었다. **UNIT 58**

UNIT 39 상관접속사

513 Alexandra uses / **both** her phone **and** tablet /
to surf the Internet.

Alexandra는 사용한다 / 자신의 전화기와 태블릿을 둘 다 / 인
터넷을 검색하기 위해서.

514 She is **not only** a talented artist, / **but**
a wonderful teacher.

그녀는 재능 있는 예술가일 뿐만 아니라, / 훌륭한 교사이기도
하다.

515 In the past, / danger meant / we **either** had
to flee **or** fight.

과거에, / 위험은 의미했다 / 우리가 달아나거나 싸우거나 둘 중
하나를 해야 한다는 것을.

516 In real life **as well as** in painting / we do not
come across just faces.

그림뿐만 아니라 실생활에서도 / 우리는 단지 얼굴만 마주치지
는 않는다.

517 In modern life, / most people end up / being
both leaders **and** followers.

현대 생활에서, / 대부분의 사람들은 (결국) ~된다 / 지도자와 추
종자 둘 다 되게.
➡ 「end up v-ing」는 '결국 ~하게 되다'의 의미이다.

518 For Dorothy, / home is **not** a place / **but**
a feeling / (of security, of comfort with loved
ones).

Dorothy에게, / 집은 장소가 아니라 / 감정이다 / (사랑하는 이
들과의 안심의, 위로의).

519 Our familiarity (with the genre) makes /
S   V

watching **not only** easier **but** more
O   OC

enjoyable.

(장르에 대한) 우리의 친숙감은 만든다 / 감상을 더 쉬울 뿐만 아니라 더 즐겁게.

➔ 「make+O+OC(형용사)」는 '~을 …하게 만들다'의 의미이다.  **UNIT 12**

520 **Either** the team **or** the individual players /
S

are expected / to meet the performance
V   SC

targets.

팀이나 개별 선수들은 / 기대된다 / 성과 목표를 달성할 것으로.

➔ 「either A or B」에서는 동사와 가까운 B에 수를 일치시키므로 복수동사 are가 쓰였다.

521 **Not only** the director **but also** the actors /
S

are excited / about the movie premiere.
V   M

감독뿐만 아니라 배우들도 / 들떠 있다 / 영화 시사회에.

➔ 「not only A but also B」에서는 동사와 가까운 B에 수를 일치시키므로 복수동사 are가 쓰였다.

522 Despite his busy schedule, / he is **neither**
M   S   V¹

neglecting his family / **nor** compromising
O¹   V²

on his health.
M²

자신의 바쁜 스케줄에도 불구하고, / 그는 자신의 가족에게 소홀히 하지도 / 자신의 건강에 대해 타협하지도 않고 있다.

523 **Not only** is gold a precious and valuable
V¹   S¹   SC¹

metal, // it is **also** associated with purity.
S² V²   SC²

금은 귀중하고 값비싼 금속일 뿐만 아니라, // 그것은 또한 순수와도 관련된다.

➔ 부정어 Not only가 문장 앞으로 가면서 「동사+주어」의 어순이 되었다. **UNIT 58**

524 Especially in the early days of recording, /
M

human voices **as well as** instruments / were
S

often distorted / once recorded.
V   M

특히 녹음의 초기에는, / 악기뿐만 아니라 인간의 목소리가 / 흔히 왜곡되었다 / 일단 녹음되면.

➔ 「B as well as A」는 B를 강조하는 내용으로 B에 수를 일치시킨다.

➔ 시간의 의미를 나타내는 접속사 once 뒤에 they were가 생략되었다.

525 **Neither** the harsh criticism **nor** the lack
S

of encouragement / caused her to quit the
V   O   OC

project.

가혹한 비판도 격려 부족도 / 그녀가 프로젝트를 포기하게 하지는 않았다.

➔ 「cause+O+OC(to-v)」는 '~이 …하게 하다'의 의미이다. **UNIT 13**

526 You can **either** continue with your current
S¹   V¹   M¹

job / and be unhappy, // **or** you can take a
V² SC²   S³   V³   O³

risk / and pursue your passion.
V⁴   O⁴

여러분이 여러분의 현재 직업을 지속해서 / 불행할 수 있거나, // 아니면 여러분이 위험을 무릅쓰고 / 여러분의 열정을 추구할 수 있다.

UNIT 40 병렬 구조

527 Music therapy is not / just about playing music
S   V   V¹   O¹ SC

and singing.
V²

음악 치료는 아니다 / 단지 음악 연주와 노래하기에 관한 것이.

528 Since that time, / I have never touched / the
M S V O

walls **or** the ceiling.

그때 이후로, / 나는 건드린 적이 없다 / 벽이나 천장을.

529 **Not only** dogs **but also** cats / can be
S V

adopted / at the animal shelter.
M

개뿐만 아니라 고양이도 역시 / 입양될 수 있다 / 동물 보호소에
서.

530 He **neither** complained **nor** boasted / about
S V M

what he had endured before.
O′ S′ V′ M′

그는 불평하지도 않고 자랑하지도 않았다 / 그가 전에 견딘 것에
대해서.
→ what은 선행사를 포함한 관계대명사로 전치사 about의 목
적어 역할을 하는 명사절을 이끈다. **UNIT 45**

531 In chemistry, / a change (in the atomic
M S

bonding) / is **not only** the end of one state, /
V SC′

but the beginning of another.
SC²

화학에서, / (원자 결합에서의) 변화는 / 한 상태의 끝만이 아니라, /
또 다른 상태의 시작이기도 하다.

532 Our large population / is **not** a cause of
S V SC′

poverty **but** an asset and a resource.
SC²

우리의 많은 인구는 / 빈곤의 원인이 아니라 / 자산이자 자원
이다.

533 Most organic chemicals would prefer / to
S V O

associate **either** with water **or** with oil.
V′ M′1 M′2

대부분의 유기 화학 물질은 선호할 것이다 / 물과 기름 둘 중 하
나와 결합하기를.

534 Sustainable energy meets our energy needs /
S V O

without jeopardizing future generations / **or**
V′1 M O′1

damaging the environment.
V′2 O′2

지속 가능한 에너지는 우리의 에너지 요구를 충족한다 / 미래 세
대를 위태롭게 하거나 / 환경에 피해를 주지 않고.
→ or 앞뒤로 전치사 without의 목적어 역할을 하는 동명사구가
왔다.

535 **Both** the new policy **and** the recent changes /
S

have been beneficial / for the company.
V SC M

새로운 정책과 최근의 변화 모두 / 이익이 되었다 / 회사에.

536 To celebrate our company's 10th anniversary /
V′1 M O′1

and to boost further growth, / we have
V′2 O′2 S V

arranged a small event.
O

우리 회사의 10주년 기념일을 기념하기 위해서 / 그리고 더 큰
성장을 북돋우기 위해서, / 우리는 작은 행사를 마련했다.

537 What caused the last domino to fall / was **n't**
S′ V′ O′ OC′ S V

the one (before it), / **but** the first one.
SC′ SC²

마지막 도미노를 쓰러지게 한 것은 / (그것 앞에 있는) 도미노가
아니었고, / 첫 번째 도미노였다.
→ what은 선행사를 포함한 관계대명사로 문장의 주어 역할을
하는 명사절을 이끈다. **UNIT 45**
→ 「cause+O+OC(to-v)」는 '~을 …하게 하다[유발하다]'의 의
미이다. **UNIT 13**
→ 대명사 one은 domino를 대신하며, 대명사 it은 the last
domino를 대신한다.

538 In our daily interactions, / we spend every
M S V O

moment / **either** deciding what must happen
V′1 S′ M

next / **or** going along with somebody else's
M′ V′2

ideas.
O′2

우리의 일상적인 상호작용에서, / 우리는 모든 순간을 보낸다 /
다음에 무슨 일이 일어나야 하는지를 결정하거나 / 다른 누군가의
생각에 따르면서.

우리 일상의 상호 작용에서, / 우리는 매순간을 보낸다 / 다음에 무엇이 일어나야 하는지 결정하면서 / 혹은 다른 사람의 의견에 동의하면서.
→ 「spend+O+v-ing」는 '~하면서 …을 보내다'의 의미이다.
→ go along with는 '~에 동의하다, 따르다'의 의미이다.

539 *The study* [**that** she conducted for her project]
and [**that** was supported by the university] /

received / international recognition.

[그녀가 자신의 프로젝트를 위해 진행하고] [대학이 지원한] 연구가 / 받았다 / 국제적인 인정을.
→ that she conducted for her project와 that was supported by the university 두 개의 관계사절이 and로 연결되어 선행사 The study를 꾸며주고 있다. **UNIT 41**

540 The professor pointed out / that the theory
needs further validation / **and** that the
experimental data must be reviewed carefully.

교수는 지적했다 / 그 이론이 추가적인 검증이 필요하다고 / 실험 데이터도 신중하게 검토되어야 한다고.

CHAPTER
11 관계사절

UNIT
41 주격 / 소유격 / 목적격 관계대명사절

본문 126쪽

541 *People* on a diet [**who** try not to think about
food] / often begin / to think much more
about food.

[음식에 관해 생각하지 않으려고 하는] 다이어트를 하는 사람들은 / 흔히 시작한다 / 음식에 관해 훨씬 더 많이 생각하기를.

542 *An author* [**whose** purpose is to inform] /
will explain something / to readers.

[목적이 정보를 알리는 것인] 저자는 / 어떤 것을 설명할 것이다 / 독자들에게.

543 If there is *any field* [**that** is associated with
seeing rather than with hearing], // it is
science.

[청각이 아니라 시각과 관련된] 어떤 분야가 있다면, // 그것은 과학이다.
→ 「A rather than B」는 'B가 아니라 A'의 의미이다.

544 Be aware / that there could be *some conflicts*
[**that** you have to resolve].

알고 있어라 / [여러분이 해결해야 하는] 몇 가지 갈등이 있을 수 있다는 것을.

545 In interactions on television, / *the pauses and
delays* [**that** characterize everyday life] / are
removed through editing.

텔레비전에서의 상호 작용에서는, / [일상생활을 특징짓는] 멈춤과 지체가 / 편집을 통해서 제거된다.

546 There are / a variety of *t-shirt designs* [**that**
celebrate *the dangerous animals* [**that** can be
encountered in Australia]].

~이 있다 / [[호주에서 마주칠 수 있는] 위험한 동물들을 기념하는] 다양한 티셔츠 디자인들.
→ that celebrate ~ in Australia가 t-shirt designs를 꾸며주고 있으며, that can be ~ in Australia는 the dangerous animals를 꾸며주고 있다.

547 *The conference* [**which** I attended last year] /

focused / on the latest advancements /

in artificial intelligence.

[내가 작년에 참석한] 회의는 / 초점을 맞추었다 / 최신 발전에 / 인공지능의.

548 The movie is based / on *a novel* [**whose** very

author is one of its characters].

그 영화는 토대를 둔다 / [바로 그 저자가 그것의 등장인물 중 하나인] 소설에.

549 If you have *problems* [**that** you cannot solve], //

I would encourage / you to go to *people* [**who**

are wiser than you in that area].

만일 여러분이 [여러분이 해결할 수 없는] 문제를 가진다면, // 나는 권할 것이다 / 여러분에게 [그 분야에서 여러분보다 더 현명한] 사람들에게 가라고.
→ 「encourage+O+OC(to-v)」는 '~에게 …하라고 권하다'의 의미이다. UNIT 13

550 *These children* [**that** we hope to help] / are

often seen / working in factories / due to

financial difficulties.

[우리가 도와주기를 원하는] 이 아이들은 / 흔히 목격된다 / 공장에서 일하는 것이 / 재정적 어려움 때문에.
→ 「주어+be seen+v-ing」는 '~이 …하는 것이 보이다'의 의미의 수동태로, '~이 …하는 것을 보다'의 의미인 「see+O+OC(v-ing)」로도 쓸 수 있다. UNIT 14

551 Most social interactions in cities occur /

between *people* [**who** know each other only in

specific roles].

도시의 사회 상호 작용의 대부분은 일어난다 / [단지 특정한 역할 속의 서로를 아는] 사람들 사이에서.

552 People / seem to have / *an innate drive* (to

imitate *others* [**whom** they judge to be like

them]).

사람들은 / 가지고 있는 것 같다 / ([그들이 자신과 같다고 판단하는] 다른 사람들을 모방하려는) 타고난 충동을.
→ to imitate others ~ be like them은 an innate drive를 수식하는 to부정사구이다. UNIT 31
→ 「seem+to-v」는 '~하는 것 같다'의 의미이고, 「judge+O+OC(to-v)」는 '~을 …하다고 판단하다'의 의미이다.

553 If you have *a friend* [**whose** friendship you

wouldn't recommend to anyone], // why

would you have such a friend / for yourself?

만일 여러분이 [누구에게도 친분 관계를 권하지 않을] 친구를 가지고 있다면, // 여러분은 왜 그런 친구를 가질 것인가 / 자신을 위해?

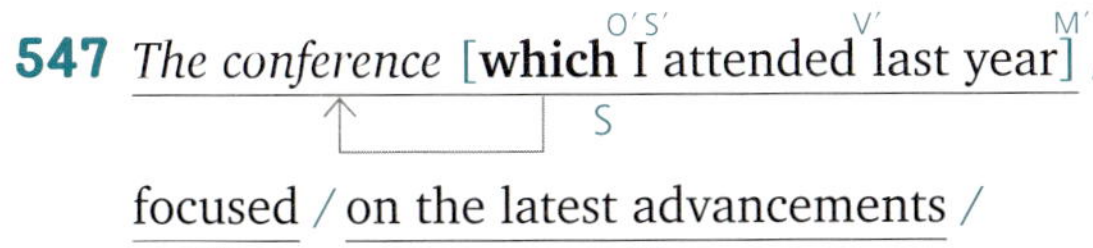

UNIT 42 관계부사절, 전치사+관계대명사

554 Imagine / *a trip* [**during which** you visit your

dream places].

상상하라 / [여러분이 꿈에 그리던 장소를 방문하는] 여행을.

555 There was likely / *a time* [**when** you believed

in Santa Claus].

아마도 있었을 것이다 / [여러분이 산타클로스의 존재를 믿었던] 시기가.

556 I like / *the way* [**that** the writer creates a

contrast between the characters].

나는 좋아한다 / [그 작가가 등장인물 간의 차이를 만들어 내는]
방식을.
→ 선행사 the way는 관계부사 how와 같이 쓸 수 없으므로
  that이나 전치사와 결합한 관계대명사 in which와 같이 쓸
  수 있다.

557 Literary works seem richer // when you visit
the place [**where** they were inspired].

문학 작품은 더 풍부한 것처럼 보인다 // 여러분이 [그것이 영감
을 얻은] 장소를 방문할 때.

558 It can be hard / to understand *the reason* [**why**
certain things happen to us].

어려울 수 있다 / [특정한 일들이 우리에게 일어나는] 이유를 이
해하는 것은.

559 You can starve // when *the occasional year*
arrives [**in which** your field has a low yield].

여러분은 굶주릴 수 있다 // [여러분 논밭의 수확물이 적은] 해가
가끔 도래할 때.

560 Janaki Ammal lived / at *a time* [**when** literacy
among women in India was less than one
percent].

Janaki Ammal은 살았다 / [인도 여성의 읽고 쓸 수 있는 능력
이 1% 미만이었던] 시기에.

561 Identity conflicts are greatly determined /
by *the community* [**to which** one migrates].

정체성 갈등은 크게 결정된다 / [사람들이 이주해 가는] 사회에
의해서.
→ one은 일반적인 사람들을 의미한다.

562 A sweatshop is / *a factory* [**where** workers
receive low wages / while being forced to
work (in poor environments)].

착취 공장은 ~이다 / [근로자들이 낮은 임금을 받는 / (열악한 환
경에서) 일하라는 강요를 받으면서] 공장.

563 *The reasons* (offered by *those* [**with whom** we
disagree]) / often go against our own reasons.

([우리와 의견이 다른] 사람들에 의해 제공되는) 이유는 / 흔히
우리 자신의 이유와 반대된다.
→ 과거분사 offered는 수동의 의미로 The reasons를 수식하
  는 분사구를 이끈다. 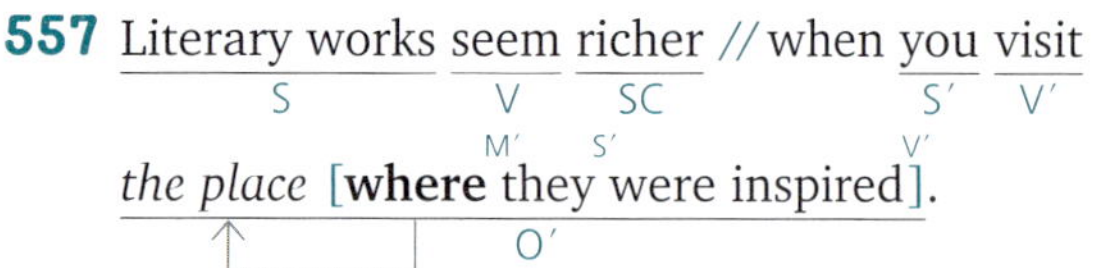 **UNIT 32**

564 Most mutations have harmful consequences /
for *the organism* [**in which** they occur].

대부분의 돌연변이는 유해한 결과를 가진다 / [그것들이 발생하
는] 유기체에 대해.
→ they는 most mutations를 대신한다.

565 He always dreamed / of *a place* [**where**
animals could roam free / and live in caring
conditions].

그는 늘 꿈꿨다 / [동물들이 자유로이 거닐고 / 보살펴 주는 상황
에서 살 수 있는] 장소에 관해.

566 Early social interactions provide / *a context*
[**where** infants can easily notice the effect of
their behavior].

초기의 사회적 상호 작용은 제공한다 / [자기 행동의 결과를 유
아들이 쉽게 알 수 있는] 상황을.
→ 관계부사 where는 여기서 in which로 바꿔 쓸 수 있다.

UNIT 43 관계사가 생략된 관계사절

567 You can learn a lot / from *people* [you meet] / and *the stories* [they share].

여러분은 많이 배울 수 있다 / [여러분이 만나는] 사람들과 / [그들이 공유하는] 이야기들로부터.
➡ you meet와 they share 앞에는 모두 목적격 관계대명사 who(m)[that]과 which[that]가 생략되었다.

568 Think of / a buffet table / (at a party, or perhaps *at a hotel* [you've visited]).

~을 생각해 보라 / 뷔페 테이블을 / (파티 혹은 어쩌면 [여러분이 방문한] 호텔의).
➡ you've 앞에는 목적격 관계대명사 which[that]가 생략되었다.

569 Learning the history of *a place* [you visit] / is a fascinating adventure.

[여러분이 방문하는] 장소의 역사를 배우는 것은 / 대단히 흥미로운 모험이다.
➡ you 앞에는 목적격 관계대명사 which[that]가 생략되었다.

570 Just by writing positive statements, / there is a shift / in *the way* [you think and act].

단지 긍정적인 진술을 쓰는 것에 의해, / 변화가 생긴다 / [여러분이 생각하고 행동하는] 방식에.
➡ you 앞에는 관계부사 that이 생략되었다.
➡ 선행사 the way 뒤에는 관계부사 how를 쓰지 않는다. 즉, in the way ~ 혹은 in how ~ 중 한 방법으로 쓴다.

571 Universities in Korea wish / to increase the number of *students* [they admit from around the world].

한국의 대학들은 바란다 / [그들이 전 세계로부터 받아들이는] 학생들의 수를 늘리기를.
➡ they 앞에는 목적격 관계대명사 who(m)[that]이 생략되었다.

572 Environmental, physical, and psychological factors / narrow / the range of *things* [we can do with our lives].

환경적, 신체적, 심리적 요인들은 / 제한한다 / [우리가 살아가면서 할 수 있는] 일의 범위를.
➡ we 앞에는 목적격 관계대명사 which[that]가 생략되었다.

573 Think of / *all the times* [you've sat down to have lunch with a friend / and set your phone on the table].

생각해 보라 / [친구와 점심을 먹기 위해 여러분이 앉아서 / 여러분의 전화기를 식탁 위에 두었던] 모든 순간들을.
➡ to have lunch ~ friend는 '목적'을 나타내는 부사적 용법의 to부정사구이다. 🔗 UNIT 34
➡ you've 앞에는 관계부사 when이 생략되었다.

574 To understand *the long-term goals* [you want to achieve], / you can write / a list of *the goals* [you've set for yourself].

[여러분이 성취하기를 원하는] 장기적인 목표를 이해하려면, / 여러분은 쓸 수 있다 / [여러분이 자신을 위해 정한] 목표의 목록을.
➡ To understand ~ achieve는 '목적'을 나타내는 부사적 용법의 to부정사구이다. 🔗 UNIT 34
➡ you want to와 you've set 앞에는 모두 목적격 관계대명사 which[that]가 생략되었다.

575 Instead of seeing stress as a threat, / the military culture derives pride / from *the shared resilience* [it creates].

스트레스를 위협이라고 여기는 것 대신에, / 군대 문화는 자긍심을 얻는다 / [그것이 만들어 내는] 공유된 회복력으로부터.
➜ 「see A as B」는 'A를 B라고 여기다'라는 의미이다. **UNIT 29**

➜ it은 the military culture를 대신한다.
➜ it 앞에는 목적격 관계대명사 which[that]가 생략되었다.

576 *The reason* [people have trouble making choices] / is they do not want to do *the things* [they are supposed to do].

[사람들이 선택을 하는 데 어려움을 겪는] 이유는 / 그들이 [자신이 하기로 되어 있는] 일을 하기 원하지 않는다는 것이다.
➜ people 앞에는 관계부사 why가 생략되었다.
➜ is 뒤에는 접속사 that이 생략되었다.
➜ they are 앞에는 목적격 관계대명사 which[that]가 생략되었다.

577 *The documentary* [they created] explores / the impact (of climate change) / on different ecosystems around the world.

[그들이 만든] 다큐멘터리는 탐구한다 / (기후 변화가 미치는) 영향을 / 전 세계의 다양한 생태계에.
➜ they 앞에는 목적격 관계대명사 which[that]가 생략되었다.

578 *The professor* [I admire] / teaches students / to conduct meaningful research.

[내가 존경하는] 교수님은 / 학생들에게 가르친다 / 의미 있는 연구를 수행하도록.
➜ I admire 앞에 목적격 관계대명사 whom[that]이 생략되었다.
➜ 「teach+O+OC(to-v)」는 '~에게 …하도록 가르치다'의 의미이다. **UNIT 13**

579 Although the physical differences themselves are real, // *the way* [we use physical differences] / to classify people into different races] / is a cultural construction.

비록 신체적 차이 자체가 실재하지만, // [우리가 신체적 차이를 사용하는 / 사람들을 서로 다른 인종으로 분류하기 위해서] 방법은 / 문화적 구성이다.
➜ themselves는 부사절의 주어 the physical differences를 강조하기 위해 쓰였다.
➜ we 앞에는 관계부사 that이 생략되었다.
➜ to classify ~ races는 '목적'을 나타내는 부사적 용법의 to부정사구이다. **UNIT 34**

본문 132쪽

UNIT 44 콤마(,)+관계사절

580 The letter was addressed to Stephanie, / who had also participated in the contest.

편지가 Stephanie에게 보내졌다, / 그런데 그녀도 또한 대회에 참가했다.
➜ who의 선행사는 Stephanie이다.

581 During his stay in Florida, / Greg became friends with Tom, / **whose** niece he later married.

플로리다에 머무는 동안, / Greg는 Tom과 친구가 되었다, / 그런데 그의 조카와 그는 나중에 결혼했다.
➜ whose의 선행사는 Tom이다.

582 After graduating, / I was able to obtain a teaching position / just one month later, / **which** was very rare in those days.

졸업한 후, / 나는 교직 자리를 얻을 수 있었다 / 단지 한 달 만에, / 그런데 그것은 그 시절에 매우 희귀했다.
➜ which의 선행사는 a teaching position이다.

583 We derive energy / from energy-containing nutrients, / **which** include proteins, carbohydrates, and fats.

우리는 에너지를 얻는다 / 에너지를 함유하는 영양분에서, / 그런데 그것은 단백질, 탄수화물 및 지방을 포함한다.

➡ which의 선행사는 energy-containing nutrients이다.

584 I myself made unwise choices / under the
S V O M
influence of strong emotions, / **which** I later
                                 O′ S′
regretted.
V′

내 자신은 현명하지 못한 선택을 했다 / 강렬한 감정의 영향을 받아서, / 그런데 나는 그것을 나중에 후회했다.

➡ which의 선행사는 앞 문장 전체이다.

585 Typically, / people report wandering dogs / for
        M   S   V   O   M
pickup (by animal control authorities), / **who**
                                           S′
take the dog / to the local shelter.
V′   O′   M′

일반적으로, / 사람들은 돌아다니는 개들을 신고한다 / (동물 단속 당국이) 데려가라고, / 그런데 그들은 그 개를 데려간다 / 지역 보호소로.

➡ who의 선행사는 animal control authorities이다.

586 Join us / for a delightful Spring Tea Class (for
        V   O   M
young people), // **where** you'll experience /
                   M′   S′   V′
the taste of tea (from various cultures around
                 O′
the world).
           M′

저희와 함께 하세요 / (젊은이를 위한) 즐거운 Spring Tea Class를 위해, // 그런데 그곳에서 여러분은 경험할 것입니다 / (전 세계의 다양한 문화에서 온) 차의 맛을.

➡ where의 선행사는 a delightful Spring Tea Class for young people이다.

587 The telescope, / **whose** invention allowed /
                                         S′   V′
                           S
astronomers to gaze at the moons of Jupiter, /
              O′   OC′
did not displace laborers / in large numbers.
V   O   M

망원경은, / 그런데 그것의 발명은 해 주었다 / 천문학자들이 목성의 위성을 관측하도록, / 노동자들을 대체하지 않았다 / 많은 수의.

➡ whose의 선행사는 The telescope이다.
➡ 「allow+O+OC(to-v)」는 '~가 …하도록 해 주다'의 의미이다. **UNIT 13**

588 The company announced its earnings report, //
        S   V   O
when everyone expected a significant profit
M′   S′   V′
increase.
         O′

그 회사는 실적 보고서를 발표했다, // 그런데 그때 모든 사람이 상당한 이익 증가를 기대했다.

➡ when의 선행사는 앞 문장 전체이다.

589 Hiring a domestic worker is common / in
        S   V SC   M
Hong Kong, // **where** one in eight families
               M′   S′
employs one.
V′   O′

가사 노동자를 고용하는 것은 흔하다 / 홍콩에서, // 그런데 그곳에서는 여덟 가구 당 한 가구가 가사 노동자를 고용한다.

➡ where의 선행사는 Hong Kong이다.
➡ employs one에서 one은 a domestic worker를 대신한다.

590 During his childhood, / he had a great
        M   S V   O
affection / for his aunt Lucy, / **who** was
                                   S′   V′
instrumental / in helping Amory get his first
SC′   V′   O′
puppy / as a child.
OC′   M′

어린 시절에, / 그는 큰 애정을 가졌다 / 고모 Lucy에 대해, / 그런데 그녀는 도움이 되었다 / Amory가 자신의 첫 번째 강아지를 갖도록 도와주는 데 / 아이였을 때.

➡ who의 선행사는 his aunt Lucy이다.
➡ 「help+O+OC((to-)v)」는 '~가 …하도록 도와주다'의 의미이다. **UNIT 13**

591 The mother butterfly lays only one egg / on
the underside of milkweed leaves, / **which**
hatches about three to five days later.

어미 나비는 단지 한 개의 알을 낳는다 / 유액 분비 식물의 잎 아
랫면에, / 그런데 그것은 약 3일에서 5일 후에 부화한다.
➔ which의 선행사는 only one egg이다.

592 They decided / to launch the new product
in the fall, // **when** consumer interest (in
outdoor activities) / typically spikes / due to
the cooler weather.

그들은 결정했다 / 가을에 새로운 제품을 출시하기로, // 그런데
그때는 (야외 활동에 대한) 소비자 관심이 / 일반적으로 급증한
다 / 더 시원한 날씨로 인해.
➔ when의 선행사는 the fall이다.

UNIT 45 명사절을 이끄는 관계대명사 what

593 If growth / is **what** you seek, // then training /
is how you will find it.

만일 성장이 / 여러분이 추구하는 것이라면, // 그러면 훈련은 /
여러분이 그것을 찾는 방법이다.
➔ what이 이끄는 명사절이 주격 보어 역할을 한다.
➔ it은 growth를 대신한다.

594 **What** numbers allow us to do is / to compare
the relative size (of one set with another).

숫자가 우리에게 하도록 해 주는 것은 ~이다 / (다른 세트와 한
세트의) 상대적 크기를 비교하는 것.
➔ what이 이끄는 명사절이 주어 역할을 한다.
➔ 「allow+O+OC(to-v)」는 '~에게 …하도록 해 주다'의 의미
이다. UNIT 13

595 **What** we learned from the experience / was
invaluable.

그 경험에서 우리가 배운 것은 / 매우 귀중했다.
➔ what이 이끄는 명사절이 주어 역할을 한다.

596 **What** she discovered during her field research /
was a breakthrough / for the scientific
community.

그녀가 현장 조사 동안 발견한 것은 / 큰 돌파구가 되었다 / 과학
계에.
➔ what이 이끄는 명사절이 주어 역할을 한다.

597 When you impose deadlines / on your tasks, //
you will be able to better focus on / **what**
needs to get done / at any given moment.

여러분이 기한을 부과하면 / 여러분의 과업에, // 여러분은 ~에
더 잘 집중할 수 있을 것이다 / 할 필요가 있는 것 / 어떤 주어진
순간에라도.
➔ what이 이끄는 명사절이 전치사 on의 목적어 역할을 한다.

598 Our behavior / is endlessly shaped / by *the*
possibility [that somebody else might be
watching us / or might find out **what** we have
done].

우리의 행동은 / 끊임없이 형성된다 / [어떤 다른 사람이 우리를
지켜보고 있을 수 있거나 / 우리가 한 것을 알아낼지도 모른다
는] 가능성에 의해서.
➔ that절(that somebody ~ we have done)은 the
possibility와 동격 관계이다.
➔ what이 이끄는 명사절이 find out의 목적어 역할을 한다.

599 **What** we need to consider before making a
decision / is all the potential risks and benefits
involved.

우리가 결정을 내리기 전에 고려해야 할 것은 / 모든 관련된 잠재적 위험과 이점이다.
➔ what이 이끄는 명사절이 주어 역할을 한다.

600 **What** surprised me the most was / how art helps / children to communicate and express thoughts, feelings, and emotions.

나를 가장 많이 놀라게 한 것은 ~이었다 / 예술이 도와주는 방식 / 아이들에게 사고, 기분, 감정을 전달하고 표현하도록.
➔ what이 이끄는 명사절이 주어 역할을 한다.
➔ 「help+O+OC((to-)v)」는 '~에게 …하도록 도와주다'의 의미이다. **UNIT 13**

601 The documentary highlighted / **what** experts had warned (about the impending environmental crisis).

다큐멘터리는 강조했다 / 전문가들이 (다가오는 환경 위기에 대해) 경고했던 것을.
➔ what이 이끄는 명사절이 highlighted의 목적어 역할을 한다.

602 The emphasis on superiority is / **what** we typically see / as fostering a harmful effect of competition.

우월성에 대한 강조는 ~이다 / 우리가 일반적으로 여기는 것 / 경쟁의 해로운 효과를 조장한다고.
➔ what이 이끄는 명사절이 주격 보어 역할을 한다.
➔ 「see+O+as+OC(v-ing)」는 '~을 …한다고 여기다'의 의미이다. **UNIT 29**

603 **What** the new policy addresses is / how to reduce carbon emissions / and promote sustainability in our daily practices.

새로운 정책이 다루는 것은 ~이다 / 탄소 배출을 줄이는 방법 / 그리고 우리의 일상적인 실천에서 지속 가능성을 촉진하는 (방법).
➔ what이 이끄는 명사절이 주어 역할을 한다.

604 **What** we can learn from historical events is / how societies adapt to change / and *the lessons* [we can apply to our current challenges].

역사적 사건에서 우리가 배울 수 있는 것은 ~이다 / 사회가 변화에 어떻게 적응하는지 / 그리고 [우리가 현재의 도전에 적용할 수 있는] 교훈들.
➔ what이 이끄는 명사절이 주어 역할을 한다.

605 **What** the author explores in this novel is / not only the nature of human existence / but also *the existential struggles* (faced by individuals).

저자가 이 소설에서 탐구하는 것은 ~이다 / 인간 존재의 본질뿐만 아니라 / (개인들이 직면하는) 존재론적 고난들도.
➔ what이 이끄는 명사절이 주어 역할을 한다.
➔ 「not only A but also B」는 'A뿐만 아니라 B도'의 의미이다. **UNIT 39**
➔ faced by individuals는 the existential struggles를 뒤에서 꾸며주는 분사구이다. **UNIT 32**

UNIT 46 명사절 / 부사절을 이끄는 복합관계사

606 **Whoever** comes first to the finish line / will be / the winner of the race.

결승선에 맨 처음 오는 누구라도 / 될 것이다 / 경주의 승자가.

607 Poetry on the paper / can be read // **however** you want to read it.

종이 위의 시는 / 읽힐 수 있다 // 여러분이 그것을 읽고 싶어 하는 어떤 식으로든지.
➔ however ~는 '양보'의 의미를 갖는 부사절이다.
➔ it은 poetry on the paper를 대신한다.

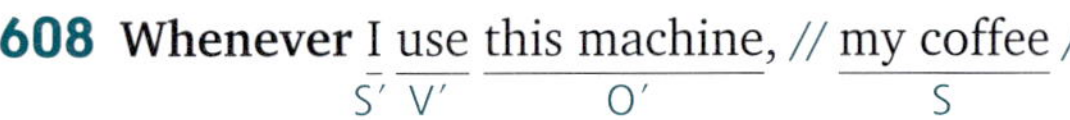

608 **Whenever** I use this machine, // my coffee /
does not get / hot enough.

내가 이 기계를 사용하는 때가 언제든지, // 내 커피는 / 되지 않
는다 / 충분히 따뜻하게.
➜ Whenever ~ machine은 '양보'의 의미를 갖는 부사절이다.

609 *Whatever* [life gives you] / can be used /
to create opportunities for you.

[삶이 여러분에게 주는] 어떤 것이라도 / 사용될 수 있다 / 여러
분을 위한 기회를 만들어 내기 위해.
➜ to create 이하는 '목적'을 나타내는 부사적 용법의 to부정사
구이다. **UNIT 34**

610 Fijians say / that from the ancestral viewpoint /
whatever looks unfortunate / may turn out / to
be fortunate after all.

피지 사람들은 말한다 / 조상의 관점에서는 / 운이 없어 보이는
어떤 것이라도 / 밝혀질 수 있다고 / 결국 운이 있다고.

611 **Whenever** someone stops / to listen to you, //
an element (of unspoken trust) / exists.

어떤 사람이 멈추는 때는 언제든지 / 여러분의 말을 듣기 위해, //
(무언의 신뢰라는) 요소가 / 존재한다.
➜ 「stop+to-v」는 '~하기 위해 멈추다'의 의미이고, 「stop+
v-ing」는 '~하기를 멈추다'의 의미이다.

612 The waiters would remember / an order, //
however complicated it was, // until the order
was complete.

웨이터들은 기억하곤 했다 / 주문을, // 그것이 얼마나 복잡하든
지, // 그 주문이 완료되었을 때까지.
➜ however는 뒤에 형용사나 부사와 함께 '얼마나 ~하든지'라
는 의미의 '양보'의 부사절을 이끈다.
➜ it은 an order를 대신한다.

613 **Whoever** committed the crime / will sooner or
later be caught / and will be punished.

그 범죄를 저지른 사람은 누구라도 / 조만간 잡힐 것이다 / 그리
고 처벌받을 것이다.

614 Everybody deserves / to be treated with
respect, / **whatever** *ethnic background* [they
have] / or **whichever** *language* [they speak].

모든 사람은 자격이 있다 / 존중받으며 대우받을, / [그들이 가지
는] 인종적 배경이 어떤 것이든지 / 혹은 [그들이 말하는] 언어가
어떤 것이든지.
➜ whatever와 whichever는 명사 앞에 쓰여 명사를 수식하는
형용사의 역할을 하고 있다.
➜ they는 everybody를 대신하는 단수형 they인데, 단수형
they는 남성, 여성을 특정하기 어려운 단수 대상을 대신할 때
사용된다.

615 **Wherever** it is possible / to restore what has
been lost, // it must be restored.

가능한 곳은 어디든지 / 잃어버린 것을 복원하는 것이, // 그것은
반드시 복원되어야 한다.
➜ what has been lost는 restore의 목적어 역할을 하는 명사
절이다. **UNIT 45**
➜ 부사절의 it은 가주어이며, 주절의 it은 what has been lost
를 대신한다.

616 Your mind is / *a great place* (to populate with
good memories) // because you carry them
around / with you // **wherever** you go.

여러분의 마음은 ~이다 / (좋은 기억으로 차지할) 훌륭한 장소 //
왜냐하면 여러분이 그것들을 지니고 다니기 때문이다 / 여러분과
함께 // 여러분이 가는 곳이 어디든지.
➜ them은 good memories를 가리킨다.

617 As we go through life, // **whenever** we feel

S′ V′ M′

annoyed, anxious or even just bored, // we

SC′ S

turn to / **whatever** makes us feel better.

V / S′ V′ O′ OC′ · O

우리가 삶을 살아갈 때, // 우리가 짜증이 나거나, 불안하거나,
심지어 그저 지루하다고 느끼는 때가 언제든지, // 우리는 의지
한다 / 우리의 기분을 더 낫게 만드는 어떤 것에라도.

618 **However** successful a paradigm is, // it will

SC′ S′ V′ S

always encounter / mismatches (between the

V O

theory's predictions and the experimental

facts).

패러다임이 얼마나 성공적이든지, // 그것은 항상 마주칠 것이다 /
(이론의 예측과 실험에 의거한 사실 사이의) 부조화를.
> However는 뒤에 형용사와 함께 쓰여 '얼마나 ~하든지'라는
> 의미의 '양보'의 부사절을 이끌고 있다.
> it은 a paradigm을 대신한다.
> 「between A and B(A와 B 사이의)」가 mismatches를 꾸
> 며주고 있다.

CHAPTER 12 부사절

본문 140쪽

UNIT 47 시간 / 원인을 나타내는 부사절

619 **When** his family finally reached London, //

S′ V′ O′

they were literally penniless.

S V SC

그의 가족이 마침내 런던에 도착했을 때, // 그들은 말 그대로 무
일푼이었다.

620 Many students get the questions wrong //

S V O OC

because they do not read them carefully.

S′ V′ O′ M′

많은 학생들이 그 문제들을 틀린다 // 그들이 그것들을 신중하게
읽지 않아서.
> them은 the questions를 대신한다.

621 **Now that** I've known you / for such a long

S′ V′ O′ M′

time, // you are like my brother.

S V SC

내가 너를 알아 왔기 때문에 / 매우 오랜 시간 동안, // 너는 내
남자 형제 같다.

622 Please send us your logo design proposal //

V IO DO

once you are done with it.

S′ V′ M′

저희에게 여러분의 로고 디자인 제안을 보내 주세요 // 일단 여
러분이 그것을 끝내면.

623 **As soon as** I arrived at the terminal, // I saw /

S′ V′ M′ S V

my bus pulling away.

O OC

내가 터미널에 도착하자마자, // 나는 보았다 / 내 버스가 떠나는
것을.
> 「see+O+OC(v-ing)」는 '~이 …하고 있는 것을 보다'의 의
> 미이다. UNIT 14

624 The tour guide Greg made / our tour

S V O

interesting, // **as** he knew the town well.

OC S′ V′ O′ M′

투어 가이드 Greg은 만들었다 / 우리 투어를 재미있게, // 그가
그 마을을 잘 알고 있었기 때문에.
> 「make+O+OC」는 '~을 …하게 만들다'의 의미로, 여기서는
> 목적격 보어로 형용사가 왔다. UNIT 12

625 **Since** I joined your youth sports program /

S′ V′ O′

several years ago, // I have really enjoyed

M′ S V

swimming.

O

내가 당신의 청소년 스포츠 프로그램에 가입한 이래로 / 여러 해
전에, // 나는 정말로 수영을 즐겨 왔다.

626 Youth are easily fooled / by misinformation, //
S   V   M

especially **when** it comes / through social
S′ V′   M′

media channels.

청소년은 쉽게 속는다 / 잘못된 정보에 의해, // 특히 그것이 전
해질 때 / 소셜 미디어 채널을 통해.
➡ it은 misinformation을 가리킨다.

627 Her approach is effective // **in that** it
S   V   SC   S′

addresses / both the symptoms and the root
V′   O′

causes (of the problem).

그녀의 접근법은 효과적이다 // 그것이 다룬다는 점에서 / (문제
의) 증상과 근본 원인 모두를.
➡ 「both A and B」는 'A와 B 둘 다'의 의미이다. ⟳ UNIT 39

628 **While** he was writing extensively, // Rosen
S′¹   V′¹   S

continued to perform / as a pianist (for the
V   O   M

rest of his life) // **until** he died in 2012.
S′² V′²   M′²

그가 광범위하게 글을 쓰는 동안에, // Rosen은 계속 공연했다 /
(그의 여생 동안) 피아니스트로서 // 그가 2012년에 사망할 때까
지.
➡ until은 접속사와 전치사 모두로 쓰일 수 있는데, 여기서는 뒤
　에 「S+V」의 부사절을 이끄는 접속사이다.

629 Pretty much / we are *the only ones* [who deny
M   S V   SC   S′ V′

the problem] // **till** we are ready to deal with
O′   S′ V′   SC′   M′

it.

아마도 / 우리는 [문제를 부인하는] 유일한 존재이다 // 우리가
그것을 다룰 준비가 될 때까지.
➡ who deny the problem은 the only ones를 꾸며주는 주
　격 관계대명사절이다. ⟳ UNIT 41
➡ it은 the problem을 대신한다.

630 **As long as** the internet connection is stable, //
S′   V′ SC′

we can continue our online meeting / without
S   V   O   M

interruptions.

인터넷 연결이 안정된 동안에는, // 우리의 온라인 회의를 계속
할 수 있다 / 중단 없이.

631 **Seeing that** the applicant has relevant
S′   V′   O′

experience and qualifications, // she is
S   V

a strong candidate for the position.
SC

지원자가 관련 경험과 자격을 가지고 있는 것으로 보아, // 그녀
는 그 직무의 강력한 후보자이다.

UNIT 48 조건 / 양태를 나타내는 부사절

632 Come and see me / for medical treatment // **if**
V   O   M

things don't improve.
S′   V′

나를 보러 와라 / 의학적 치료를 받으러 // 상황이 나아지지 않으
면.

633 **Just as** the French love their wine, // the
S′   V′   O′   S

Germans love their beer.
V   O

프랑스인들이 자신들의 와인을 사랑하는 것처럼, // 독일인들은 자
신들의 맥주를 사랑한다.

634 We cannot understand disease // **unless** we
S   V   O   S′

understand the person / (with the disease).
V′   O′   M′

우리는 질병을 이해할 수 없다 // 우리가 (그 질병을 가진) 사람
을 이해하지 못하면.

635 **Just like** time is the greatest healer, //
<u>S′</u> <u>V′</u> <u>SC′</u>

laughter still is the best medicine.
<u>S</u> <u>V</u> <u>SC</u>

시간이 가장 훌륭한 치유자인 것과 꼭 마찬가지로, // 웃음은 여
전히 최고의 명약이다.

636 **As** I anticipated, // the book addressed / *all the*
<u>S′</u> <u>V′</u> <u>S</u> <u>V</u> <u>O</u>

themes [the author had previously hinted at in
<u>S′</u> <u>V′</u>

her interviews].
<u>M′</u>

내가 예상한 대로, // 그 책은 다루고 있었다 / [저자가 이전에 인
터뷰에서 암시했던] 모든 주제를.
→ the author 앞에 목적격 관계대명사 that이 생략되었다.
🔗 **UNIT 42**

637 **As long as** they keep up their current effort, //
<u>S′</u> <u>V′</u> <u>O′</u>

the team is likely to achieve all their goals /
<u>S</u> <u>V</u> <u>V′</u> <u>O′</u> <u>SC</u>

by the end of the season.
<u>M</u>

그들이 현재의 노력을 계속하기만 하면, // 팀은 모든 목표를 달
성할 가능성이 크다 / 시즌이 끝날 때까지.

638 **Suppose that** the meeting is postponed, //
<u>S′</u> <u>V′</u>

when will the next one be held?
<u>S</u> <u>V</u>

만약 회의가 연기된다면, // 다음 회의는 언제 열릴 것인가?

639 A person's creativity score should tell / us
<u>S</u> <u>V</u> <u>IO</u>

his or her creative potential (in any field of
<u>DO</u>

endeavor), // **just like** an IQ score is not
<u>S′</u> <u>V′</u>

limited / to physics, math, or literature.
<u>SC′</u> <u>M′</u>

한 사람의 창의력 점수는 틀림없이 말해 줄 것이다 / 우리에게
(노력하는 어떤 분야든지) 그 사람의 창의력 잠재력을 // IQ 점
수가 제한되지 않는 것과 꼭 마찬가지로 / 물리학, 수학, 혹은 문
학에.

640 **Just like** bees are an essential part (of our
<u>S′</u> <u>V′</u> <u>SC′</u>

ecosystem), // we too are an essential part (of
<u>S</u> <u>V</u> <u>SC</u>

each other's).

벌이 (우리 생태계의) 필수적인 부분인 것과 꼭 마찬가지로, //
우리도 역시 (서로의 생태계의) 필수적인 부분이다.
→ each other's 뒤에는 ecosystem이 반복을 피하기 위해 생
략되었다.

641 **Just as** today some jobs are better / than
<u>S′</u> <u>V′</u> <u>SC′</u> <u>M′</u>

others, // **so** would they have been / in early
<u>S</u> <u>V</u> <u>M</u>

societies.

오늘날 몇몇 직업이 더 나은 것처럼 / 다른 직업보다, // 그들은
그랬을 것이다 / 초기 사회에서도.
→ they는 some jobs를 가리킨다.
→ Just as가 양태를 나타내는 부사절을 이끌면서 주절의 어순
이 「so+V+S」가 되었다.
→ 「would have+p.p.」는 '~했을 것이다'라는 의미로 과거에
대한 추측을 나타낸다.

642 **Provided that** you complete all the
<u>S′</u> <u>V′</u> <u>O′</u>

assignments / on time, // you will receive
<u>M′</u> <u>S</u> <u>V</u>

extra credit / at the end of the semester.
<u>O</u> <u>M</u>

만약 모든 과제를 완료한다면 / 제때, // 너는 추가 학점을 받을
것이다 / 학기 말에.

643 People are unconvinced / by a persuasive
<u>S</u> <u>V</u> <u>SC</u> <u>M</u>

argument // **if** it's written / by *someone* [who
<u>S′</u> <u>V′</u> <u>M′</u> <u>S′</u>

is not very credible].
<u>V′</u> <u>SC′</u>

사람들은 납득되지 않는다 / 설득력 있는 주장에 의해 // 만일 그
것이 쓰인다면 / [매우 신뢰할 수는 없는] 누군가에 의해.
→ it은 a persuasive argument를 가리킨다.
→ who is not very credible은 someone을 수식하는 관계사
절이다. 🔗 **UNIT 41**

644 **Just as** different models (of automobiles each)
S′

have / an engine, drive train, four wheels,
V′　　　　　　　　O′

doors, and seats, // we differ / mainly in terms
　　　　　　　　　 S　 V　　　　　 M

of a few internal tweaks.

(자동차 각각의) 다양한 모델들이 가지는 것처럼 / 엔진, 회전력 전달 장치, 네 개의 바퀴, 문들, 그리고 좌석들을, // 우리도 다르다 / 주로 몇 가지 내부적인 미세한 조정 면에서.

 본문 144쪽

49 양보 / 대조를 나타내는 부사절

645 **Although** she was in poor health, // she
　　　　　　 S′　 V′　　 SC′　　　　　 S

continued to perform her duties.
　　V　　　　　　　 O

비록 그녀는 건강이 안 좋았지만, // 그녀는 계속 자신의 의무를 수행했다.

646 **While** most people can become incredibly
　　　　　 S′　　　　 V′　　　　 SC′

open-minded, // some can't.
　　　　　　　 S　　 V

대부분의 사람들은 믿을 수 없을 정도로 열린 마음이 될 수 있지만, // 어떤 사람들은 그럴 수 없다.

647 **Whether** you like it **or not**, // you need to
　　　　　　 S′　 V′ O′　　　　　　 S　　 V

accept / your reality // as it is.
　　　　　　 O　　　　 S′ V′

여러분이 그것을 좋아하든지 그렇지 않든지 간에, // 여러분은 받아들여야 한다 / 여러분의 현실을 // 있는 그대로.
　➜ as는 '~대로'라는 의미의 양태를 나타내는 접속사이다. 🔗 UNIT 48

648 **Even though** the meeting was long, //
　　　　　　　　 S′　　　 V′　 SC′

everyone stayed until the end.
　　 S　　　 V　　　 M

비록 회의가 길었지만, // 모두가 끝까지 남아 있었다.

649 **Even if** we cannot know the world / with
　　　　　　 S′　　　 V′　　　 O′　　 M′

absolute precision, // we can still control it.
　　　　　　　　　　 S　　　　　 V　　　 O

비록 우리가 세상을 알 수 없을지라도 / 절대적으로 정확하게, // 우리는 여전히 그것을 통제할 수 있다.
　➜ Even if 뒤에 우리가 세상을 절대적으로 정확하게 알 수 없을 것이라는 '가정'의 내용이 왔다.
　➜ it은 the world를 대신한다.

650 **Though** we humans are equipped with
　　　　　　 S′　　　 V′　　 M′

reflexive responses / for survival, // at birth /
　　　　　　　　　　　　　　　　　　　　 M

we are helpless.
 S　V　 SC

비록 우리 인간이 반사 신경을 갖추고 있지만 / 생존을 위해서, // 태어났을 때 / 우리는 무력하다.

651 **Even though** scientists are experts / on
　　　　　　　　 S′　　　 V′　 SC′　　 M′

climate change facts, // facts alone are not
　　　　　　　　　　　　 S　　　　　 V

enough / to change people's minds.
 SC　　　　　　 M

비록 과학자들이 전문가이긴 하지만 / 기후 변화 사실에 관한, // 사실만으로는 충분하지 않다 / 사람들의 마음을 바꾸기에.
　➜ Even though 뒤에 과학자들은 전문가라는 '사실'의 내용이 왔다.
　➜ 「enough+to-v」는 '~하기에 충분한'의 의미이다. 🔗 UNIT 34

652 Cats are known / for their graceful
 S　　 V　　　　　　 M

movements, // **whereas** dogs are known / for
　　　　　　　　　　　 S′　　 V′

their wagging tails and playful nature.
　　　　　　　 M′

고양이는 알려져 있다 / 우아한 몸동작으로, // 개는 알려져 있는 반면에 / 흔드는 꼬리와 쾌활한 본성으로.

653 Women tend to use / more facial expressions
 S　　　 V　　　　　　　 O

and gestures / than men, // **while** men
　　　　　　　 M　　　　　　　 S′

tend to use / more physical space and body
　 V′　　　　　　　 O′

movements.

여성은 사용하는 경향이 있다 / 더 많은 얼굴 표정과 몸짓을 / 남성보다, // 남성은 사용하는 경향이 있는 반면에 / 더 많은 물리적 공간과 몸동작을.

654 Strict **as** the rules are, // they are necessary
for safety.

규칙이 아무리 엄격하더라도, // 그것들은 안전을 위해 필요하다.
➡ 접속사 as가 '양보'의 의미를 나타낼 때는 문장의 일부가 as 앞으로 나올 수 있다.

655 We know within limits // **even if** the limits can
usually be adjusted / to satisfy our needs.

우리는 한계 내에서 안다 // 비록 그 한계가 대개 조정될 수 있지만 / 우리의 요구를 충족시키기 위해.
➡ even if 뒤에 그 한계가 조정될 수도 있다는 '가정'의 내용이 왔다.

656 **Although** we'd like to think / that our minds
are sharp enough / to always make good
decisions, // they just aren't.

비록 우리가 생각하고 싶어 하지만 / 우리의 마음이 충분히 예리하다고 / 늘 훌륭한 판단을 내리기에, // 그것들은 단지 그렇지 않다.
➡ aren't 뒤에는 sharp enough to always make good decisions가 생략되어 있다.

657 Fast-paced individuals talk and move
quickly / and are more expressive, // **whereas**
slow-paced individuals have a different tempo /
and are less expressive.

빠른 속도의 사람들은 빨리 말하고 움직인다 / 그리고 더 표현력이 있다, // 반면에 느린 속도의 사람들은 다른 속도를 가진다 / 그리고 덜 표현력이 있다.

UNIT 50 목적 / 결과를 나타내는 부사절

658 This course is designed // **so that** students can
progress / at their own speed.

이 강좌는 계획되었다 // 학생들이 나아갈 수 있도록 / 자기 자신의 속도로.

659 She lent me some of her money, // **so that** I
was able to have my dance lessons.

그녀가 내게 자기 돈의 일부를 빌려 주었다, // 그래서 나는 무용 수업을 받을 수 있었다.

660 The little boy hid himself / behind a large rock //
lest he should be seen / by anyone.

어린 소년이 자신을 숨겼다 / 커다란 바위 뒤에 // 자신이 보여지지 않도록 하기 위해서 / 누구에 의해서든지.
➡ 「lest+S+should+V」는 '~하지 않도록, 하지 않기 위해서'의 의미이다.

661 You need to learn poems by heart // **in order**
that you can recite them later.

여러분은 시를 암기해야 한다 // 여러분이 나중에 그것들을 암송할 수 있도록.
➡ them은 poems를 가리킨다.

662 The course was **so popular** // **that** the
registration closed // almost as soon as it
opened.

그 강좌는 너무 인기가 있어서 // 등록이 마감되었다 // 거의 그것이 열리자마자.
➡ it은 the registration을 가리킨다.

663 Some athletes may want / to win / **so much** //

S　　　　V　　　　O　　　M

that they lie, cheat, and break team rules.

S′　V′¹　　V′²　　　V′³　　　O′³

몇몇 운동선수들은 원할 수 있다 / 승리하기를 / 너무 많이 // 그래서 그들은 거짓말하고, 부정행위를 하고, 팀 규칙을 위반한다.

➔ they는 Some athletes를 가리킨다.

664 The book was **such** an incredibly captivating

S　　V　　　　　　　SC

story // **that** I couldn't put it down // until I

　　　　S′　　　　V′　O′　　　　　S′

finished reading the entire thing.

V′　　　　　O′

그 책은 굉장히 매혹적인 이야기라서 // 나는 그것을 내려놓을 수 없었다 // 전체를 다 읽을 때까지.

➔ 「such a(n)+형용사+명사 ~ that …」의 구조가 쓰였다.

665 John's laughter was **so** contagious // **that**

S　　　　V　　　SC

when John started feeling ticklish, // everyone

S′　　V′　　　　O′　　　　　　S′

ended up in endless laughter.

V′　　　M′

John의 웃음은 매우 전염성이 있어서 // John이 간지럼을 타기 시작하면, // 모두가 결국 끝없이 웃게 되었다.

666 Instructors temporarily relieve / some of the

S　　　　　　　　V　　　　O

cognitive load // **so that** students can focus /

　　　　　　　　　　　　S′　　　V′

on particular dimensions of learning.

M′

교사는 일시적으로 완화한다 / 얼마간의 인지적 부담을 // 학생들이 집중할 수 있도록 / 특정한 학습 차원에.

667 You should not look at your cellphone /

S　　　V　　　　　　O

while driving // **in order that** you can avoid

M　　　　　　　　　S′　　V′

an accident.

O′

여러분은 휴대폰을 보면 안 된다 / 운전하는 동안에 // 여러분이 사고를 피할 수 있도록.

➔ while 뒤에 you are가 생략되었다.

668 In his novel, / Voltaire supported religious

M　　　　S　　　V　　　O

optimism / in **such** an entertaining way // **that**

M

the book became an instant bestseller.

S′　　V′　　　SC′

자신의 소설에서, / Voltaire는 종교적 낙관주의를 지지해서 / 매우 즐거움을 주는 방식으로 // 그 책은 즉각적인 베스트셀러가 되었다.

669 The military jets are **so** unstable // **that** they

S　　　V　　SC　　　　S′

require / *an automated system* [that can sense

V′　　　　　O′　　　　　　　S′　V′¹

and act more quickly than a human operator].

V′²　　　M′　　　　　　　M′

군용 제트기는 매우 불안정해서 // 그것들은 필요로 한다 / [인간 조작자보다 더 빨리 감지해서 행동할 수 있는] 자동화 시스템을.

➔ that can sense and ~ operator는 an automated system을 수식하는 관계사절이다. **UNIT 41**

670 Perceptual disengagement probably serves /

S　　　　　　　V

the function of protecting sleep, // **so**

O

some authors do not count it / as part (of the

S′　　　V′　　　O′　　　OC′

definition of sleep itself).

지각 이탈은 아마도 기여한다 / 수면을 보호하는 기능에, // 그래서 몇몇 저자들은 그것을 간주하지 않는다 / (수면 자체의 정의의) 일부로.

➔ 「,(콤마) so (that) ~」이 쓰인 문장으로 '그래서, ~하여'의 의미이다.

➔ it은 Perceptual disengagement를 가리킨다.

본문 152쪽

UNIT 51　가정법 과거 / 가정법 과거완료

671 If I **were** taller, // I **could play** basketball /
　　　S′　V′　SC′　　S　　V　　　O

even more effectively.
　　　　M

내가 키가 더 크다면, // 나는 농구를 할 수 있을 것이다 / 훨씬
더 효과적으로.

→ even이 비교급 앞에 사용되면 '훨씬'이라는 의미로 비교급을
　강조한다.

672 If you **had gone** / to the concert, // you
　　　S′　V′　　　M′　　　S

could've seen an amazing performance.
　　V　　　　O

네가 갔다면 / 콘서트에, // 너는 놀라운 공연을 볼 수 있었을 것
이다.

673 If you **had to eat** one food / for the rest of
　　　S′　V′　O′　　M′

your life, // what **would** you **choose**?
　　O　　　　S　V

여러분이 한 가지 음식을 먹어야 한다면 / 여러분의 여생 동안, //
여러분은 무엇을 선택할 것인가?

674 If you **had followed** the map, // you **would**
　　　S′　V′　　O′　　S　V

not have been lost / in the forest.
　　　　　　M

네가 지도를 따랐다면, // 너는 길을 잃지 않았을 것이다 / 숲속
에서.

675 If we all **woke up** tomorrow / and **believed**
　　　S′　V′¹　　M′　　　V′²

that Bank X would be broke, // then it **would**
　　　O′²　　　　　　S　V

become broke.
　　SC

우리 모두가 내일 일어나서 / X 은행이 파산할 것이라고 믿는다
면, // 그것은 파산하게 될 것이다.

→ that절은 believed의 목적어 역할을 하는 명사절이다.
　　　　　　　　　　　　　　　UNIT 07

→ it은 Bank X를 가리킨다.

676 If you **had chosen** the blue dress, // it **would**
　　　S′　V′　　O′　　S　V

have matched your eyes perfectly.
　　　　O　　M

네가 파란색 드레스를 골랐다면, // 그것이 네 눈과 완벽하게 어
울렸을 것이다.

→ it은 the blue dress를 대신한다.

677 If he **were** truly sorry / for his actions, //
　　　S′　V′　SC′　　　M′

he **would apologize** / sincerely without any
S　　V　　　　M

hesitation.

그가 정말로 미안해한다면 / 자신의 행동에 대해, // 그는 사과할
것이다 / 진심으로 어떠한 망설임도 없이.

678 He **would be** encouraged / to practice the
　　S　　V　　　　M

piano // if he **could** just **hear** / the great
　O′　　S′　　V′　　　O′

Paderewski / at the keyboard.
　　　　M′

그는 고무될 것이다 / 피아노 연습을 하도록 // 그가 단지 들을
수만 있다면 / 위대한 Paderewski의 연주를 / 건반 앞에서.

679 If I **were** an astronaut, // I **could fulfill** my lifelong dream / (of going to space and witnessing the beauty of our planet from above).

내가 우주 비행사라면, // 나는 내 평생의 꿈을 성취할 수 있을 것이다 / (우주에 가서 우리 행성의 아름다움을 위에서 목격하는).
➜ 전치사 of의 목적어 going과 witnessing이 and로 연결되어 병렬 구조를 이루고 있다. **UNIT 40**

680 If she **had had to hold** the baby on her lap and **entertain** the wiggly one, // it **would have been** much more difficult.

그녀가 그 아기를 무릎 위에 올려놓고 / 몸부림치는 아기를 즐겁게 해야 했다면, // 그것은 훨씬 더 어려웠을 것이다.
➜ hold와 entertain은 had to(have to의 p.p.형)에 and로 연결되어 병렬 구조를 이루고 있다. **UNIT 40**
➜ one은 baby를 대신한다.
➜ much는 비교급 앞에서 '훨씬'이라는 의미로 비교급을 강조한다.

681 If the prince **had offered** the grapes / to his friends, // they **might have made** funny faces / and **shown** their distaste for the grapes.

왕자가 포도를 주었다면 / 친구들에게, // 그들은 기이한 표정을 지어 / 포도에 대한 그들의 싫음을 보였을 것이다.
➜ they는 his friends를 대신한다.
➜ made와 shown이 might have 뒤에 and로 연결되어 병렬 구조를 이루고 있다. **UNIT 40**

682 If you **were** afraid / of standing on balconies, // you **would start** on some lower floors / and slowly **work** your way / up to higher ones.

여러분이 두렵다면 / 발코니에 서는 것이, // 여러분은 어떤 낮은 층에서 시작해서 / 천천히 나아갈 것이다 / 더 높은 층으로.
➜ start와 work가 would 뒤에서 and로 연결되어 병렬 구조를 이루고 있다. **UNIT 40**
➜ ones는 floors를 대신한다.

683 If you **went** to the USA / and **were talking** about football, // most people **would assume** / you were talking about American football / rather than soccer.

여러분이 미국에 가서 / 풋볼에 관해 이야기하고 있다면, // 대부분의 사람들은 추정할 것이다 / 여러분이 미식축구에 관해 말하고 있다고 / 축구라기보다는.
➜ would assume 뒤에는 이것의 목적절을 이끄는 that이 생략되어 있다. **UNIT 07**
➜ 「A rather than B」는 'B라기보다는 A'라는 의미이다.

UNIT 52 혼합가정법, if+should / were to

684 I **might be living** / in a different city now // if I **had taken** that job offer.

나는 살고 있을지도 모른다 / 지금 다른 도시에서 // 내가 그 일자리 제의를 받아들였다면.

685 If I **were to win** the lottery, // I **would donate** some / to charitable causes.

내가 (혹시라도) 복권에 당첨된다면, // 나는 얼마간을 기부할 것이다 / 자선 운동에.
➜ 희박한 미래의 실현 가능성을 were to로 표현했다.

686 If there **should be** no air, // there **would be** no living things / on the earth.

(만에 하나) 공기가 없다면, // 생명체가 없을 것이다 / 지구상에.
➜ 부사절과 주절에서 유도부사 there가 맨 앞으로 나오면서 「동사+주어」의 어순이 되었다.

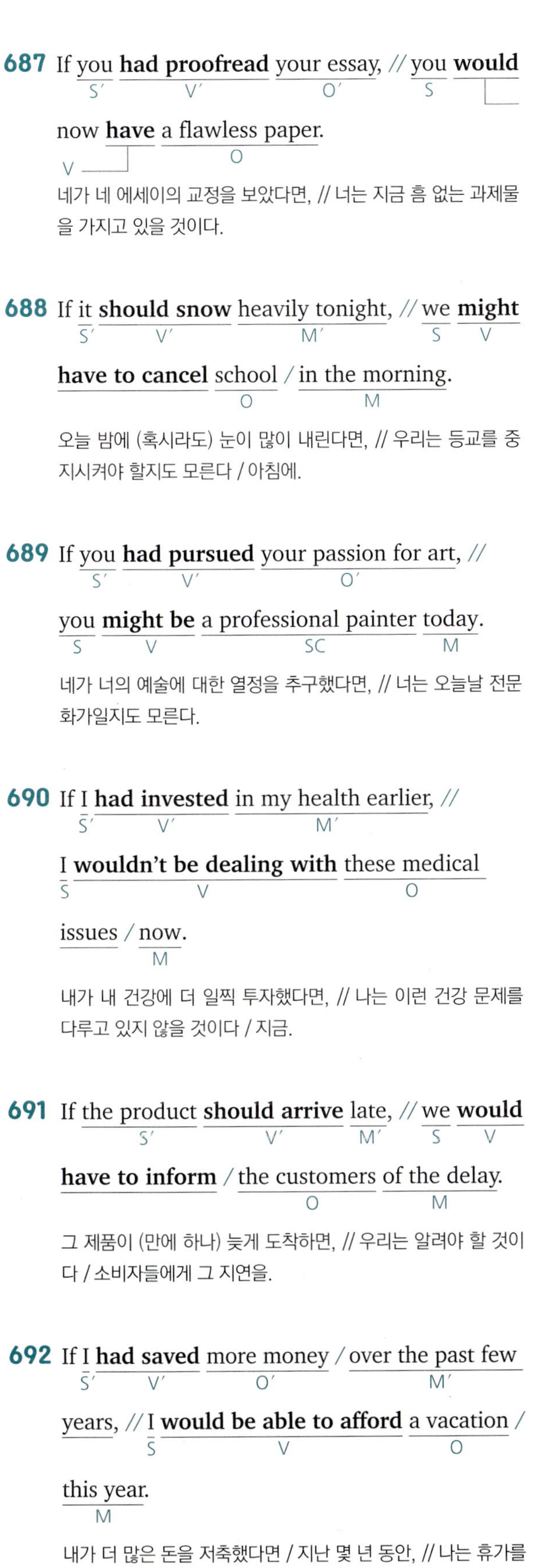

687 If you **had proofread** your essay, // you **would** now **have** a flawless paper.

네가 네 에세이의 교정을 보았다면, // 너는 지금 흠 없는 과제물을 가지고 있을 것이다.

688 If it **should snow** heavily tonight, // we **might have to cancel** school / in the morning.

오늘 밤에 (혹시라도) 눈이 많이 내린다면, // 우리는 등교를 중지시켜야 할지도 모른다 / 아침에.

689 If you **had pursued** your passion for art, // you **might be** a professional painter today.

네가 너의 예술에 대한 열정을 추구했다면, // 너는 오늘날 전문 화가일지도 모른다.

690 If I **had invested** in my health earlier, // I **wouldn't be dealing with** these medical issues / now.

내가 내 건강에 더 일찍 투자했다면, // 나는 이런 건강 문제를 다루고 있지 않을 것이다 / 지금.

691 If the product **should arrive** late, // we **would have to inform** / the customers of the delay.

그 제품이 (만에 하나) 늦게 도착하면, // 우리는 알려야 할 것이다 / 소비자들에게 그 지연을.

692 If I **had saved** more money / over the past few years, // I **would be able to afford** a vacation / this year.

내가 더 많은 돈을 저축했다면 / 지난 몇 년 동안, // 나는 휴가를 갈 수 있는 형편이 됐을 텐데 / 올해.

693 If Mars **were to enter** Earth's orbit, // it **would have** catastrophic effects / on both planets.

(만에 하나) 화성이 지구 궤도 안으로 들어온다면, // 그것은 대재앙의 영향을 미칠 것이다 / 두 행성 모두에게.

➔ were to로 희박한 실현 가능성을 표현했다.
➔ it은 if절의 내용을 가리킨다.

694 If the weather **should turn** unfavorable tomorrow, // the soccer match **will be postponed** / to a later date.

내일 (혹시라도) 날씨가 나쁘게 바뀐다면, // 축구 시합은 연기될 것이다 / 나중의 날짜로.

➔ 가정법 미래에서 if절에 should가 오면 주절에는 조동사의 현재형도 쓸 수 있다.

695 Would I **wonder** who I am // if I **were to suffer** from heart failure / and **depend upon** an artificial heart?

나는 내가 누구인지 궁금해 할 것인가 // 내가 심부전으로 고통받고 / 인공 심장에 의존하게 된다면?

➔ suffer와 depend는 were to에 이어지는 동사로 and로 연결되어 병렬 구조를 이루고 있다. UNIT 40

696 If I **were to learn** a new language, // I **would choose** Spanish / because of its global relevance and usefulness.

내가 (만에 하나) 새로운 언어를 배울 것이라면, / 나는 스페인어를 선택할 것이다 / 그것의 세계적인 관련성과 유용함 때문에.

UNIT 53 if 생략 도치 구문

697 Were he my boss, // I would quit my job /
right away.

그가 내 상관이라면, // 나는 내 일자리를 그만둘 것이다 / 즉시.

698 Had we **taken** the other route, // we would
have arrived / much earlier.

우리가 다른 경로를 택했다면, // 우리는 도착했을 것이다 / 훨씬
일찍.
➔ much는 비교급 앞에서 '훨씬'이라는 의미로 비교급을 강조
한다.

699 Were the product **found** defective, // we
would replace it / at no additional cost.

그 제품이 결함이 있다고 발견되면, // 우리는 그것을 교체할 것
이다 / 추가 비용 없이.
➔ it은 the product를 대신한다.

700 Had they **communicated** better, // their
relationship might not have ended.

그들이 의사소통을 더 잘 했다면, // 그들의 관계가 끝나지 않았
을지도 모른다.

701 Were I **to start** my own business, // I would
focus on sustainable products.

내가 자영업을 시작한다면, // 나는 지속 가능한 제품에 중점을
둘 것이다.

702 Were aliens **to visit** the Earth, // it would be
the biggest news / in human history.

외계인이 지구를 방문한다면, // 그것은 가장 큰 뉴스일 것이다 /
인류 역사에서.

703 Had I **renovated** my house earlier, // its value
would have increased significantly.

내가 내 집을 더 일찍 수리했다면, // 그것의 가치는 상당히 증가
했을 것이다.

704 Should the project **encounter** unexpected
delays, // we would have to reassess our
timeline.

프로젝트가 예기치 않은 지연에 맞닥뜨리면, // 우리는 우리의
일정표를 재평가해야 할 것이다.

705 Should the package **arrive** damaged, // we
would have to document the condition / with
photos.

포장 상품이 하자가 생긴 채로 도착하면, // 우리는 상태를 기록
해야 할 것이다 / 사진으로.

706 Had they **booked** their tickets earlier, // they
could have gotten / better seats for the
concert.

그들이 좌석을 더 일찍 예매했다면, // 그들은 얻을 수 있었을 것
이다 / 더 나은 콘서트 좌석을.

707 Were the situation better **understood**, // we
could make more informed decisions / about
how to proceed.

상황이 더 잘 이해된다면, // 우리는 더 정보에 근거한 결정을 내
릴 수 있을 것이다 / 어떻게 진행할지에 관해.
➔ 「의문사+to-v」 형태인 how to proceed는 전치사 about
의 목적어 역할을 한다. UNIT 06

708 **Should** the Internet connection **fail** / during the seminar, // we would switch / to a phone conference.

인터넷 연결이 끊어지면 / 세미나 동안에, // 우리는 전환할 것이다 / 전화 회의로.

709 **Should** prices **continue** to rise at this rate, // consumers might need to adjust their budgets / to accommodate higher expenses.

가격이 계속 이런 속도로 증가한다면, // 소비자들은 자신의 예산을 조성해야 할지도 모른다 / 더 높은 비용을 수용하기 위해서.

UNIT 54 S+wish 가정법, as if[though] 가정법

710 **I wish** / **I could take** back / what I said to you that night.

좋을 텐데 / 내가 취소할 수 있다면 / 내가 그날 밤 네게 한 말을.

711 We feel // **as though** others **could see** through our skin / and into our mind.

우리는 느낀다 // 마치 다른 사람들이 우리 피부를 꿰뚫고 볼 수 있는 것처럼 / 그리고 우리 마음속을.

712 It appeared // **as though** the entire sky **had turned** dark.

보였다 // 하늘 전체가 어두워진 것처럼.
➔ 하늘 전체가 어두워진 것이 주절(appeared)보다 앞서 일어난 일이므로 had turned를 썼다.

713 **I wish** / **I could witness** a manned mission to Mars / in my lifetime.

좋을 텐데 / 내가 화성으로의 유인 우주 비행을 목격할 수 있다면 / 내 생애에.

714 He looked around the room // **as if** he **were seeing** it for the first time.

그는 방을 둘러보았다 // 마치 그가 그것을 처음 보고 있는 것처럼.
➔ were seeing(보고 있는 것)은 looked around(둘러보았다)와 동시에 일어나는 일임을 나타낸다.
➔ it은 the room을 대신한다.

715 He held the ancient artifact // **as if** it **were** the most precious thing in the world.

그는 그 고대 유물을 쥐었다 // 그것이 세상에서 가장 소중한 것인 것처럼.
➔ it은 the ancient artifact를 대신한다.
➔ 그것이 세상에서 가장 소중한 것이라고 생각하는 것과 유물을 쥔 것은 동시에 일어나는 일이므로 were과 held가 쓰였다.

716 She spoke confidently about her dreams // **as though** they **were** already a reality.

그녀는 자신의 꿈에 관해서 자신감 있게 말했다 // 그것이 이미 현실인 것처럼.
➔ they는 her dreams를 대신한다.
➔ 현실인 것과 자신감 있게 말했던 것은 동시에 일어나는 일이므로 were과 spoke가 쓰였다.

717 **I wish** / our community **had** better recycling programs / to reduce the amount of waste.

좋을 텐데 / 우리 지역 사회가 더 나은 재활용 프로그램을 가진다면 / 쓰레기양을 줄이기 위해서.

718 **I wish** / governments (around the world)
S V O

would take stronger actions / to protect

endangered species and their habitats.

좋을 텐데 / (전 세계의) 정부가 더 강력한 조치를 취한다면 / 멸종 위기에 처한 종과 그들의 서식지를 보호하기 위해서.

719 A shopkeeper may begin to act // **as if** he
S V O S′

were a kind and honest man / in order to
V′ SC′ M′

attract more business.

가게 주인은 행동하기 시작할 수 있다 // 마치 그가 친절하고 정직한 사람인 것처럼 / 더 많은 거래를 끌어들이기 위해서.

720 We blindly trust *the reality* [we construct] //
S V O

as if there **were** no doubt / that we are
V′ S′ =

portraying reality faithfully.

우리는 맹목적으로 [우리가 구성하는] 현실을 신뢰한다 // 마치 의심하지 않는 것처럼 / 우리가 현실을 충실하게 묘사하고 있다는 것을.

➜ we construct는 the reality를 수식하는 관계사절로 목적격 관계대명사 that[which]이 생략되었다. **UNIT 43**

➜ that we are portraying reality faithfully는 doubt와 동격 관계의 명사절이다. 즉, 여기서 that은 동격절을 이끈다.

721 The dog barked furiously at the mailman, //
S V M

as if he **were defending** his home / from an
S′ V′ O′ M′

imminent threat.

그 개는 맹렬하게 우체부를 향해 짖었다, // 마치 그가 자기 집을 지키고 있는 것처럼 / 긴급한 위협으로부터.

➜ were defending(지키고 있는 것)과 barked(짖었다)는 동시에 일어나는 일임을 나타낸다.

722 **I wish** / more people **were** aware of *the urgent*
S V O

need (to address climate change and its
M′

devastating effects on our planet).
O′ M′

좋을 텐데 / 더 많은 사람들이 (기후 변화와 그것이 우리 행성에 미치는 파괴적인 영향을 다뤄야 할) 위급한 필요성을 알고 있다면.

➜ to address ~ our planet은 the urgent need를 수식하는 형용사적 용법의 to부정사구이다. **UNIT 31**

UNIT 55 가정법을 이끄는 표현

723 **Without** the help of others, / no one
M S

could make the loss **up**.
V O

다른 사람들의 도움이 없이는, / 아무도 그 손실을 보상할 수 없을 것이다.

➜ Without the help ~는 종속절은 If it were not for[Were it not for] the help ~로 바꿔 쓸 수 있다.

724 We must water the plants / regularly; //
S V O M

otherwise they **would wither** and **die**.
S′ V′¹ V′²

우리는 식물들에게 물을 주어야 한다 / 규칙적으로; // 그렇지 않으면 그것들은 말라서 죽을 것이다.

➜ 여기서 otherwise는 if we did not water the plants regularly의 의미이다.

725 **But for** sunlight, / we **would become**
M S V

dangerously deficient / in vitamin D.
SC M

햇빛이 없다면, / 우리는 위험할 정도로 부족하게 될 것이다 / 비타민 D가.

726 The charity provides meals / to *children* [who
S V O

might otherwise go hungry].
M′ V′ SC′

그 자선 단체는 식사를 제공한다 / [그렇지 않으면 굶주릴지도 모르는] 아이들에게.

➜ otherwise는 if it did not provide meals의 의미이다.

➜ who might otherwise go hungry는 children을 수식하는 관계사절이다. **UNIT 41**

727 But for the extension of self into machine, / it
would be impossible / to drive.

자신을 기계로 연장시키지 않으면, / 불가능할 것이다 / 운전하는 것이.
→ 의역: 운전을 위해서는 기계를 자신의 일부처럼 사용해야 한다.

728 The literacy program teaches / *adults* [who might otherwise remain illiterate].

그 문해력 교육 프로그램은 가르친다 / [그렇지 않으면 문맹의 상태로 남아 있을지도 모르는] 성인들을.
→ otherwise는 if it did not teach의 의미이다.

729 She always double-checks her work; // otherwise / she might make careless mistakes.

그녀는 늘 자신이 한 일을 재확인하는데; // 그렇지 않으면 / 그녀는 부주의한 실수를 할지도 모른다.
→ otherwise는 if she did not always double-check her work의 의미이다.

730 As sleep would be impossible / without perceptual disengagement, // it seems essential / to its definition.

수면이 불가능하기 때문에 / 지각 이탈이 없으면, // 그것은 필수적인 것 같다 / 그것의 정의에.
→ As는 이유의 부사절을 이끄는 접속사로 이 부사절 안에 가정법 표현이 쓰였다.
→ it은 perceptual disengagement를 가리키고, its는 sleep을 가리킨다.

731 But for institutional support, / members of an in-group might be reluctant / to interact with outsiders.

기관의 지지가 없으면, / 내집단 구성원들은 꺼릴지도 모른다 / 외부인과 상호 작용을 하는 것을.

732 She took a different route; // otherwise, / she would have been late / due to the road closure.

그녀는 다른 경로를 택했는데; // 그렇지 않았다면, / 그녀는 늦었을 것이다 / 도로 봉쇄 때문에.
→ otherwise는 if she had not taken a different route의 의미이다.

733 The housing project provides shelter / for *the homeless* [who might otherwise sleep on the streets].

주택 프로젝트는 주거지를 제공한다 / [그렇지 않으면 길 위에서 잠을 잘지도 모르는] 노숙자들에게.
→ who might otherwise sleep on the streets는 the homeless를 수식하는 관계사절이다. UNIT 41
→ otherwise는 if it did not provide shelter의 의미이다.

734 Memory means storing [what you have learned]; // otherwise, / why would we bother learning in the first place?

기억은 [여러분이 배운 것을] 저장하는 것인데; // 그렇지 않으면, / 우리가 왜 애초에 배우려고 애쓸 것인가?
→ what you have learned는 storing의 목적어 역할을 하는 관계사절인데, 관계대명사 what은 선행사를 포함하고 있다. UNIT 45
→ otherwise는 if it did not mean storing what you had learned의 의미이다.

735 Reading your own essay aloud / will help you to hear / *things* [that you otherwise might not notice // when you are editing silently].

여러분의 과제물을 소리 내어 읽는 것은 / 여러분이 듣도록 도와줄 것이다 / [그렇지 않으면 여러분이 알아채지 못할지도 모르는 // 여러분이 조용히 교정을 보고 있을 때는] 것들을.
→ help는 목적격 보어로 to부정사나 동사원형을 취하는데, 여기서는 to부정사인 to hear가 왔다.  UNIT 13
→ that you otherwise ~ editing silently는 things를 수식하는 관계사절이다.  UNIT 41
→ otherwise는 if you did not read your own essay aloud의 의미이다.

CHAPTER

14 비교 구문

본문 164쪽

UNIT 56 원급 / 비교급 / 최상급

736 We feel / that water is **as abundant** / **as** the
S V O
air [we breathe].

우리는 느낀다 / 물이 풍부하다고 / [우리가 들이마시는] 공기만큼.
→ we breathe는 the air를 수식하는 관계사절로 앞에 목적격 관계대명사 which[that]가 생략되었다. UNIT 43

737 For older people, / voting in person is **more**
M S V SC
accessible / **than** voting online.

노인들에게는, / 직접 투표하는 것이 더 편하다 / 온라인으로 투표하는 것보다.

738 Tsunamis are **the most devastating** / **of**
S V SC M
natural hazards / for coastal zones.
M

쓰나미는 가장 파괴적이다 / 자연재해 중에서 / 해안 지역에서의.

739 Physical bookstores could **not** stock **so many**
S V O
titles / **as** a virtual bookstore could.

형태가 있는 서점들은 많은 서적을 채울 수 없을 것이다 / 가상 서점이 할 수 있는 만큼.
→ 「as+원급+as」는 부정어와 함께 쓰이는 경우 「not ~ so[as]+원급+as」로 쓸 수 있다.

740 Some foods are **better** / **than** others / **in terms**
S V SC M
of general health and well-being.

어떤 식품은 더 낫다 / 다른 식품보다 / 전반적인 건강과 행복 면에서.

741 In 2023, / Sundays saw **more fatal accidents** /
M S V O
than any other day (of the week).

2023년에, / 일요일에 더 많은 치명적인 사건이 일어났다 / (한 주의) 다른 어떤 날보다.

742 **No other** sport is **more closely associated** /
S V SC
with Rio de Janeiro / **than** beach volleyball.
M

다른 어떤 스포츠도 더 긴밀하게 연관되어 있지 않다 / 리우데자네이루와 / 비치 발리볼보다.

743 Even with caffeine, / the group (with little
M S
sleep) / did not score **as well** / **as** those (with
V
adequate sleep).

심지어 카페인을 섭취하고도, / (잠을 거의 자지 않은) 집단은 / 점수를 썩 잘 얻지 못했다 / (충분히 잠을 잔) 사람들만큼.
→ 여기서 as well as는 '~만큼 잘'이라는 동등 비교 표현이나, as well as가 '~뿐만 아니라 …도 또한'이라는 의미의 상관접속사로도 사용되므로 해석할 때 유의해야 한다.
→ those는 people을 의미한다.

744 On any day of the year, / the tropics receive
M S V
much **more solar radiation** / **than** the polar
O
regions.

한 해의 어떤 날에도, / 열대 지방은 훨씬 더 많은 태양 복사열을 받는다 / 극지방보다.
➡ much, even, still, far, a lot은 비교급 앞에 쓰여 '훨씬'이라는 의미로 비교급을 강조한다.

745 <u>People over 65</u> <u>shared</u> / **seven times as**
　　　　S　　　　　　V　　　　　　O

much <u>misinformation</u> / **as** their younger

counterparts.

65세가 넘는 사람들은 공유했다 / 7배나 더 많은 잘못된 정보를 / 더 젊은 사람들보다.
➡ 「배수사+as+원급+as」는 「배수사 비교급+than」으로 바꿔 쓸 수 있다.(→ People over 65 shared seven times more misinformation than their younger counterparts.)

746 <u>No other</u> <u>experience</u> <u>can be</u> **as rich** / **as** the
　　　　S　　　　　　　　V　　　　SC

<u>joy of sharing</u> / what you do and love / with

those (closest to you).

어떤 다른 경험도 풍부할 수 없다 / 공유하는 기쁨만큼 / 여러분이 하는 것과 사랑하는 것을 / (여러분과 가장 친한) 사람들과.
➡ 「no other ~ as+원급+as」는 「no other ~ 비교급+than」으로 바꿔 쓸 수 있다.(→ No other experience can be richer than the joy ~.)
➡ what you do and love는 선행사를 포함하는 관계사절로 sharing의 목적어 역할을 한다. **UNIT 45**
➡ those는 people을 의미한다.
➡ closest to you는 those를 수식하는 형용사구이다. 앞에 「주격 관계대명사+be동사」인 who[that] are가 생략된 형태로도 볼 수 있다.

747 If <u>inflation</u> <u>increases</u> **faster** / **than** *the amount*
　　　　　S′　　　　　V′

of interest [you are earning], // <u>this</u> <u>will</u>
　　　　　　　　　　　　　　　　　　　S　　V

<u>decrease</u> <u>your purchasing power</u>.
　　　　　　　　　　O

물가 상승이 더 빨리 증가한다면 / [여러분이 벌고 있는] 이자의 금액보다, // 이것은 여러분의 구매력을 감소시킬 것이다.
➡ you are earning은 the amount of interest를 수식하는 관계사절로 앞에 목적격 관계대명사 which[that]가 생략되었다. **UNIT 43**

748 While <u>joggers and bicyclists</u> <u>travel</u> **faster** /
　　　　　　　　　S′　　　　　　　　V′

than pedestrians, // <u>their rate of speed</u> <u>is</u>
　　　　　　　　　　　　　　　　S　　　　　　V

ordinarily much <u>**slower**</u> / **than** that of the
　　　　　　　　SC

typical motorist.

조깅하는 사람들과 자전거 타는 사람들은 더 빨리 이동하지만 / 보행자보다, // 그들의 속도는 보통 훨씬 더 느리다 / 전형적인 자동차 운전자의 속도보다.
➡ While은 대조의 의미를 나타내는 접속사이다. **UNIT 49**
➡ much, still, far, even, a lot은 비교급 앞에 쓰여 '훨씬'이라는 의미로 비교급을 강조한다.
➡ that은 rate of speed를 가리킨다.

UNIT 57 **원급 / 비교급 / 최상급 표현**

749 <u>**The more**</u> <u>people</u> <u>you</u> <u>interact with</u>, // <u>**the**</u>
　　　　　O′　　　　　　S′　　V′　　　　　　　M²

<u>**more**</u> <u>you</u> <u>understand</u> <u>yourself</u>.
　　S²　　V²　　　　O²

여러분이 더 많은 사람과 상호 작용할수록, // 여러분은 자신을 더 많이 이해한다.

750 To <u>achieve</u> <u>commercial success</u>, / <u>the audience</u>
　　　　　V′　　　　　　O′　　　　　　　　S
　　　　　　　M

<u>must be</u> **as large** / **as possible**.
　　V　　　SC

상업적인 성공을 성취하기 위해, / 청취자는 많아야 한다 / 가능한 한.

751 <u>Jackson</u> <u>is seeking</u> **not so much** a friend / **as**
　　　　S　　　V　　　　　　　　　　O

someone just like himself.

Jackson은 친구를 찾고 있는 게 아니라 / 자신과 꼭 같은 어떤 사람을 찾고 있다.

752 <u>The little boy</u> <u>had never even been</u> on a train, /
　　　　S　　　　　　　　V　　　　　　　　　M

much less an airplane.

그 작은 소년은 심지어 기차에 결코 타 본 적이 없었고, / 비행기는 말할 것도 없었다.

753 **The more** people think / that they are good, //

the more they leave evil alone.

사람들이 더 많이 생각할수록 / 그들이 선하다고, // 그들은 악을 건드리지 않는 일이 더 많다.

754 Workers are supposed to work / **no more than**

52 hours / each week.

근로자들은 일하기로 되어 있다 / 많아야 52시간을 / 매주.

755 Her skills in programming / are **no less**

impressive / **than** his expertise (in data

science) is.

그녀의 프로그래밍 능력이 / 인상적인 것은 / (데이터 과학에서의) 그의 전문성이 인상적인 것과 같다.

756 **The more** times you try the feedback

technique, // **the more** easily it will come

to you.

여러분이 더 여러 번 그 피드백 기술을 시도할수록, // 그것은 더 쉽게 여러분에게 생각날 것이다.

➔ it은 the feedback technique를 대신한다.

757 We see it as our duty / to affect the

environment / **as little as possible** / with

what we do.

우리는 ~을 우리의 의무로 여긴다 / 환경에 영향을 주는 것을 / 가능한 한 적게 / 우리가 하는 것으로.

➔ it은 가목적어이고 to affect가 이끄는 to부정사구가 진목적어이다. **UNIT 10**

➔ what we do는 선행사가 포함된 관계사절로 전치사 with의 목적어 역할을 한다. **UNIT 45**

758 The time pressure can help / you do **as much**

work **as possible** / in the least amount of

time.

시간 압박은 도울 수 있다 / 여러분이 가능한 한 많은 일을 하도록 / 가장 적은 시간 내에서.

759 No countries are entitled to define / what the

international order is, / **still less** to impose

their standard on others.

어떤 국가도 정의할 자격이 없고 / 국제 질서가 무엇인지, / 자기 기준을 다른 국가들에게 부과하는 것은 말할 것도 없다.

➔ define의 목적어로 「의문사＋주어＋동사」 어순의 간접의문문이 쓰였다. **UNIT 08**

760 The human right to good health depends on

public healthcare services / **no less than** on

the skills of doctors.

건강에 대한 인간의 권리는 공공 의료 서비스에 좌우된다 / 의사들의 기술 못지않게.

761 **The more** neurons fire // as they are activated /

by repeated thoughts and activities, // **the faster**

they develop into neural pathways.

더 많은 뉴런이 발화할수록 // 그것들이 활성화되면서 / 반복된 사고와 활동에 의해, // 그것들은 더 빨리 신경 통로로 변한다.

➔ they는 (the) neurons를 대신한다.

본문 170쪽

UNIT 58 도치 구문 1
(부정어구, 장소 / 방향의 부사구)

762 **Not until** I had seen my result // did I really
부정어구 S' V' O' S V

believe / I had passed the exam.
O

내가 내 결과를 보고 나서야 비로소 // 나는 정말로 믿었다 / 내가 시험에 통과했다는 것을.
→ 「not A until B」는 'B하기 전까지는 A하지 않다'는 의미로 「Not until B A」로 쓰면 주어와 동사의 도치가 B가 아닌 A에 일어난다.

763 **At the edge of the forbidden forest** / stood
부사구 V

a huge ancient tree.
S

금지된 숲 가장자리에 / 거대한 아주 오래된 나무가 서 있었다.

764 **Under no circumstances** / should you open
부정어구 S V

that door.
O

어떤 상황에서도 / 너는 그 문을 열면 안 된다.

765 **Little** could I imagine / that this moment
부정어구 S V M' O S'

would arrive so soon.

나는 거의 상상할 수 없었다 / 이 순간이 그렇게 빨리 도래할 것이라고.

766 **Beyond the distant horizon** / lies an
부사구 V S

unexplored, mystical land.

먼 지평선 너머에 / 탐험되지 않은 신비로운 땅이 놓여 있다.
→ 방향의 부사구가 문두에 온 문장이다.

767 **Among the ruins of the old castle** / lay
부사구 V

hidden treasures (forgotten by time).
S

오랜 성의 잔해 가운데에 / (시간에 의해 잊힌) 숨겨진 보물이 놓여 있었다.
→ Among ~ castle은 장소의 부사구이다.
→ forgotten by time은 hidden treasures를 수식하는 분사구이다. **UNIT 32**

768 **Hardly** had I walked / in the door // when my
부정어구 S V M S'

dog came / rushing to greet me.
V' M'

나는 거의 들어서지도 못했다 / 문 안으로 // 내 개가 왔을 때 / 내게 인사하기 위해 돌진하며.
→ rushing to greet me는 동시 상황을 나타내는 분사구문이다. **UNIT 35**
→ to greet me는 '목적'을 나타내는 to부정사구이다. **UNIT 34**

769 **No longer** did one have to ride the trolley /
부정어구 S V V' O

to the theater / to watch a movie.
M M

더는 사람들이 전차를 타고 갈 필요가 없었다 / 극장으로 / 영화를 보기 위해서.
→ one은 일반적인 사람을 나타내는 대명사이다.
→ to watch a movie는 '목적'을 나타내는 to부정사구이다. **UNIT 34**

770 **Only** after the rain stopped // did we realize /
부정어구 S' V' S V V'

how much damage the storm had caused.
M' O' O

오로지 비가 그친 후에야만 // 우리는 깨달았다 / 폭풍우가 얼마나 많은 피해를 유발했는지.

771 **On the other side of the mountain** / awaits
부사구 V

a paradise (untouched by human civilization).
S

산의 반대편에 / (인간 문명에 의해 손상되지 않은) 낙원이 기다리고 있다.
→ On the other ~ mountain은 장소의 부사구이다.
→ untouched by human civilization은 a paradise를 수식하는 분사구이다. **UNIT 32**

772 **Not only** does the other person happen to
  부정어구

have / what I want, // but I also have / what

he wants.

상대방이 우연히 가지고 있을 뿐만 아니라 / 내가 원하는 것을, //
나 또한 가지고 있다 / 그가 원하는 것을 .
- ➡ what I want와 what he wants는 둘 다 선행사를 포함하는 관계대명사 what이 이끄는 관계사절로 각각 바로 앞의 동사 have의 목적어 역할을 한다. ⓒ UNIT 45
- ➡ he는 the other person을 가리킨다.

773 **In no way** / should you underestimate / *the*
  부정어구

importance (of staying hydrated during the

summer months).

결코 / 여러분은 과소평가하지 말아야 한다 / (여름철 동안 충분히 수분을 섭취한 상태를 유지하는 것의) 중요성을.

774 **Only** when you can instantly recall / what
  부정어구

you understand, / and practice using your

remembered understanding, // do you achieve

mastery.

오로지 여러분이 즉시 상기할 수 있고 / 여러분이 이해하는 것을, / 여러분의 기억된 이해를 사용하는 것을 연습할 수 있을 때에만, // 여러분은 숙달을 성취한다.
- ➡ only의 수식을 받는 어구로 문장이 시작된 경우로, 주절이 do you achieve로 도치되었다.
- ➡ what you understand는 선행사를 포함하는 관계대명사 what이 이끄는 관계사절로 recall의 목적어 역할을 한다. ⓒ UNIT 45

UNIT 59 **도치 구문 2(보어, so / neither)**

775 **So** **happy** was the boy // **that** he was

jumping up and down.

그 소년은 매우 기뻐서 // 그는 위아래로 껑충껑충 뛰고 있었다.
- ➡ 「so ~ that …」은 '매우 ~해서 …하다'라는 의미이다. ⓒ UNIT 50

776 Once the basis of equality changes // **so** does

its content.

일단 평등의 기초가 바뀌면 // 그것의 내용도 역시 그렇다.
- ➡ does는 changes를 대신한다.
- ➡ its는 equality를 가리킨다.

777 **So** **impressed** was the professor / with the

quality of the students' papers // **that** he

published them.

그 교수는 너무 감명받았다 / 학생들의 논문의 질에 // 그래서 그는 그것들을 출간했다.

778 The payoff of many traits changed, // and **so**

did optimal life strategy.

많은 특성의 이점이 바뀌었고, // 최적의 삶의 전략도 그랬다.
- ➡ did는 changed를 대신한다.

779 As time went on, // conditions improved //

and **so** did the length (of people's lives).

시간이 흐르면서, // 상황이 개선되었고 // (사람들의 생애) 길이도 역시 그랬다.
- ➡ did는 improved를 대신한다.

780 Indeed, / nowadays our soil is less healthy //

and **so** are *the plants* (grown on it).

정말로, / 현재 우리 토양이 덜 건강하고 // (그것에서 재배되는) 식물도 그러하다.
- ➡ so are는 are less healthy를 의미한다.
- ➡ grown on it은 the plants를 수식하는 분사구이다. ⓒ UNIT 32
- ➡ it은 our soil을 가리킨다.

781 **So** worried was she // when her cat didn't
　　　SC　　　V　S　　　　　　　　S′　　V′

come home / after a whole day // **that** she
　　M′　　　　　M′　　　　　　　　　S′

couldn't sleep.
　V′

그녀는 매우 걱정되었다 // 그녀의 고양이가 집으로 돌아오지 않았을 때 / 하루 종일이 지나도 // 그래서 그녀는 잠들 수 없었다.
➔ '매우 ~해서 …하다'는 의미의 「so ~ that …」 구문이 쓰인 문장이다. **UNIT 50**

782 Tom didn't receive an invitation to the party, //
　　　S′　　　V′　　　　　　O′

nor was I invited.
　　　S²
　　　V²

Tom은 파티 초대장을 받지 못했고, // 나도 역시 초대받지 못했다.

783 *A baseball player* [who had four outs in a row] /
　　　　　　　　　　　　　S′　V′　　　　O′　　　M′
　　　　　　　　　　　　↑__________S′

is not due / for a hit, // **nor** is *a player* [who
V′　SC′　　　M′　　　　　　　V²　　　S²
　　　　　　　　　　　　　　　　　↑___S²

made four hits in a row] due / for an out.
V′　　　O′　　　M′　　SC²　　　M²

[연속으로 아웃을 네 번 당한] 야구 선수는 / 예정이 아니고 / 안타를 칠, // [연속으로 안타를 네 번 친] 선수도 예정이 아니다 / 아웃을 당할.

784 Repeated measurements with the same
　　　　　　　　　　S′

apparatus neither reveal // **nor** do they
　　　　　　　　V′　　　　　　　　　S²
　　　　　　　　　　　　　　　　　　　V²

eliminate a systematic error.
　　　　　　O²

똑같은 장치로 반복해서 하는 측정은 드러내지도 못하고 // 그것은 계통 오차를 제거하지도 못한다.
➔ 「neither A nor B」는 'A도 아니고 B도 아니다'의 의미이다. **UNIT 39**
➔ they는 Repeated measurements를 가리킨다.
➔ a systematic error는 reveal과 eliminate의 공통 목적어이다.

785 **So** revolutionary was the invention // **that**
　　　SC　　　　　　　V　　S

it transformed industries / and created new
S′　　V′¹　　　O′¹　　　　　　V′²　　O′²

opportunities / globally.
　　　　　　　M′

그 발명품이 매우 혁명적이어서 // 그것은 산업을 탈바꿈시켰고 / 새로운 기회를 만들어 냈다 / 전 세계적으로.
➔ 「so ~ that …」은 '매우 ~해서 …하다'라는 의미이다. **UNIT 50**
➔ it은 the invention을 대신한다.

786 An adaptation does not draw the life-blood /
　　　S′　　　　　V′　　　　　O′

from its source / and leave it dying or dead, //
　　M′　　　　　　　V²　O²　　OC²

nor is it paler / than the adapted work.
V³　S³　SC³　　　　　M³

번안물은 생명의 피를 빨아들이지 않는다 / 그것의 원전에서 / 그리고 그것을 죽이거나 죽은 채로 내버려 두지도 (않는다), // 또한 그것은 더 창백하지도 않다 / 각색된 작품보다.
➔ 첫 번째 it은 its source를 대신하고 두 번째 it은 An adaptation을 가리킨다.
➔ the adapted work는 its source를 가리킨다.
➔ 의역: 각색이 원작의 생명력을 훼손하지 않으며, 각색된 작품이 원작보다 열등하지도 않다.

787 His sharp insights were not accepted //
　　　S　　　　　　　V

because they did not explain / *the problems*
　　　S′¹　V′¹　　　　　　O′¹↑

[biologists had at the time], // **nor** did his
　　S′　V′　　　M′　　　　　　　　　　S′²

explanation operate / by known mechanisms.
V′²　　　　　　　　M′²

그의 예리한 통찰력은 받아들여지지 않았다 // 그것들은 설명하지 못했기 때문이다 / [생물학자들이 그 당시에 가졌던] 문제들을, // 또한 그의 설명이 작동하지 않았기 때문에 / 알려진 방식에 의해서.
➔ they는 His sharp insights를 가리킨다.
➔ biologists had at the time은 목적격 관계대명사가 생략된 관계사절로 the problems를 수식한다. **UNIT 43**

UNIT 60 강조 구문(It ~ that, 동사 / 부정어)

788 **It is** not only beliefs, attitudes, and values /
　　　　　　　　　　　　　　　S

that are subjective.
　　　V　SC

단지 신념, 태도, 가치관만이 아니다 / 주관적인 것은.

789 His opinion (on the matter) was **not at all** /
what I had expected.

(문제에 관한) 그의 의견은 전혀 아니었다 / 내가 기대했던 것이.

790 After negotiations, / he **did** agree / to lower
the price of the car.

협상 후에, / 그는 정말로 동의했다 / 자동차 가격을 내리기로.
➜ to lower the price of the car는 agree의 목적어 역할을
하는 to부정사구이다. 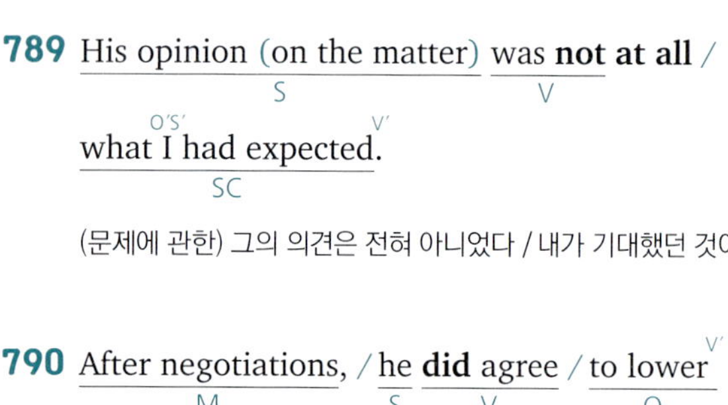 UNIT 06

791 It is through open conversations / that we
can create a more harmonious world.

바로 마음을 연 대화를 통해서이다 / 우리가 더 조화로운 세상을
만들어 낼 수 있는 것은.

792 The weather forecast (for the weekend) /
turned out to be **not in the least** accurate.

(주말의) 일기 예보는 / 전혀 정확하지 않은 것으로 판명되었다.

793 The apes certainly **do** exhibit / complex social
interactions within their group.

그 유인원들은 정말로 확실히 보여준다 / 그룹 내에서 복잡한 사
회적 상호 작용을.

794 Sometimes / it is the simpler product / that
gives a business a competitive advantage.

때때로 / 바로 더 단순한 제품이다 / 사업체에 경쟁력 있는 이점
을 주는 것은.

795 His performance (during the presentation) /
was **not at all** up to the company's standards.

(발표하는 동안의) 그의 업무 성과는 / 전혀 회사의 기준에 부합
하지 못했다.

796 It is only through language / that we are
able to perceive the natural world // as it
really is.

바로 오로지 언어를 통해서이다 / 우리가 자연 세계를 인식할 수
있는 것은 // 그것이 실제로 존재하는 대로.
➜ 문장 마지막의 it은 the natural world를 대신한다.

797 When infants **do** succeed, // they show
pleasure / by a brightening of their eyes.

유아들이 정말로 성공하면, // 그들은 즐거움을 나타낸다 / 그들
눈의 반짝거림에 의해서.
➜ they는 infants를 가리킨다.

798 The plants of the professor's neighbor / were
not damaged **at all** / and were standing firm.

그 교수의 이웃의 식물들은 / 전혀 피해를 입지 않았고 / 군건히
서 있었다.

799 Although our ignorance is undeniably vast, //
it is from the vastness (of this selfsame
ignorance) / that our sense of wonder grows.

우리의 무지가 틀림없이 거대하지만, // 바로 (이 똑같은 무지함
의) 거대함으로부터이다 / 우리의 경이로움이 커지는 것은.

800 It is through comparison with others / that
people evaluate / their own opinions, abilities,
emotions, and personality traits.

바로 타인과의 비교를 통해서이다 / 사람들이 평가하는 것은 /
자기 자신의 의견, 능력, 감정, 성격 특성을.

WORKBOOK 정답

PART 1 문장의 구성

CHAPTER 01 주어

UNIT 01 명사구 주어
워크북 4쪽

A

01 To sail the skies in a glider
02 To call somebody creative suggests
03 Offering help to those in need
04 What to wear is not the only
05 Having more data
06 Learning to use new technology
07 How to spend your high school days
08 The only way to reduce the pain
09 To assist Ben in preparing the meal
10 Paying attention to some people and not others

B

01 Building
02 Delaying
03 Making
04 to explore
05 Participating
06 to order

C

01 ×, which[that] produce
02 ○
03 ○
04 ×, To figure[Figuring]
05 ○
06 ×, To deal[Dealing]

UNIT 02 명사절 주어
워크북 6쪽

A

01 That the bitter cold will be here
02 That knowledge is power is
03 What appeared to be true
04 Why she had chosen that small college
05 Whoever was in charge of that experiment
06 How much you remember the past
07 How the team organized their efforts
08 Where the exhibit will be held is
09 What he said about understanding memory
10 Whether we succeed or fail turns out

B

01 ×, Whatever[What]
02 ○
03 ×, What
04 ○
05 ○
06 ×, That

C

01 Whoever crosses the finish line first
02 That the Bakers were coming the next morning
03 Why people are generally cautious in making decisions
04 Whether the wounded workers have been sent to the hospital without delay
05 How far they were from their destination
06 What we had hoped to achieve this year

UNIT 03 가주어 *it*

A

01 It is no good talking about the problem

02 It would be unfair to interfere with

03 It is essential that you prioritize

04 It is a good idea to double-check your work

05 It is still a mystery when and how

06 It's safe to assume that we

07 It did not matter whether it rained or shined

08 It was very exhausting work bringing in the hay from the fields

09 It was not surprising that expert chess players

10 It is entirely up to you what you choose to emphasize

B

01 what factors contributed to the decision to restructure the company

회사를 재구성하기로 한 결정에 어떤 요인들이 기여했는지는 불확실하다.

02 why the valuable artifacts were taken from the museum

귀중한 유물들이 박물관에서 왜 도난당했는지는 혼란스럽다.

03 to determine the most appropriate solution due to the complexity of the situation

때때로 상황의 복잡성으로 인해 가장 적절한 해결책을 결정하기가 어렵다.

04 worrying about events which have already happened and which cannot be changed

이미 일어나서 바꿀 수 없는 사건에 대해 걱정하는 것은 소용없다.

05 that pedestrians not go jogging along the busy road

보행자들이 번화한 도로를 따라 조깅하지 않는 것이 권장된다.

C

01 It, that the law be enforced to maintain order and stability in society

법이 집행되어 사회의 질서와 안정을 유지하는 것이 필수적이다.

02 It, painting the garage every summer

매 여름 차고를 페인트칠하는 것은 항상 매우 지루하고 시간이 많이 걸리는 작업이었다.

03 It, how the changes in regulations will affect businesses and individuals alike

규제 변경이 기업과 개인 모두에게 어떤 영향을 미칠지는 매우 불확실하다.

04 It, to have the family all together for the holiday weekend and create cherished memories

휴일 주말에 가족이 모두 함께 모여 소중한 추억을 만드는 것은 좋았다.

05 it, to treat frostbite with heat sources such as heating pads or hot water bottles

동상에 난방 패드나 뜨거운 물병과 같은 열원을 사용하는 것은 전적으로 나쁜 생각이다.

06 It, that the technological applications of science can create serious ethical dilemmas

과학의 기술적 응용이 심각한 윤리적 딜레마를 초래할 수 있다는 것은 잘 알려진 사실이다.

UNIT 04 to부정사 / 동명사의 의미상 주어

A

01 careless of the judge to overlook

02 My sister's whining is her way of

03 difficult for any of us to maintain

04 for them to naturally reenter

05 no need for others to present their ideas

06 In order for success to happen

07 her becoming the first African-American female doctor

08 that result in our feeling happy

09 rich and poor alike being treated equally

10 the government spending more on assistance to the poor

B

01 ○ **02** ×, His **03** ×, of **04** ○
05 ○ **06** ×, for

C

01 It is unlikely **02** It is likely
03 It happened **04** it appeared[seemed]
05 It turns out

C

01 for **02** for **03** watching **04** him
05 of **06** for

워크북 12쪽

UNIT
05 it으로 시작하는 관용표현

A

01 It is likely that your life and career
02 It appears that the parties' problem is
03 It seems that as shoe size increases
04 It so happened that there was no one to answer the phone
05 It turns out that some people want to take
06 It follows that architects and engineers
07 it does not follow that higher income leads
08 It does not seem that we will be able to finish
09 It turned out that the majority of students preferred
10 It is unlikely that the product will meet the deadline

워크북 14쪽

UNIT
06 명사구 목적어
(to부정사구, 동명사구, 의문사구)

A

01 to use kind and gentle words
02 to put the fire out by throwing water
03 often decide what to do next based on
04 enjoys listening to music from various
05 preferred swimming in a pool rather than
06 to stroll through London and gather ideas
07 reading books on weekends to focus
08 to lose the ability to keep eye contact
09 didn't choose where to conduct their experiment
10 should remember to keep your eyes on the ball

B

01 제품에 대한 높은 수요로 인해 가격이 상승할 가능성이 있다.
02 기쁨과 혐오감은 음식에 대한 인간의 기본적이고 보편적인 반응인 것 같다.
03 공교롭게도 나에게 오늘 밤 여분의 콘서트 티켓이 있는데, 관심 있으면 알려줘.
04 당신은 신원이나 재정 상태를 확인하기 위한 정보를 제공하지 않은 것 같다.
05 결론은 경제적 복지는 사회 내 고용률 및 소득 분배와 밀접한 관련이 있다는 것이다.
06 가장 중요한 구성 요소는 설정, 빛과 색인 것으로 판명되었다.

B

01 ○ **02** ×, to spend
03 ○ **04** ×, to watch
05 ○ **06** ×, studying

C

01 how **02** to bring
03 to develop **04** hiking
05 running **06** visiting

 UNIT 07 명사절 목적어 1(that, if[whether])

 A

01 that she needs to make a decision

02 that they should submit their assignments

03 that we take a risk of failure or being rejected

04 that I had promised to help them

05 his boss whether he could take

06 if he could provide concrete evidence

07 her parents that she was responsible enough to

08 that advertisements are used to persuade them

09 wonder whether recordings of popular artists or songs

10 wondered if he would be accepted into

 B

01 if

02 that

03 whether

04 that

05 that

06 that

 C

01 that bats are the only mammals who've evolved to use powered flight

02 you, that I cannot accept your invitation

03 whether or not the birds exhibit homing behavior

04 if the theory could withstand empirical testing

05 that their hard work had paid off with the successful completion of the project

06 his students, that curiosity and perseverance were essential qualities for success

 UNIT 08 명사절 목적어 2 (관계대명사 what, 의문사)

 A

01 debated which television program was better between

02 inquired where the committee members wished to meet

03 when humanity might have first thought of

04 may invite whomever they want to

05 whoever is chosen for the new position

06 where they hid the car key

07 see how many people believe they could play

08 whatever statement the official makes

09 imagine what you could have been

 B

01 what

02 where

03 whom

04 why

05 how

C

01 how far away a star is from the Earth, let alone a galaxy

02 what led to permanent acquisition of new knowledge or skills

03 to watch whichever television show has the most jokes

04 when the project would be able to meet the strict deadline set by the client

05 why they had been asked to take part and what the expectations were

06 how carpenters build intricate furniture pieces using traditional woodworking techniques

UNIT 09 재귀대명사 목적어 / 전치사의 목적어

A

01 of what to do are beneficial

02 in that she consistently achieves top grades

03 You're forcing yourself to do something

04 challenge ourselves to explore

05 by visiting a different park

06 of whether a buyer will repurchase the product

07 about what can be achieved within a set time period

08 except that it didn't account for

09 do little disclosing about themselves to others

10 in how they like to manage their time to meet

B

01 ×, seeing
02 ×, herself
03 ○
04 ○
05 ○
06 ×, that

C

01 speaking
02 that
03 how
04 yourself
05 themselves
06 being

UNIT 10 가목적어 it

A

01 it disappointing that the event was

02 made it impossible to deliver the service

03 it possible that the project will be delayed

04 it a rule to turn off all electronic devices

05 it necessary to invest in renewable energy sources

06 it exciting traveling to new destinations and experiencing

07 take it for granted that their loved ones will

08 consider it essential to exercise

09 it unfair to judge others based on

10 it easy to break a bad habit

B

01 ×, to adapt
02 ○
03 ×, it
04 ○
05 ○
06 ×, to learn

C

01 it, that the site be accessible to people with disabilities

참가자들은 사이트가 장애인을 위해 접근 가능하도록 하는 것이 중요하다고 생각했다.

02 it, to hold regular ceremonies to honor the ancestors

과거에도 그 사원은 조상들을 기리기 위해 정기적인 의식을 거행하는 것을 규칙으로 정했다.

03 it, to have a strong support system during their college years

일부 학생들은 대학 시절 동안 강력한 지원 시스템을 갖는 것이 중요하다고 믿었다.

04 it, how quickly they completed the project despite the challenges they faced

그들은 자신들이 직면한 어려움에도 불구하고 프로젝트를 얼마나 빨리 완료했는지 놀랍다고 생각했다.

05 it, to invest in renewable energy sources to combat climate change

정부는 기후 변화에 대응하기 위해 재생 가능 에너지원에 투자하는 것을 우선 사항으로 삼았다.

06 it, to determine what steps to take to address the future of farmland

장관은 농지의 미래를 다루기 위해 우리가 어떤 조치를 취해야 하는지 결정하는 것이 필요하다고 생각한다.

CHAPTER 03 보어

UNIT 11 구와 절 형태의 주격 보어

A

01 whether we would use the new software or

02 that it would require a lot of preparation

03 The children remained playing in the park

04 what ultimately influenced my decision to watch it

05 to set up even greater rivalry

06 to master the art of playing the guitar

07 calmly practicing yoga at the local studio

08 exploring different hiking trails

09 seems to emerge from an 'every chimp for himself'

10 got distracted by their mobile phones

B

01 ○　　　　02 ×, to live[living]

03 ×, to analyze　　04 ×, defy

05 ○　　　　06 ○

C

01 that the team will make it to the state finals

02 what to have for breakfast and dinner

03 really good, very outdated

04 how participants' behavior changes over time

05 to reduce their carbon footprint and promote sustainability

UNIT 12 명사 / 형용사 목적격 보어

A

01 the event memorable by organizing

02 people find such sounds too bright

03 my father an ambassador to serve

04 the candidate highly qualified for the position

05 the proposal innovative and fresh

06 makes your last thoughts part of reality

07 her novel *Plum Bun* Fauset's strongest work

08 left the party room quiet and full of

09 will name Terri one of the lead singers

10 to keep the eyes open as much as possible

B

01 ○

02 ○

03 ×, make the report more comprehensive

04 ×, considered the experiment successful[a success]

05 ×, sticky and unpleasant

06 ○

C

01 more lively and engaging to the audience

02 handy and within reach

03 speechless and uncertain of what to do next

04 a possible source of previous leaks of confidential information

05 happy and satisfied with their hard work and dedication

UNIT 13 to부정사 / 원형부정사 목적격 보어

워크북 28쪽

A

01 allows children to explore their imaginations
02 felt the ground shake underneath their feet
03 have each of his students realize his own
04 told the man to take care of a hundred camels
05 watched the sunlight slide through the mosaic
06 helped stray animals in trouble to find
07 they let their hopes influence their reasoning
08 require home care workers to report on
09 wants the students to attend the workshop
10 forced her to end her career

B

01 ○   02 ○
03 ×, move[moving] 04 ×, see
05 ×, to feel   06 ○

C

01 to wear   02 to help
03 prepare   04 feel
05 to spread   06 to help

07 got their house painted with vibrant colors
08 some of the neighbors gossiping about them
09 found her phone charging

B

01 ×, done   02 ○
03 ×, renewed 04 ○
05 ×, feeling 06 ○

C

01 talking   02 flying
03 abandoned   04 floating
05 hard-pressed 06 lifted

UNIT 14 분사 목적격 보어

워크북 30쪽

A

01 she noticed a woman standing outside
02 The manager kept her team motivated
03 The company had its website redesigned
04 she made her opinion clearly known
05 keeps the sound system running smoothly
06 felt the cold rain soaking through his clothes

PART 2 서술어

워크북 34쪽

UNIT 15 현재시제의 다양한 의미

A

01 always involves some imagination

02 If it rains tomorrow

03 argue with each other every time they see each other

04 is a mammal with four legs

05 is an entirely human-made process

06 that words and illustrations complement and enhance

07 makes a man healthy, wealthy, and wise

08 have a tendency to be less defensive

09 that glitters is not gold

10 keeps the doctor away

B

01 ○ **02** ×, seem

03 ○ **04** ○

05 ×, see **06** ×, is

C

01 revolves **02** finish

03 transforms **04** is

05 snows **06** is

워크북 36쪽

UNIT 16 미래를 나타내는 표현

A

01 will find out that I am full of anxiety and will reject

02 will cause them the least amount of anxiety

03 will be donated to local charities

04 is holding a summit with neighboring countries

05 will start in December

06 is going to start in 30 minutes

07 will no longer be strangers among us

08 was to be made at the press conference

09 was about to fall off the cliff, grabbed her hand

10 was to be held outdoors

B

01 ×, is going to open[will open]

02 ○

03 ○

04 ×, is holding[will hold]

05 ×, was about to cross

06 ○

C

01 will be released **02** to cry

03 go **04** to break

05 to be **06** to

UNIT 17 현재완료 / 현재완료진행시제

A

01 have admired the way you stand up for

02 have begun to advertise their latest products and services

03 has been building a reputation for herself

04 has solved the problem of acquiring, preserving, and retrieving

05 has been making a lasting impact on the music industry

06 have held to the belief that the key to addressing

07 has historically distinguished the way music is produced

08 have introduced management systems

09 have been putting up new buildings in the city center

10 have experienced variable nutrient availability in the past

B

01 ○

02 ○

03 ×, went

04 ×, departed

05 ○

06 ○

C

01 have been **02** studied

03 wrote **04** have

05 become **06** been studying

UNIT 18 과거완료 / 미래완료시제

A

01 had been waiting for two hours

02 asked her what she had been doing

03 recalled what the professor had mentioned

04 had lost her passion for art due to personal hardships

05 had made her team the champions

06 had developed an interest in botany

07 I thought her wedding ring had landed

08 had received failure feedback

09 had caused him to miss the rest of the season

10 will have graduated from college by the time she turns 23

B

01 ×, had burned

02 ○

03 ○

04 ×, had already interviewed

05 ×, will have made

06 ○

C

01 had **02** have begun

03 had struggled **04** had

05 will have finished **06** had

UNIT 19 to부정사 / 동명사의 완료형

A

01 Having studied hard for the exam

02 Having tried everything to fix the problem

03 was proud to have completed her master's degree

04 to have hit a plateau in his or her career

05 turns out to have arisen as a matter of life and death

06 seem to have developed the ability to survive

07 Having stopped exercising

08 regret having said those hurtful words to her

09 apologize for having made mistakes in my presentation

10 are known to have developed a distaste for glucose

01 ○ **02** ×, to have been

03 ×, having reduced **04** ×, Having

05 ×, to have gone **06** ○

01 having served **02** Having

03 mastered **04** have revolutionized

05 have discovered

CHAPTER 05 조동사

워크북 44쪽

UNIT 20 능력, 허락, 충고, 의무

01 don't have to accept overtime work

02 should try to find ways to slice a large issue

03 should apologize for your mistake

04 had better start studying now

05 must act humanly, rather than rationally

06 ought to follow the laws and participate in the political process

07 will be able to understand the concept of relativity as you study

08 may be able to repair the car

09 can solve complex math problems

10 use the gym for the student council event

01 should **02** had better

03 must **04** will be

05 can **06** must

01 review **02** be able to

03 bring **04** must

05 be able to **06** not give

워크북 46쪽

UNIT 21 가능성, 추측, 후회

01 needn't have bought so much food for the party

02 ought not to have avoided informing the patient

03 should have repaired my tablet PC

04 could have led to bankruptcy

05 cannot have known about the surprise party

06 should have canceled that walking program

07 ought not to have avoided answering

08 must have left her phone at home

09 may have enjoyed a strong advantage on the battlefield

10 might have missed the train

B

01 must have been exhausted

02 should have saved

03 should not have revealed

04 cannot have finished

05 could have avoided

06 might have forgotten

C

01 must have left **02** have misplaced

03 ought **04** ought not to

05 should have **06** should

워크북 48쪽

UNIT 22 should의 특별한 쓰임

A

01 have typically required that students work alone

02 demanded that Lily be there on time

03 recommend you ask your friends for some help

04 is necessary that he drink a lot of water

05 is advisable that you consult with a doctor before starting

06 is essential that the man complete the training program

07 requested that they join him at a specific location

08 The proposal is that the company implement a remote work policy

09 suggested that the soldier take a rest for a while

10 suggest that you walk your dog

B

01 ○ **02** ×, saw[had seen]

03 ×, (should) work **04** ×, (should) take

05 ×, was **06** ○

C

01 was **02** attend

03 get **04** pointed

05 follow **06** change

워크북 50쪽

UNIT 23 다양한 조동사 표현

A

01 couldn't help but acknowledge his passion

02 used to sit on a bench in the park

03 couldn't help but laugh at his ridiculous behavior

04 used to be a frustrated writer

05 cannot be stressed too highly

06 knew I might as well give up and go home

07 was touched and couldn't help but respond

08 would like to choose to behave the same way as others

09 like to appreciate masks from all over the world

10 would rather study alone to prepare for my exam

B

01 ×, feel **02** ×, ask[to ask]

03 ×, speaking **04** ×, stay

05 ○ **06** ×, might as well

C

01 used **02** print

03 admire **04** too

05 to be **06** getting

CHAPTER 06 태

UNIT 24 3, 4, 5형식의 수동태

A

01 was heard to scream, was seen to run from the house

02 was denied residency as a surgeon

03 as more books were printed

04 is given to a human toddler and a chimpanzee

05 was protected by restricting circulation of the damaging material

06 was taught how to question my own beliefs

07 was made to formalize spelling and punctuation of English

08 was given a few books to read by her teacher

09 was made to wait for an hour outside

10 were shown fake responses about the film

B

01 The painting in the gallery was admired by visitors.

02 The children were taught a valuable lesson by their parents.[A valuable lesson was taught to the children by their parents.]

03 The criminal was proven guilty by the evidence.

04 The team was made to practice drills for hours every day by the coach.

05 He was heard to sing this song beautifully at the concert (by me).

06 The athlete was declared the winner of the competition by the judges.

C

01 written	**02** for
03 was painted	**04** bright
05 to rehearse	**06** to sing

UNIT 25 수동태의 시제, 조동사+수동태

A

01 is being written by the manager

02 has been delayed to next Wednesday

03 will have been involved in various volunteer activities

04 can be instantaneously written, shot, and made available

05 must be filled out before the interview

06 should be made at least 7 days before the program begins

07 has been regarded as groundbreaking in its field

08 might be launched next month

09 has been shown to have physical and mental benefits

10 being used as a term in food marketing as part of a return

B

01 The concert can be enjoyed by people of all ages.

02 The decision may be influenced by several factors.

03 The food is being cooked by the famous chef.

04 The restaurant will be closed for renovations next week (by the restaurant owners).

05 The medication must be taken (by people) as prescribed by the doctor.

06 Reservations must be made far in advance for the popular restaurant (by them).

C

01 be solved	**02** be missed
03 be encouraged	**04** acclaimed
05 translated	**06** been submitted

UNIT 26 구동사 수동태

A

01 are turned on or off based on what is around you

02 can be set up by a visual scene

03 has been paid to the realities of social dynamics

04 was turned down by the president

05 was put off while we waited for approval from headquarters

06 is being looked after by our neighbor while we are on vacation

07 was made use of to manipulate public opinion

08 was called off due to bad weather

09 were set up between them

10 was admired and looked up to for his commitment to

B

01 The data was made use of by the scientist to develop a new theory.

02 The hitchhiker was picked up at the side of the road by Amy.

03 Her parents are looked up to for their wisdom and guidance by her.

04 The homeless animals are looked after at the shelter by the volunteers.

05 Its plans to expand into new markets were called off by the company.

06 Careful attention was paid to the student's presentation by the teacher.

C

01 be put

02 made

03 set

04 look

05 objected to

06 was turned

UNIT 27 목적어가 that절인 수동태 (It be p.p.+that절)

A

01 is believed that the man is rich

02 is said that my mother was a beauty

03 has been confirmed that the new movie is a critical

04 is thought that the ancient Egyptians built the pyramids

05 has been estimated that volunteering contributes about $42 billion a year

06 is reported that the stock market has crashed

07 is believed that the Earth faces a serious threat

08 has been discovered that the Industrial Revolution has had a profound impact

09 is believed that artificial intelligence will eventually surpass

10 was said that on that occasion Henrietta sang as she had never sung

B

01 is known to revolve around the Sun

02 is reported to be hiding in the abandoned building by the man

03 is believed that ghosts exist by my father

04 is said to have been a bestseller in several countries

05 was reported that a major earthquake struck the region last night by the news

06 is said to have served the best pizza in town

C

01 is believed

02 to date

03 have been

04 is considered

05 that

06 It

UNIT 28 to부정사 / 동명사의 수동형, 수동태 관용표현

A

01 avoided being robbed by not carrying valuables

02 need to be assessed for their full potential impacts

03 is interested in studying astronomy

04 admitted to having been fooled by the enemy's tactics

05 should be actively involved in decision-making processes

06 was married to Dana Zátopková, who was an Olympic gold medalist

07 is to be revealed in a new documentary film

08 are thought to have been created for ritual purposes

09 was surprised at her sudden action

10 is known as the very top of Kilimanjaro

B

01 ○

02 ×, is known as

03 ×, are concerned about

04 ○

05 ×, to be kept

06 ×, been interested in

C

01 in

02 is known

03 have been

04 be implemented

05 was filled

06 being warned

CHAPTER 07 전치사를 동반한 동사 구문

UNIT 29 전치사 from, to, as를 동반한 동사 구문

A

01 was seen as a strong and decisive figure who inspired confidence

02 kill bacteria or stop them from growing

03 helps people rescue themselves from emotional distress

04 protect them from complete collapse

05 had the additional advantage of being regarded as a patriotic act

06 kept me from going to the park

07 was exposed to sunlight for six hours

08 likened his journey to a spiritual pilgrimage

09 adapted its marketing strategy to the changing consumer trends

10 The only one you should compare yourself to

B

01 from **02** to **03** from **04** as

05 as **06** to

C

01 from **02** as **03** to **04** from

05 to **06** as

UNIT 30 전치사 of, for, with를 동반한 동사 구문

A

01 relieved her of severe pain

02 accused Jack of being selfish, ungrateful, and unmanly

03 was held responsible for the attack on the neighbor's child

04 were endowed with a strong curiosity and an endless quest

05 provide us with a qualitative indication of temperature

06 he was filled with energy

07 provide their kin with a wide variety of services

08 mistook the forgery for an authentic masterpiece

09 blamed me for the project's failure

10 filled the room with beautiful melodies

B

01 of   **02** of   **03** for   **04** with
05 with   **06** with

C

01 of   **02** with   **03** for   **04** with
05 of   **06** for

PART 3 수식어구

CHAPTER 08 형용사 역할

UNIT 31 명사를 꾸며주는 to부정사

A

01 no equipment for young children to exercise with

02 skilled workers to repair the damaged roof

03 there are no waves to surf on

04 no one to share his feelings with

05 have a language to describe the world

06 His desire to travel to remote destinations

07 optimal condition to run the marathon over

08 approved the decision to relocate their offices

09 For a chance to win science goodies

B

01 ×, to go to　　**02** ○

03 ○　　**04** ×, to reach

05 ×, to support　　**06** ×, to talk about

C

01 to look after

02 to make the salad that she brought to the dinner

03 to become a published author

04 to voice their opinions

05 to renovate the house with

06 to maintain brain power

UNIT 32 명사를 꾸며주는 분사

A

01 A group working together successfully requires

02 will be the first building closed for repairs

03 the process for any retired doctor

04 permit in order to clear away some fallen trees

05 the declining city continues to face

06 The refrigerators located next to the cash registers

07 sleeping skunks take peaceful rest

08 discovered a destroyed cave hidden deep

09 affect the plants growing in the greenhouse

B

01 ○　　**02** ×, shooting

03 ○　　**04** ×, growing

05 ○　　**06** ×, emerging

C

01 lying　　**02** showing

03 covered　　**04** discarded

05 performing　　**06** returned

UNIT 33 감정을 나타내는 분사

A

01 result in frustrated customers searching

02 not enough to be totally satisfying

03 The touching story about his sacrifice

04 Surprised passengers watched as the magician

05 left their parents touched with their handmade gifts

06 don't feel satisfied with the information

07 found it annoying when people talked

08 It can be frustrating for athletes to work

09 fans bored by their team's performance

10 the amazing artworks made by others

B

01 ×, disappointed

02 ○

03 ○

04 ×, surprising

05 ○

06 ×, annoying

C

01 boring

02 exciting

03 delighted

04 satisfied

05 touching

06 disappointed

CHAPTER 09 부사 역할

워크북 74쪽

UNIT 34 부사 역할을 하는 to부정사의 해석

A

01 were far more likely to suffer severe

02 careless not to close the windows

03 Americans seem particularly easy to meet

04 seeking out salt in order to satisfy their great need

05 to begin her new job and make a good impression

06 to test their new product's effectiveness

07 will live long enough to make

08 am very happy to let my dogs run around

09 Each of us is willing to compromise

10 For the task to be completed

B

01 to really understand

02 too weak to cope with

03 sure to plan every detail

04 pleased to announce the expansion

05 be crazy to believe

06 was difficult to comprehend

C

01 ○

02 ×, to acknowledge

03 ○

04 ○

05 ×, to be

06 ×, To make

워크북 76쪽

UNIT 35 분사구문

A

01 Having many responsibilities at work

02 lifting me toward the surface

03 not passing the certification test

04 Running late for the meeting

05 Returning to the campsite

06 calling as little attention

07 chopping vegetables in the kitchen

08 Hiking through the forest

09 Gazing around at the blur of faces

B

01 ○

02 ×, navigating

03 ○

04 ×, enjoying

05 ×, Not winning

06 ×, racing

C

01 Searching around the house

02 exploring both fields and mountains

03 Differing in sound, grammar, and meaning

04 The walls painted a fresh coat of white

05 Browsing through the old bookstore

06 not wanting a worse grade than his classmates

UNIT 36 다양한 형태의 분사구문

A

01 Once free, he became a well-known abolitionist

02 mounted in the silver frame

03 Having completed her presentation

04 interested in fossils while collecting them

05 careful not to make a sound and disturb

06 Having received the long-awaited package

07 Pressed for time and stuck in a deadlock

08 Exhausted from the long journey

09 Anxious about the future

B

01 ×, Eager	**02** ×, developing
03 ×, caught	**04** ○
05 ○	**06** ○

C

01 faced	**02** Afraid
03 followed	**04** having
05 Situated	**06** finishing

UNIT 37 주의해야 할 분사구문의 의미상 주어

A

01 pesticides having been applied excessively

02 with the music playing softly

03 With my eyes blindfolded, I was wondering

04 The last drop of water having fallen from

05 Generally speaking, the first language is marked

06 with my hiking boots tied at the ankles

07 The book opened to the first page

08 His face nearly frozen from the disease

09 provided that the growing season is long

B

01 ×, radiating	**02** ○
03 ○	**04** ×, having
05 ○	**06** ×, planned

C

01 swinging	**02** excluded
03 being	**04** full
05 having	**06** Judging

PART 4 절

CHAPTER 10 등위절과 병렬 구조

워크북 84쪽

UNIT 38 등위접속사

A

01 but the body is weak and ill

02 for he had never been deprived of his liberty

03 or the time will be changed

04 so I won't be late

05 but he could not escape

06 yet its leaves are always clean

07 yet scientists are still struggling with how to convey

08 nor did his explanation operate by known mechanisms

09 so she organized an art exhibition in the community center

10 so the consumer does not know which brand to choose

B

01 nor   **02** for   **03** or   **04** so
05 and   **06** so

C

01 but   **02** and   **03** yet   **04** so
05 or   **06** for

워크북 86쪽

UNIT 39 상관접속사

A

01 being both leaders and followers

02 neither neglecting his family nor compromising on his health

03 both her phone and tablet

04 not only a talented artist

05 not a place but a feeling of security

06 is gold a precious and valuable metal

07 human voices as well as instruments were often distorted

08 Either the team or the individual players are expected

09 we either had to flee or fight

10 In real life as well as in painting

B

01 nor   **02** was
03 either   **04** and
05 will the new policy

C

01 as well as   **02** either, or
03 not, but   **04** not only, but (also)
05 neither, nor   **06** both, and

UNIT 40 병렬 구조

A

01 about playing music and singing

02 neither complained nor boasted about

03 wasn't the one before it, but

04 To celebrate our company's 10th anniversary and

05 not a cause of poverty but an asset and a resource

06 and that the experimental data must be reviewed carefully

07 never touched the walls or the ceiling

08 Not only dogs but also cats

09 either with water or with oil

10 Both the new policy and the recent changes have been beneficial

B

01 ×, painting

02 ×, the humidity

03 ○

04 ×, extensive literature

05 ○

06 ×, ensuring

C

01 educational

02 confident

03 walk

04 revealed

05 present

06 cognitive development

CHAPTER 11 관계사절

UNIT 41 주격 / 소유격 / 목적격 관계대명사절

A

01 who know each other only

02 the pauses and delays that characterize everyday life

03 some conflicts that you have to resolve

04 whose very author is one of its characters

05 any field that is associated with seeing

06 whom they judge to be like them

07 These children that we hope to help

08 who try not to think about food

09 whose purpose is to inform

10 The conference which I attended last year

B

01 ○

02 ×, that I adopted

03 ×, whose topic was

04 ○

05 ○

06 ×, which discusses the latest theories

C

01 who **02** are

03 whose **04** who

05 has **06** explained

UNIT 42 관계부사절, 전치사+관계대명사

워크북 92쪽

A

01 the community to which one migrates

02 in which your field has a low yield

03 the way that the writer creates a contrast

04 the place where they were inspired

05 why certain things happen to us

06 where workers receive low wages while being forced to work

07 where infants can easily notice the effect of their behavior

08 during which you visit your dream places

09 when you believed in Santa Claus

10 where animals could roam free and live in

B

01 ○

02 ×, by which they solved the problem

03 ×, on whom the research team relies

04 ○

05 ×, with whom she traveled

06 ○

C

01 where **02** that

03 with whom **04** with which

05 when **06** from which

UNIT 43 관계사가 생략된 관계사절

워크북 94쪽

A

01 all the times you've sat down

02 the way you think and act

03 they admit from around the world

04 things we can do with our lives

05 the long-term goals you want to achieve

06 the shared resilience it creates

07 you meet and the stories they share

08 at a hotel you've visited

09 of a place you visit is a fascinating adventure

10 The reason people have trouble making choices

B

01 ○

02 ×, the expedition departed from[from which the expedition departed]

03 ×, in which we had lunch today[we had lunch in today]

04 ×, he bought last week

05 ○

06 ○

C

01 the reason **02** works for

03 talked to **04** into which

05 the one she **06** performed

UNIT 44 콤마(,)+관계사절

워크북 96쪽

A

01 which hatches about three to five days later

02 whose niece he later married

03 who take the dog to the local shelter

04 which include proteins, carbohydrates, and fats

05 where one in eight families employs one

06 who had also participated

07 which I later regretted

08 which was very rare in those days

09 when everyone expected a significant profit increase

06 ○

B

01 ○

02 ×, which was held online this year

03 ×, where[when] all our friends were together

04 ○

05 ○

06 ×, whose lectures are always engaging

C

01 what　　**02** what　　**03** that　　**04** that
05 what　　**06** that

C

01 when　　**02** where　　**03** which　　**04** where
05 are　　**06** which

워크북 100쪽

UNIT 46 명사절 / 부사절을 이끄는 복합관계사

A

01 Wherever it is possible to restore

02 Whenever someone stops to listen to you

03 Whenever I use this machine

04 Whatever life gives you

05 however complicated it was

06 Whoever committed the crime will

07 whatever looks unfortunate may turn out

08 Whoever comes first to the finish line

09 however you want to read it

10 whatever ethnic background they have or

워크북 98쪽

UNIT 45 명사절을 이끄는 관계대명사 what

A

01 What the new policy addresses is

02 what experts had warned

03 What we need to consider

04 What we learned from the experience

05 What she discovered during her field research

06 what we typically see as fostering

07 What the author explores in this novel is

08 growth is what you seek

09 What numbers allow us to do

B

01 ×, Whoever finishes the assignment first

02 ○

03 ×, whenever you need any assistance

04 ○

05 ○

06 ×, Whichever[Whatever] path you choose

B

01 ×, what you cannot see

02 ○

03 ×, What defines true leadership

04 ×, what I already knew

05 ○

C

01 Whoever　　**02** whatever
03 whenever　　**04** wherever
05 However　　**06** whoever

CHAPTER 12 부사절

UNIT 47 시간 / 원인을 나타내는 부사절

 **A**

01 As soon as I arrived at the terminal

02 as he knew the town well

03 Now that I've known you

04 Since I joined your youth sports program

05 When his family finally reached London

06 because they do not read them carefully

07 once you are done with it

08 until he died in 2012

09 when it comes through social media channels

10 Seeing that the applicant has relevant experience and qualifications

 **B**

01 When **02** Now that

03 Once **04** As

05 While **06** Since

C

01 until[till] **02** As

03 As long as **04** The next time

05 The first time **06** As soon as

UNIT 48 조건 / 양태를 나타내는 부사절

 **A**

01 if things don't improve

02 As I anticipated, the book addressed all the themes

03 Just as the French love their wine

04 unless we understand the person

05 Just like time is the greatest healer

06 Suppose that the meeting is postponed

07 Provided that you complete all the assignments

08 if it's written by someone who is not very credible

09 Just as today some jobs are better than others

 **B**

01 ×, unless we resolve the issues[if we don't resolve the issues]

02 ○

03 ○

04 ×, unless she works[if she does not work]

05 ×, so does a clear mind bring wisdom

06 ○

 **C**

01 comply **02** does

03 they were **04** pass

05 unless **06** are

UNIT 49 양보 / 대조를 나타내는 부사절

 **A**

01 Even though scientists are experts on climate change facts

02 whereas dogs are known for their wagging tails

03 Although we'd like to think that our minds are sharp enough

04 Whether you like it or not

05 Even if we cannot know the world with absolute precision

06 Though we humans are equipped with reflexive responses

07 Although she was in poor health

08 While most people can become incredibly open-minded

09 Strict as the rules are

B

01 비록 그녀는 피곤했지만, 보고서를 끝내기 위해 늦게까지 깨어 있었다.

02 대부분의 사람들은 커피를 선호하는 반면에, 그는 아침에 차를 마시는 것을 좋아한다.

03 비록 영화는 길었지만, 관객을 끝까지 몰입시켰다.

04 비록 내일 비가 오더라도 우리는 야외 행사를 계속 진행할 것이다.

05 비록 네가 사과하더라도 그녀가 너를 용서하는 데 시간이 걸릴 수 있다.

06 당신이 역사적인 주제에 대해 쓰든 현대적인 주제에 대해 쓰든, 잘 연구되었는지 확인하라.

C

01 even though   **02** Although

03 Even if   **04** or

05 Even though   **06** While

워크북 108쪽

UNIT **50** 목적 / 결과를 나타내는 부사절

A

01 so that students can progress at their own speed

02 John's laughter was so contagious that

03 so that students can focus on particular dimensions of learning

04 in order that you can recite them later

05 so popular that the registration closed

06 in order that you can avoid an accident

07 Some athletes may want to win so much that

08 so that I was able to have

09 lest he should be seen by anyone

10 in such an entertaining way that the book became

B

01 ×, out of ink, so

02 ×, so (that) he could go

03 ○

04 ×, lest anyone (should)[so (that) no one would]

05 ○

06 ○

C

01 that   **02** such

03 lest they   **04** loudly

05 my voice, so   **06** such a rapid pace

PART 5 주요 구문

CHAPTER 13 가정법

워크북 112쪽

UNIT 51 가정법 과거 / 가정법 과거완료

A

01 If you had to eat one food

02 you would not have been lost

03 it would have matched your eyes

04 he would apologize sincerely

05 If I were taller

06 If you had gone to the concert

07 If she had had to hold the baby on her lap

08 If I were an astronaut, I could fulfill my lifelong dream

09 woke up tomorrow and believed

B

01 ×, If I were invisible

02 ○

03 ○

04 ×, If he had studied ancient languages

05 ×, would use it

06 ○

C

01 could   **02** have applied

03 had   **04** had invested

05 take   **06** had

워크북 114쪽

UNIT 52 혼합가정법, if + should / were to

A

01 it would have catastrophic effects

02 if I had taken that job offer

03 If you had proofread your essay

04 If it should snow heavily tonight

05 might be a professional painter

06 if I were to suffer from heart failure

07 If I were to win the lottery

08 If there should be no air

09 If I had invested in my health earlier

B

01 ×, I had taken up

02 ○

03 ○

04 ×, we were to[should] discover

05 ○

06 ×, he had been training

C

01 be   **02** float

03 had dedicated   **04** should exist

05 have   **06** were to have

UNIT 53 if 생략 도치 구문

A

01 Were the product found defective

02 Had they communicated better

03 Should the package arrive damaged

04 Should prices continue to rise at this rate

05 Were aliens to visit the Earth

06 Had I renovated my house earlier

07 Should the project encounter unexpected delays

08 Were he my boss

09 Had we taken the other route

10 Were I to start my own business

B

01 ×, If you should meet[Should you meet]

02 ○

03 ○

04 ×, Were robots capable

05 ×, If I had

06 ○

C

01 Were cars   **02** be

03 Were   **04** developed

05 Had humans   **06** be

UNIT 54 S+wish 가정법, as if[though] 가정법

A

01 I wish I could take back

02 our community had better recycling programs

03 feel as though others could see

04 as if it were the most precious thing

05 as though they were already a reality

06 as if there were no doubt

07 as though the entire sky had turned dark

08 I wish I could witness a manned mission

09 more people were aware of the urgent need

10 as if he were a kind and honest man

B

01 ×, I could travel back

02 ○

03 ○

04 ×, as if it were

05 ×, I wish I had apologized

06 ○

C

01 had recently been   **02** could

03 would   **04** had expressed

05 were   **06** were

UNIT 55 가정법을 이끄는 표현

A

01 otherwise they would wither

02 But for sunlight

03 Without the help of others

04 might otherwise go hungry

05 But for the extension of self into machine

06 who might otherwise remain illiterate

07 members of an in-group might be reluctant

08 why would we bother learning

09 otherwise she might make careless mistakes

B

01 ○

02 ○

03 ×, would have been difficult

04 ○

05 ○

06 ×, might not encounter

C

01 have slept   **02** remain

03 have been   **04** have made

05 have gone   **06** be

CHAPTER 14 비교 구문

UNIT 56 원급 / 비교급 / 최상급

A

01 shared seven times as much misinformation as

02 the most devastating of natural hazards

03 so many titles as a virtual bookstore

04 Some foods are better than others

05 more fatal accidents than any other day

06 as abundant as the air

07 more accessible than voting online

08 No other sport is more closely associated

09 score as well as those with adequate sleep

10 No other experience can be as rich as the joy

B

01 ×, as swiftly as

02 ○

03 ×, any other participant's

04 ×, the coldest season

05 ○

06 ○

C

01 impressive   **02** much

03 genre moves   **04** joyfully

05 phone   **06** farther

UNIT 57 원급 / 비교급 / 최상급 표현

A

01 work no more than 52 hours

02 must be as large as possible

03 not so much a friend as

04 the more you understand yourself

05 much less an airplane

06 are no less impressive than

07 no less than on the skills of doctors

08 still less to impose their standard on others

09 the faster they develop into neural pathways

10 the more easily it will come

B

01 ○

02 ×, as efficiently as possible

03 ×, about fear of allergies

04 ○

05 ×, the clearer and calmer

06 ○

C

C

01 not so much **02** No more than

03 no more **04** no less

05 no less **06** still[much] less

C

01 sat an eagle

02 did the team celebrate

03 were

04 did they understand

05 had the artist finished

CHAPTER 15 특수 구문

워크북 126쪽

UNIT 58 도치 구문 1
(부정어구, 장소 / 방향의 부사구)

A

01 should you open that door

02 Little could I imagine

03 Hardly had I walked in the door

04 lies an unexplored, mystical land

05 lay hidden treasures forgotten by time

06 In no way should you underestimate

07 did I really believe

08 stood a huge ancient tree

09 did one have to ride the trolley

10 does the other person happen to have

B

01 ×, stood a Christmas tree

02 ×, Not only did the runner win

03 ○

04 ×, Little did she know

05 ○

06 ○

워크북 128쪽

UNIT 59 도치 구문 2(보어, so / neither)

A

01 so does its content

02 so did optimal life strategy

03 nor was I invited

04 So happy was the boy

05 so did the length of people's lives

06 So revolutionary was the invention

07 so are the plants grown on it

08 So impressed was the professor

09 nor do they eliminate a systematic error

10 So worried was she

B

01 ×, so did employee morale

02 ○

03 ○

04 ×, stood the professor

05 ×, neither were her colleagues

06 ○

C

01 did **02** did our plans

03 were **04** was the weather

05 did **06** did his neighbor's

UNIT 60 강조 구문(It ~ that, 동사 / 부정어)

A

01 were not damaged at all

02 was not at all

03 did agree to lower

04 is through open conversations that

05 that are subjective

06 When infants do succeed

07 it is the simpler product that gives

08 it is from the vastness of this selfsame ignorance that

09 be not in the least accurate

10 was not at all up to the company's standards

B

01 ×, She does believe

02 ○

03 ×, she did call

04 ×, who inspire us to face

05 ×, that restores our faith

06 ○

C

01 that

02 did

03 brings

04 did

05 was

06 during long road trips

Memo

Memo

Memo

Memo